다른 예수, 다른 영, 다른 복음
Another Jesus, another spirit, another gospel

이인규

다른 예수, 다른 영, 다른 복음

지은이	이 인 규
초판발행	2015년 8월 13일
펴낸이	배용하
책임편집	배용하
등록	제364-2008-000013호
펴낸곳	도서출판 대장간
	www.daejanggan.org
등록한곳	대전광역시 동구 우암로 75-21 (삼성동)
편집부	전화 (042) 673-7424
영업부	전화 (042) 673-7424 전송 (042) 623-1424
분류	교리 | 이단연구
ISBN	978-89-7071-355-7 03230

이 책의 저작권을 보호받습니다.
기록된 형태의 허락 없이는 무단 전재와 복제를 금합니다.

 값 20,000원

만일 누가 가서 우리의 전파하지 아니한
다른 예수를 전파하거나
혹 너희의 받지 아니한 다른 영을 받게 하거나
혹 너희의 받지 아니한 다른 복음을
받게 할 때에는 너희가 잘 용납하는구나.

고린도후서 11장 4절

추천의 글 가나다순

　최근에는 평신도 신학, 평신도 목회라는 용어가 자주 사용됩니다. 사실 교회는 평신도가 그 기준이 되어야만 합니다. 교회는 전문적이며 어려운 학문을 가르치는 곳이 아니라, 교회 구성원이 되는 평신도의 신앙에 실제적으로 도움이 되는 신학이 필요하기 때문입니다. 바라기는 이 책이 그러한 목적에서 효과적으로 사용되어지기를 바라며, 이 책이 이단을 예방하며 이단을 대처하는 사역의 밀알로 사용되기를 진심으로 축원합니다.

강종인 목사 예장통합 대전서노회 이단상담소장

　이 책의 평신도 조직신학을 읽어 보았습니다. 이 책은 평신도에게 아주 건전한 필독의 내용이지만, 한편으로는 목회자들도 읽어볼 만한 가치가 있는 좋은 내용으로서 적극적으로 추천을 합니다.

김성한 목사 합신 이대위 서기, 안양 은혜교회 목사

　금번에 이인규 권사님께서 평신도들을 위한 조직신학적인 저술을 다시 수정하여 발간하는 것은 감사할 일입니다. 그동안 가장 일선에서 이단 연구와 정보 수집을 감당하여 왔고, 이단개종 상담까지 하여왔으며, 이단상담아카데미에서 이단상담을 원하는 목회자들을 가르치던 이 권사님은 본인을 비롯한 한국교회의 이단전문가들이 매우 귀하게 여기는 분입니다. 부디 이 저술을 통하여 많은 평신도들이 이단에 대한 총체적인 이해와 경각심을 가지게 되기를 소망합니다. 평신도조직신학의 출간을 축하합니다.

박형택 목사 합신 이단상담소장, 이단상담아카데미 원장

『다른 예수, 다른 복음, 다른 영』이라는 책은 평신도의 입장에서 기본적인 정통조직신학을 알기 쉽게 설명하였으며, 또 정통신학과 비교하여 이단교리가 왜 성경적으로 잘못된 것인지에 대해서 잘 요약한 책입니다. 이러한 실전적인 책이 평신도들에게 필요한 것이라고 믿어 의심치 않습니다. 평신도 이단연구가인 이인규 권사님의 책이 한국교회에 많은 도움이 될 수 있기를 진심으로 바라며, 또한 이 책이 평신도들의 건전하고 올바른 신앙생활을 위해서 사용되어지기를 바라며, 나아가서는 이 책이 이단들의 주장이 왜 성경적으로 잘못되었는지를 깨우치고 분석하는 정당한 가르침과 지표가 되기를 바랍니다.

심창섭 교수 전 총신대대학원장

제가 옆에서 지켜본 이인규 권사님은 평신도이지만 전문적인 이단연구가이며 이단상담가입니다. 이 책은 평신도뿐 아니라 이단상담가들에게 많은 도움이 될 것으로 생각하며 한국교회를 위하여 큰 도움이 될 것이라고 의심치 않습니다.

유영권 목사 합신 이대위 위원, 천안 빛과소금교회 목사

이인규 권사님이 간혹 신문에 쓴 컬럼이나 이단에 대한 연구보고서를 볼 때에 저는 그 신학적인 깊이와 예리한 분석에 놀라기도 합니다. 이러한 책을 쓸 수 있었던 것은 그가 그동안 이단사역을 헌신적으로 해 오면서 흘린 땀과 노력의 산물이라고 봅니다. 얼마 전에 쓴 〈평신도들이 혼동하기 쉬운 성경 50〉이라는 책도 이단들이 오역하는 50개의 성경구절을 올바르게 해석함으로서 이단 대처와 예방에 큰 도움이 되었다고 생각합니다. 이번에 평신도를 위한 조직신학적인 내용을 쓴 『다른 예수, 다른 복음, 다른 영』의 수정판도 큰 도움이 될 것이라고 믿어 의심치 않습니다.

정동섭 교수 사이비종교피해자연맹 총재, 전 기침신학대 교수

우리나라에 신학자들에 의하여 씌여진 조직신학책들은 많지만, 평신도가 직접 쓴 조직신학책은 없었습니다. 특히 이단교회들의 실제적인 교리와 비교하여 쓰여진 조직신학 책은 없었습니다. 이 책은 평신도의 시각에서 정통신학과 이단교리를 이해하기 쉽게 분별할 수 있도록 정리하고 요약했다는 점에서, 또한 한국교회의 이단 대처를 위한 귀중한 사역을 이 책을 통하여 감당할 수 있었다는 점에서 높은 가치를 주고 싶습니다.

정운기 목사 하나님의성회 이대위원장, 대전양무리교회 목사

몇 년 전에 이인규 권사님이 〈다른 예수, 다른 영, 다른 복음〉이라는 제목으로 평신도가 반드시 알아야만 하는 정통조직신학적인 내용을 훌륭하게 정리하여 출판한 것을 읽어 보았습니다. 그리고 그 책을 다시 수정 발행하겠다고 하는 것을 보고 기꺼이 축사를 쓰게 되었습니다. 현재 이단 개종을 상담하는 사람들이 절대적으로 부족하며, 이단사역을 하는 사람들은 고소, 고발과 함께 갖은 욕설과 비난에 시달리고 있습니다. 그런데도 이인규 권사님은 평신도로서 어떤 전문가 못지않게 어려운 이단 문제를 매우 훌륭하게 감당해 오셨다는 점에서 그는 훌륭한 이단 연구가요, 또 평신도 신학자라 하지 않을 수 없으며, 같은 이단 연구가로 감사와 함께 찬사를 보내는 바입니다.

진용식 목사 한국기독교이단상담협회 회장, 안산상록교회 목사

차례

머리말 ………………………………………………………………… 12

제1장. 서론 – 정통과 이단

1. 정통교리란 무엇인가? ……………………………………… 15
2. 이단교리란 무엇인가? ……………………………………… 18

제2장. 성경과 이단

1. 성경과 특별계시 …………………………………………… 27
2-2. 성경은 우리에게 어떻게 전해졌는가? ………………… 37
3. 정경, 외경, 위경 …………………………………………… 53
4. 성경의 영감성과 사도성 …………………………………… 59
5. 구약의 율법과 신약의 복음은 어떻게 다른가? ………… 66
6. 비유를 해석하는 방법 ……………………………………… 76

제3장. 신론과 이단

1. 하나님은 누구신가? ………………………………………… 83
2. 니케야회의 …………………………………………………… 88
4. 양태론이란 무엇인가? ……………………………………… 102
5. 단일신론과 예수님의 신성 ………………………………… 114
6. 성령의 신성과 인격 ………………………………………… 123
7. 보혜사란 무엇인가? ………………………………………… 128

제4장. 기독론과 이단

1. 예수는 하나님인가, 사람인가? …………………………… 135
2. 인자(Son of man) …………………………………………… 141
3. 하나님의 아들(Son of God) ……………………………… 144
4. 그리스도(메시야) …………………………………………… 148

제5장. 창조론과 이단

1. 하나님의 창조 ··· 157
2. 창조의 날 ··· 160
3. 이중아담론 ··· 164
4. 간극론(재창조론) ··· 177
5. 천사 ·· 183
6. 사단, 마귀, 귀신 ·· 186

제6장. 인간론과 이단

1. 하나님의 형상이란 무엇인가? ·· 199
2. 죄의 본질과 개념 ·· 205
3. 인간의 구성(영과 혼과 육) ·· 209
4. 가계의 저주가 유전되는가? ··· 221

제7장. 구원론과 이단

1. 구원이란 무엇인가? ··· 228
2. 행함인가, 믿음인가? ·· 230
3. 구원의 세 가지 시제 ·· 239
4. 하나님의 절대주권과 인간의 책임 ···································· 244
5. 예정론 ·· 255
6. 구원의 서정 ··· 260
7. 회개란 무엇인가? ··· 261
8. 믿음 ·· 275
9. 칭의 ·· 278
10. 거듭남(중생) ·· 283
11. 양자(하나님의 자녀) ··· 292
12. 거룩(성화) ·· 294
13. 영적전쟁과 이원론 ··· 303

14. 도덕폐기론 ·· 321
15. 신비주의 ·· 326
16. 쓰러짐과 입신이 성경적인가? ································ 330
17. 성령충만과 성령내주 ··· 337
18. 다원주의 ·· 343

제8장. 교회론과 이단

1. 교회 ··· 350
2. 예배 ··· 354
3. 성찬과 세례 ··· 360
4. 안식일을 지켜야 하는가? ·· 370
5. 평신도(성도) ··· 384
6. 목사 ··· 388
7. 사도 ··· 393
8. 성령과 교사 ··· 397
9. 은사 ··· 402

제9장. 종말론과 이단

1. 하나님나라 ··· 409
2. 천국과 하나님나라가 다른가? ································ 414
3. 낙원 ··· 417
4. 사후영혼의 세계 ··· 423
5. 부활 ··· 430
6. 지옥은 있는가? ··· 438
7. 하나님의 인과 짐승의 표 ·· 448
8. 요엘의 성취에 대한 잘못된 주장 ···························· 456
9. 천년왕국 ·· 462
10. 이단적인 종말론 ·· 468

참고서적 ·· 476

머 리 말

이 인 규

> 만일 누가 가서 우리의 전파하지 아니한 다른 예수를 전파하거나 혹 너희의 받지 아니한 다른 영을 받게 하거나 혹 너희의 받지 아니한 다른 복음을 받게 할 때에는 너희가 잘 용납하는구나 고후 11:4

고린도후서가 기록된 당시 초대교회에도 다른 예수와 다른 영과 다른 복음이 전파되고 있었다는 사실이 놀랍기만 합니다. 본문은 사도바울이 고린도교회 교인들에게 다른 예수와 다른 영과 다른 복음을 용납하지 말라는 경고이기 때문입니다. 물론 오늘날도 기록된 성경과 다른 예수와 다른 영과 다른 복음이 있습니다.

본문을 잘 읽어보면 다른 예수와 다른 영과 다른 복음에 대한 세가지의 공통점은 "우리가 전파하지 아니한" 혹은 "너희의 받지 아니한"이라는 것을 알 수 있습니다. 즉 우리는 사도들이 전하지 않은 것, 그리고 우리가 받지 않은 성경과 다른 예수와 다른 영과 다른 복음을 용납하면 안된다는 것이 중요합니다.

오늘날 적지 않은 교회들이 일년에 몇번씩 부흥회를 하면서도, 성도들에게 정통신학 공부와 성경을 가르치지 않는 교회들이 있습니다. 현재 이단 교인은 150여만 명 또는 200만명으로 추산될 정도로 성행하고 있습니다. 만약 한국교회에서 진작부터 성도들에게 성경공부와 교리공부를 가르쳤다면 이단들은 기독교 교계에 발을 붙이기가 어려웠을 것입니다.

솔직히 평신도가 조직신학책을 쓴다는 자체가 교만일 수도 있으며, 신학자들이 보기에는 유치하다는 평가를 받을 수 있다는 것이 두렵습니다. 그러나 오랫동안 이단을 연구하고 상담하는 사역을 해왔던 사람으로서, 평신도들이 반드시 알아야 할 아주 기본적인 정통교리에 대한 교재가 절실히 필요하다는 것을 깨닫고 있었기에 이 책을 썼습니다. 이 책은 전문적인 신학지식이 담겨져 있는 책이 아니며, 그동안 이단사역을 하면서 직접 체험한 것을 바탕으로 하였으며, 부족한 저로서는 당연히 믿음의 선배들이 쓴 수많은 신학서적과 자료들을 참고하고 인용하였습니다.

이 책에는 실제적인 이단교회들의 명칭과 교리가 많이 나오며, 그러나 그것은 그들을 비난하기 위한 목적이 아니라, 그들의 교리와 정통신학의 차이점을 비교하고 성경적으로 설명하는 것에 주안점을 두었습니다. 저는 단지 이단사역을 하는데 있어서 이 책이 성도들에게 이단을 예방하고 또한 한국교회에 작은 도움이라도 될 수 있다면 저는 만족합니다.

이 책을 쓰게 하여주신 삼위일체 하나님께 영광을 돌리며, 특별히 바쁘신 중에도 기꺼이 축사를 써주시고 후원과 격려와 도움을 베풀어 주신 목사님들에게 감사의 말씀을 드리며, 또한 곁에서 말없이 도와준 사랑하는 아내에게 감사의 말을 전합니다.

2015. 5

제1장. 서론 – 정통과 이단

그리스도의 은혜로 너희를 부르신 이를 이같이 속히 떠나 다른 복음을 따르는 것을 내가 이상하게 여기노라 다른 복음은 없나니 다만 어떤 사람들이 너희를 교란하여 그리스도의 복음을 변하게 하려 함이라 그러나 우리나 혹은 하늘로부터 온 천사라도 우리가 너희에게 전한 복음 외에 다른 복음을 전하면 저주를 받을지어다 우리가 전에 말하였거니와 내가 지금 다시 말하노니 만일 누구든지 너희가 받은 것 외에 다른 복음을 전하면 저주를 받을지어다 갈 1:6–9

1. 정통교리란 무엇인가?

정통교리(Ortho-dox)

교리는 '도그마' dogma라고 하는데, 교리에 대한 사전적인 의미는 '종교적 이론의 부분을 총칭하는 용어'로서 구체적으로는 '이성적으로 이해된 믿음을 지지하는 개념적이고 논리적인 과정'이라고 정의합니다.

간혹 어떤 사람들은 기독교의 정통교리가 '인위적으로 만들어진 것'이라고 비난을 하는 사람들도 있습니다. 그러나 기독교의 교리는 인위적으로 만든 것이 결코 아니며, 교회사를 보면 항상 이단교리가 먼저 나타났고 이 이단교리를 교회가 반박하고 대항하는 과정에서 정통교리가 자연스럽게 정립된 것입니다. 그래서 정동섭 교수는 "이단은 정통의 시어머니"라고 말하였습니다.

간혹 인터넷 상에서 한국교회를 전체적으로 '교리주의'라고 비난하는 사람들이 있는데, 대부분은 이단들입니다. 그들은 겉으로는 자신들에게는 교리가 없는 것처럼 주장하지만, 오히려 더 획일적이고 더 일률적인 교리를 갖고 있으며, 그들이야 말로 자신들의 인위적인 교리에 짜맞추는 잘못된 성경해석을 하고 있습니다.

또 교리가 교파의 분열을 가져왔다고 비난하는 사람들도 있습니다. 물론 교리가 성경해석의 관점에 따라 서로 달라질 수도 있으며, 또 교리가 교파의 분열을 초래한 것도 어느 정도는 사실이라고 말할 수 있습니다. 그러나 정확히 말하자면 교리가 원인이라기보다는 인간의 교권욕이 그 직접적인 원인이었다고 보는 것이 정확합니다.

이와 같이 교리에 대해서 잘못 인식하는 분들이 많이 있지만, 정통교리는 매우 중요한 것이며, 반드시 필요한 것입니다. 즉 정통교리는 성경의 내용을 근거로 하는 건전한 교리입니다. 그러나 먼저 교리를 정하여 놓고, 그 교리에 맞추어서 성경구절을 다르게 해석하여야 한다는 사람들이 있는데 이단들의 경우입니다.

교리를 '도그마'라고 하는데 '도그마'에 대한 중요한 성경적인 내용은 그 단어가 예루살렘 공회의 교리적 결정에 사용되었습니다. 즉 초대교회 사도들이 사역하던 예루살렘 공의회가 도그마를 결정하였다는 것을 볼 때에 교회의 공적이며 표준적인 기준과 의무를 부여한 것입니다. 아래 사도행전 성경본문이 말하는 도그마는 분명히 전통적인 율법이 아니었으며, 초대교회에서 작정한 규례도그마가 있었다는 것을 의미합니다.

> 여러 성으로 다녀 갈 때에 예루살렘에 있는 사도와 장로들이 작정한 규례도그마를 그들에게 주어 지키게 하니 행 16:4

기독교에서 교리는 성경적이어야 한다는 전제 하에서 정통교리라고 부릅니다. 실제로 이단교회이건, 정통교회이건 모두 그들 나름대로의 교리를 갖고 있습니다. 중요한 것은 어떠한 교리가 성경적이며 정통교리인가 하는 점입니다.

정경옥 교수는 "정통교리란 구원을 가르치는 손가락"이라고 말하였습니다. 그렇다면 정통교리가 아닌 이단교리는 구원이 아니라 멸망으로 인도하는 손가락이 될 수 있을 것입니다.

> 그들이 사도의 가르침디다케을 받아 서로 교제하고 떡을 떼며 오로지 기도하기를 힘쓰니라 행 2:42

'도그마'라는 단어는 '도케오'라는 단어에서 유래되었고 '가르침'이라는 뜻입니다. 초대교회에는 사도들의 가르침이라고 불리는 '디다케'라는 책이 전해지기도 합니다. 성경대로의 가르침을 정통교리Ortho-dox, 건전한 교리라고 부르는데, 예수님이 그 제자들에게 가르치고 분부한 것을 의미합니다.

이와 반대로 비성경적인 교리에 대해서는 우리는 이단 교리라고 부르는데, 대부분 그들의 지도자나 교주들의 자의적인 해석에 의하여 성경의 내용과 다르게 설정된 가르침을 말합니다.

정통교리란 때때로 성경 안에서 다양한 견해로 나타날 수는 있지만, 성경 밖으로 벗어날 때에는 이단교리가 되어집니다. 흥미로운 것은, 정통교리를 비난하는 이단일수록 오히려 다양한 견해가 용납되어지지 않으며, 그들의 지도자나 교주의 개인적인 견해에 따른 획일적이며 유일한 공식교리가 되어진다는 것입니다. 실제로 우리 주위에 있는 이단들의 경우를 살펴 보십시오. 그들의 교리는 획일적으로서 오직 하나밖에 없으며, 오직 한 사람 교주나 지도자의 견해일 뿐입니다. 그 교리에 반대하거나 비판을 하면 그들은 그 단체에서 곧 제명되거나 축출되어질 것입니다.

그렇다면 교리가 왜 중요하고 왜 필요할까요?

첫째, 교리를 알아야 하는 이유는 이단 혹은 다른 복음에 대처하고 그들을 막기 위해서입니다.

말하자면 교리는 울타리와 같은 것이기 때문에 외부로부터의 침입을 방지하며, 또한 외부로 향해 나가려는 이탈을 보호합니다. 오늘날 한국 교회는 너무나 교리를 가르치지 않습니다. 이러한 문제 때문에 많은 교인들이 이단과 사이비 사상에 미혹되고 빠져가고 있습니다. 이단교리가 왜 비성경적인

지를 교회가 가르쳐야만 교인들이 이단에 빠지지 않는데, 이것을 소홀히 하고 있습니다.

둘째, 교리를 알아야 하는 것은 우리 자신의 신앙적 성숙을 위해서 입니다.

참된 신앙인은 어느 누구도 교리를 신앙의 대상으로 삼거나 교리를 신앙의 조건으로 삼는 사람은 없습니다. 교리란 구원의 방향을 가르치는 손가락이며 이정표입니다. 그럼에도 불구하고 이단들과 다른 사상을 가진 단체들은 이러한 교리를 비난하고 있습니다. 그 이유는 교리가 없어져야만 자신들이 자유롭게 자신들의 사상을 전하기 용이하기 때문입니다. 정통교리란 성경을 요약하고 정리한 것으로 반드시 성경적이어야 하며, 예를 들면 바둑의 정석과 같은 역할을 합니다.

셋째, 교리를 알아야 하는 이유는 교회의 표준과 기준을 위해서입니다. 세상에는 교회를 대항하고 교회를 공격하는 많은 이단들이 있습니다. 우리는 어떻게 믿어야 하며 무엇을 믿어야 올바른 신앙인지 그 표준적인 기준이 있어야 합니다.

넷째, 교리를 알아야 전도를 할수 있습니다.

초신자를 전도하거나 가르칠 때에 어떠한 질문을 받거나 의문점을 물어올 때가 있습니다. 또 타종교인을 전도할 때 우리는 최소한 기독교의 원칙과 기본 핵심은 알고 있어야 합니다. 또한 그것이 자신에게도 확신과 확증이 될 수 있습니다. 즉 무조건 믿으라가 아닌 왜, 무엇을, 어떻게 믿느냐를 설명해 줄 수 있어야 하는 것입니다.

2. 이단교리란 무엇인가?

이단(heresy, cult)

이단에 대해서 설명하기 전에 이단heresy, 이단성heretical, 이단자heretic와 같은 용어적인 개념이 정립되어야만 할 것입니다. '이단성'이란 용어는 정통교회 안에서도 이단성을 갖고 있는 사람들이 있습니다. 고의적으로 이단성을 갖는 사람들도 있을 수 있고, 몰라서 이단성을 갖고 있는 사람들도 있을 것입니다. 이단성을 갖는 사람이 곧 이단이라고 말할 수는 없습니다.

'이단'은 원래적인 의미로서는 단체_{교회}를 말하며, '이단자'는 개인_{이단교회 목사, 교인}을 말합니다. 그러나 개인에게도 이단이라고 말할 수 있으며, '이단 교리 자체'를 이단이라고도 말할 수 있습니다.

1. 한글의 문자적 의미

처음은 같은데 끝이 다르다는 것異端이라고 말합니다. 단端은 '끝'이라는 뜻으로서 즉 이단은 끝으로 볼 때에 기독교와 다르다고 해석합니다. 그런데 단端은 여러 가지 의미가 있는데, '한계, 원인, 생각, 느낌, 등급, 갈래'의 뜻도 갖고 있기 때문에 끝만 다르다고 설명할 수는 없습니다.

2. 헬라어적인 의미

헬라어로 '이단'이란 용어는 '하이레시스'heresy입니다. 이 단어의 뜻은 원래 '자유로운 선택'free choice이란 의미로 '당파, 종파, 선택'을 가르킵니다. 예를 들면 사두개인의 당파행 5:17, 바리새파행 15:5등에도 사용되었고 '우리 종교의 가장 엄한 파' 행 26:5라는 구절에도 사용되었습니다. 물론 처음에는 이 단어가 나쁜 의미로 사용되지는 않았습니다. 그러나 초대교회에 영지주의와 같은 이단들이 교회에 침투하면서, 이 용어는 '에클레시아' 교회와 반대가 되는 의미로 사용되었던 것입니다. 이단들과 토론을 하여보면 항상 "이단이라고 하는 단어의 뜻이 무엇인가?"를 묻습니다. 즉 '이단'이라는 헬라적인 단어의 문자적인 의미로만 보면 단순히 기독교와 다른 또 하나의 당파, 종파라는 것을 말한다는 뜻입니다. 그러나 단지 그러한 문자적인 뜻이라면 그들은 이단이라는 말을 특별히 싫어할 이유가 없을 것입니다. 분명히 성경에서는 '하이레시스'라는 단어가 나쁜 의미로 사용되고 있다는 것도 간과할 수 없습니다. 즉 고전 11:19편당, 갈 5:20이단, 벧후 2:1멸망케 할 이단이라고 기록되어 있습니다.

3. 영어적인 의미

영어에서 사용되는 이단에 대한 말들은 heresy, sect, cult 들이 있습니다. 'sect'란 원래 '분리'를 뜻하였으며, 'cult'란 원래 "숭배, 예배"를 뜻하는 단어인데, 사교나 종파라는 의미를 갖고 있습니다. 이들 중에서 이단을 지칭하는 단어로는 헬라어에서 어원을 갖는 'heresy'가 가장 일반적으로 사용되어집니다.

4. 교리적 차이

행 24:5은 바울에게 "나사렛이단의 괴수"라고 말하고 있습니다. 또 바울은 "나는 저희가 이단heresy이라 하는 도를 좇아 조상의 하나님을 섬기고…." 행 24:14 라고 말합니다. 유대교의 시각으로 볼 때에 그리스도인들은 이단이라고 불리울 수 밖에 없는 이유가 유대교의 교리와 다르기 때문입니다. 그래서 혹간은 이단이라는 용어가 상대적, 배타적이라고 주장합니다.

그렇다면 장로교의 입장에서 다른 신학과 교리를 가진 감리교는 이단이라고 할 수 있으며, 감리교의 시각에서 장로교를 이단이라고 말할 수 있을까요? 그렇지 않습니다. 감리교와 장로교의 교리는 서로 다르지만, 성경적인 범주 안에서 인정되는 다양한 신학과 교리를 갖고 있는 것입니다. 즉 기독교의 교리는 다양성이 인정되어진다고 할지라도, 그것이 기록된 말씀, 즉 성경 안에서 인정되어져야만 한다는 것은 매우 중요합니다.

어느 종교단체가 그 세력이 커지면 이단이 아니라고 주장하는 자들도 있습니다. 실제로 이단들이 이러한 주장을 많이 하는데, 실상은 그렇지 않습니다. 개신교의 많은 사람들은 가톨릭을 이단이라고 하는 사람들이 얼마든지 있으며, 세계적인 이단에 들어가는 몰몬교나 통일교를 이단이 아니라고 하는 기독교인은 없습니다. 즉 아무리 큰 교회나 단체라고 할지라도 비성경적인 이단적인 주장을 한다면 누구라도 이단이라고 말할 수 있는 것입니다.

이단과 정통을 구별하는 가장 중요한 관점은 성경적인 기준입니다. 유대교의 기준이 되는 경전은 구약성경입니다. 기독교는 유대교가 아니며, 구약과 신약성경이 그 신앙의 기준이 되어집니다. 다시 말하여 유대교와 기독교

는 그 기준이 다르다는 것입니다. 즉

 이단은 '기록된 성경'의 범주인 성경 66권의 내용을 벗어나는 교리를 가진 곳을 말합니다.

> 형제들아 내가 너희를 위하여 이 일에 나와 아볼로를 들어서 본을 보였으니 이는 너희로 하여금 기록된 말씀 밖으로 넘어가지 말라 한 것을 우리에게서 배워 서로 대적하여 교만한 마음을 가지지 말게 하려 함이라 고전 4:6

5. 자력으로 취하는 교리

'하이레시스'라는 단어는 '하이레오마이'라는 단어에서 유래되었는데, 이 단어는 '자력自力으로 선택하다'는 뜻을 갖고 있습니다. 즉 어느 교회나 단체의 교주 혹은 지도자의 개인적인 주장, 즉 인위적이며 자력적인 가르침이 그곳의 교리가 된다면 그곳은 이단이 되어집니다. 성경에는 거짓 선지자와 거짓선생을 '이단'이라고 분명하게 말하는 구절이 있는데, 이들을 '임박한 멸망을 스스로 취하는 자'라고 말합니다.

> 그러나 백성 가운데 또한 거짓 선지자들이 일어났었나니 이와 같이 너희 중에도 거짓 선생들이 있으리라 그들은 멸망하게 할 이단을 가만히 끌어들여 자기들을 사신 주를 부인하고 임박한 멸망을 스스로 취하는 자들이라 벧후 2:1

 이단들은 기록된 성경말씀이 아니라 자의적인 가르침을 스스로 취하는 자들입니다. 그들의 안에는 진리가 없으며, 거짓을 제 것으로 말하는 거짓말장이입니다.

> 너희는 너희 아비 마귀에게서 났으니 너희 아비의 욕심대로 너희도 행하고자 하느니라 그는 처음부터 살인한 자요 진리가 그 속에 없으므로 진리에 서지 못하고 거짓을 말할 때마다 제 것으로 말하나니 이는 그가 거짓말쟁이요 거짓의 아비가 되었음이라 요 8:44

즉 이단이란 뜻은 교회의 전통적인 의미로 '어긋나는 가르침'을 말하며 거짓 선생과 거짓 선지자의 '다른 교훈' 혹은 '다른 복음'을 말합니다. 즉 '가만히 들어온 거짓 형제' 유1:18를 말합니다. 바울은 사도들이 전하는 복음 외에 다른 복음은 없으며, 다른 복음을 전하면 하늘의 천사라도 저주를 받는다고 경고하였습니다.

> 그리스도의 은혜로 너희를 부르신 이를 이같이 속히 떠나 다른 복음을 따르는 것을 내가 이상하게 여기노라 다른 복음은 없나니 다만 어떤 사람들이 너희를 교란하여 그리스도의 복음을 변하게 하려 함이라 그러나 우리나 혹은 하늘로부터 온 천사라도 우리가 너희에게 전한 복음 외에 다른 복음을 전하면 저주를 받을지어다 우리가 전에 말하였거니와 내가 지금 다시 말하노니 만일 누구든지 너희가 받은 것 외에 다른 복음을 전하면 저주를 받을지어다 갈 1:6-9

6. 이단의 정의

즉 이단이란 뜻은 "교회사를 통하여 성경적으로 검증되어온 정통기독교의 교리를 거부하면서, 인위적이며 자의적인 성경해석을 스스로 취하는 단체나 분파"를 말합니다. 초대교회의 이레니우스는 정통을 "항상 모든 사람에 의하여 믿어진 바"라고 하였고, 이단을 "올바른 교리의 표준에서의 이탈"로 정의하였습니다. 20세기 이단학의 권위자로 알려진 월터 마틴은 이단에 대해서 "어떤 특정인의 그릇된 성서해석을 중심으로 형성된 종교 집단"이라고 정의하였습니다.

이단은 그 교회의 교리로서 판단하는 것입니다. 어느 이단은 자신들에게 교리와 신학이 없다고 주장히며 기독교의 교리를 인위적으로고 비난합니다. 그러나 이단일수록 더욱 획일적이고 동일한 주장과 사상을 갖고 있습니다. 정말로 교리와 신학이 없는 곳이라면 그곳은 교회가 아닙니다.

성경구절을 인용한다고 하여 성경적이라고 생각하면 큰 착각입니다. 성경을 잘 모르는 초신자는 이단을 분별하기가 상당히 어렵다는 것에 유의하여야만 합니다. 그래서 정통교리가 무엇보다도 필요한 것입니다. 그들은 거짓 선지자와 거짓 선생으로서, 때로는 목회자의 신분으로 우리에게 나타날 수도 있으며, 선한 의의 일군의 모습고후 11:15으로 우리에게 나타날 수도 있습니다. 그들은 양의 옷마 7:15을 입고 나타날 수도 있으며, 광명의 천사고후 11:4로 우리에게 다가올 수도 있습니다. 또한 그들은 거짓 그리스도의 이름으로 우리에게 나타날 수도 있으며, 오직 겉으로 드러나는 표적과 기사를 나타내어 보여줄 수도 있습니다. 그래서 우리는 그들은 아래와 같은 방법으로 판단할 수가 있습니다.

첫째, 그들의 교리와 가르침이 성경적인 내용인가를 먼저 판단해야만 합니다.

둘째, 그들의 행위가 그리스도인의 향기에 부합되는가를 판단해야만 합니다.

셋째, 그들의 신앙적인 목적이 누구를 위한 것이며, 무엇을 위한 것인지를 판단해야만 합니다.

물론 어느 단체를 외부적으로만 볼 때에 판단하기 어렵습니다. 그들의 교주나 지도자는 일반 사람에게 그 행동이 노출되지 않으며, 그들 역시 겉으로는 하나님의 영광을 위한다고 위장하기 때문입니다. 그러나 그들의 신앙적인 목적이 비성경적인 방법이든지, 삼위일체 하나님이 아닌 어느 교주나 지도자 개인을 위한 것이라든지, 목사의 이름이 높은 위치로 높여진다면 그들은 곧 이단입니다. 그가 직통 계시를 받는다든지, 특별한 능력을 유일하게 받았다는 주장은 곧 이단이라는 증거입니다. 어떤 특정한 사람을 만나야만 구원이 있으며 진리가 있다고 주장하는 것도 이단입니다.

특히 성경에 나오는 상징적인 단어생명나무, 새 이름, 동방의 의인, 이긴 자, 보혜사, 대언자, 감람나무의 비유가 어느 교주나 목사라고 해석을 한다면 100% 이단이라고 보아도 좋습니다. 성경은 어떤 지도자나 목사에 대해서 기록하는 내용이 아니라, 오직 삼위일체하나님의 구속사를 기록하는 책이기 때문입니다.

또 어느 교회의 목사나 지도자가 유일하게 성경을 해석할 수 있는 능력이 있다고 하거나, 정통기독교의 신학이 모두 틀렸다고 주장하거나, 어느 교주나 목사가 하나님에게 특별한 계시 혹은 능력을 받았다고 하거나, 오직 그 사람만이 성경의 감추어진 비밀을 깨닫고 있다고 하면 그는 이단입니다.

실제로 큰믿음교회 변승우 목사는 자신이 성경해석의 다림줄을 갖고 있다고 하며, 유일한 성경해석의 은사를 갖고 있다고 말하였으며, 성령께서 설교의 내용과 책의 내용을 알려준다고 하였는데, 그런 주장을 하는 것 자체가 자신의 권위를 신격화 시키려는 의도로서 이단이라는 움직일 수 없는 증거입니다.

> 사랑하는 자들아 영을 다 믿지 말고 오직 영들이 하나님께 속하였나 분별하라 많은 거짓 선지자가 세상에 나왔음이라 요일 4:1

성경이 기록될 당시, 즉 초대교회 때에도 거짓교사나 거짓선지자가 있었으며, 다른 교훈과 다른 복음이 있었습니다. 그 당시에도 성경을 가감하는 자들이 있었기에 요한은 그것을 경고하였고계 22:18-19, 베드로는 성경을 무리하게 해석하는 자들은 멸망을 받는다고 책망하였습니다.벧후 3:16 예상 외로 성경은 다른 복음과 다른 영, 거짓 선지자나 거짓 그리스도에 대한 경고를 상당히 많이 언급하고 있다는 것은 놀라운 일입니다.

바울은 다른 복음을 전하는 자는 저주를 받을 것이라고 말했으며갈 1:6-9, 예수님 자신은 거짓 그리스도에 대한 경고를 반복하여 경고하셨는데, 오늘날 자신이 그리스도, 메시야, 보혜사, 선지자라고 주장하는 이단들이 너무나 많이 난무하고 있는 것입니다.

> 그 때에 사람이 너희에게 말하되 보라 그리스도가 여기 있다 혹 저기 있다 하여도 믿지 말라. 거짓 그리스도들과 거짓 선지자들이 일어나 큰 표적과 기사를 보이어 할 수만 있으면 택하신 자들도 미혹하게 하리라 마 24:23-24, 마 24:26, 막 13:21

이단에 대해서 디도서3장에는 이단에 속한 사람을 한두 번 훈계한 후에 관계를 끊고 멀리하라고 충고하고 있으며, 사도요한은 집에 들이지도 말고 인사도 말라고 충고하고 있는데, 이것은 그들로부터 변질된 거짓 복음이 전파될 수 있음을 사전에 예방하려는 목적입니다.

> 이단에 속한 사람을 한 두번 훈계한 후에 멀리 하라. 이러한 사람은 네가 아는 바와 같이 부패하여서 스스로 정죄한 자로서 죄를 짓느니라 딛 3:10-11
> 누구든지 이 교훈디다케, teaching을 가지지 않고 너희에게 나아가거든 그를 집에 들이지도 말고 인사도 말라. 그에게 인사하는 자는 그 악한 일에 참예하는 자임이니라 요이 1:10-11

7. 이단과 다른 사이비似而非

사이비란 완전히 다른 가짜라는 뜻입니다. 비록 교리가 잘못되었지만 그래도 나름대로 자신들의 교리가 성경적이라고 믿는 곳은 이단이라고 불릴 수 있겠지만, 거짓종교의 탓을 쓰고 고의적인 다른 목적으로 유사 종교를 운영하는 곳은 사이비단체가 된다고 정의하고 싶습니다. 특히 사람을 하나님이나 재림예수, 보혜사라고 하는 곳, 혹은 목사나 교주를 성경에서 예언된 존재라고 주장하는 곳은 사이비 단체라고 말할 수 있으며, 무리한 헌금을 강요하거나 시한부 종말론등으로 사회나 가정에 문제를 일으키는 곳은 사이비단체입니다. 특히 목사를 구약의 제사장, 하나님의 대리인으로 비유하면서 절대적인 순종을 강요하거나 헌금을 하면 불치병을 치유할 수 있다고 하는 곳, 그리고 예언을 하여준다고 하면서 장래 일을 점쳐주는 곳도 사이비라고 말할 수 있습니다.

> 만일 누가 가서 우리의 전파하지 아니한 다른 예수를 전파하거나 혹 너희의 받지 아니한 다른 영을 받게 하거나 혹 너희의 받지 아니한 다른 복음을 받게 할 때에는 너희가 잘 용납하는구나 고후 11:4

판하는 배타적인 자세는 바람직하지 않습니다. 우리는 성경의 범주 안에서 '둘 중에 하나만을' either A or B이라는 배타적인 개념보다는 "둘 모두" Both A and B를 인정하는 포괄적인 수용을 갖는 것이 좋습니다. 물론 진리에서 벗어난 비성경적인 교리에 대해서는 과감히 버려야만 합니다.

17세기의 신학자인 루페르투스 멜데니우스의 견해를 소개합니다.

본질적인 것은 일치를, 비본질적인 것은 자유롭게, 모든 일은 사랑으로…

제2장. 성경과 이단

오직 이것을 기록함은 너희로 예수께서 하나님의 아들 그리스도이심을 믿게 하려 함이요 또 너희로 믿고 그 이름을 힘입어 생명을 얻게 하려함이니라 요20:31

1 성경과 특별계시

(1) 계시(revelation)란 무엇인가?

이단들은 그 교회나 단체의 교주나 지도자가 유일하게 감추어진 비밀을 알고 있다고 주장합니다. 이단들은 '계시' 라는 단어를 '감추어진 비밀' 이라고 알고 있는 것 같습니다. 그러나 '계시' 라는 단어는 '하나님께서 인간을 위해 하나님 자신과 그 목적, 행동에 대한 지식을 인간에서 밝히 드러내시는 것' 을 의미합니다. 헬라어 '아포칼뤼프시스' 라는 동사는 '감추인 것을 드러내다, 베일을 벗기다' 는 의미를 갖습니다. 무엇보다도 기독교는 인간의 상상과 깨달음을 근거를 둔 종교가 아니라, 하나님의 계시를 중심으로 이루어진 종교라는 것을 우리는 잊으면 안됩니다.

그러나 성경은 그 안에 감추어진 비밀이 숨겨져 있는 것이 아니라, 감추어진 비밀을 드러내는 기록된 말씀으로서 그 자체가 계시입니다. 다시 말하면 성경 안에 아무도 모르는 비밀이 감추어져 있다는 주장은 잘못된 주장입니다. 또 어느 특정하고 유일한 사람만이 성경의 비밀을 깨닫고 있다는 주장도 거짓 주장입니다. 즉 누군가가 성경에 대한 계시를 받았다거나, 감추어진 비밀을 알고 있으며, 유일하게 그 뜻을 해석할 수 있는 능력을 받았다고 주장하는 사람이 있다면 그는 이단입니다. 성경은 하나님께서 모든 사람에게 하나님의 멧세지를 알리기 위하여 인간 저자를 도구로 사용하셔서 인간의 언어로 기록하고 전하신 것이기 때문입니다.

(2) 하나님을 어떻게 인식하는가?
성경은 아무도 하나님을 볼 수 없다고 말한다.

> 만세의 왕 곧 썩지 아니하고 보이지 아니하고 홀로 하나이신 하나님께 존귀와 영광이 세세토록 있을지이다 아멘"딤전1:17
> "오직 그에게만 죽지 아니함이 있고 가까이 가지 못할 빛에 거하시고 아무 사람도 보지 못하였고 또 볼 수 없는 자시니 그에게 존귀와 영원한 능력을 돌릴지어다 아멘"딤전 6:16
> 어느 때나 하나님을 본 사람이 없으되 만일 우리가 서로 사랑하면 하나님이 우리 안에 거하시고 그의 사랑이 우리 안에 온전히 이루느니라"요일 4:12

성경은 하나님의 얼굴을 보고는 살 자가 없다고 기록하고 있습니다. 즉 하나님을 만나서 계시를 받았다고 하는 사람은 모두 비성경적인 잘못된 주장입니다.

> 네가 내 얼굴을 보지 못하리니 나를 보고 살 자가 없음이니라출 33:11 그런데 출애굽기에서는 하나님을 보았다는 구절이 있습니다.
> 모세와 아론과 나답과 아비후와 이스라엘 장로 칠십인이 올라가서 이스라엘 하나님을 보니 그 발 아래에는 청옥을 편듯하고 하늘 같이 청명하더라 하나님이 이스라엘의 존귀한 자들에게 손을 대지 아니하셨고 그들은 하나님을 보고 먹고 마셨더라"출 24:9-11

그러나 자세히 성경을 보면 본문에는 하나님의 얼굴을 직접 보았다는 구절은 없으며, 발 아래만 언급하고 있을 뿐입니다. 특별히 모세의 경우를 보면 시내산에서 하나님에게 율법을 받으며 함께 6일을 지냈는데, 그도 '하나님의 등'을 보았다출 33:21-23고 성경은 기록하고 있습니다. 물론 영이신 하나님에게 '얼굴' 혹은 '등'이 있다는 표현은 인간의 입장에서 본 신인동형어적인 표현입니다. 사람이 하나님의 얼굴을 볼 수 없다는 것은 곧 사람은 죄로 인하여 하나님을 가까이 할 수 없다는 의미입니다.

> 오직 너희 죄악이 너희와 너희 하나님 사이를 갈라 놓았고, 너희 죄가 그의 얼굴을 가리어서 너희에게서 듣지 않으시게 함이니라 사 59:2

우리는 궁극적으로 천국에서 하나님의 얼굴을 보게 될 것이라고 성경은 말합니다.

> 우리가 이제는 거울로 보는 것같이 희미하나 그 때에는 얼굴과 얼굴을 대하여 볼 것이요 이제는 내가 부분적으로 아나 그 때에는 주께서 나를 아신 것같이 내가 온전히 알리라 고전 13:12
>
> 그의 얼굴을 볼 터이요 그의 이름도 저희 이마에 있으리라 계 22:4

성경은 하나님의 음성을 듣는 자도 죽는다고 말한다. 성경은 하나님의 얼굴을 볼 수 없다고 말하는 것 외에 하나님의 음성도 들을 수 없다고 말하고 있으며, 심지어 하나님의 음성을 들어도 죽는다고 하면서 두려움에 떨고 있었습니다.

> 이제 우리가 죽을 까닭이 무엇이니이까 이 큰 불이 우리를 삼킬 것이요 우리가 우리 하나님 여호와의 음성을 다시 들으면 죽을 것이라. 무릇 육신을 가진 자가 우리처럼 사시는 하나님의 음성이 불 가운데서 발함을 듣고 생존한 자가 누구니이까 신 5:25-26
> 어떤 국민이 불 가운데서 말씀하시는 하나님의 음성을 너처럼 듣고 생존하였었느냐 신 4:33
> 모세에게 이르되 당신이 우리에게 말씀하소서 우리가 들으리이다. 하나님이 우리에게 말씀하시지 말게 하소서 우리가 죽을까 하나이다 출 20:19

· 제2장. 성경과 이단 · 29

성경에서 하나님은 특별히 택하신 극소수의 사람들을 통하여 그의 멧세지를 전하여 주십니다. 구약에서는 "여호와의 말씀이 내게 임하여"라는 표현이 자주 사용되는데, 그러한 경우는 하나님이 특별히 선택하신 사사, 선지자와 같은 지도자들이었으며, 그들이 곧 오늘날 성경의 저자입니다. 구약에서 하나님의 현현 그렇다면 구약에서는 비록 소수였지만, 선지자나 사사들이 어떻게 죽지 않고 하나님을 만날 수 있었으며 하나님의 음성을 들을 수가 있었을까요? 모세가 떨기나무 불꽃 가운데서 본 하나님의 현현은 ' 여호와의 사자 '로 표현됩니다.

> 여호와의 사자가 떨기나무 불꽃 가운데서 그에게 나타나시니라 그가 보니 떨기나무에 불이 붙었으나 사라지지 아니하는지라 출3:2
> 여호와께서 그가 보려고 돌이켜 오는 것을 보신지라 하나님이 떨기나무 가운데서 그를 불러 가라사대 모세야 모세야 하시매 그가 가로되 내가 여기 있나이다. 하나님이 가라사대 이리로 가까이 하지 말라 너의 선 곳은 거룩한 땅이니 네 발에서 신을 벗으라 출3:4-5

또 창세기 16장에서 하갈은 술 길 샘물 곁에서 '여호와의 사자' 를 만나는데, 하갈은 이 여호와의 사자를 '하나님이라고 합니다.

> 여호와의 사자가 광야의 샘곁 곧 술 길 샘물 곁에서 그를 만나 가로되 사래의 여종 하갈아 네가 어디서 왔으며 어디로 가느냐 그가 가로되 나는 나의 여주인 사래를 피하여 도망하나이다. 여호와의 사자使者가 그에게 이르되 네 여주인에게로 돌아가서 그 수하에 복종하라 창16:7-9
> 하갈이 자기에게 이르신 여호와의 이름을 감찰하시는 하나님이라 하였으니 이는 내가 어떻게 여기서 나를 감찰하시는 하나님을 뵈었는고 함이라 창16:13

물론 이러한 성경적 기록에 대해서는 다양한 신학적 견해가 있을 수 있지만, 보편적으로 천사의 사역은 '하나님의 이름과 인격을 통한 대리적인 사역'이라고 정의합니다. 즉 아무도 볼 수 없는 하나님께서 인간의 시각과 청각을 통하여 인식이 가능하도록 천사를 보내시고, 그 천사를 통하여 계시하셨던 것입니다. 즉 하나님의 인격은 천사의 사역을 통하여 인지되었을 것입니다.

> 너희는 삼가 그 목소리를 청종하고 그를 노엽게 하지 말라. 그가 너희 허물을 사하지 아니할 것은 내 이름여호와의 이름이 그에게사자에게 있음이니라 출 23:21

성경을 보면, 때로는 하나님은 구름과 폭풍, 번개나 혹은 불등으로 모습으로 현현하시기도 합니다.창 15:17, 출 3:2-6. 13:21, 19:18-19, 24:15-18, 사 30:27-28 그럼에도 불구하고 하나님은 그러한 자연적인 형태와 모습이 아님은 분명하며, 오히려 그러한 자연물을 창조하신 분이십니다. 성경은 하나님의 얼굴을 본 자가 없으며, 또한 하나님의 음성을 들을 수가 없다고 말하지만, 어쨌든 하나님을 만나고 음성을 들은 적이 있다고 할 수 있는 대표적인 성경의 인물은 모세, 이사야, 아브라함, 이삭, 야곱, 다윗 등 극소수에 지나지 않으며 그러한 선지자나 사사들이 곧 성경의 저자가 됩니다. 즉 성경이 완성된 오늘날에도 누군가가 하나님을 직접 만났다고 하거나 하나님의 음성을 직접 들었다고 하는 것은 잘못된 주장이며, 그것은 자신이 곧 성경의 저자와 같다는 것과 같으며, 성경의 완전성과 종결성을 부정하는 주장입니다.

최근에는 예수전도단과 신사도운동의 단체에서 '하나님의 음성을 듣는 방법' 또는 '하나님의 얼굴을 구하는 방법'을 훈련시키고 가르친다고 합니다. 특히 이러한 단체에 있던 청년들이 이단이나 신비주의로 빠지게 됩니다. 그들은 기도를 하면서 어떤 음성을 들으려고 하다가, 알 수 없는 환청을 듣고 잘못된 신앙의 길을 걷게 됩니다. 하나님의 음성은 어떤 특별한 훈련이나 연습에 의하여 들을 수 있는 것이 아니라, 하나님에 의하여 택하게 되는 것입니다.

구약에서는 하나님께서 여러 부분과 여러 모양으로 우리 조상들에게 말씀을 전하셨습니다. 즉 선지자, 사사, 천사를 통하여 공동체에 멧세지를 전하여 오셨습니다. 그러나 이 모든 날 마지막에 예수로 하여금 우리에게 말씀을 하셨다는 것은 곧 예수께서 최종적이며 온전한 계시가 된다는 것이며, 예수의 말씀을 기록한 것이 곧 성경입니다.

> 옛적에 선지자들로 여러 부분과 여러 모양으로 우리 조상들에게 말씀하신 하나님이, 이 모든 날 마지막에 아들로 우리에게 말씀하셨으니… 히 1:1-2

또 성경은 '아들'과 '또 아들의 소원대로 계시를 받는 자' 외에는 아버지를 아는 자가 없다고 말하는데, 그 말은 곧 아버지를 알 수 있는 계시의 통로가 오직 예수뿐이라는 것입니다.

> 내 아버지께서 모든 것을 내게 주셨으니 아버지 외에는 아들이 누군지 아는 자가 없고 아들과 또 아들의 소원대로 계시를 받는 자 외에는 아버지가 누군지 아는 자가 없나이다 하시고 눅 10:22

성경은 오직 예수만이 길이요 진리요 생명이라고 말하며, 예수만이 아버지께로 오는 유일한 방법으로서, 오직 예수를 통하여 하나님을 알 수 있고, 또 볼 수 있다고 기록하고 있습니다.

> 예수께서 이르시되 내가 곧 길이요 진리요 생명이니 나로 말미암지 않고는 아버지께로 올 자가 없느니라 너희가 나를 알았더라면 내 아버지도 알았으리로다 이제부터는 너희가 그를 알았고 또 보았느니라 요 14:6-7

(3) 일반계시와 특별계시

일반계시란 자연적인 계시, 인간의 의식에서 나타나는 계시, 역사를 통하여 나타나는 섭리등을 뜻합니다

> 창세로부터 그의 보이지 아니하는 것들 곧 그의 영원하신 능력과 신성이 그 만드신

만물에 분명히 보여 알게 되나니 그러므로 저희가 핑계치 못할지니라 롬 1:20

일반계시와 달리 특별계시는 다음과 같은 것들이 있습니다.
- 신의 현현
- 신언神言
- 기적

이것을 우리는 '특별계시'라고 부르는데, 물론 오늘날도 하나님의 계시가 있다는 것을 전적으로 부정할 수는 없을 것입니다. 그러나 인간은 죄로 인하여 하나님과 분리되었기 때문에, 하나님의 얼굴을 직접 볼 수 없습니다. 아담이 죄를 지었을 때에 성경은 "여호와 하나님의 낯을 피하여"창 3:8라고 말합니다. 많은 사람들이특히 이단의 교주들이 하나님의 계시를 받았다고 하는데, 이러한 계시의 내용이 대부분 주관적, 자의적, 비성경적이었기 때문에 객관적인 신앙의 표준이 될 수가 없다는 것에 유의하여야 합니다.

특히 성경에서 하나님의 계시를 받은 선지자들의 멧세지는 개인을 위한 내용이나 목적이 아니었으며, 이스라엘 백성이나 교회의 공동체에게 전하려고 하는 지식, 즉 하나님의 멧세지이었다는 것을 우리는 잊으면 안됩니다. 이러한 특별계시는 우리가 하나님을 직접 만날 수 없었기 때문에 항상 주의하여야 할 필요가 있으며, 이러한 내용은 성경을 통하여 검증되어져야만 합니다.

성경도 특별계시입니다. 특별계시가 오직 성경뿐이라고는 말할 수 없지만, 객관적으로 입증된 특별계시는 기록된 성경이 유일하다고 보아야 합니다. 성경은 하나님의 말씀을 받은 사람들의 기록이며, 성령의 감동으로 기록된 책이기 때문입니다.

성경은 그 기록된 말씀 자체가 계시라고 증거합니다. 신약성경의 저자인 사도요한은 자신이 기록한 요한계시록이 주님의 계시라고 말합니다.계 1:1 사도바울도 자신이 전하는 복음이 주님께 받은 계시라고 말하고 있습니다. 갈 1:12, 엡 3:3 또 사도베드로도 계시라고 말합니다.벧전 1:12

즉 예수님의 말씀과 사도들의 말씀을 기록한 것, 그 성경말씀이 곧 하나님의 계시가 되는 것입니다. 구약과 신약성경의 모든 기자들의 기록은 곧 삼위일체 하나님을 만난 사람들의 증언이며 계시입니다. 바꾸어 말을 하자면, 성경이 하나님의 특별계시라는 것을 인정하는 자체가 곧 성경과 다른 계시를 인정할 수 없다는 것이 됩니다. 왜냐하면, 하나님께서는 인간을 위해 하나님 자신의 목적과 뜻의 계시를 성경을 통하여 이미 말씀하셨습니다. 그런데 어떤 사람에게 하나님이 나타나셔서 계시를 한 내용이, 그 역사성과 사실성과 목적성에서 성경과 다르다고 한다면, 그 계시는 거짓이 되기 때문입니다. 만약 하나님께서 성경과 다른 내용의 계시를 하실 필요가 있으셨다면, 그동안 성경을 기록케 하시고 성경을 보존하실 필요가 없었기 때문입니다. 많은 이단교주들이 하나님과 예수님을 만나 성경과 다른 계시를 받았으며, 새로운 계시를 받았다고 주장합니다. 또는 성경을 다르게 해석하여야 한다고 주장합니다. 하나님의 계시가 성경과 다른 내용으로 해석되어야 하거나, 혹은 그들이 주장하는 것과 같이 감추어진 비밀이었다면, 성경은 능히 우리를 구원에 이르게 하는 책이 될 수 없다는 결론이 됩니다.

> 또 네가 어려서부터 성경을 알았나니, 성경은 능히 너로 하여금 그리스도 예수 안에 있는 믿음으로 말미암아 구원에 이르는 지혜가 있게 하느니라 딤후 3:15

특히 성경과 다른 책이나 성경과 다른 개인의 주장을 성경과 동등한 권위로 인정하는 곳은 이단이 됩니다. 예를 들면, 통일교는 원리강론이란 책을, 몰몬교는 몰몬경을 성경과 동등한 권위로 봅니다. 또 여호와의 증인은 자신들이 달리 번역한 신세계역을, 지방교회는 결정성경을 사용합니다. 또한 이단교주들의 교리는 일반 기독교와 다르며, 그들의 성경과 경전은 그들의 교리에 적합하게 맞춘 다른 해석에 근거를 두고 있기 때문입니다.

즉 신세계역은 요한복음1장의 '말씀이 하나님' 이라는 구절을 'a god' 이라고 번역하여 놓았습니다. 즉 예수를 '하나의 열등한 신' 으로 주장하기 위하여, 헬라어 본문에 찾아볼 수 없는 부정관사 'a' 를 추가하였고 God을 소문자 god으로 번역한 것입니다.

또 지방교회 결정성경은 계1:10의 Spirit를 소문자 spirit로 번역하였습니다.

주의 날에 내가 성령에 감동하여 내 뒤에서 나는 나팔 소리 같은 큰 음성을 들으니
계1:10

[NIV] On the Lord's Day I was in the Spirit, and I heard behind me a loud voice like a trumpet.

양태론을 주장하는 지방교회로서, 사도요한이 성령에 감동되어 있을 때에 성령 안에 있을 때에, 뒤에서 예수님이 나타나셨기 때문입니다. 즉 성령과 예수를 한 인격의 양태로 보는 지방교회로서는 성령과 예수가 분리된 이러한 구절을 달리 해석할 필요가 있으므로, 성령은 소문자로 표시한 것입니다. 그들은 성경본문을 "사도요한이 자기 영 안에 있었다"고 이상한 해석을 합니다.

때로는 어느 단체의 지도자나 교주, 목회자의 개인적인 견해와 주장을 교리로 주장하기도 하는데, 예를 들면 안식교는 계시를 받았다는 엘렌화잇이라는 여자 선지자의 주장을 공식 교리로 믿고 있으며, 지방교회의 교리는 모두 워치만 니와 위트니스 리의 개인적인 주장과 독자적인 성경해석에 의존하고 있으며, 신천지 역시 그동안 감추어진 실상이 나타났다고 주장하며 이만희의 개인적인 성경비유를 따르고 있으며 그가 참목자이며 구원자라고 주장합니다. 하나님의 교회는 안상홍이라는 이름을 성경으로 증거하기 위하여 웃을 수도 없는 성경해석을 하며, 장길자라는 여인을 하나님어머니로 증거하기 위하여 황당한 성경해석을 하고 있습니다.

또 몰몬교는 그 교주인 요셉스미스가 모로나이라는 천사에게 받은 것이 황금판이 곧 몰몬경이라고 주장하며, 그들의 비성경적인 교리는 그 몰몬경에 근거를 갖고 있습니다. 물론 그들은 자신들도 성경을 객관적인 진리라고 믿는다고 대외적으로는 말합니다.

실제적인 예를 들어, 몰몬경 니파이서에 기록된 내용을 보면 아래와 같습니다. 그들은 몰몬경이 성경과 다르다는 것을 이미 알고 있으며 그들의 신앙

적인 기준은 성경이 아니라, 몰몬경이 되어지는 것을 알 수 있습니다.

> 성경, 우리는 성경을 가졌도다. 그러므로 다른 성경이 필요하지 않노라고 말할 너희 어리석은 자들아, 유대인이 아니었던들 너희가 성경을 얻을 수 있었겠느냐? 니파이2서 29:6
>
> 그러므로 너희가 성경을 가졌다 하여 그 속에 나의 말이 모두 쓰인 것으로 생각하거나 내가, 또 더 기록하게 하지 않았으리라고 생각하지 말라. 니파이2서 29:10

(4) 오늘날에는 계시가 종결되었는가?

그렇다면 계시의 종결성은 무엇을 뜻할까요? 하나님의 계시가 있다고 할지라도, 기록된 성경과 다를 수 없다는 뜻입니다. 즉 하나님께서 성경을 기록케 하시고 그것을 보존케 하신 이유는, 그 말씀이 곧 하나님의 특별한 계시이기 때문입니다. 예를 들면, 예수님의 말씀과 전혀 다른 내용의 계시를 다시 내려주셔야만 할 필요성이 있었다면, 성경을 보존하고 기록케 하실 필요도 없었을 것입니다. 성경 말씀은 "폐하지 못한다" 요 10:35, 롬 9:6라고 기록되어 있기 때문입니다. 심지어 예수님과 사도들조차도 "성경에 기록된 말씀을 이루기 위하여"라고 자주 말하고 있습니다.

> 내가 교회 일군 된 것은 하나님이 너희를 위하여 내게 주신 경륜을 따라 하나님의 말씀을 이루려 함이니라 골 1:25
>
> 또 이르시되 내가 너희와 함께 있을 때에 너희에게 말한바 곧 모세의 율법과 선지자의 글과 시편에 나를 가리켜 기록된 모든 것이 이루어져야 하리라 한 말이 이것이라 하시고 눅 24:44

어떤 계시의 내용이 개인적인 목적을 가졌다면, 그 계시의 내용을 믿을 수 없습니다. 그것은 마치 하나님이 그 특정한 개인을 위하여 특별한 계시를 주셨다는 의미가 되기 때문입니다. 사도 바울 앞에 나타난 주님의 경우를 들자면, 바울의 주관적이며 개인적인 목적을 위한 계시가 아니라, 그를 이방인의 전도자로 사용하기 위한 목적, 즉 교회라는 공동체를 위한 목적으로 나타나신 것입니다. 바울은 이렇게 말합니다. 즉 하늘의 천사에게 받았다고 할지라도, 사도들이 전한 복음과 다르면 저주를 받는다는 것입니다.

> 그러나 우리나 혹 하늘로부터 온 천사라도 우리가 너희에게 전한 복음 외에 다른 복음을 전하면 저주를 받을지어다 갈 1:8

예를 들어서, 어느 사람이 하나님의 계시를 받았다고 하면서 어느 시간과 때에 예수의 재림이 있을 것이라고 주장합니다. 그 계시는 비성경적인 거짓말이라는 것을 우리는 이미 알고 있습니다. 그 이유가 무엇일까요? 성경은 많은 곳에서 "예수가 언제 오실지 아무도 모른다"고 기록되어 있으며 "도적과 같이 갑작스럽게 임한다"고 성경은 기록하고 있기 때문입니다. 즉 어떤 계시가 사실인지 아닌지는 성경으로 판단되고 검증될 수 있다는 것입니다.

성경과 다른 계시가 거짓이라면, 또 모든 계시가 성경을 통하여 검증되어져야만 한다면, 성경 외에 다른 계시가 왜 필요하느냐는 결론이 되어질 것입니다. 이러한 주장을 성경 계시의 완전성, 종결성, 충족성이라고 합니다.

부자와 나사로의 비유에서 부자는 나사로를 자신의 아버지의 집에 보내어 형제 다섯에게 기회를 달라고 요청하였습니다. 그 때에 아브라함은 죽은 자가 살아 돌아와서 간증을 하는 것보다 모세와 선지자들, 즉 기록된 성경이 있다고 말합니다.

> 이르되 모세와 선지자들에게 듣지 아니하면 비록 죽은 자 가운데서 살아나는 자가 있을지라도 권함을 받지 아니하리라 하였다 하시니라 눅 16:31

2-2 성경은 우리에게 어떻게 전해졌는가?

성경의 역사

혹간 불신자들이나 성경의 권위를 부정하는 사람들의 경우에 성경이 인위적으로 편집된 책이라고 주장하는 사람들이 있습니다. 그러나 이러한 주장은 성경의 역사와 과정을 전혀 모르기 때문입니다.

현재 신약의 사본으로 부분적이나 혹은 전체적으로 발견되어진 헬라어 사본은 모두 합하여 무려 5,000개가 넘는다고 합니다. 그 많은 사본 중에서 놀랍게도 모두 동일한 기록이 거의 없으며 조금씩 차이가 납니다. 그 이유는 모든 성경사본들이 모두 필사본으로 전하여졌기 때문입니다. 필사본을 다시 필사하고, 그 필사본을 다시 필사하고…. 이것을 거듭하는 과정에서 기록들은 조금씩의 차이를 가져올 수 밖에 없었습니다.

지금까지도 수많은 전문가와 학자들이 이 수많은 성경의 사본을 서로 연구 조사하고 비교하여, 보다 원본에 가까운 성경을 찾으려는 시도가 오랫동안 계속되고 있습니다. 이러한 일련의 작업을 우리는 '본문비평' Textual Criticism이라고 부릅니다.

초기의 신약성경 사본은 파피루스에 기록되었는데, 재질적으로 보존상태가 좋지 못하여 현재는 부분적인 단편과 조각으로만 발견됩니다. 그후 AD 300년대가 되어서 비로소 가죽 위에 깨끗하게 성경사본이 책으로 묶여 만들어졌는데, 이를 '언셜체 사본' 이라고 하며 '대문자 사본' 이라고도 합니다. 후기의 헬라어는 약 9세기 이후로 '초서체' 흘림체로 바뀌게 되는데 이것을 '소문자 사본' 이라고 부릅니다.

즉 신약성경의 사본은 (1) 파피루스(P) (2) 대문자 사본(Codex) (3) 소문자 사본, 미너스쿨(MS), 이와 같이 세가지로 크게 분류하고 있으며, 영어 대문자를 약자로 사용합니다. 예를 들어 MS라고 하면 이 사본은 9세기 이후에 필사된 초서체의 소문자 사본을 뜻한다고 생각하시면 됩니다.

이러한 수많은 성경사본을 서로 비교하고 연구하며 검토함으로써, 보다 원문에 가깝게 접근하려는 것이 바로 본문비평입니다. 전문가들은 더욱 많은 사본을 서로 비교하고 연구함으로서 우리는 좀더 원문에 접근할 수가 있습니다. 이러한 본문비평의 기준은 개인마다 다르며 때로는 고도의 전문성을 필요로 하지만, 글리슨 아셔의 제안이 가장 일반적이라고 알려져 있습니다. 성경의 유래, 노오만가이슬러. 윌리엄닉스 공저, 생명의말씀사, 211쪽

1. 더 오래된 문헌이 우선적이다.
2. 보다 난해한 문헌이 우선적이다.
3. 보다 짧은 문헌이 우선적이다.
4. 상위본을 가장 잘 설명해 주는 문헌이 우선적이다.
5. 가장 광범위한 지역적 뒷받침이 우선적이다.
6. 저자의 문체와 용어가 일치하는 문헌이 우선적이다.
7. 교리상으로 편견을 노출시키지 않는 문헌이 우선적이다.

현재 본문비평의 외적증거는 크게 세 가지의 기본 문제, 즉 연대별, 지역별, 계보별 기준으로 봅니다. 예를 들자면, 몇가지의 계열의 사본 중에 어떤 것이 원문에 가깝느냐는 것을 결정하는 것은 대단히 어려운 일입니다. 이러한 본문비평을 위하여 발견된 모든 헬라어 사본과 또 다른 언어로 번역된 고대번역판(시리아어, 라틴어, 콥트어등과 초대교회 교부들에 문헌에 의해 인용된 신약의 구절등을 참고하기도 하며, 때로는 초대교회에서 사용하던 성구집등을 참고하기도 합니다. 어쨋든 보다 원문에 가까운 성경을 찾으려는 노력은 지금도 계속되어지고 있으며, 지금이라도 확실한 본문비평적인 증거를 찾는다면 성경은 새로 번역되어질 수가 있을 것입니다. 그러면 이러한 본문비평에서 중요한 가치를 갖는 성경사본들에 대해서 알아보겠습니다.

바티칸 사본(Codex Vaticanus, B사본)

17세기 이후에는 킹제임스 영어성경의 독주 시대였습니다.

그렇다면 왜 권위있는 킹제임스 성경외에 또 다른 성경번역이 필요하게 되었을까요? 1475년 바티칸 학자들은 바티칸도서관에서 오래된 도서들을 정리하고 분류하다가 한 사본을 발견하게 됩니다. 이 사본이 양피지에 기록된 대문자체 중에 가장 오래된 사본으로 판명되는데, 이 연대는 4세기 경, 즉 AD 325-350년경으로 밝혀집니다. 이 사본을 '바티칸사본'이라고 부르는데, 이 사본은 헬라어로 번역된 70인역으로 대부분의 구약과 신약, 일부 외경까지 포함하여 거의 완벽한 책의 형태를 갖고 있었습니다.

70인역LXX이라는 것을 간략하게 설명드리자면, 유대인들이 나라를 잃고 디아스포라를 겪으면서, 히브리어를 사용하는 유대인들이 다른 언어인 헬라어를 사용하게 됩니다. 그래서 기원전 250년경 이집트의 왕인 프톨레미 2세의 명령에 따라 히브리어로 기록된 성경을 헬라어로 번역한 것을 말합니다. 즉 간략하게 설명하자면, 히브리어로 된 성경을 헬라어로 번역한 것을 가르킵니다.

이 바티칸 사본은 거의 완벽한 칠십인역으로서, 거의 대부분이 온전하게 보존되어 있었습니다. 신약에서는 마가복음 16:9-20과 요한복음 7:58-8:11이 누락되어 있었는데, 그 외에는 거의 완벽한 보존을 하고 있었다는 점에서, 학계에 비상한 관심을 불러 일으키게 됩니다. 이 사본이 그 당시에 발견된 가장 오래된 대문자 사본으로, 일명 B사본Codex B이라고 불리워지며, 전 세계의 성경학자들의 관심을 집중시키게 됩니다.

시나이 사본(Codex Ainaiticus, Aleph)

또 그후 19세기 중엽에 성경사본의 역사 중에서 가장 극적이고 중요한 일이 벌어지게 됩니다. 독일의 성경학자인 티센도르프가 1844년에 시내산에 있는 성캐더린 수도원에 묵고 있을 때에, 그 방에서 성경 양피지 43매와 난로의 불을 붙이는데 사용되는 불쏘시개 중에서 헬라어로 번역된 70인역의 일부분인 역대상, 예레미야, 느헤미야, 에스더등을 발견하게 됩니다.

이 양피지의 출처를 묻는 티센토르프에게 성캐더린 수도원의 수도사는 "많이 있었는데 이미 불쏘시개로 많이 태워 버렸다"고 말하였다고 합니다. 티센도르프는 이 사본을 독일로 가져와 번역하여 이 사본에 관한 책을 출간하게 됩니다. 그 후 1859년, 그는 다시 수도원을 방문하여 거의 완전히 보관된 300년대에 필사로 기록된 사본을 발견하는 금세기 최대의 쾌거를 이루게 됩니다. 물론 티센도르프로를 통하여 그 양피지가 중요한 것임을 알게 된 수도사들은 더 이상 그에게 양피지를 내놓지 않았는데, 티센도르프가 자신이 발간한 사본의 책을 어느 한 수도사에게 선물하자, 그 수도사도 자신이 갖고 있는 한 권의 완벽한 성경 필사본을 티센도르프에게 보여 주었다고 합니다. 티센도르프는 그날 밤을 새워 그 성경 필사본을 읽는데, 훗날 그는 "잠을 자는 것은 신성을 모독하는 것 같았다"라고 고백할 정도였다고 훗날 증언합니다. 다음날 티센도르프는 그 사본을 돈을 주고 사려고 했으나, 그 수도원 측은 그것을 거부하였고, 결국 티센도르프는 수도원에서 차용증을 써주고 그것을 잠시 빌려오게 됩니다. 훗날 수도원측은 티센도르프가 성경을 잠시 빌려간다고 서명날인한 문서를 제시하며, 차용한 것이므로 돌려달라고 대영박물관에 강력히 주장하게 됩니다

이 사본이 '시나이사본'이라고 불리우는데, 마가복음 16:9-20, 요한복음 7:58-8:11을 제외한 신약성경 전체와 바나바 서신서와 헤르마스 목자서를 제외한 구약의 외경과 구약70인역의 절반 이상이 기록되어 있었습니다. 티센도르프는 이것을 갖고 와서 러시아 황제에게 선물하였고, 그 댓가로 성캐더린 수도원은 러시아 황제로부터 훈장과 약간의 돈을 받았을 뿐이었습니다. 훗날 러시아는 혁명 후 재정이 궁핍하여지자 돈이 필요하였고 성경에는 관심이 없었으므로, 이것을 영국에 팔기로 작정하였고, 영국정부는 1933년 크리스마스 전날에 러시아로부터 십만루블US$ 500,000에 그 사본을 사들여 현재 대영박물관에 보관되어 있다고 합니다.

중립 본문에 입각한 성경 발간의 필요성

이 시나이 사본은 많은 성경학자들의 관심을 집중시키게 되는데, 앞서 언급한 바티칸 사본B사본과 매우 유사한 내용을 갖고 있으며, 그 뒤에 발견된 알렉산드리아 사본A사본, 대영박물관 보관과 에브라임 사본C사본, 파리국립박물관 보관등과 함께 '알렉산드리아 계열의 사본'이라고 불리워지는데, 이러한 사본과 킹제임스성경에 차이점이 발견됨에 따라, 킹제임스 성경에 이어 다른 성경번역본을 발간하는 필요성에 대한 논의가 되기 시작한 것입니다.

이 알렉산드리아 계열의 헬라어 성경사본은 어떤 계열로 치우치지 않았다고 하여 '중립본문'이라고도 불리워지며, 우리가 지금 보는 개역성경과 NIV 영어성경의 근본이 되며, 그 신약성경의 본문비평은 성경학자인 티센도르프, 웨스트코트, 호르트등이 이루어 놓은 작업으로, 그 외에도 많은 자료들을 총괄하여 검토한 결과, 알렉산드리아 계열의 사본 본문이 발간된 것입니

다.

　최근에는 이집트 땅속에서 파피루스 더미가 발견되었는데, 체스터비티 파피루스라고 불리는 더미에서 신약의 많은 부분이 포함되어 있는데, 이 연대는 놀랍게도 AD 200년대로 보며, AD 125년경으로 추정되는 라일란드 파피루스는 비록 그 분량은 작지만 신약본문에 대한 아주 가치있는 증거자료가 됩니다. 이것도 알렉산드리아 계열의 본문과 일치하며, 보드머 파피루스라고 불리는 요한복음 본문들도 알렉산드리아 계열의 본문을 중립본문으로 증거하여 주고 있었습니다.

　이러한 고대사본들의 발견이 킹제임스 외에 또 다른 성경의 발간을 필요로 하였던 것입니다. 킹제임스 성경과 이 알렉산드리아 계열의 사본들이 적지 않은 차이점을 갖고 있다는 것이 성경학자들의 본문비평의 결과였기 때문입니다.

　물론 이러한 최근에 발견된 사본들로부터 원문에 더욱 접근하려는 본문비평은 아직도 계속되고 있습니다. 만일 최근에 발견된 알렉산드리아 계열의 사본보다 다 연대가 오래 되고, 더 보존상태가 좋으며, 더 많은 중립적인 성경사본들이 발견된다면, 당연히 또 다른 성경의 발간이 필요하게 될 것입니다. 그러나 이제는 성경원본이 있다고 할지라도, 지금의 번역 성경과 거의 차이점이 많지는 않을 것이라고 학자들은 말합니다. 1881년 본문비평작업에 직접 참여한 웨스트코트와 호르트는 이렇게 말하고 있습니다.

> 비교적 사소한 것들을 제쳐 둔다면 우리가 생각하기에 여전히 의심을 받고 있는 표현들은 전체 신약성경의 0.1%도 미치지 못할 것입니다. 레어드 해리스, 성경이란 무엇인가, 84쪽

　그러나 세계 최고의 신약성경사본을 티센도르프에게 빌려주었다가 그만 빼앗긴 성캐더린수도원은 얼마나 억울하였을까요? 그것을 돈으로 환산할 수는 없겠지만, 과연 그 가치는 어느 정도일까요? 우리나라 돈으로 환산하여 6억원이란 돈으로 대영박물관은 그 사본을 러시아정부로부터 사들였는

데, 그 당시의 화폐가치로 본다면, 아마 10배 이상의 환차가 있다고 보아야만 할 것인데. 그렇다면 60억원 이상의 가치일 것이고 실제로는 그보다 훨씬 높은 가치일 것으로 추정합니다.

그런데 그 후 1975년 9월, 수도원 측은 보수공사를 하기 위하여 한쪽 벽을 허물고 공사를 하던 중에, 벽과 벽 사이의 작은 틈에서 거의 완전하게 보존된 성경을 무려 수십 상자를 발견하게 되는 사건이 있었다고 합니다. 수도원 측은 이것을 외부세계에 극비로써 엄격히 통제하였으나, 1977년 독일의 한 신문이 이 사건을 알게 되어 기사화한 후로부터 외부로 알려졌으며, 그로부터 수도원측은 이 성경사본들을 철저히 경계하며 삼엄하게 보관하고 있습니다.

세계적으로 유명한 대학교의 교수나 학자들에게만 사전에 특별한 예약이 있으면 짧은 시간을 제한하여 단지 구경만 할 수가 있을 뿐이며, 현재는 보존을 위하여 마이크로 필름으로 제작하여 공개할 예정이라고 합니다.

이 수도원은 551년에 세워진 동방정교측의 수도원으로서, 현재 3,000점의 고대성경사본과 5,000권 이상의 희귀한 성경사본을 보관하고 있는 곳으로 유명하며, 세계에서 바티칸에 이어 두 번째로 귀한 성경사본과 성화, 유물등을 많이 보관하고 있는 곳으로 유명합니다.

킹제임스 성경과 NIV 성경

1600년대 초, 영국의 국왕 제임스1세는 레이놀즈라는 학자의 주장을 전적으로 수용하여 성경을 영어로 번역하도록 하는데, 그 왕의 이름을 따서 그 번역본을 '킹제임스역' 이라고 부르게 됩니다.

현재 우리가 보는 알렉산드리아 계열의 사본이라고 불리는 성경이 출간되기 전까지 킹제임스성경KJV. 흠정역은 가장 권위가 있었으며, 특히 그 언어적인 표현은 매우 뛰어난 것으로 평가 받았습니다. 물론 현재 우리가 사용하는 킹제임스는 1611년에 인쇄된 것과 일치하지 않습니다. 17세기 초의 영어가 너무 고어古語이었으므로 그동안 많은 개정을 거듭하였습니다.

이 킹제임스 성경이 번역한 구약의 사본은 코이네사본Koine. Common라고 불리는 계열의 사본을 번역한 것이었으며, 헬라어 신약사본들은 단지 몇권의 사본이며, 대부분 후기의 것이었고, 공식적으로 널리 알려져 있지 않은 사본이었다는 것이 일반적인 견해입니다.

1885년에는 영어개역English Revised Version과 1901년에 미국표준역American Standard Version이 출간되었으며, 신약성경의 번역자들은 가장 최근에 발견된 헬라어 사본들로 본문비평을 하여 출간하였습니다. 그러나 단점으로는 영어 어순보다는 히브리어나 헬라어 원어의 어순을 그대로 번역하였기 때문에, 다소 거칠고 매끄럽지 않은 언어적 표현이라는 평을 받았습니다. 그래서 후에 새개정표준역New Revised Standard Version이라고 하는 영어성경이 출간되었으며, 그 영어의 표현은 현대적이며 훌륭한 번역을 하였다고 평을 받지만, 구약본문에서 번역상 신뢰도가 떨어진다는 평을 받게 됩니다.

그래서 마침내 다시 출간된 번역본이 NIV라고 불리는 국제역New International Version입니다. NIV 영어성경은 많은 훌륭한 복음주의 학자들에 의해서 번역되어졌습니다. 이것이 본문에 가장 충실하다는 평을 받게 되며, 오늘날 우리가 널리 받아들이는 영어성경 번역본이 되며, 한글 개역성경과 같은 종류의 번역본이 되어진 것입니다.

TR 본문과 킹제임스

우리는 킹제임스에 대해서 논하기 전에 먼저 TR 본문이라는 것에 대해서 알아야만 합니다. 킹제임스는 TR 본문을 영어로 번역한 성경이기 때문입니다. TR의 기원은 중세의 인문주의자요, 신학자인 에라스무스Erasmus: 1469-1536에서 시작됩니다. 그 당시까지 시중 판매용으로 제작된 헬라어 성경은 없었습니다. 그래서 어느 인쇄업자의 제안으로 에라스무스는 많은 돈을 받기로 하고 헬라어 성경 편집 작업을 하였으며, 영국의 케임브리지 대학과 스위스 바젤에서 헬라어 사본을 수집하려고 하였지만, 실망스럽게도 12세기 경의 것으로 발견된 사본 몇권 밖에는 입수하지 못했습니다. 그 뿐만 아니라 그가 입수한 사본 가운데 요한 계시록을 포함하고 있는 사본은 단 한 권뿐이었고, 그것도 마지막 6절을 포함하고 있지 않았습니다. 그래서 에라스무스는 부득이 라틴어 불게이트Vulgate 성경에 있는 그 부분을 다시 라틴어에서 헬라어로 번역하므로서, 헬라어 성경을 시중에 발간하게 된 것입니다.

에라스무스의 헬라어성경이 1515년 10월2일에 시작된 인쇄가 1516년 3월 1일에 완성되었습니다. 1,000 페이지 가량 되는 방대한 작업을 너무 급히 인쇄했기 때문에 초판은 오자가 엄청나게 많았지만, 그럼에도 불구하고 그의 헬라어 성경 출판은 성공적이었다고 합니다. 에라스무스의 헬라어 성경은 그 후에도 스테파누스, 베자, 엘제비르등을 통해 여러 차례 개정되어지는데, 특히 엘제비르 형제는 그들이 개정한 2판1633 서문에서, 다음과 같이 기록하게 됩니다.

　　이제, 우리는 보편적으로 수용되고 있는 본문을 가지게 되었다.

여기에서 '보편적으로 수용되고 있는 본문' Textus Receptus: 표준 원문, 공인 본문이라는 용어가 사용되었던 것입니다. 즉 킹제임스성경이 마치 누구나 인정하는 공인된 표준원문TR이라고 주장하는 것은 우스운 일입니다. 즉 TR이라는 용어는 킹제임스가 아니라, 에라스무스의 헬라어 성경을 엘제비르 형제라고 하는 사람이 개정하여 발간한 책의 스스로 쓴 광고 서문이었을 뿐입니다.

한마디로 요약하자면, 킹제임스 성경은 그 역사가 오래 되고 권위가 있는 사본에서 번역된 것이 아니라는 것입니다. TR본문이 12세기의 것으로 알려진 몇 개의 사본에서 번역을 한 것이기 때문입니다. 즉 1611년에 번역된 킹제임스 성경은 그 당시 전혀 새로운 성경이 아니라 이전의 번역판을 개정한 것뿐이었고, 제임스 왕이 그 권위를 인정했다하여 흠정역Authorized Version이라고 불리운 것입니다. 이 성경이 아름다운 번역으로 오랫동안 사용되어 온 것은 사실이지만, 그 제한적인 사본으로 인하여 성경 번역의 정확성과 성경의 원뜻을 정확하게 나타내지 못하였다고 평가됩니다.

반면에 우리가 보는 개역성경과 NIV 영어성경은 시내 사본과 바티칸 사본등의 사본과 가장 최근에 발견된 많은 사본들을 참고하고 비교하여 번역한 것으로, 최소 AD 300년경의 연대를 갖고 있으며, 거의 완벽하게 보존된 사본에서 번역된 것으로서 중요한 가치가 있는 것입니다. 물론 몇권의 사본에서 번역된 것이 아니라, 상당히 많은 사본에서 서로 비교, 연구되어지며, 당대의 성경학자와 언어학자등 전문가들이 대거 참여하게 됩니다.

성경학자 죠지 래드George Ladd는 다음과 같이 말합니다.

> 이른바 흠정역이라는 것도 사실상 그 자체는 그 이전의 번역판들을 개정한 것으로 1611년 제임스 왕이 권위를 인정한 것으로 Erasmus의 그리스어 텍스트를 기초로 한 것이다. 에라스무스가 사용할 수 있었던 것은 겨우 6개의 후기의 빈약한 그리스어 사본 뿐이었으므로 많이 애용되어 온 흠정역에 있는 재료는 3세기 이상이나 영어를 사용하는 세계의 성경으로는 매우 불명확한 것이다. 사실상 Erasmus도 그 가치를 인정하지 않았기 때문에 가장 좋은 그의 사본도 전부 사용하지 않았다…. 만일 Erasmus가 그것시내산 사본을 볼 수 있었다면, 지금의 흠정역 성경은 의심할 여지없이 좀더 정확한 텍스트가 되었을 것이다. George E. Ladd, The New Testamentand Criticism

좀 더 구체적이고 정확한 평가를 하기 위해서 메쯔거의 '사본학' 이라는 책을 참고하겠습니다.

> 에라스무스는 전부 헬라어로 된 성경사본을 찾지 못했으므로 신약의 여러 부분에 대해 몇몇 사본을 사용했다. 대개의 본문을 위하여 그는 바젤의 수도인 수도원에 있는 질이 좀 떨어지는 두 사본에 의존하였는데, 이들은 복음서 중 하나와 사도행전과 서신들 중의 하나로서 둘다 12세기의 것이었다. 에라스무스는 이것들을 두세 개의 다른 책들과 비교하였고 헬리어 사본의 선과 선 사이나 여백에 인쇄자를 위하여 경우에 따라 교정을 하였다. 계시록을 위해서는 12세기의 단 한권의 사본 밖에 없었는데, 그는 그것을 그의 친구 로이힐린에게서 빌렸다. 불행히도 이 사본은 그 책의 마지막 6개 구절들이 있는 마지막 장이 빠지고 없었다. 이러한 구절들을 위해서 요한계시록의 헬라어 본문이나 그리스어 주석으로

사본이 보충된 책에는 곳곳에 있는 몇몇 다른 구절들이 거의 분간 할 수 없도록 혼합되어 있는 것같이, 에라스무스는 라틴역에 의존하여 이 본문을 헬라어로 번역했다. 그러한 절차에서 기대된 것과 같이 여기저기에 에라스무스 자신이 만든 헬라어 본문은 어떤 알려진 헬라어 본문에서도 한번도 볼 수 없는 이문異文들이었다. 그러나 그러한 것은 소위 말하는 헬라어 신학의 텍스투스 리셉투스 Textus Receptus라는 인쇄물에서 오늘날에도 계속하여 영속되고 있다.사본학, 브루스 M. 메쯔거 저, 124쪽, 기독교문서 선교회

킹제임스가 '변개되지 않은 유일한 성경' 이라고 주장하며, 다른 번역성경이 사탄이 변개한 성경이라고 주장하는 말씀보존학회성경침례교회와 그 밖에 몇몇 유사한 단체들의 주장이 얼마나 황당한 것인지 우리는 성경사를 통하여 정확히 알 수 있습니다. 그들은 철저한 이기주의로 뭉쳐있는 배타주의와 교리주의에 사로잡혀 있는 독단적인 집단으로 위험한 단체입니다. 마치 자신들이 하나님의 성경원본을 갖고 있는 것같이 자신이 번역한 성경 외에는 모두 사단이 변개한 것이라고 말합니다. 아래 글을 통하여 그들의 배타적이며 독선적인 정체를 짐작 할 수 있습니다.

초대 교회 이후로 사탄은 수많은 거짓 신학자들을 일으켜서 성경을 변개시켜 놓고, 그 성경이 올바른 하나님의 말씀이라고 속여 왔다. 사탄의 추종자들이 한결같이 변개된 성경을 하나님의 말씀이라고 변증하며 그들의 교회와 신학교에서 가르쳐 왔다는 사실을 우리는 신약 교회사를 통해서 알 수 있다. 이들은 변개된 성경과 변개되지 않은 성경을 놓고, 어떤 성경이 참다운 하나님의 말씀이냐고 할 때, 늘 변개된 성경을 하나님의 말씀이라고 했다. 말씀보존학회 한글킹제임스성경 서문

성경의 장과 절

더욱이 킹제임스에 있는 본문을 개역성경이 누락시켰다고 하는 일부의 극단적인 주장은 성경의 역사를 조작하는 고의적인 거짓말입니다. 특히 말씀

보존학회라는 곳에서 개역성경에 2천여개의 고의적인 누락이 있다고 주장하였습니다. 그 예를 들어보면, 개역성경 사도행전 8장37절을 보면 [없음]이라고 되어있는데, 그러나 킹제임스 한글성경 사도행전 8장37절에는 "빌립이 말하기를 만일 당신이 마음을 다하여 믿으면 합당하니라고 하니 그가 대답하기를 나는 예수 그리스도가 하나님의 아들인 것을 믿나이다 하더라"라고 기록되어 있습니다. 그러나 권위있는 사본들과 대부분의 사본들은 이러한 구절이 기록되어 있지 않았기 때문에 개역성경은 행8:37을 [없음]으로 표시한 것입니다. 그런데 말씀보존학회의 주장은 개역성경이 수많은 성경구절을 [없음]으로 하여, 고의적으로 누락시켰다는 것입니다. 이러한 주장은 독선이 아니라, 무지에 가깝습니다. 우리가 그들과 동일한 주장을 한다면, 킹제임스는 없는 성경구절을 고의적으로 삽입시킨 것입니다.

다른 예를 들면, 마태복음 17장 21절을 찾아보면, 본문이 있어야 할 곳에 본문은 없고, 그 대신에, 괄호가 쳐있고 그 괄호 안에 [21절 없음]이라는 설명이 있습니다. 그리고 "난외주 1번을 보라"는 내용이 있습니다. 난외주 1번을 보면, [어떤 사본에, 21절 "기도와 금식이 아니면 이런 유가 나가지 아니하느니라가 있음"] 이라고 적혀 있습니다. 즉 어떤 소수의 사본에만 있다는 것을 친절하게 설명하고 있습니다.

성경에 오늘날과 같이 장Chapter과 절Verse이 구분된 것은 훨씬 후대에 이르러서부터입니다.

현재의 모습으로 장과 절의 구분을 한 사람은 대체로 영국교회의 켄터베리 대주교였던 랭튼Langton일 것으로 추측하기도 하며, 혹은 스테파누스Stephanus가 신약성경을 절로 구분하여 1551년 스위스 제네바에서 출판했다고 전해집니다. 신구약 성경 모두에 장과 절이 붙여져 처음 출판된 해는 1555년이며 스테파누스의 라틴역 불가타 성경이라고 보며, 오늘날의 성경은 1560년판 제네바 성경의 장절의 구분을 받아들이고 있다는 것이 정설입니다.

당연히 17세기에 발간된 킹제임스가 현재의 성경보다 먼저 번역되어 있었으며, 그 성경에 장과 절이 이미 표시되었던 것입니다. 그런데 현재 우리가 보는 성경은 그보다 훨씬 후에 번역되었습니다. 즉 킹제임스가 미리 번역해 놓은 그 장과 절에 있는 구절이 권위있는 사본에는 없었던 것입니다. 그렇다고 하여 장과 절을 하나 앞으로 당기자니 기존 성경의 장과 절이 모두 바뀌어야만 하니, [없음]이라고 표시를 할 수 밖에 없었던 것입니다.

구약성경의 사본

신약성경에 비하여 연대가 오래된 구약성경의 사본은 사실 거의 없는 실정입니다. 유대인들이 성경을 필사할 때에 거의 실수나 오류가 없도록 극도의 주의를 기울이며 최선의 노력을 기울였기에, 필사본에 의한 오류가 극히 적다는 것입니다.

신약과 달리, 이 구약성경 사본을 필경하는 전문 필경사가 있었다는 것도 오류가 적다는 이유를 입증하여 줍니다. 성경필경사는 성경을 필사하고 있는 도중에 왕이 들어와도 그것을 중단하지 않았다고 전하여 집니다. 유대인들에게 구약성경 자체가 곧 거룩한 유일신 여호와의 말씀이기 때문에 신중에 신중을 거듭하였으며 낡아지고 파괴되어진 성경은 그 자체가 모독적이었으므로, 그들은 그 성경을 필사하였을 때에 낡고 상한 성경을 폐기처분시켜 나갔기에, 사본의 발견이 용이하지 않았던 것입니다.

가장 권위가 있는 구약의 맛소라사본이 AD 10세기 이전의 것이 단지 몇 편에 지나지 않으면서도 권위를 갖고 있는 이유가 바로 그것에 있습니다. 또한 이 맛소라 사본의 완전성을 지지하여 주는 다른 이유는, 주전 3세기와 2세기 사이에 제작된 70인역과 비교할 수 있기 때문입니다.

즉 70인역은 히브리어를 헬라어로 번역한 구약성경이며, 예수님과 사도들이 직접 사용한 성경이라는 점이며기원전 250년경부터 번역되어 그 당시 유대인들에게 널리 사용되었으므로, 또 실제로 예수님과 사도들이 신약성경에서 인용한 많은 구약의 헬라어 구절은 이 70인역의 본문과 일치하기 때문입니다.

그런데 히브리 구약성경사본은 10세기 이전의 것이 거의 발견되어있지 않고 있습니다. 그렇기 때문에 앞서 말한 바티칸사본이나 시나이사본은 AD 4세기의 연대를 가지므로서, 신약뿐 아니라 구약에서도 아주 중요한 가치가 있는 것입니다.

구약성경은 히브리어일부는 아람어로 기록되어 있습니다. 그러나 신구약 중간 시대에는 헬라어가 공용어로 사용되었고, 또 각지에 흩어진 유대인들과 유대 경전을 연구하는 이들에게 헬라어 구약 성경의 필요가 절실하게 요청되었던 것입니다. 그리하여 히브리어로 된 구약 성경을 헬라어로 번역한 것이 바로 70인역LXX입니다. 이것은 유대인들이 많이 살고 있던 알렉산드리아 지역에서 번역이 되었는데, 전승에 의하면 프톨레미 필라델푸스 왕BC 285-246의 요구로 70인의 장로들이 번역에 참여했다고 전해지기도 하고, 또 12지파에서 6명씩의 장로들이 대표로 선택되어 72명이 모여 70일 만에 번역을 마쳤다고 전해지기도 합니다. 그러나 히브리어 구약성서가 모두 그리스어로 번역되기까지는 그 후 한 세기 이상이 걸렸다고 봅니다. 적어도 기원전 1세기까지는 구약성경의 번역이 완료되었으리라고 보며, 기독교의 전파에 큰 비중을 차지하였을 것입니다.

그 후 기독교가 칠십인역을 자기들의 성경으로 받아들이면서부터 반대로 유대교에서는 칠십인역을 버리고 자기들의 히브리어 본문 성서를 택하는 일이 나타났습니다. 제 2성전 파괴 이후, 히브리어 본문과 칠십인역 사이의 차이점들이 나타나게 되자, 헬라어로 구약을 읽던 이들 쪽에서는 최신 히브리어 본문을 대본으로 하는 새로운 번역의 필요성을 느끼게 되었던 것입니다.

오리겐의 헥사플라(Hexapla)

AD 230-240년 경에 가이사랴에서 활동을 하던 알렉산드리아의 신학자 오리겐Origen이 '여섯본문 대조성서'를 편집하였는데 이것이 '헥사플라' Hexapla라고 불리는 것입니다. 즉 1 히브리어 본문 2 히브리어 본문의 헬라어 음역 3 아퀼라역 4 심마쿠스역 5 칠십인역 6 테오도션의 개정역등 그당시 사용되었던 여섯가지 성경역본을 서로 대조하고 비교한 것을 말합니다.

오리겐은 이 여섯권의 성경을 서로 평행으로 편집하여 서로 비교해 볼 수 있게 하였습니다. 물론 오리겐의 주요 관심은 다섯째 난의 칠십인역이었습니다. 그는 칠십인역 본문을 히브리어 본문과 비교하여, 히브리어 본문에는 없는데 칠십인역에만 있는 첨가된 본문에는 의구표疑句標를 하였고, 히브리어 본문에는 있는데 칠십인역에 그 본문이 번역되어 있지 않는 곳에서는, 다른 그리스어 번역에서 그 부분을 가져와서 칠십인역에 삽입시키고 앞뒤에 의구표 표시를 붙여 놓았다고 합니다. 그러나 역사적 문헌의 기록으로 보면, 아쉽게도 헥사플라의 원본은 600년 경까지는 존속되었던 것 같으나, 오늘날에는 부분적인 단편만 남아 있습니다. 만약 그 헥사플라가 지금 발견된다면 그 가치는 어마어마할 것입니다.

헥사플라는 주후 240년에서 245년경에 완성되었다고 합니다. 헥사플라의 칠십인역은 주후 300년 경 팜필루스주후 310년에 순교와 가이사랴 감독 유세비우스주후 338년 사망에 의하여 가이사랴에서 필사되어 사용되었다고 합니다. 현재 바티칸사본과 시내사본은 이 유세비우스가 필사한 칠십인역중에 하나라고 주장하는 학자도 있습니다.

사해사본(Dead sea scrolls)

1947년 3월, 모하메드 아디브란 아랍의 양치기 소년이 여리고 남쪽 사해 서편에서 잃어버린 염소를 찾다가 여태껏 발견되지 않았던 수직동굴을 발견하게 되고, 혹시 그 구멍에 염소가 빠지지 않았는가 생각이 들어 돌을 던져보게 되는데 항아리가 깨지는 소리를 듣게 됩니다. 호기심이 들어서 그 동굴 입구를 찾게 되고, 그곳에서 고대 히브리어가 기록된 몇 개의 가죽 두루마기를 찾게 됩니다. 그 양치기 소년은 몇푼의 돈을 받고 그 가죽 두루마기를 한 아랍의 골동품 상인에게 팔았고, 1947년 11월23일, 아랍상인은 그것을 귀한 가치의 성경사본임을 알게 되었고, 그것을 팔기 위하여 성경학자를 찾던 중, 히브리대학의 수케닉이라는 교수에게 전화를 걸어 그를 접촉하게 됩니다. 그 당시는 전쟁이 있었던 시기였으므로, 수케닉 교수는 철조망을 사이에 두고 그 아랍상인을 만나서 그 두루마기를 구입하게 되며, 그 두루마리를 구입한 후에, 수케닉 교수는 훗날 누군가에게 4개의 두루마기가 미국에 있다는 전화를 받게 됩니다.

수케닉 교수는 1953년 죽고, 마침 수케닉 교수의 아들, 야딘이 아버지의 뒤를 받아 고고학자가 되어 1954년 미국에 건너가게 되었다가, 아버지의 염원이며 꿈이었던 그 4개의 두루마리에 대한 소식을 듣고 그것을 25만달러에 흥정하여 구입을 눈앞에 두게 됩니다. 그러나 그러한 거액의 돈이 없었던 그는 이스라엘 정부에 급히 전보를 치게 되며, 이스라엘 수상으로부터 "이스라엘 정부에서 지불을 보증할 것"이라는 전보문을 받음으로, 마침내 그것을 구입하게 됩니다. 야딘이 구입한 이 사본들은 현재 사해사본 박물관의 '책의 전당'에 소중히 보관되어 있습니다. 수케닉과 그의 아들 야딘의 성경에 대한 성경말씀에 대한 열정과 집착은 감히 본받을만 합니다.

그로부터 학자들은 1956년까지 11개의 동굴을 정밀하게 탐사하여 수천 개의 필사본 단편을 포함하여 대략 600부의 성경필사본을 발견하게 되며, 구약성경사에 한 획을 긋는 엄청난 발견이 시작되어 집니다. 그 동굴은 유대인의 한 종파인 엣세네파의 도서실로 판명되어지는데, 그들은 서기전 1세기부터 공동체를 이루어 생활하던 소위 종말론자들이었습니다. 이들은 결국 AD 68년 로마에게 멸망 당하는데, 이들은 로마가 쳐들어오자 구약성경과 문헌들을 질그릇항아리에 넣어 동굴 속에 감추어 놓은 것입니다.

현재 히브리어 구약성경 사본은 서기 10세기의 것이 가장 오래된 것인데, 이 사해사본은 구약의 역사를 약 1천년을 앞당긴 희대의 발견입니다. 이 사해사본에는 BC 4세기경의 것으로 보이는 사무엘 단편도 발견되어지며, 주후 1세기의 연대의 것입니다. 이 사해문서가 발견된 직후, 많은 기독교와 유대교의 학자들은 현재의 성경이 '혹시 조작되고 변질될 수도 있는 가능성' 때문에 상당히 두려운 마음을 갖었다고 합니다. 사해문서의 조사에 참여한 아셔라는 학자는 "제1동굴에서 찾은 이사야서는 지금의 성경과 95%가 동일하며 그 5%의 다른 점도 대부분 약 일천 년간에 걸쳐 변화되어진 철자법의 차이로 야기된 것"이라고 말하고 있으며, 밀러 부로우스는 그의 저서 '사해두루마리The Dead Sea Scrolls'에서 "거의 일천년이나 되는 기간에서 변경된 것이라고는 거의 미미할 정도"라고 감탄하고 있습니다.

많은 안티기독교와 이단들이 성경이 조작되었고 편집되었다고 주장을 하여 왔지만, 하나님의 말씀은 이렇게 하나님의 섭리 가운데 보존되어 왔던 것입니다.

3 정경, 외경, 위경

1) 외경이 정경에 포함되는가?

'정경'正經은 영어로 'Cannon'이라고 하며, 헬라어로는 '카논'인데, 다음과 같은 뜻을 갖고 있습니다.
(1) 갈대, 막대기(자막대기)
(2) 교회 회의의 권위있는 결정, 법
(3) AD 350년 이후에 결정되어진 정경, 즉 구약39권과 신약27권

그렇다면 과연 언제부터 우리가 지금 보는 성경이 정경화되었을까요? 안티기독교와 몇몇 이단들은 정경이 인위적으로 회의를 통하여 정하여진 것이라고 비난합니다. 그러나 성경의 정경화는 인위적인 회의를 통하여 갑자기 이루어진 것이 아닙니다.

주후 140년 경에 마르시온이라고 하는 영지주의자가 나타나 누가복음과 사도행전, 바울의 서신 10권, 그리고 자신이 쓴 '대구'對句라고 하는 책을 정경이라고 주장하였습니다. 그래서 초대교회 교부들은 정경화의 필요성을 인식하게 되었던 것입니다.

그후 오리겐250년경 사망과 유세비우스270-340년등이 주축이 되어 성경의 정경화를 본격적으로 추진하였고, 그후 오랜 시간동안 정경화 과정이 거론되었으며, 약 367년에 아타나시우스에 의하여 오늘날의 신약 정경 27권이 확립되었습니다. 이것이 397년 히포레기우스 회의에서 공식으로 확정되어집니다.

2세기에서 4세기말로 연대를 측정하는 신약성경의 목록집이 시리아에서 발견되었습니다. 그 목록에는 베드로후서, 요한이서, 요한삼서, 유다서, 계시록을 제외한 신약전부가 포함되어 있었습니다. 또한 초대교회에서 사용되던 구라틴어 번역본은 히브리서, 야고보서, 베드로 전후서를 제외한 신약

전부를 포함시키고 있었습니다. 또한 무라토리 단편Muratorian Canon이라고 하는 성경의 목록이 AD 170년경의 기록 발견되었는데, 이 목록에 의하면 히브리서, 야고보서, 베드로 전후서를 제외한 구 라틴어 번역본의 목록과 일치합니다. 그리고 그 목록은 어떤 위서거짓문서들에 대해서 경고하고 있습니다.

또 주후 140년 경에 애굽에서 발견된 '진리의 복음'이라는 책이 발견되었는데, 이 책은 발렌티누스가 쓴 것으로서, 야고보서, 베드로후서, 요한이서, 요한삼서 그리고 유다서를 제외한 신약이 모두 포함되어있었으며 히브리서와 계시록도 포함되어 있었습니다. 또한 AD 206년 경의 바로코치오 사본은 '60권서'라고 일컬어졌습니다. 이 성경을 면밀히 살피면 현재 66권의 정경 중에 64권이 포함되어 있었고, 구약에서는 에스더서가 제외되었고, 신약에서는 요한계시록이 제외되었던 것입니다. 또한 유대인의 역사가인 유세비우스는 340년경에 지은 그의 저서 '교회사'에서 야고보서, 유다서, 베드로후서, 요한이서, 요한삼서를 제외한 다른 모든 책을 정경의 목록에 올렸습니다.

즉 초대교회에서는 수세기에 걸쳐 오랫동안 신약27권에 대한 정경화를 이미 지속적으로 분별하고 조사하고 있었던 것입니다. 그 중에서 논란이 있었던 책을 조사하였고, 이 중에서 가짜로 판명된 외경과 위경도 추려냈습니다. 다만 27권중 20권은 '원경'이라고 부르며, 7권은 '대경'이라고 불리웠고, 약간 논란의 대상이 되었던 것으로 검증의 기간이 필요하였으며, 결과적으로는 4세기에 이르러서야 정경화가 마무리되었던 것입니다.

어떤 이단들과 안티기독교는 이러한 인위적인 정경화 작업에 대해서 비난을 하고 있는데, 이러한 정경화는 어느 회의에서 갑자기 결정된 것이 아니며, 오랜 시간 동안 일정한 기준에 의하여 엄격하게 연구되고 조사되어 온 것입니다. 그 기준은 첫째는 사도성이었고, 둘째는 책의 내용이었으며, 셋째는 보편성이었고, 넷째는 영감성이었으며, 다섯째 정통성이 그 중요한 요소가 되었던 것입니다.

2) 외경과 위경은 무엇을 말하는가?

간혹 외경이나 위경이 감추어진 비밀을 가진 책으로 생각하는 사람들이 있는데, 그렇지 않습니다.

'위경'이란 위조 문서와 거짓 문서등을 말합니다. 그 내용은 단순히 역사적인 자료와 시대적인 상황의 연구자료를 제공하여 줄 뿐이며, 그 내용에 대해서는 신뢰하지 못합니다. 위경은 그 당시 이단이었던 영지주의자들의 저서도 있었고, 신비주의자나 환영주의자들의 문서도 있었으며, 종말론자와 금욕주의자들의 가르침도 있었기에 초대교회의 교부들에게 일찍부터 제외되었습니다.

또한 '외경'이라고 하는 일련의 책들이 있었는데 '부분적인 정경성'을 가진 책이라고 정의하지만, 거짓 책을 뜻하는 '위경'과는 다릅니다. 앞에서 말한 정경적인 조건을 만족하지 못하는 경우에는 정경의 기준에서 미달되었던 것입니다. 위경은 변질되거나 조작되었기에 금지된 거짓문서를 말하지만 외경은 유익하다는 평가를 받았던 책으로서 참고가치가 있는 책을 말합니다.

예를 들면 '바나바서신'은 시나이 사본에서 발견되었던 것으로, 알렉산드리아의 클레멘트와 오리겐등도 그 책을 인용하였던 적이 있었으며 아주 좋은 내용을 갖고 있습니다. 단지 그 저자인 바나바가 사도행전에서 나오는 사도 바나바가 아니라는 것이 훗날 문제가 되었던 것입니다.

또한 열두 사도의 교훈디다케같은 책도 있었으며, 이 책도 초대교회에서 매우 높은 평가를 받았지만, 그 저자가 사도가 아니란 점이 문제가 되었습니다. 클레멘트와 아타나시우스는 열두 사도의 교훈을 교리문답의 지침으로 사용하였고, 지금은 이 책의 가치는 매우 중요하지만 단지 그 저자가 열두 사도가 아니라는 것때문에 정경에 속하지 않습니다. 이와 같이 정경화 작업은 상당히 엄격하게 구별이 되었습니다. 또한 초대교회의 교부들의 저서도 매우 중요한 가치가 있지만, 이를 정경에 포함시키지는 않습니다.

현재 가톨릭과 우리가 차이를 갖고 말하는 '외경'은 신약성경의 외경이 아니라 구약성경의 외경을 말하며, 가톨릭에서 공식적으로 성경에 포함시킨 8권을 의미합니다. 그 가톨릭의 외경은 유대인들마저 정경으로 인정하지 않고 있으며, 영국성공회나 동방정교같은 교단들도 이 외경에 대해서는 이

견을 갖고 있으며, 다만 가톨릭은 1546년 트랜트공의회에서 이 외경을 정경으로 공식으로 인정하게 되는데, 그것은 가톨릭의 특이한 교리, 연옥과 죽은 자에게 하는 기도등의 교리를 정당화하기 위한 구실 때문이라고 봅니다.

  가톨릭이 정경에 외경을 포함시킨 이유는 누가 보아도 고의적인 목적이라는 것을 알 수 있습니다. 가톨릭이 외경을 공식적으로 정경에 포함시킨 것은 트랜트공의회1546년입니다. 트랜트공의회는 종교개혁 이후에 개신교에 대한 대책을 논의한 가톨릭의 회의로서, 외경을 정경에 포함시킴으로서 그들이 비난받던 몇가지의 교리를 정당화시킨 것입니다. 예를 들면 교회의 전승을 성경과 같은 권위로 본다든지, 죽은 자에게 속죄기도를 할 수 있다는 면죄부의 근거, 연옥에 대한 교리는 외경에서 그 근거를 찾을 수 있기 때문입니다. 즉 가톨릭은 개신교 종교개혁자들의 비판이 있자, 그 교리적인 근거를 만들기 위하여 외경을 정경에 고의적으로 포함시킨 것입니다. 예를 들면, 가톨릭의 트랜트공의회는 외경 중에서 에스드라1서와 2서와 므낫세의 기도서를 제외시켰는데, 그 중에서 에스드라2서를 제외시킨 것은 매우 의심스럽습니다. 그 이유는 에스드라2서가 죽은 자를 위한 기도를 강력히 반대하는 구절이 있기 때문입니다에스드라2서 7:105. 아이러니칼하게도 초대교회 클레멘트는 에스드라2서를 정경에 포함시킨 적이 있었습니다. 즉 가톨릭의 취사선택적인 의도가 개입된 것입니다.

  가톨릭이 강력하게 증거하는 것은 발견된 일부의 칠십인역바티칸사본등 사본에 외경이 포함되어 있다는 것입니다. 즉 그들은 칠십인역이 예수님과 사도들이 보던 성경이었고, 그러한 성경에 외경이 포함되었다는 것은 우리들도 외경의 정경성을 인정하여야 한다고 주장합니다. 그러나 외경이 포함된 4세기의 칠십인역은 신약과 구약이 함께 책으로 묶인 사본으로서, 예수님과 사도들이 보던 구약성경만의 칠십인역이 아니었으며, 외경이 포함된 칠십인역은 예수님 당시가 아니라 4-5세기에 필사된 것이었습니다. 또 발견된 칠십인역 사본마다 포함된 외경이 각각 다르며, 또 어느 사본에는 외경이 일체 없었습니다. 이렇게 발견된 사본들마다 외경이 모두 달랐다는 증거들은 외경이 동일한 목록이 아니었다는 증거이며 정경에 포함된 것이 아니었다는 명백한 증거가 됩니다.

아래의 역사적인 증거는 외경이 정경에 포함된 적이 없다는 증거를 필자가 많은 문헌을 통하여 정리하고 요약한 것입니다.

(1) 오랫동안 구약성경을 유일한 정경으로 간주했던 유대인들은 외경을 성경이라고 불렀던 적이 단 한번도 없었습니다. 즉 신약성경이 없었던 예수님 당시에 유대인들의 성경에 외경이 포함되었을 가능성은 전혀 없습니다. 탈무드에서는 유대인의 성경목록이 열거되어지는데, 12 소선지서를 하나로 묶고, 사무엘서와 열왕기서, 역대기서 상하를 한권으로 계산하여 22권으로 열거하였습니다.

(2) 사데교회의 감독이었던 멜리토가 쓴 주후 170년경의 성경목록에 의하면 구약성경은 지금의 성경과 동일하며 단지 에스더서만이 포함되어 있지 않았습니다. 그 내용은 다음과 같습니다.

> 내가 동쪽에 와서 이와 같은 것들이 전파되고 행해진 장소에 와서 구약의 책들에 관해 정확히 배웠을 때 그것을 기록하여 너희들에게 보내었노니 그들의 이름은 다음과 같다: 모세의 오경인 창세기, 출애굽기, 레위가, 민수기, 신명기, 눈의 아들 여호수아, 사사기, 룻기 왕국에 관한 책 네권, 역대상, 하, 다윗의 시편, 솔로몬의 잠언과 지혜서, 전도서, 아가서, 욥기, 이사야서, 예레미야서, 하나로 된 열두선지서, 다니엘서, 에스겔서, 그리고 에스라. 유세비우스의 교회사, 2권 1:393

(3) 유대인의 역사가 요세푸스는 오리겐에 대해서 언급하면서 AD 90년경에 유대인이 받은 22권의 책을 정경에 포함시켰고 "유대인들은 이런 성경을 바꾸거나 부인하기 보다는 차라리 죽는 것을 택할 것이다"고 설명한 바 있습니다. 그리고 공공연하게 마카비서(외경)는 정경에 포함되지 않는다는 설명을 언급하였습니다.

(4) 아타나시우스는 주후 367년에 유월절 편지를 쓰면서 에스더서를 제외한 모든 성경목록을 열거하였습니다. 특히 외경에 대해서는 솔로몬의

지혜서, 시락의 지혜서, 유딧, 토빗 등의 외경에 대해서는 "이것들은 정경에 속하지는 않지만, 새로 입교한 사람들과 경건의 말씀으로 교훈을 받기 위한 자들이 읽도록 교부들이 지정한 책들"이라고 설명했습니다.

(5) AD 90년경에 유대인들은 잠니아 회의를 개최한 적이 있습니다. 그 회의는 구약성경 전도서와 잠언에 대해 정경성을 의논하기 위함이었습니다. 이 회의에서도 외경에 대해서는 전혀 논의된 적이 없었습니다.

(6) 쿰란에서 발견된 사해사본에서는 외경을 성경이라고 부른 자료나 문헌이 하나도 없었습니다.

(7) 제롬은 주후 404년에 벌게이트역이라고 불리는 라틴어성경을 번역하였는데, 그가 외경을 번역하였다는 것이 가톨릭에서 자주 외경의 정당성으로 주장하는데, 막상 제롬 자신은 외경은 교회의 책은 될 수 있지만 정경이 되지 못한다고 설명을 덧붙였습니다.

(8) 4세기 이후의 칠십인역 일부에 외경이 포함되지만, 적어도 4세기 전까지 외경이 정경으로 인정되었다는 증거는 어느 공식적인 문헌에도 찾아 볼 수가 없습니다.

(9) 동방정교나 성공회등에서도 외경이 정경에 속한다고 정의한 적은 없었습니다.

(10) 어거스틴은 지금과는 다른 몇 개의 외경을 인정하기는 하였지만, 외경을 정경이라고 말하지는 않았습니다. 오히려 어거스틴은 마카비서에 대해서 선지적이 아님을 말한 적이 있으며, 유딧같은 책에 대하여 언급하기를 "그것들은 하나님의 백성들이 받은 정경에서 나타나지 않는다. 이는 그것을 역사가의 부지런함이 있는 자라면 쓸 수 있는 것이요, 정경은 신적 영감을 받은 선지자가 기록할 수 있는 것이요, 전자는 지식 증가에 속한 것이요 후자는 종교의 권위에 속한 것으로 그 권위로 정경이 유지된다" 고 말한 적이 있습니다.

(11) 가톨릭 스스로가 외경은 정경이 아니라고 말하는 증거가 있습니다. 주후 600년경의 교황 그레고리는 마카비전서를 인용하면서 "우리는 정경은 아니지만 교회의 덕을 위하여 책들로부터 증거를 출판하게 되었

다"고 말했고, 추기경 시메네스는 "외경서는 정경은 아니지만 덕을 위하여 사용되었다"고 말한 적이 있습니다.

4 성경의 영감성과 사도성

1) 바이블의 유래

영어의 바이블The Bible, 독일어의 비벨Die Bibel, 프랑스어의 비블La Bible이라는 단어는 모두 라틴어의 비블리아Biblia에서 유래된 것입니다. 이 라틴어는 헬라어의 비블로스biblos에서 유래된 것이며 '책' Book을 의미합니다. 즉 고대 필사 재료였던 파피루스, 즉 종이의 재료인 풀의 줄기를 가리키는 헬라어에서 유래한 것입니다. 비블로스는 기원전 2천년대에 지중해 세계에 발달하기 시작한 알파벳이 파피루스에 기록되어 그리스 세계에도 전달되면서 책을 의미하게 되어, 뒤에 '책 중의 책'이라는 뜻에서 '성서'를 가리키게 되었습니다.

우리 말 '성서'는 영어의 The Holy Scripture의 번역이며, 이것은 교부시대의 라틴어 SacraDivina Scriptura 등에서 온 말입니다. 성서와 성경은 의미적으로 뚜렷한 구별이 되지 않습니다. 중국은 '성경'이라고 부르며, 일본이 '성서'라고 부르는데 우리는 처음에 성경이 전하여졌을 때에 '성경전서'라고 불렀습니다.

2) 성경과 영감성

성경은 당연히 기록된 하나님의 말씀입니다.

성경의 영감Inspiration에 대한 정의는 "선택된 사람들을 감동시켜 하나님의 말씀을 오류없이 각자의 언어적 표현으로 기록하도록 하신 성령의 역사"를 뜻합니다.

하지Hodge라는 학자는 "계시의 목적과 전달은 지식의 전달에 있다. 영감의 목적과 의도는 가르침에 있어서 무오성을 확고히 하는 것이다"라고 말합니다. 어느 학자는 "성경의 이중저작권은 하나님이다"라고 말하였습니다.

종교개혁 이전의 가톨릭은 축자영감설을 따르고 있었지만, 지금의 가톨릭은 오히려 자유주의에 가깝습니다.

또 합리주의가 영향력을 행사하였을 때에, 어떤 학자들은 성경의 오류를 인정하기도 하였고, 어느 학자들은 부분적인 영감설을 주장하기도 하였습니다. 지금도 소위 복음주의자들 중에서도 성경의 완전무오성을 받아들이지 않는 사람들이 있습니다. 또 하나님께서 성경 기자에 대하여 영감하셨으나 그것은 간접 행위가 될 뿐이라는 주장을 하는 사람들도 있는데, 성경 오류 발생의 가능성을 인정하는 것이 되며, 특별 영감의 영역이 없어지므로 결코 받아들일 수 없습니다. 물론 성경에 오류가 없다는 것은 사본상의 오류까지 없다는 뜻은 아닙니다. 실제로 발견된 사본은 사본마다 차이가 있습니다.

성경의 기자가 하나님의 영감을 받아 성경을 기록하였다는 것은, 기록자의 인성이나 문체, 나름대로의 습관, 판단을 갖고 기록하였다는 것을 의미하며, 때로는 어떤 문헌과 전승을 조사하고 탐구하기도 하며, 자료와 문헌을 참고하고 인용하였을 수도 있다는 것을 의미합니다. 하나님은 성경기자들을 도구로 사용하셨습니다. 그 과정에서 '영감Inspiration의 감동'이라는 것은 성령의 역사이지만, 하나님이 직접 불러 주신 것을 그대로 받아쓰는 방법이 아니며, 사람의 의지가 전혀 배제되었다는 것을 뜻하지는 않습니다.

그렇다면 인위적인 점이 50%, 하나님의 것이 50%라는 것을 의미할까요? 그러한 것은 더욱 아닙니다. 만일 그렇게 되면 수많은 오류가 발견되어질 것입니다. 즉 하나님은 성경기자들을 도구로서 이용하시되, 인간의 요소를 전혀 배제한 것이 아니라, 그들 성경기자들의 완전하고 독자적인 영감은 그대로 사용하면서, 성령이 강하게 역사하셨다는 것을 의미합니다. 이것을 유기적영감설Organic Inspiration이라고 부릅니다.

우리가 주의할 것은 성경자체의 영감성을 부정하거나 성경을 오류를 인정하는 자유주의신학에 대해서는 절대로 받아들일 수 없다는 것입니다.

성경기자들은 일반 책의 저자들과 달리 "성령의 감동을 받아"벧후1:20-21 성경을 …기록한 것입니다. 바울도 "모든 성경은 하나님의 감동으로 된 것이니…"라고 딤후3:16에서 기록하였습니다.

누가는 누가복음의 서문에서 이렇게 말합니다.

> 우리 중에 이루어진 사실에 대하여 처음부터 말씀의 목격자 되고 일꾼된 자들의 전하여준 그대로 내력을 저술하려고 붓을 든 사람이 많은지라, 그 모든 일을 근원부터 자세히 미루어 살핀 나도 데오빌로 각하에게 차례대로 써 보내는 것이 좋은 줄 알았노니…눅 1:1-2

많은 사람들이 성경을 기록하였습니다. 그 중에서 누가는 모든 일을 근원부터 자세히 미루어 살펴 누가복음을 기록하게 되었던 것입니다. 즉 누가는 많은 자료수집과 조사를 하였다는 증거가 됩니다. 또한 히브리서 기자는 "옛적에 선지자들을 통하여 여러 부분과 여러 모양으로 우리 조상들에게 말씀하신 하나님이 이 모든 날 마지막에는 아들을 통하여 우리에게 말씀하셨으니…"히1:1-2이라고 기록하였는데, 그것은 하나님께서 자신의 뜻을 그동안 다양한 방법을 통하여 계시하셨다는 뜻이며, 마지막 날에는 예수 그리스도를 통하여 계시를 이루셨다는 뜻입니다.

성경은 모두 기록한 사람들과 시간적, 환경적, 사건적인 상황이 다릅니다. 그럼에도 불구하고 모든 성경은 오직 한가지 주제, '하나님의 구속사'를 말하고 있습니다. 이것은 시간과 공간을 초월하여 모든 서로 다른 성경의 기자들이 똑같은 성령의 감동으로 성경을 기록하였기 때문입니다.

> 예언은 언제든지 사람의 뜻으로 낸 것이 아니요 오직 성령의 감동하심을 받은 사람들이 하나님께 받아 말한 것임이라 벧후 1:21

본문에서 '성령의 감동하심' 이라는 표현은 "Moved by Holy Spirit / Carried along by Holy Spirit"라고 번역되며, 마치 물 위에 떠있는 배가 물을 따라 움직이는 것을 의미합니다.

3) 영감의 범위에 대한 견해

성경의 내용에서 성경 전체가 성령의 영감성이 포함되었는가 혹은 사상만 영감되었다는 주장사상영감설과 언어까지 영감되었다는 주장언어영감설, 그리고 언어가 영감되었을 때 어느 정도의 부분이 영감되었는가부분영감설라는 문제가 제기되고 있는데, 완전영감설이 옳은 견해입니다.

완전영감설은 성경이 전체적으로 영감되었다는 주장입니다. 이는 성경 모두가 영감된 것이라는 바울의 주장딤후 3:16에 의해서도 확인됩니다. 물론 성경에는 사탄 마귀의 발언도 있으며 유대인들의 발언도 있고, 불신자의 발언도 기록되어 있습니다. 그러나 이러한 모든 성경 전체는 성령의 영감으로 된 유기체적인 연합을 통하여 하나님의 구속사를 기록하였다고 보아야 합니다.

> 모든 성경All scripture은 하나님의 감동으로 된 것으로 교훈과 책망과 바르게 함과 의로 교육하기에 유익하니 이는 하나님의 사람으로 온전케 하며 모든 선한 일을 행하기에 온전케 하려 함이니라 딤후 3:16-17

4) 구약성경과 사도성

초대교회의 말시온이라는 영지주의자는 구약성경을 성경으로 인정하지 않았습니다. 그러나 당연히 구약성경도 하나님의 말씀입니다. 엠마오로 가는 길에서 제자들에게 예수님이 이렇게 말씀하시는 것을 볼 수 있습니다.

> 미련하고 선지자들의 말한 모든 것을 더디 믿는 자들이여 눅 24:25

제자들에게 나타나신 예수님은 27절에서 이렇게 설명합니다.

> 이에 모세와 및 모든 선지자의 글로 시작하여 모든 성경에 쓴 바, 자기에 관한 것을 자세히 설명하시느니라 눅 24:27

'모세와 선지자의 글'이라는 용어는 구약성경을 말합니다. 때로 성경은

'율법과 선지자들'이라는 용어를 사용하기도 하며, 누가복음 16장29절을 보면 "아브라함이 가로되 저희에게 모세와 선지자들이 있으니 그들에게 들을 지니라"라고 기록되어 있으며 31절에도 동일한 기록이 있습니다.

요한복음에도 이런 내용이 있습니다.

> 모세를 믿었더면 또 나를 믿었으리니 이는 그가 내게 대하여 기록하였음이라. 그러나 그의 글도 믿지 아니하거든 어찌 내 말을 믿겠느냐 하시니라 요5:46-47

성경은 '율법과 선지자'라고 기록되어 있으며, 그러한 표현은 모두 구약성경은 가르킵니다. 다시 말하자면 신약성경의 기자들은 구약성경을 하나님의 말씀으로 인정하고 받아들였다는 것입니다. 더욱이 많은 신약성경은 "말씀을 이루기 위하여" 혹은 "성경을 이루기 위하여"마26:54, 막14:49라는 기록을 하고 있는데, 이것은 모두 구약성경의 예언이 성취되어짐을 뜻하고 있습니다.

예수님에 국한된 예언만 구약성경은 매우 많이 기록되어 있다고 합니다. 플로이드 헤밀톤이라는 학자는 '기독교신앙의 기초'라는 책을 통하여 구약성서 안에는 예수님의 성취에 대한 예언이 332개가 있다고 합니다. 또 페인 Payne이라는 학자는 '성경예언의 백과사전'이라는 책을 통하여 예수님에 대한 191개의 예언성취를 기록해 놓았다고 말합니다.

5) 신약성경과 사도성

우리들이 보고 있는 신약성경은 예수님 부활 이후 주로 1세기 중엽에서 말기에 기록된 책입니다. 간혹 몇몇 사람들이 이러한 문제에 있어서 신약성경의 신빙성에 대한 증거를 의심하는 주장을 합니다. 앞서 말한 이단들, 즉 성경 외의 다른 기준을 갖고 있는 자들, 예를 들면, 성경 외의 다른 경전을 주장하는 몰몬교, 통일교등과 같은 이단들과 신약성경을 부정하는 유대교와 안티기독교인들의 주장일 것입니다. 즉 신약성경 본문에서 말하는 '성경'은 신약성경이 아니라, 실제적으로는 구약성경만을 의미한다는 것입니다.

> 또 네가 어려서부터 성경을 알았나니 성경은 능히 너로 하여금 그리스도 예수 안에 있는 믿음으로 말미암아 구원에 이르는 지혜가 있게 하느니라. 모든 성경은 하나님의 감동으로 된 것으로 교훈과 책망과 바르게 함과 의로 교육하기에 유익하니 딤후 3:15-16

혹간은 위의 성경본문들에서의 '성경'은 오늘날 우리가 보는 신약성경이 아니라, 구약성경만을 말한다는 주장입니다. 어쩌면 그러한 지적은 한편으로는 옳습니다. 왜냐하면 디모데후서가 기록될 당시에 성경은 현재 신약성경과 같이 아직 정경화되지 않았기 때문입니다. 물론 이러한 비판을 하는 사람들의 목적은 신약성경 자체를 부정하기 위함이며, 나아가서는 성경전체를 부정하기 위함입니다. 그러나 성경에는 구약성경만이 아니라, 신약성경도 분명히 하나님의 말씀이라고 분명하게 말하고 있기 때문입니다.

신약성경은 예수님을 만난 사도들이 직접 기록한 것입니다. 그렇다면 사도들은 신약성경에 대해서 어떠한 증거를 말하고 있을까요? 바울은 '우리의 말' 즉 사도들의 가르침에 대해서 '성령께서 가르친 것'이라고 말합니다.

> 우리가 이것을 말하거니와 사람의 지혜가 가르친 말로 아니하고 오직 성령께서 가르치신 것으로 하니 영적인 일은 영적인 것으로 분별하느니라 고전 2:13

사도바울은 자신의 서신이 그리스도의 계시라고 말합니다.

> 이는 내가 사람에게서 받은 것도 아니요 배운 것도 아니요 오직 예수 그리스도의 계시로 말미암은 것이라 갈 1:12

또 바울은 고린도교회 교인에게 잘못된 문제에 대해서 비판하며 권면하는 서신을 보냈는데, 바울은 자신의 서신에 대해서 다음과 같이 단호하게 기록하고 있습니다.

> 하나님의 말씀이 너희에게로부터 난 것이냐 또는 너희에게만 임한 것이냐. 만일 누구든지 자기를 선지자나 혹 신령한 자로 생각하거든 내가 너희에게 편지한 것이 주의 명령인 줄 알라 고전 14:36-37

바울은 자신이 보낸 서신이 곧 주의 명령이라는 것입니다. 누군가가 자신을 선지자 혹은 신령한 자로 말하고 싶다면, 사도 바울의 편지를 주의 명령으로 알아야만 할 것이라는 내용입니다. 또 바울은 데살로니가의 교회에 서신을 보내는데, 바울은 자신이 쓴 서신의 권위에 대해서 엄하게 경고하고 있습니다.

> 누가 이 편지에 한 우리 말을 순종치 아니하거든 그 사람을 지목하여 사귀지 말고 저로 하여금 부끄럽게 하라 살후 3:14

더욱이 베드로는 바울의 서신에 대해서도 구체적으로 지적하고 있습니다.

> 또 우리 주의 오래 참으심이 구원이 될 줄로 여기라. 우리 사랑하는 형제 바울도 그 받은 지혜대로 너희에게 이같이 썼고 또 그 모든 편지에도 이런 일에 관하여 말하였으되 그 중에 알기 어려운 것이 더러 있으니, 무식한 자들과 굳세지 못한 자들이 다른 성경과 같이 그것도 억지로 풀다가 스스로 멸망에 이르느니라 벧후 3:15-16

베드로는 바울의 서신에 대해서 "주님에게로부터 그 받은 지혜대로" 썼다고 인정하고 있습니다. 또 바울의 서신에 대해서 "다른 성경과 같이 억지로 풀지 말라"라고 설명할 수 있었다는 것은, 베드로가 바울의 서신을 다른 성경과 동일하게 인정하였다는 증거가 된다는 뜻입니다.

또한 사도요한은 계시록에 대해서 서두에서 "예수그리스도의 계시라" 계1:1라고 말합니다. 또 "요한은 하나님의 말씀과 예수 그리스도의 증거 곧 자기의 본 것을 다 증거하였느니라"계1:2라고 계속하여 기록하며, 계시록을 가감하지 말라고 경고합니다.

> 내가 이 책의 예언의 말씀을 듣는 각인에게 증거하노니 만일 누구든지 이것들 외에 더하면 하나님이 이 책에 기록된 재앙들을 그에게 더하실 터이요. 만일 누구든지 이 책의 예언의 말씀에서 제하여 버리면 하나님이 이 책에 기록된 생명 나무와 및 거룩한 성에 참예함을 제하여 버리시리라계 22:18-19

5. 구약의 율법과 신약의 복음은 어떻게 다른가?

1) 구약과 신약의 관계

"율법은 모세로 말미암아 주신 것이요 은혜와 진리는 예수 그리스도로 말미암아 온 것이라"요1:17

성경을 하나님의 구속사적으로 크게 분류할 때에, 우리는 구약Old Testament과 신약New testament으로 분류합니다. 그리고 구약과 신약 사이에는 400년이라는 침묵의 중간사가 있었는데, '때가 차매' 예수 그리스도가 오심으로서 신약이 전개됩니다.

그 때가 과연 어떤 때일까요? 로마가 지중해 지역의 세계를 정복함으로서 모든 길은 로마로 통하게 되었고, 모든 언어는 로마의 언어로 통하였던 때가 되었습니다. 하나님의 말씀이 가장 효과적으로 전달될 수 있는 'Pax Romana' 시대를 기다렸다가 그 때에 예수가 오신 것입니다.

그렇다면 우리는 왜 성경을 구약과 신약이라고 다르게 구별하여 부를까요? 성서적인 관점에서는 구약과 신약으로 나뉘고, 이 명칭은 구속사적인 관점에서 옛 계약과 새 계약을 의미합니다. 계약이라고 하는 것은 성경 전체를 통해서 하나님과 그의 구원을 받은 백성의 관계를 나타내는 아주 중요한 용어입니다.

이와 같이 구약과 신약성경은 구별되어졌지만, 신구약 전체 성경의 핵심적인 주제는 '하나님의 아들 예수 그리스도를 통하여 이루시는 하나님의 구원계시'로서 동일합니다. 혹간 어떤 사람들은 구약도 예수 그리스도를 통한 하나님의 구원계시냐고 반문할 수 있을 것입니다. 그러나 그 답변은 명백하게 'Yes' 입니다. 이 구원의 계시가 구약에서는 예언되었으며, 신약에서는 성취되었던 것입니다. 즉 구약은 '오실 메시야'에 대해서, 신약은 '오신 메시야'에 대해서 기록한 것이며, 그리고 '다시 오실 메시야'의 약속이 지금도 남아있는 것입니다.

실제적인 예로 원복음이라고 부르는 창 3:15을 보겠습니다.

> 내가 너로 여자와 원수가 되게 하고 너의 후손도 여자의 후손과 원수가 되게 하리니 여자의 후손은 네 머리를 상하게 할 것이요. 너는 그의 발꿈치를 상하게 할 것이니라 하시고… 창3:15

창 3:15은 여자의 후손, 즉 인간으로 오시는 메시야가 뱀사단의 머리를 상하게 할 것이라는 하나님의 구원에 대한 멧세지입니다. 이 약속은 구약이라는 줄기 위에서 예표되어 점진적으로 자라나, 마침내 신약이라는 가지 위에서 열매를 맺게 되었던 것이며, 그 성취가 예수그리스도를 통하여 이루어졌습니다.

또 창 3:21은 에덴동산에서 보내는 아담과 하와의 수치를 가리기 위하여 짐승을 죽여 그 가죽으로 옷을 입혀 주시는 하나님의 멧세지는 구약의 희생제사를 상징하며, 신약에서는 온 인류의 죄를 사하시는 그리스도의 십자가 대속을 예표하고 있는 것입니다.

> 여호와 하나님이 아담과 그 아내를 위하여 가죽옷을 지어 입히시니라 창 3:15

즉 구약은 예표적인 그림자의 모형을 제시하고 있으며, 신약은 실체적인 성취를 보여줍니다. 구약은 우리의 과거의 모습을 말해주며, 신약은 우리의 현재의 모습을 보여줍니다. 그러나 구약과 신약은 서로 밀접한 불가분의 관계가 있으며, 각각 분리되지 않습니다. 즉 그 둘은 구별은 되지만, 그러나 서로 다른 분리된 것이 아니라는 것을 이해하여야 한다는 것은 매우 중요합니다. 신약의 열매는 구약의 뿌리없이 맺을 수 없는 것입니다. 신약은 구약 속에 숨겨져 있고, 구약은 신약 속에 증거되어져 있습니다.

구약과 신약의 근본적인 차이점은, 옛 언약은 이스라엘이라는 국가 안에서 배타적이며 선택적으로 구체화된 반면에, 새 언약은 교회 안에서 포괄적이며 개방적으로 담겨져 있다는 점입니다. 그러나 무엇보다도 구약과 신약의 가장 중요한 차이점을 한마디로 표현하자면 그것은 '예수의 보혈' 입니다.

캘빈은 다음과 같이 말하였습니다.

> 나는 기꺼이 이 두 성경의 차이점을 인정한다…. 그러나 이미 확립된 성경의 통일성을 넘어뜨릴 정도의 차이점이 있는 것은 아니다… 이 모든 차이점은 실제 내용의 차이라기보다는 오히려 하나님의 경륜적 방법과 관련되는 것이다.기독교 강요 2, 11:1

간혹 구약과 신약 외에 다른 약속이 있다고 주장하는 이단들이 있습니다. 몰몬교는 성경 외에 몰몬경이 있다고 하며, 통일교와 정명석집단은 구약시대와 신약시대 외에 지금이 성약시대라고 주장합니다. 신천지 이만희는 구약은 예수님을 예언하였지만, 신약은 자신을 예언하였다고 주장합니다. 이미 앞에서 계시의 종결성에 대해서 언급한 것과 같이, 이러한 주장들은 모두 자신들의 주장을 성경과 동일시하는 이단들의 상용수법들입니다.

2) 구약의 율법과 신약의 복음의 관계

어떤 이단들은 주로 구약의 성경구절만을 인용하면서 자신들의 교리를 정당화합니다. 즉 구약성경은 표면적으로 볼 때에 신약성경과 정반대가 되는 구절이 기록되어 있기도 합니다.

예를 들면, 구약은 안식일과 유월절등의 명절과 절기를 대대로 영원히 지켜야만 한다고 기록되어 있으며, 할례를 하나님과의 언약이라고 말하고 있습니다.

> 이같이 이스라엘 자손이 안식일을 지켜서 그것으로 대대로 영원한 언약을 삼을 것이

니 이는 나와 이스라엘 자손 사이에 영원한 표징이며 나 여호와가 엿새 동안에 천지를 창조하고 제 칠일에 쉬어 평안하였음이니라 하라 출 31:16-17

너희 중 남자는 다 할례를 받으라 이것이 나와 너희와 너희 후손 사이에 지킬 내 언약이니라 창 17:10

위의 구약 성경구절만을 본다면 안식일을 대대로 지켜야만 하며, 반드시 할례를 받아야만 합니다. 그러나 신약에서는 안식일과 같은 구약의 절기를 지킬 필요가 없다고 하며, 육체적인 할례는 중요시하지 않고 있습니다. 특히 구약의 레위기와 민수기는 거의 모든 기록이 제사의 규정에 대해서 상세하게 언급하며 반드시 지키라고 말하고 있습니다. 그럼에도 불구하고 신약에서는 구약의 명절과 절기를 지키지 않으며, 구약의 제사가 변역되었으므로 더 이상 제사를 드리지 않는다고 말합니다.

과연 구약과 신약이 다른 이유는 무엇이며, 우리는 어느 것을 올바른 진리로 보아야만 합니까?

구약에서는 짐승으로 제사를 드렸는데, 신약에서는 그러한 제사가 없어졌습니다. 또 구약에서는 음식물에 대한 규례가 있었는데, 신약에서는 음식물에 대한 규례가 없어졌습니다. 이와 같이 폐하여진 것은 매우 많은데, 구약에서는 제사장이 있었으나 신약에서는 제사장이 없으며, 구약에서는 성전의 지성소에 오직 대제사장만이 들어갈 수 있었는데 신약에서는 누구든지 하나님 앞에 직접 나아가게 됩니다.

결론적으로 구약과 신약의 통일성에 대한 접근법은 신학적인 용어로서 '모형론typology'이라고 하며, 즉 우리는 신약과 구약의 요소들의 상응성을 이해하여야만 합니다. 구약과 신약의 관계에서 우리가 알아야만 할 가장 중요한 점은, 예수 그리스도가 '몸'이며 '실체'라는 것입니다.

그것이 가장 잘 표현된 신약성경은 다음과 같습니다.

믿음이 오기 전에 우리가 율법 아래 매인바 되고 계시될 믿음의 때까지 갇혔느니라 이같이 율법이 우리를 그리스도에게로 인도하는 몽학선생이 되어 우리로 하여금 믿음으로 말미암아 의롭다 함을 얻게 하려 함이니라. 믿음이 온 후로는 우리가 몽학선생 아래 있지 아니하도다. 너희가 다 믿음으로 말미암아 그리스도 예수 안에서 하나님의 아들이 되었으니 누구든지 그리스도와 합하여 세례를 받은 자는 그리스도로 옷입었느니라 갈 3:24-27

몽학선생이라는 것은 어린아이가 자랄 때까지 돌보아주는 가정교사를 말합니다. 실체이신 예수가 오기 전까지 율법은 연약한 어린아이들의 가정교사와 같은 역할과 기능을 담당하였습니다. 우리는 어린아이들에게 가르칠 때에 "무엇을 하지 말라"don't it라는 금지법을 가르치거나, "무엇은 반드시 지켜야만 한다"do it는 규정을 가르칩니다. 왜 그것을 하지 말아야 하는지와 왜 그것을 지켜야만 하는지에 대해서 어린아이들은 구체적인 이해를 할 수가 없으므로, 단지 "하지 말라"don't it 혹은 "하라"do it는 법을 적용시켜서, "하지 말라"는 것을 하는 것이 곧 '죄'라고 가르쳐 준 것입니다. 그래서 바울은 다음과 같이 말합니다.

그런즉 율법은 무엇이냐 범법함을 인하여 더한 것이라. 천사들로 말미암아 중보의 손을 빌어 베푸신 것인데 약속하신 자손이 오시기까지 있을 것이라 갈 3:19

실제적인 예를 들어 보겠습니다.
출애굽 때 유월절에 어린양을 잡아 그 피를 문설주와 인방에 발랐습니다 출12:7. 그 피를 바른 이스라엘 백성의 집은 하나님이 그 진노하심을 넘어가심으로 그 집은 화를 면하였습니다. 그래서 유월절히, 페싸흐을 영어로 pass-over라고 합니다.

내가 애굽 땅을 칠 때에 그 피가 너희의 거하는 집에 있어서 너희를 위하여 표적이 될지라 내가 피를 볼 때에 너희를 넘어가리니 재앙이 너희에게 내려 멸하지 아니하리라. 너희는 이 날을 기념하여 여호와의 절기를 삼아 영원한 규례로 대대에 지킬지니라 출 12:13-14

지금도 예수님의 피는 하나님의 심판을 pass-over 시킵니다. 예수 그리스도라는 실체가 오기 전까지는 이스라엘은 유월절을 지켰습니다. 유월절은 장래 일의 그림자일 뿐이며 몽학선생입니다. 유월절의 어린양이신 실체가 되시는 예수가 오심으로 우리는 더 이상 유월절을 지킬 필요가 없는 것입니다. 유월절의 어린양의 피는 예표이며, 모형이며, 장래일의 그림자가 되어지지만, 예수님의 피는 인류의 죄를 pass over 시키는 영원한 실체로서 적용되어 집니다. 그래서 세례요한은 예수를 보고 다음과 같이 말합니다.

> 이튿날 요한이 예수께서 자기에게 나아오심을 보고 가로되 보라. 세상 죄를 지고 가는 하나님의 어린 양이로다 요 1:29

누가의 사도행전은 에디오피아 여왕의 모든 국고를 맡은 내시가 예배하러 예루살렘에 왔다가 마차에서 성경을 읽는데 빌립이 나타나 그 성경을 해석하여 줄 때에 그 성경구절이 이사야서라고 기록하고 있습니다.

> 읽는 성경 귀절은 이것이니 일렀으되 저가 사지로 가는 양과 같이 끌리었고 털 깎는 자 앞에는 어린 양의 잠잠함과 같이 그 입을 열지 아니하였도다 행 8:32

성경은 구약의 절기와 명절이 장래일의 그림자라고 말하고 있습니다.

> 그러므로 먹고 마시는 것과 절기나 월삭이나 안식일을 인하여 누구든지 너희를 폄론하지 못하게 하라. 이것들은 장래 일의 그림자이나 몸은 그리스도의 것이니라. 골 2:16-17

이와 같이 율법은 그림자이며, 예수가 그 몸, 실체가 되십니다.

> 율법은 장차 오는 좋은 일의 그림자요 참 형상이 아니므로 해마다 늘 드리는바 같은 제사는 나아오는 자들을 언제든지 온전케 할 수 없느니라 히 10:1

유월절뿐 아니라, 안식일도 마찬가지입니다. 해마다 드리는 구약의 제사도 온전케 할 수는 없습니다. 안식일과 유월절등의 구약의 명절과 절기는 그림자이지만, 예수가 바로 실체가 됩니다.

> 인자는 안식일의 주인이니라 하시니라 마 12:8
> 수고하고 무거운 짐 진 자들아 다 내게로 오라 내가 너희를 쉬게 하리라 마 11:28

안식일은 그림자이며 예수님이 곧 실체가 됩니다. 참안식의 실체적인 의미는 과거의 사건이 아니라, 아직 남아 있는 장래의 천국에서 종말적인 쉼을 말합니다.

> 그런즉 안식할 때가 하나님의 백성에게 남아 있도다. 이미 그의 안식에 들어간 자는 하나님이 자기 일을 쉬심과 같이 자기 일을 쉬느니라 히 4:9-10

이러한 구약의 예표와 신약의 실체는 많은 예를 들 수 있습니다. 광야에서 하나님을 원망하던 이스라엘은 뱀에게 물려 죽어갔습니다. 그러나 그 장대에 달린 놋뱀을 쳐다본 사람은 살았습니다. 민 21:8 예수님은 니고데모에게 다음과 같이 말씀하셨습니다.

> 모세가 광야에서 뱀을 든 것같이 인자도 들려야 하리니 이는 저를 믿는 자마다 영생을 얻게 하려 하심이니라 요 3:14-15

광야에서 장대에 달린 놋뱀은 예수님을 예표합니다. 그리고 십자가에 달리신 예수님은 죄의 값으로 죽어가는 사람들에게 영생을 얻게 하는 실체가 됩니다.

몸이시며 실체가 되시는 예수님이 오심으로 인하여 '거룩'의 개념이 달라졌습니다. 구약 시대에는 거룩한 것과 속된 것을 구분하는 여러가지 법이 있었지만 신약에서는 거룩과 정결의 개념이 달라졌는데 다음과 같습니다.

(1) 신약 시대에는 이방인과 유대인의 구별이 없어졌습니다.
(2) 신약 시대에는 거룩한 장소와 성전의 개념이 없어졌습니다.
(3) 신약 시대에는 제사와 제사장이 없어졌습니다.
(4) 신약에서는 정하고 부정한 물건과 음식물에 대한 구별이 없어졌습니다.
(5) 신약 시대에는 거룩한 날의 구별이 없어졌으므로, 날과 달과 해를 지키는 구약의 절기와 명절을 더 이상 지키지 않습니다.

3) 율법의 기능

복음을 모르고 율법만 알면 율법주의자인 유대교가 됩니다. 그러나 반대로 율법의 의미와 기능을 모두 부정하고 복음만을 주장한다면 율법폐기론자가 됩니다. 성경은 이 두가지를 모두 잘못이라고 말하고 있습니다. 물론 신약시대에서는 율법을 지킴으로 의롭다함을 받을 수 없습니다. 그렇다고 하여 율법이 폐기된 것이 아닙니다. 이 관계를 잘 이해하여야만 합니다.

예를 들어 살인과 도둑질, 간음을 하지 말아야만 의인이 되는 것이 아니며, 그러한 율법과 계명을 지켜야만 구원을 받는 것은 결코 아닙니다. 그럼에도 불구하고 의인이라면 당연히 살인과 도둑질, 간음과 같은 행실을 하지 않아야만 합니다. 성경은 온전한 의인이 하나도 없다고 말하고 있습니다. 그렇다고 하여 복음의 시대에는 살인과 도둑질과 간음을 하여도 아무 상관이 없다는 주장은 옳지 못한데, 율법과 도덕은 폐기된 것이 아니기 때문입니다. 그렇다면 이 두 가지의 상반된 견해를 어떻게 조화를 시킬까요?

> 그런즉 우리가 무슨 말 하리요 율법이 죄냐 그럴 수 없느니라 율법으로 말미암지 않고는 내가 죄를 알지 못하였으니 곧 율법이 탐내지 말라 하지 아니하였더면 내가 탐심을 알지 못하였으리라 롬 7:7

율법의 기능은 죄를 알게 하는 것입니다. 즉 율법을 지킴으로서 의롭다함을 주는 기능은 폐하여진 것이지만, 죄가 무엇인지 알게 하고 죄를 깨닫게 하는 기능은 폐하여진 것이 아닙니다. 즉 율법은 모든 사람이 죄인임을 깨닫게 하여 그리스도를 믿는 의로 인도하는 기능을 갖고 있는 것입니다.

> 그러므로 율법의 행위로 그의 앞에 의롭다 하심을 얻을 육체가 없나니 율법으로는 죄를 깨달음이니라. 이제는 율법 외에 하나님의 한 의가 나타났으니 율법과 선지자들에게 증거를 받은 것이라. 곧 예수 그리스도를 믿음으로 말미암아 모든 믿는 자에게 미치는 하나님의 의니 차별이 없느니라. 모든 사람이 죄를 범하였으매 하나님의 영광에 이르지 못하더니 그리스도 예수 안에 있는 구속으로 말미암아 하나님의 은혜로 값 없이 의롭다 하심을 얻은 자 되었느니라 롬 3:20-24

4) 구약과 신약의 가장 차이점

과연 구약과 신약의 차이가 무엇일까요? 과연 안식일과 주일의 차이는 무엇일까요? 과연 구약에서 짐승을 바치는 희생제사와 신약의 예배에 대한 차이는 무엇일까요?

구약과 신약의 가장 중요한 차이점은 '예수의 피' 입니다. 즉 유월절의 어린양의 피와 예수의 보혈의 차이는 그림자인가 실체인가 하는 차이입니다. 우리는 반드시 이것을 알아야만 구약과 신약의 차이점을 알 수 있습니다.

> 그리스도께서 장래 좋은 일의 대제사장으로 오사 손으로 짓지 아니한 곧 이 창조에 속하지 아니한 더 크고 온전한 장막으로 말미암아 염소와 송아지의 피로 아니하고 오직 자기 피로 영원한 속죄를 이루사 단번에 성소에 들어가셨느니라 히 9:11-12

구약에서도 피흘림이 있었지만, 그것은 매년 제사를 드려야만 했습니다. 신약에서 예수님의 피흘림은 영원한 속죄를 이루게 되었으므로 다시 제사를 드릴 필요가 없습니다.

> 또 저희 죄와 저희 불법을 내가 다시 기억지 아니하리라 하셨으니 이것을 사하셨은 즉 다시 죄를 위하여 제사드릴 것이 없느니라. 그러므로 형제들아 우리가 예수의 피

를 힘입어 성소에 들어갈 담력을 얻었나니 그 길은 우리를 위하여 휘장 가운데로 열어 놓으신 새롭고 산 길이요 휘장은 곧 저의 육체니라 히 10:17-20

구약과 신약의 가장 큰 차이점은 십자가에서 예수님의 피를 드린 제사라는 것입니다. 예수의 피로 세운 언약이 바로 '새 언약'인 것입니다. 성경은 많은 곳에서 예수의 피가 '새 언약'임을 증거하고 있습니다.

이것은 죄 사함을 얻게 하려고 많은 사람을 위하여 흘리는바 나의 피 곧 언약의 피니라 마 26:28, 막 14:24
저녁 먹은 후에 잔도 이와 같이 하여 가라사대 이 잔은 내 피로 세우는 새 언약이니 곧 너희를 위하여 붓는 것이라 눅 22:20
식후에 또한 이와 같이 잔을 가지시고 가라사대 이 잔은 내 피로 세운 새 언약이니 이것을 행하여 마실 때마다 나를 기념하라 하셨으니 고전 11:25
이와 같이 예수는 더 좋은 언약의 보증이 되셨느니라 히 7:22

많은 이단들이 자신들의 교주의 새로운 가르침을 새 언약이라고 주장합니다. 그러나 성경은 신약 이후의 어떤 언약도 언급한 적이 없습니다. 특히 하나님의 교회라는 이단은 유월절이 새 언약이라고 말하며 신약시대에도 일년에 한번씩 지켜야 한다고 주장합니다. 그러나 위 성경을 잘 읽어보시면 유월절이 새 언약이라는 것이 아니라, 포도주로 상징된 예수의 피로 세운 것이 새 언약이라는 것을 알 수 있습니다.

더욱이 일년에 한번 지키는 유월절이 아니라, '마실 때마다' 또는 '자주' as often as you drink, whenever you drink라고 기록되어 있습니다. 성경적으로 볼 때에는 이미 실체이신 예수께서 오셨으므로 더 이상 그림자에 지나지 않는 구약의 명절과 절기인 유월절을 지킬 필요가 없으며, 성경은 예수님의 살과 피를 뜻하는 만찬에 대해서 "기념하라"라고 말하고 있으므로 교회는 성찬식을 갖습니다.

6. 비유를 해석하는 방법

비유와 해석

> 예수께서 이 모든 것을 무리에게 비유로 말씀하시고 비유가 아니면 아무 것도 말씀하지 않으셨으니 이는 선지자로 말씀하신 바, 내가 입을 열어 비유로 말하고 창세부터 감추인 것들을 드러내리라 함을 이루게 하심이니라 마 13:34-35

이단들은 모든 성경이 비유와 상징으로 되어있다고 주장하며, 모든 성경 구절을 자신들이 원하는대로 짜맞추기식의 해석을 합니다. 이단들이 가장 많이 인용하는 구절이 마태복음 13장의 위 본문인데 "예수께서 비유가 아니면 아무 것도 말씀하지 않으셨다"는 구절을 인용하여 예수님은 언제나 비유로만 말씀하셨다는 것이며, 나아가서 성경은 모두 비유라고 주장합니다.

이 본문을 이용하여 성경을 비유풀이하여야 한다는 이단에는 신천지이만희, 기독교복음선교회정명석, 통일교문선명, 전도관박태선, 새빛등대중앙교회김풍일, 은혜로교회신옥주등 너무나 많습니다. 우리는 누군가가 성경을 비유풀이하여야 한다고 주장하면 그들이 곧 이단이라고 생각하면 됩니다.

마태복음 13장 34-34절의 본문은 예수님이 성경을 통하여 언제나 비유로만 말씀하셨다는 내용이 전혀 아닙니다. 본문에서 '이 모든 것' All these things 은 성경전체를 말하는 것이 아니고, 마태복음 13장 34절 본문 앞에 나오는 비유 4가지를 말합니다.

마태복음 13장 1절을 보면, 예수님이 큰 무리로 모여들었던 유대인들에게 비유로 말씀하시면서 시작합니다.

> 그 날 예수께서 집에서 나가사 바닷가에 앉으시매 큰 무리가 그에게로 모여 들거늘 예수께서 배에 올라가 앉으시고 온 무리는 해변에 서 있더니 예수께서 비유로 여러 가지를 그들에게 말씀하여 이르시되 마 13:1-3

마태복음 13장 전체에는 모두 천국에 대한 7가지 비유가 언급되는데, 34절 본문 앞에서는 4가지의 비유가 나옵니다. 그리고 '무리에게' to the crowd 는 그날 예수님의 말씀을 듣기 위하여 모인 유대인 군중을 뜻합니다. 심지어 마태복음 13장조차도 예수님이 비유를 제자들에게 풀어주는 내용이 포함되어 있으므로, 모두 비유라고 말할 수 없습니다.

> 예수께서 이 모든 비유를 마치신 후에 거기를 떠나서 마 13:53

예수님은 마태복음 13장에서 천국에 대한 비유를 유대인 무리들에게 말씀하셨습니다. 그리고 '이 모든 비유'를 마치신 후에 그곳을 떠나셨습니다. '이 모든 비유' these parables가 과연 성경 전체의 모든 비유일까요? 그것은 마태복음 13장에서 예수님이 말씀하신 비유를 뜻합니다. 예수님은 오히려 제자들만이 있을 때에는 천국에 대한 비유를 알아들을 수 있도록 설명하고 해석하여 주었습니다.

> 예수께서 이러한 많은 비유로 저희가 알아들을 수 있는 대로 말씀을 가르치시되, 비유가 아니면 말씀하지 아니하시고 다만 혼자 계실 때에 그 제자들에게 모든 것을 해석하시더라 막 4:33-34

실제로 많은 이단들이 성경은 모두 비유와 상징으로 해석하여야 한다고 주장하며, 모든 성경은 이중비유, 삼중비유, 그 이상의 다중비유로 되어있다고 주장하면서, 한결같이 자기들 임의대로 해석을 하고 있습니다.

> 하늘에서 나서 내게 들리던 음성이 또 내게 말하여 가로되 네가 가서 바다와 땅을 밟고 섰는 천사의 손에 펴 놓인 책을 가지라 하기로 내가 천사에게 나아가 작은 책을 달라 한즉 천사가 가로되 갖다 먹어버리라 네 배에는 쓰나 네 입에는 꿀 같이 달리라 하거늘 내가 천사의 손에서 작은 책을 갖다 먹어버리니 내 입에는 꿀 같이 다나 먹은 후에 내 배에서는 쓰게 되더라. 저가 내게 말하기를 네가 많은 백성과 나라와 방언과 임금에게 다시 예언하여야 하리라 하더라 계 10:8-11

많은 이단들이 본문을 인용하여 계시록을 다시 예언하여야 한다고 주장합니다. 계시록 5장 1절의 책을 계시록이라고 주장하며 봉해졌다고 주장하며, 계시록 10장 본문을 인용하여 계시록을 다시 예언하여야 한다고 주장합니다. 더 나아가서 성경을 다시 예언하여야 한다고 주장합니다.

본문에서 천사는 누구에게 다시 예언하라고 말하고 있을까요? 사도요한에게 말하고 있을 뿐입니다. 그리고 본문은 계시록이 아니라 에스겔서를 인용한 것입니다.

> 내가 보니 한 손이 나를 향하여 펴지고 그 손에 두루마리 책이 있더라. 그가 그것을 내 앞에 펴시니 그 안팎에 글이 있는데 애가와 애곡과 재앙의 말이 기록되었더라. 그가 또 내게 이르시되 인자야 너는 받는 것을 먹으라 너는 이 두루마리를 먹고 가서 이스라엘 족속에게 고하라 하시기로 내가 입을 벌리니 그가 그 두루마리를 내게 먹이시며 내게 이르시되 인자야 내가 네게 주는 이 두루마리로 네 배에 넣으며 네 창자에 채우라 하시기에 내가 먹으니 그것이 내 입에서 달기가 꿀 같더라 겔2:9-3:3

즉 계시록 5장과 10장의 책은 같은 것으로서 에스겔 2:9-3:3에서 언급되는 작은 책에 대해서 인용한 것이 그 본문의 배경이며, 본문은 사도요한이 하나님께 사명을 받은 것을 언급하는 것입니다. "다시 예언하여야 하리라"라는 말의 뜻은 계시록을 재해석을 하라는 것도 아니며 더욱이 비유풀이를 하라는 것은 더욱 아닙니다. 다시 예언하라는 것은 사도요한을 통하여 선포될 말씀이 장차 되어질 사건들과 종말에 대한 구체적 계시라는 것이며, 그 예언의 대상이 과거와 같이 이스라엘 공동체에게만 국한되지 않고 이제는 그 대상이 많은 백성과 나라와 방언과 임금, 즉 전 인류, 전 세계라는 범위를 의미합니다. 더욱이 2000년이 지난 현재 어떤 특정한 이단교주들을 통하여 다시 예언하라는 것이 아니라 사도요한을 통하여 다시 예언하라는 뜻으로서, 사도요한의 선지자적인 사명을 말하는 것입니다.

모든 이단들의 교주들의 공통점은 자신만이 유일하게 성경을 해석할 수 있다고 주장합니다. 물론 예수님은 말씀을 하실 때에 실제로 비유법을 사용하신 적도 있지만, 그러나 모든 것이 다 비유라고는 할 수가 없습니다. 만약 하나님께서 성경을 다시 예언하라고 하셨다면 성경을 보존할 필요가 없었을 것입니다.

그런데 왜 이단들은 성경구절을 모두 비유와 상징이라고 말하고 있을까요? 그 이유는 자신들의 교리를 짜맞춘 엉터리 해석을 정당화시키기 위함입니다.

(1) 성경은 그동안 비밀로 감추어져 있었다 (2) 성경은 비유이므로 상징적으로 해석하여야 한다. (3) 자신(교주)은 특별한 계시를 받아서 성경의 비밀을 알고 있으므로 유일하게 해석이 가능하다….. 이 세가지가 이단과 사이비들의 공통된 상용수법입니다.

그렇다면 비유에 대한 해석을 어떻게 하는 것이 정당할까요? 성경은 어떤 비밀을 감추려고 기록된 것이 아니라, 누구든지 하나님의 구속사적인 뜻을 알게 하기 위하여 인간의 언어로 기록된 책입니다.

물론 성경은 비유도 있고, 난해한 구절도 있습니다. 그러나 모든 성경이 다 비밀로 감추어진 것이 아니며, 모두 비유가 아니라는 것은 기본적인 상식입니다. 또 비유적인 구절은 성경의 기자가 무엇을 비유하기 위하여 그러한 표현을 하였는지를 먼저 살펴야 하며, 상식적이며 이성적으로 해석하여야만 합니다.

비유에 대한 연구는 매우 오랫동안 지속되어져 왔습니다. 그리고 이러한 해석에 대해서 두 가지의 중요한 접근적 표현법을 구별할 수 있도록 주의하여야 하는데, 즉 비유parable와 풍유allegory를 구분하는 것입니다. 그럼에도 불구하고 교회사에서 풍유적알레고리적 해석은 일찍부터 있어왔고 폭넓게 적용되었던 것이 사실이며, 지금도 간혹 이단뿐이 아니라, 소수의 목회자들도 이해할 수 없는 풍유적인 해석을 영적해석이라고 주장하는 경우가 있는 것도 사실입니다. 이러한 풍유적 해석은 본래의 상황까지 왜곡시키며, 비유 안에 있는 내용을 서로 상반되게 대조시키기도 하였으며, 이러한 방법은 곧 이단들의 상용수법이기도 합니다. 우리는 풍유적인 해석이 비유의 현실성과 보편성과 단순성을 무시하면 안된다는 사실을 아는 것이 매우 중요합니다.

직접적인 예를 들자면, 예수님이 자신을 '양의 목자'라고 비유하였을 때에, '양'은 성도를 가르키며, '목자'는 예수를 말하는 것이 분명합니다. 양이라는 온순하고 약한 짐승의 특징과 집단을 이룬다는 성격이 이러한 비유의 관점이 될 수 있을 것이며, 위험으로부터 노출되어지는 양을 돌보고 양육하는 목자의 역활을 예수님으로 비유한 것입니다.

그러나 양의 다리와 양의 머리, 양의 털, 양이 먹는 음식은 무엇을 뜻하는가를 유추하여 어떤 상징적인 개념으로 해석한다면, 주어진 문맥과 배경 안에서 납득할 수 없는 풍유가 되어질 것입니다. 또한 목자의 옷, 목자의 지팡이, 목자의 나이에 관한 문제는 이러한 양과 목자의 비유가 전하는 멧세지와는 전혀 상관이 없는 문제가 됩니다.

그러면 어떻게 해야만 성경을 바로 이해할 수 있을까요?

물론 많은 사람들이 추천하는 훌륭한 성경주석과 성경사전들이 많으므로 도움을 받을 수가 있으며, 그것은 아주 훌륭한 방법이 되어집니다. 그들은 뛰어난 성경적, 신학적인 지식을 활용하여 수많은 토론과 연구와 검토를 하면서 성경을 해석해 왔기 때문입니다. 더욱이 최근에는 컴퓨터용 성경 CD가 아주 잘 개발되어 있어서, 초보자도 히브리어나 헬라어 성경을 원문으로 공부할 수도 있을 정도입니다. 영어성경과 다른 번역 성경을 함께 보는 방법도 성경해석의 아주 좋은 방법입니다.

다음은 신천지 이만희가 쓴 책의 내용으로서 웃을 수도 없는 주장입니다. 신천지는 개역한글만 보라고 가르칩니다.

> 성경이 히브리어나 헬라어로 기록되었다 할지라도 기록된 바 그 예언이 대한민국에서 이루어질 말씀이라면, 한국어로 번역된 성경의 말씀이 가장 정확할 것이다. 굳이 이유를 말하자면 그것은 살아계신 하나님이 대한민국 사람을 들어 하나님의 뜻을 이루시기 때문에 성령의 역사로 정확하게 기록했을 터이고, 또한 하나님이 기록된 말씀대로 이루실 것이기 때문이다. 이는 성령의 역사를 믿는 성도라면 아멘으로 화답할 것이다. 이만희, 성도와 천국, 9쪽

물론 최근에 나온 주석과 참고자료는 매우 훌륭하지만, 그 중에는 난해한 구절이 있으며, 다양한 해석이 가능한 구절도 있습니다. 또한 주석은 성경 본문의 권위를 능가할 수는 없습니다. 또 기독교 서점에서 있는 주석에는 이단 혹은 문제있는 단체들의 책도 많이 있다는 것이 문제입니다. 가장 먼저 올바른 성경해석을 하기 위해서는 성경을 정독하며, 전체적으로 읽어야만 합니다.

그러나 우리는 성경을 읽고 해석할 때에 귀납적 해석방법이라고 불리는 것에 대해서 각별한 관심을 가질 필요가 있습니다. 귀납적 해석방법에는 다음의 세가지가 꼭 필요하며, 이 방법은 성경을 해석하는 데에 아주 중요한 요소가 되어집니다.

1) 상황적인 판단 : 성경을 해석하기 전에 그 성경에 주어진 상황을 잘 관찰하거나 파악하여야만 합니다.

성경에는 문학적 형태가 있습니다. 예를 들면 역사서, 율법서, 시, 잠언, 묵시록, 예언등 다양한 문학적 장르가 있다는 것입니다. 그 형태나 장르에 따라 성경을 해석하여야만 한다는 것은 매우 중요합니다. 또 언제, 어디서, 누가, 왜, 무엇을, 어떻게 기록하였는가를 기본 원칙에 따라 살펴야만 합니다. 또한 성경의 구조를 잘 살펴야만 하며, 성경의 고유한 용어에 대한 공부를 하여야만 합니다. 또한 그 성경이 기록된 시대와 상황적인 이해는 매우 중요한 것입니다. 또 비유가 아닌 것을 비유로 해석하는 것도 문제이지만, 비유를 문자적으로 해석하여도 문제가 될 것입니다

2) 전체에서 부분으로 : 성경해석은 전체적인 면에서 부분적인 면으로 해석하여야만 합니다. 나무는 보면서 숲은 보지 못하거나, 숲은 보지만 나무는 보지 못하는 우를 흔히 범하기가 쉽다는 것을 우리는 명심하고 항상 전체를 읽어야 합니다.

3) 개인적인 적용 : 우리가 본받을 것은 무엇이며, 성경이 나에게 주는 교훈은 무엇인가에 대해서 실제적이며 개인적인 적용을 해 보아야만 한다는 것입니다

예를 들면, "손과 발을 자르고, 혹은 눈을 뽑고 영생에 들어가는 것이 낫

다"라는 내용은마 18:7-8 실제로 범죄한 손과 발을 자르거나 눈을 뽑아야만 천국에 들어갈 수 있다는 뜻이 아니라, "범죄하지 말라"는 강조법이며 "지옥의 극심한 고통"에 대한 강조적인 표현방식이 된다는 것으로 이해하여야 한다는 것은 상식입니다.

제3장. 신론과 이단

> 하나님을 알되 하나님으로 영화롭게도 아니하며 감사치도 아니하고 오히려 그 생각이 허망하여지며 미련한 마음이 어두워졌나니 스스로 지혜있다 하나 우둔하게 되어 썩어지지 아니하는 하나님의 영광을 썩어질 사람과 금수와 버러지 형상의 우상으로 바꾸었느니라롬 1:21-23

1 하나님은 누구신가?

하나님

파스칼은 "기독교의 하나님은 철학적 사고 안과 과학적 지식 안에 존재하시는 하나님이 아니라, 아브라함과 이삭과 야곱의 하나님이다"라고 말했습니다. 또 마틴 루터는 하나님에 대해서 "계시된 하나님이시며, 동시에 숨겨진 하나님"이라고 하였습니다.

간혹 "하나님을 알 수가 없다"고 합니다. 우리가 하나님을 온전히 측량할 수 없다는 것에 대해서 '불가이해' 不可理解는 맞지만, '불가지론' 不可知論은 아니라고 봅니다. 우리는 하나님을 측량할 수는 없지만, 하나님이 스스로 계시하시는 범위 안에서 우리는 하나님을 알 수가 있기 때문입니다. 성경은 하나님과 예수를 아는 것이 영생이라고 말합니다.

> 영생은 곧 유일하신 참 하나님과 그의 보내신 자 예수 그리스도를 아는 것이니이다 요 17:3

하나님의 명칭

구약의 하나님에 대한 히브리어의 일반 명칭은 '엘로힘' Elohim, 복수이라고 기록하였는데, 그 의미는 지고至高를 뜻하며, 그 '엘'이라는 단어는 원래 '힘과 권능'을 의미하는 셈족 언어의 어원을 갖으며, 존귀와 예배의 대상으로서의 전능하심이란 명칭으로 정의되어집니다. 전통적으로 하나님을 '엘로힘'이라고 하는 복수명사로 표시하는 것에 대해서 "삼위일체의 복수적인 인격"으로 봅니다.

또 다른 명칭으로는 '아도나이' Adonai라는 이름이 있는데 이 의미는 주主라고 번역되어집니다. 또한 '여호와' Jehovah라는 명칭도 표현되는데, 이 명칭은 주로 선민 이스라엘과의 언약적이며 인격적인 관계에서 표현되어지는 명칭입니다.

또한 '샤다이' Shaddai 혹은 '엘샤다이'라는 명칭도 나타나는데, '전능의 하나님'이라는 뜻으로 모든 피조물에게 영광을 받는 하나님을 의미합니다.

신약에서는 하나님은 '데오스' Theos라는 명칭이 사용되었는데, 구약의 '엘로힘'이나 '샤다이, 엘샤다이'가 '데오스'로 번역되어졌습니다. 이 단어는 신약에서는 주로 "너의 하나님, 나의 하나님, 우리의 하나님"과 같이 소유격 대명사와 함께 사용되는데, 이것은 하나님이 그리스도 안에서 모든 각자의 하나님으로 인식될 수 있기 때문입니다.

또 '큐리어스' Kurios라는 명칭도 사용되는데 이는 '여호와, 아도나이'를 대신하는 주主, Lord의 의미로서, 하나님을 믿는 자가 하나님의 소유인 백성이 된다는 의미입니다. 또 신약에서는 '파테르' Pater, 아버지라는 명칭이 사용됩니다. 구약에서 보편적으로 찾아볼 수 없는 개념이지만, 물론 구약에서도 하나님은 이스라엘의 아버지신32:6, 사63:16이라고 기록하였으며, 출4:22장자와 신14:1자녀, 사1:2자식에서도 이스라엘을 아들이라고 말하고 있습니다.

스스로 있는 여호와

하나님이 모세에게 이르시되 나는 스스로 있는 자니라 또 이르시되 너는 이스라엘 자손에게 이같이 이르기를 스스로 있는 자가 나를 너희에게 보내셨다 하라출 3:14

[공동번역] 하느님께서는 모세에게 "나는 곧 나다." 하고 대답하시고, 이어서 말씀하셨다. "너는 '나를 너희에게 보내신 분은 나다. 라고 하시는 그분이다.' 하고 이스라엘 백성에게 일러라."

[표준새번역] 하나님이 모세에게 대답하셨다. "나는 스스로 있는 나다. 너는 이스라엘 자손에게 이르기를 '스스로 계신 분이 나를 너희에게 보내셨다' 하여라."

[현대인의성경] "나는 스스로 존재하는 자이다. 너는 이스라엘 자손들에게 '스스로 존재하는 자가 나를 여러분에게 보내셨습니다' 하고 말해 주어라."

[KJV] And God said unto Moses, I AM THAT I AM: and he said, Thus shalt thou say unto the children of Israel, I AM hath sent me unto you.

[NIV] God said to Moses, "I AM WHO I AM. This is what you are to say to the Israelites: 'I AM has sent me to you.

'여호와' 라는 단어는 창세기 2장4절에 처음 나오며, 출 3:14에서 하나님이 모세에게 자신의 이름을 '여호와' 라고 직접 계시하십니다. 여호와라는 이름에 대해서 어원적으로 볼 때에, 히브리어로 '하야' 있다. 이다. 되다라고 말하는데, 이 단어는 be이다, 혹은 become되다의 축어 형태라고 합니다. 그래서 영어성경은 I am who I am^{NIV}, I am that I am^{KJV}이라고 번역하였습니다. 개역성경을 포함한 한글 성경에서는 "나는 스스로 있는 자"라고 번역하였고, 공동번역은 "나는 나다"라고 번역하였는데 좋은 번역이 아니라고 봅니다.

야웨

유대인들은 하나님의 이름을 지나치게 신성시하여, 그 이름을 부르는 것을 피하기 위하여 자음만을 표기하여 YHWH라고 기록함으로서 본래의 발음을 상실하였습니다. 현대적인 유대인들은 '하쉬-셈' 그 이름이라는 표현으로 부릅니다.

16세기까지 사람들은 맛소라 학자들의 전통에 따라 '아도나이' 주라는 모음을 적용하여 '예호바' 라고 읽는 것으로 알았고, 그것이 한글로는 '여호와' 라고 번역되었으나, 최근의 학자들의 연구로는 '야웨' 라고 하는 발음이 원래의 이름에 더 가깝다고 합니다.

인격적인 하나님

"하나님은 영"요 4:24이라고 성경은 말합니다. 하나님이 영이시라는 말의 뜻은 하나님이 눈에 보이지 않는다는 것과 함께, 시간과 공간을 초월하시는 분이라는 것을 뜻합니다.

그런데 우리가 기억하여야 할 점은 하나님이 영이시라는 것이 곧 하나님이 인격적인 존재가 아니라는 것을 뜻하지 않습니다. 또 하나님과 세계가 곧 하나라는 범신론이나 유출론등도 잘못된 생각입니다. 지방교회와 베뢰아와 같은 이단들은 하나님이 영이기 때문에 육체를 가져야만 인격을 나타낼 수 있다고 주장합니다. 만약 이 주장이 맞다면 성령도, 귀신도 모두 인격적이 아닐 것입니다.

공의의 하나님과 그 속성

예수님은 "하나님 외에는 선한 이가 없느니라"막 10:18라고 말씀하셨습니다. 하나님은 공의로우시기 때문에 우리들을 심판하실 수 있는 것입니다. 여호와의 증인과 안식교는 고통받는 지옥이 없다고 부정하는데, "공의의 하나님이 자신의 피조물을 영원히 고통을 줄 수가 없다"고 주장합니다. 그러나 공의Justice란 '공평한 추'를 가르킵니다.잠16:11

모든 사람을 다 구원한다면 그것은 오히려 공평한 추가 되지 못합니다. 마찬가지로 형벌만을 주셔도 그 저울은 한쪽으로 기울게 될 것입니다. 아브라함은 공평하게 심판하시는 하나님에 대해서 다음과 같이 말하였습니다.

> 세상을 심판하시는 이가 공의를 행하실 것이 아니이까? 창 18:25

또한 성경은 하나님은 자존하시는 분이며, 불변하시고, 영원하시며, 무한하신 분이며, 온 세상에 무소부재하시고, 거룩하신 분이며, 전지전능하신 분이라고 기록하고 있습니다. 우리는 이러한 것에 대해서 하나님의 속성이라고 말합니다.

예수님의 선재

> 요한은 아시아에 있는 일곱 교회에 편지하노니 이제도 계시고 who is 전에도 계시고 who was 장차 오실 이 who is to come 와…계 1:4

이 구절은 장차 오실 이가 예수님이며, 이제도 계시고 전에도 계셨다는 것입니다. 또 예수님은 요한복음 8장 56절에서 유대인들에게 이같이 말씀하셨습니다.

> 너희 조상 아브라함은 나의 때 볼 것을 즐거워하다가 보고 기뻐하였느니라 요 8:56

유대인들이 그것에 대해서 이와 같이 묻습니다.

> 유대인들이 가로되 네가 아직 오십도 못되었는데 아브라함을 보았느냐 요 8:57

예수님은 "아브라함이 나기 전부터 내가 있느니라 am"이라고 말씀하셨습니다. 이 예수님의 말씀은 곧 여호와께서 모세에게 하신 'I am'의 말씀과 동일하며, 그 말의 뜻은 예수님이 곧 스스로 존재하는 하나님의 속성과 같다는 의미가 되어지기 때문에, 유대인들은 예수님을 신성모독으로 돌로 치려고 하였던 것입니다. 이것은 양태론적인 동일인격의 의미가 아니라, 하나님께 태초부터 함께 계셨던 예수의 선재성을 의미합니다.

> 예수께서 가라사대 진실로 진실로 너희에게 이르노니 아브라함이 나기 전부터 내가 있느니라 하시니 요 8:56–58

예수가 시편에서 '다윗의 주'로 불리웠다는 사실을 스스로 말씀하고 있는데, 이것은 선재성과 함께, 여호와하나님과 예수님을 인격적으로 구별하고 있습니다.

> 이르시되 그러면 다윗이 성령에 감동되어 어찌 그리스도를 주라 칭하여 말하되 주 여호와께서 내 주그리스도께 이르시되 내가 네 원수를 네 발 아래에 둘 때까지 내 우편에 앉아 있으라 하셨도다 하였느냐 마 22:43-44, 참고: 시편 110:1

2 니케야회의

속사도 시대의 정통신학

예수님이 직접 사역을 하셨을 때에는 예수님의 가르침이 곧 교리적인 기준이 되었습니다. 또 예수님이 승천하시고, 사도들이 사역을 하던 시대에도 영지주의자나 금욕주의와 같은 이단들이 있었지만, 사도들의 가르침이 곧 교리적인 기준이 될 수 있었습니다. 그러나 사도들이 모두 죽고, 사도들의 제자들이 교회의 지도자가 되었을 때에, 우리는 그 시대를 '속사도 교부 Apostolic Father의 시대'라고 부르게 되는데, 그 때가 되자 교회에서 이단적인 교리들이 많이 나타나게 됩니다.

그리고 교회에서는 비로소 그들 이단교리에 대항하기 위하여 체계적인 교리가 필요하게 되었던 것입니다. 이것이 곧 정통교리입니다.

기독교의 이천년 역사는 끊임없이 정통 신학과 이단 신학과의 싸움이었습니다. 삼위일체론도 단일신론을 주장하는 아리우스장로와 청년집사인 아타나시우스의 성경적인 진리토론에서 정립이 되었으며, 그 후로도 양태론자와의 싸움에서 정통삼위일체가 정립되어집니다. 또 그리스도의 인성과 신성에 대한 기독론도 예수 그리스도의 인성만을 주장하거나 신성만을 주장하는 자들, 즉 양성론자들과 단성론자들에 의하여 그들에 대항하기 위하여 정립된 논리이었습니다.

정경Cannon이라는 오늘날의 신약성경도 결국은 영지주의자 이단들의 무분별한 성경의 채택을 대항하기 위한 투쟁의 결과이었습니다. 마르시온이라는 영지주의자는 자기가 쓴 '댓구'라는 책을 성경으로 채택하였기 때문입니다.

또한 비성경적으로 타락하여가는 로마 가톨릭의 구교는 오직 성경Sola Scriptura을 외치는 종교개혁자들이 있음으로 인하여 개신교와 분리되었던 것입니다.

우리는 교회사에서 가장 중요한 니케야회의에 대해서 자세히 살펴 보아야만 합니다. 니케야회의를 통하여 삼위일체를 정립한 아타나시우스는 교회사에서는 아주 중요한 인물입니다.

니케야회의 AD318년 알렉산드리아 교회의 장로 아리우스는 예수그리스도가 "하나님으로부터 피조되었으며, 존재하지 않았을 때도 있었다"고 주장함으로서 알렉산더 감독과 대립하여 초대교회를 분열시켰습니다. 쉽게 말하자면, 아리우스 장로는 예수의 신성을 부정하고, 예수를 피조물로 보는 여호와의 증인들의 조상이라고 보면 맞습니다. 결국 알렉산더감독은 아리우스를 정죄하였으며, 아리우스와 그를 지지하는 몇 명을 교회에서 제명시켰습니다. 아리우스는 일단 이집트로 피신하여 지지자들을 모으고 있었는데, 그의 지지자 중에는 황제의 측근이며 동방 수도의 주교인 유세비우스도 포함되어 있었습니다. 아리우스 장로는 유세비우스를 통하여 알렉산더감독에게 압력을 행사하였는데, 아리우스장로의 제명을 풀어주라는 것이었으며 그러나 알렉산더감독은 그것을 끝내 거절하였습니다. 즉 아리우스는 성자 예수가 어느 순간에 성부에 의하여 창조되었고, 성자는 성부와 유사하지만 본질적으로 동일하지 않은 피조물이라고 주장하였습니다. 즉 예수가 하나님과 '유사본질'인가 '동일본질'인가 라는 문제가 대립되어진 것입니다. 장로 아리우스와 감독 알렉산더의 두 사이에서 시작된 날카로운 신학적 대립으로 교회 분열의 문제가 대두되자, 황제는 주교들의 회의를 통하여 이 문제를 해결하여야겠다고 생각하는데, 이것이 바로 325년 5월에 시작된 니케야회의입니다.

AD 325년, 318명의 감독들이 모이게 된 니케야회의가 황제에 의하여 소집되었고, 이 주교들은 대부분 동방 출신의 주교들입니다. 그 이유는 서방출신들이 로마의 언어인 라틴어를 몰랐기 때문에 참여하지 않았습니다. 많은 참석자들이 기독교 주교들의 회의가 황제 앞에서 열릴 수 있다는 것에 감격을 하였으며, 참석자들 중에는 순교와 핍박으로 인한 불구자들이 많았다고 합니다. 그들 중 일부는 아리우스의 지지자들이었고, 일부는 알렉산더감독의 지지자들이었지만, 그러나 그들 참석자의 대부분은 황제의 측근이자 당대의 실력자인 유세비우스의 지지세력이었으며, 유세비우스는 아리우스장로를 지지하고 있었습니다.

그러나 회의 도중 갑작스러운 알렉산더 감독의 죽음으로 인하여, 그 당시 서기이며 집사였던 청년 아타나시우스 집사와 아리우스 장로의 대결로 계속 되었으며, 황제의 비호와 많은 감독들의 정치적인 동조가 있었던 아리우스 장로에 비하여 청년집사 아타나시우스는 불리한 여건 속에서도 토론을 계속하게 됩니다. 그러나 아타나시우스는 토론에서 성경적인 근거를 제시함으로서, 불리한 토론을 오히려 유리하게 이끌어가고, 오히려 아리우스는 자신의 주장을 자꾸 번복하였다고 합니다. 황제의 측근이자 최대 지지 세력을 가진 친親아리우스의 유세비우스는 처음에는 아리우스의 주장에 공감을 표시했었습니다. 그러나 토론이 진행되어감에 따라 오히려 아리우스가 점점 불리하게 되어지자, 유세비우스는 자신이 친 아리우스주의자라는 혐의를 벗기 위하여 아리우스에 대한 지지를 포기하게 됩니다.

참석한 주교들은 새로운 신앙고백서를 작성하는 과정에서 "참되신 하나님께로부터 온 참되신 하나님"이라는 용어를 사용하게 되며, '동일본질'이라는 의미심장한 표현들을 사용하게 됩니다.

결국 니케야회의는 힘이 없었던 아타나시우스 집사가 아리우스 장로와의 토론을 승리하게 됨으로서 "성자는 피조된 것이 아니며 성부와 동질이다"라는 니케야 신조가 확립되어졌습니다.

니케야 회의에서 토론이 진행되는 동안에도, 아타나시우스는 아리우스장로와 논쟁 중에 무려 다섯 번을 유배당하였다가 다시 돌아왔으며, 돌아올 때마다 지지자들에게 열렬히 환영을 받는 상황이 연출되었으며, 결국 마지막에는 아리우스장로가 이단으로 정죄되고, 아타나시우스는 말년에 자신의 알렉산드리아 교구에서 존경을 받으며 평안한 시간을 갖게 됩니다. 당시의 유행어는 "아타나시우스는 세상을 반대하고, 세상은 아타나시우스를 반대한다"였다고 하며 아타나시우스의 어려운 상황을 말해주고 있습니다.

그러나 기독교에서는 항상 성경이 최종권위가 되는 것입니다. 그가 승리한 것은 그의 주장이 성경적이었기 때문입니다. 아리우스는 자신의 주장을 명백히 논리적으로 주장하지 못하였고, 여러번 자기 주장을 번복하기도 하고 말을 바꾸면서 오직 외부적인 정치적 공세로 아타나시우스를 압박해 나갔던 것입니다. 결국 최종적으로 승리한 아타나시우스는 아리우스에게 보복을 하는 것을 원하지 않았으며 화해의 조건으로서 다음과 같은 입장을 말합니다.

니케야의 거룩한 교부들이 고백했던 신앙을 고백하고 성자가 피조물이라고 말하는 자들에게 저주를 선언하는 것으로 충분하다.

결과적으로 325년 니케야회의에서 아타나시우스가 아리우스와 대결함으로서 삼위일체의 초석을 확립하였고, 그 후 381년 콘스탄틴노플회의에서는 양태론자 사벨리우스의 견해를 반대함으로서 양태론을 비성경적인 논리로 확정짓게 되고, 500여명의 각 지역의 교회 감독들이 참여한 451년 칼케톤회의에서는 그리스도는 변화와 혼합이 없이 두인성과 신성의 본성을 한 위격 안에 연합하여 갖고 있다고 확인하게 되므로써, 삼위일체와 그리스도의 인성과 신성에 대한 논리가 매듭 되어집니다. 즉 325년 니케야 회의, 381년 콘스탄티노플 회의, 451년 칼케톤 회의에서 삼위일체에 대한 결론이 150년이란 시간을 통해 일단락되어진 것입니다.

이와 같이 교회사 2000년 동안의 정통신학은 이단들의 교리가 먼저 나타남으로서, 그것을 반박하는 과정에서 성경적인 토론이 있었으며, 그 토론을 통하여 승리함으로써 정통신학이 정립되어져 간 것입니다.

3. 삼위일체란 무엇인가?

삼위일체

이단들이 주장하는 것 가운데 가장 빈번한 것이 "삼위일체라는 용어는 성경에 없다"는 것입니다. 특히 단일신론을 주장하는 여호와의 증인, 양태론을 주장하는 지방교회등이 그러한 주장을 합니다. 그러나 '단일신론' 이라는 단어도 성경에는 없고, '양태론' 이라는 단어도 성경에는 없습니다. 그리고 분명히 말하고 싶은 것은 삼위일체는 가장 성경적인 개념을 정리한 것이라는 것입니다.

삼위일체는 2000년 교회사 동안 끊임없는 이단들의 공격과 시비를 받아 왔습니다. 그러나 한번도 성경적인 진리토론에서 패배한 적이 없습니다. 다시 말하면 성경적인 토론에서 언제나 승리하였던 정통신학이 바로 삼위일체입니다.

물론 삼위일체란 교리는 인간의 논리적인 생각으로 보면 이해가 어렵습니다. 어떻게 하나가 셋이 되고 셋이 하나가 될 수 있습니까? 그래서 보편적으로 교회의 지도자들과 목회자들은 초신자들에게 무조건 믿으라고 가르쳐왔던 것도 사실입니다. 그러나 논리적으로 이해가 가지 않는 것을 무조건 믿어야만 한다고 가르치는 것에 대해서 필자는 반대합니다. 그런 식으로 가르치기 때문에, 오히려 우리의 젊은 청년들이 쉽게 이단으로 미혹되는 것입니다. 가려움은 손이 닿지 않는 부위일수록 더욱 가려운 법이기 때문입니다. 아무리 어려워도 삼위일체가 가장 성경적이라는 것을 반드시 가르쳐야만 합니다.

어떤 사람들은 삼위일체란 인간들이 교권을 수호하기 위하여 인위적으로 만든 논리라고 비난합니다. 또 어떤 분들은 삼위일체같은 교리는 몰라도, 은혜만 받으면 된다고 말합니다. 그러나 삼위일체란 성경을 그대로 정리하고 체계화시킨 것으로, 인간의 이해를 돕기 위한 목적이 아니라, 이해가 다소 어렵더라도 불구하고, 성경을 그대로 정리하고 요약한 것입니다.

삼위일체란 우리가 믿는 신앙의 대상이 되는 하나님에 대한 것이며, 기독교의 심장은 바로 삼위일체로부터 시작되어지는 중요한 것입니다. 실제로 이 삼위일체가 틀려지면 구원론, 인간론, 종말론등 모두 달라지게 됩니다. 첫단추를 잘못 채우면 나중 단추는 채울 곳이 없게 되는 원리와 같습니다.

교회사를 공부한 사람이라면, 정통교리란 인위적으로 교권이나 교리를 수호하기 위하여 만들어진 것이 아니라는 것을 알게 됩니다. 교회사를 통하여 보면, 항상 이단들의 주장이 먼저 나타나게 되었으며, 교회가 그와 같은 이단들의 주장에 대해서 방어를 하거나 반박하는 과정에서 정통신학이 정립되고 발전되어진 것입니다. 기독교의 이천년 역사는 끊임없는 이단과의 싸움이었습니다. 교회사에서 우리 신앙의 선배들은 때로는 목숨을 걸고 진리를 위하여 싸웠으며, 정통신학은 그러한 과정을 통하여 정립된 것입니다.

삼위일체에 대한 이단들의 견해는 단일신론여호와의 증인, 다신론몰몬교, 양태론지방교회, 뉴예루살렘교회, 성락교회, 구원파, 다락방등, 삼신론등이 있습니다.

삼위일체에서 가장 오류를 범하기 쉬운 것이 양태론입니다. 교회를 오래 다닌 성도들과 심지어는 목회자들 조차 양태론적인 신론을 갖고 있는 경우가 많습니다. 심지어 정통교회 중에서도 이름이 알려진 몇몇 유명한 목사들 중에서도 알게 모르게 양태론적으로 삼위일체를 주장하는 사람들이 있었던 것도 사실입니다.

양태론은 성부와 성자와 성령에 대해서, 동일한 한 인격의 하나님이 세가지 양태로 나타나서 각각 사역을 한 것으로 간주하는 것입니다. 즉 구약에서는 성부하나님으로, 신약에서는 그 하나님이 직접 육신을 입고 예수로 나타나셨고, 오순절 이후에는 그 예수가 성령으로 나타나셨다는 주장이 곧 양태론입니다.

예를 들면 회사에서 사장이고, 교회에서는 장로이며, 집에서는 가장남편, 아버지이 되어진다고 할 때에, 이러한 비유의 삼위일체는 동일한 한 인격의 세 가지 양태이며, 이러한 주장은 인격적인 구별이 없이, 사역적으로만 구별한다고 하여 '사역적 양태론' 경세적삼위일체이라고 부릅니다. 이러한 주장을 무의식적으로 하는 성도들과 때로는 목사들이 매우 많습니다. 이러한 주장은 성경에서 언급되는 삼위간의 인격적인 교류와 구별에 대해서는 설명할 수가 없으며, 삼위 혹은 이위가 동시에 존재한 성경적인 기록의 경우에 대해서 설명할 수가 없으므로 성경과 모순이 됩니다.

성부가 직접 육신을 입고 성자로 오시고, 성자가 성령으로 오셨다는 이러한 양태론은 '승계적인 양태론'이라고도 부릅니다. 결국 사역적경세적 양태론이나 승계적 양태론은 세 인격이 아닌 한 인격의 세가지 양태를 주장하므로서 모두 양태론입니다.

또 삼신론이라는 것이 있는데, 성부와 성자와 성령이라고 하는 세분의 신 하나님이 각각 분리되어 세 하나님으로 계시다는 주장입니다. 예를 들면 베드로와 요한과 야고보의 3명의 사람처럼 분리된, 서로 다른 세 본질과 세 인격을 갖는 경우는 정통삼위일체와 다릅니다. 그들은 세 인격의 구별된 삼위로서 상호교류는 가능하지만, 그들은 한 본질의 단일성이라고 말할 수가 없습니다. 결국 그들은 삼위삼체가 되어집니다. 중세 때에는 삼신론자들이 존재하였지만, 최근에는 삼신론을 추종하는 곳이 없습니다. 다만 분리된 인격을 너무 강조하다가 자칫 삼신론으로 빠질 위험도 있으므로 조심하여야 합니다. 최근에는 인격적으로 구별된 삼위를 주장하는 정통삼위일체를 오히려 삼신론으로 매도를 하는 사람들이 있었는데, 이단연구가를 모함하고 매도하려는 친이단 옹호인사들의 고의적인 소행이었다는 것이 밝혀졌습니다.

또한 단일신론유니테리언은 오직 성부하나님여호와만이 유일한 하나님이라는 주장으로, 여호와의 증인들의 교리가 이에 속하며, 유대교의 주장이 되고 맙니다.

안식교의 엘렌화잇도 예수를 미가엘 천사장이라고 주장하였는데, 이 주장이 여호와의 증인 교리로 이동된 것으로 보입니다. 여호와의 증인들은 예수를 하나님보다 열등한 피조물, 천사장 미가엘이라고 주장하며, 성령은 인격체가 아니라 하나님의 기운 혹은 에너지같은 비인격적 존재로 간주하며 삼위일체를 부정합니다.

몰몬교는 엘로힘이 구약에서는 여호와로, 신약에서는 예수로 나타났다는 양태론을 주장하지만, 누구든지 하나님이 될 수 있다고 주장하며, 예수도 어느 시점에서 신적인 능력을 받고 하나님이 되었다고 주장하므로 다신론을 주장합니다.

또한 어느 단체의 교주나 지도자를 삼위일체의 한 위격으로 포함시키는 경우도 있는데, 이것은 사이비집단의 주장이며, 특히 신천지의 경우, 삼위일체의 일체一體를 한문으로 '한 몸'이라고 해석하여 이만희의 한 몸에 세 보좌가 있다고 해석하는데, 이러한 주장에 대해서는 시간을 낭비할 가치조차 없다고 봅니다. 당연히 삼위일체는 사람이 포함되어지지 않으며, 성부, 성자, 성령하나님을 말하기 때문입니다. 또 다른 예를 들면, 하나님의 교회는 안상홍을 성부하나님, 재림예수, 보혜사성령, 이삭, 멜기세덱등 1인 5역으로 만들었으며, 장길자라는 여인을 하나님어머니로 숭배합니다.

사실 삼위일체三位一體라는 한문적인 용어는 중국의 문자를 그대로 모방하여 온 것으로 신학적인 의미로 볼 때에는 오류적인 용어입니다. 정통삼위일체란 인격을 셋으로 구별하지만, 본질은 하나라고 보는 개념으로서, 그 정확한 개념은 하나의 몸을 말하는 '일체一體'를 뜻하지 않습니다.

즉 정통삼위일체는 '신적본질의 단일성'과 '상호교류가 가능하며 구별되는 인격'을 함께 말합니다. 쉽게 말하자면 본질은 하나이지만, 인격은 셋이라고 하여야만 하는데, 그 이유는 아주 단순하며, 단지 성경이 그렇게 기록하고 있기 때문입니다.

그동안 삼위일체에 대해서 좀 쉽게 설명하고 이해시켜 보려는 시도들이 있었습니다. 삼위적인 양식을 물과 수증기와 얼음으로 설명하려는 시도도 있었으며, 비록 그러한 비유가 삼위일체를 쉽게 이해할 수 있는 장점은 있다고 할지라도 실제로는 더욱 혼란만 가중시킬 뿐이며, 실제로 이런 비유는 양태론자들이 즐겨 사용하는 것입니다. 또 태양과 빛과 열로 비유하기도 하며, 수박과 수박조각과 수박즙으로 비유하기도 하고, 또 삼각형의 서로 다른 세 각으로 설명하려는 시도도 있었지만, 이러한 것들은 잘못된 비유로서 더욱 혼란만을 가중시킬 뿐입니다.

어떤 사람은 컴퓨터적인 개념으로 비유하여, 삼위를 세 개의 소프트웨어로 비유합니다. 세 개의 소프트웨어는 개수로는 세 개이지만, 그 본질적인 내용은 하나로서, 세 프로그램끼리는 상호교류가 가능하다는 것입니다. 이것이 인격적 상호 관계에 대한 비유가 된다고 생각할 수도 있지만, 그러나 삼위일체가 소프트웨어라면 또 다른 복사가 가능하다는 결론이 될 수 있고, 하나님의 인격과 본질을 제한적인 물질로 비유하는 자체도 잘못입니다.

결론적으로, 하나님은 유일무이한 존재로서 세상의 어떤 물질에 대한 유비와도 비교할 수가 없다고 보아야 합니다. 삼위일체에 대한 여러가지 유비는, 삼위일체의 이해에 대해서 약간의 도움은 줄 수 있을지 몰라도, 바람직한 설명이 될 수 없습니다.

삼위일체의 명제

성경에서 말하는 삼위일체적인 세가지 명제는 아래와 같습니다. 즉 이 세가지 명제를 만족하는 삼위일체가 정확한 삼위일체가 되어지며, 이 세가지의 성경적인 명제가 동시에 만족되어져야만 한다는 것이 아주 중요한 것입니다.
(1) 하나님은 한 분이시다
(2) 각 위는 각각 온전한 하나님이시며 동일한 신적본질을 공유한다
(3) 성부, 성자, 성령의 삼위는 상호 구별되며, 상호 교류한다

위 성경적인 세가지 명제를 그대로 정리하고 요약한 것이 곧 삼위일체입니다. 다시 말하여 정통 삼위일체는 성경적인 오류를 드러내지 않습니다.

삼위일체의 용어적인 개념

"이는 하나님의 영광의 광채시요 그 본체의 형상이시라 그의 능력의 말씀으로 만물을 붙드시며 죄를 정결케 하는 일을 하시고 높은 곳에 계신 위엄의 우편에 앉으셨느니라" 히 1:3

히브리서 1:3에서 '휘포스타시스' essence, nature, person라는 헬라어 단어가 나타나는데 이 단어의 뜻은 '본질, 본체, 실체, 실상' 이라는 뜻을 갖습니다. 이 헬라어 단어가 초대교회에서 삼위일체의 용어로 언급되어 집니다.

다시 말하여 예수님은 하나님의 '휘포스타시스' 본질인 것입니다. 즉 성부와 성자의 본질은 동일하며, 이 휘포스타시스라는 용어에 성령까지 포함되므로서, "세 휘포스타시스가 존재한다"는 개념으로부터 삼위일체가 시작됩니다. 이 단어에 대한 번역성경들의 해석은 다음과 같습니다.

[공동번역] 그 아들은 하느님의 영광을 드러내는 찬란한 빛이시요, 하느님의 본질을 그대로 간직하신 분이시며 그의 능력의 말씀으로 만물을 보존하시는 분이십니다. 그분은 인간의 죄를 깨끗하게 씻어 주셨고 지극히 높은 곳에 계신 전능하신 분의 오른편에 앉아 계십니다.

[표준새번역] 아들은 하나님의 영광의 광채이시요, 하나님의 본바탕의 본보기이시요, 자기의 능력 있는 말씀으로 만물을 보존하시는 분이십니다. 그는 죄를 깨끗하게 하시고, 높은 곳에 계신 존엄하신 분의 오른쪽에 앉으셨습니다.

[현대인의성경] 그 아들은 하나님의 영광의 광채시며 하나님의 본성을 그대로 나타내시는 분입니다. 그분은 능력 있는 말씀으로 만물을 보존하시며 죄를 깨끗게 하시고 하늘에 계시는 위대하신 하나님 오른편에 앉으셨습니다.

[KJV] Who being the brightness of [his] glory, and the express image of his person, and upholding all things by the word of his power, when he had by himself purged our sins, sat down on the right hand of the Majesty on high;

[NIV] The Son is the radiance of God's glory and the exact representation of his being, sustaining all things by his powerful word. After he had provided purification for sins, he sat down at the right hand of the Majesty in heaven.

이 '휘포스타시스'라는 단어가 서방교회에서 라틴어로 번역되어지는데 '페르소나' persona, 인격라는 단어가 사용됩니다. 특히 초신자들이 이 '인격'이라는 용어를 잘못 이해하는데, 신학적인 용어에서 '인격'은 사람의 '성격'character을 뜻하는 용어가 아니라, '지정의를 행사하는 하나의 주체'personality를 말합니다.

다시 말하여 하나님의 본질은 하나입니다. 그러나 성자도 하나의 휘포스타시스이고 성령도 한 휘포스타시스입니다. 즉 세 휘포스타시스가 존재합니다. 다시 말하면 세 인격위격이 존재하며, 이 세 인격위격은 동일한 한 본질본체을 공유하며, 각각 인격적인 주체로서 구별이 되면서 동시에 상호교류가 가능하다는 것입니다.

이 '휘포스타시스'라는 단어는 그 당시 헬라어 언어가 로마의 라틴어로 바뀌는 과정에서, 서방의 교부들에 의하여 번역되었는데, 특별히 어거스틴은 이 '휘포스타시스'라는 헬라어를 번역함에 있어서 라틴어 '페르소나'persona 라는 단어를 사용하게 됩니다. 그런데 이 용어적인 차이에서 뜻하지 않게 양태론이 발전하는 계기가 되어집니다. 이 '페르소나'라는 단어가 '인격'이라는 뜻 외에, '가면, 얼굴'이라는 뜻도 갖고 있었는데, 한 배우가 여러 가지 가면을 쓰고 일인다역의 연극을 하는 용어에서, 양태론적인 의미가 담겨져 있었기 때문입니다.

> 동방교회의 신학자들은 서방교회가 즐겨 사용한 '페르소나'를 피하고 그 대신 '휘포스타시스'라는 말을 사용했다. '페르소나'의 본래의 뜻이 가면mask이므로 그 말을 삼위에 적용시킬 때, 사벨리우스주의라는 오해를 받을 위험성이 있었기 때문이다. 그리고 일체를 의미하는 말로서 '우시아'를 사용했다. 한 '우시아'에 세 '휘포스타시스'가 있다고 했다. 이종성의 삼위일체론, 259쪽

'본질'을 뜻하는 단어로서는 '우시아'라는 단어를 사용하게 되고, 이 한 우시아본질에 세 휘포스타시스인격가 있다고 정리가 되었는데, 이러한 과정 중에서 용어적인 혼란으로 인하여 교회는 개념을 정립시킬 필요를 갖게 됩니다. 그래서 칼케톤회의는 헬라어 '휘포스타시스'라는 용어는 라틴어 '페르소나'와 동의어라는 결정을 하게 됩니다. 그래서 한 본질우시아에 세 위격 페르소나이라는 용어가 정립되어진 것입니다. 영어로 Three persons with one essence를 뜻하게 됩니다.

"교회가 휘포스타시스와 페르소나는 동의어라고 공식적으로 선언하게 된 것은, 어거스틴이 죽은지 반세대가 지난 451년의 칼케톤 공의회에서였다. 이리하여 페르소나에 대한 정의에 휘포스타시스의 객관적이며 절대적인 성격을 포함시키는 길을 열게 되었다. 어거스틴이 이 위격들을 '존재양식'이라고 말하면서 강조하고자 했던 것은 정확히 바로 이러한 절대적인 영구성이었다. 우리는 어거스틴의 어휘선택에 대해 의문을 표시할 수 있다. 그가 선택한 어휘는 그를 사벨리우스주의로 몰 수 있는 가능성을 열어놓고 있다.

이것은 페르소나라는 단어가 얼굴이나 가면을 뜻하기 때문에 삼위가 한분 하나님의 세 얼굴로 이해되어 결국 양태론적 오류를 포함하고 있는 것이 아니냐는 말이다–역주" 제럴드 브레이의 신론, 198쪽

특히 사벨리우스는 양태론의 아버지라고 불리는 사람으로서, 지금도 양태론을 사벨리우스주의라고 부르는데, 양태론은 불사不死의 성부하나님을 십자가에서 죽게 하는 주장이 되므로 '성부고난설'이라고도 부릅니다. 물론 양태론은 교회사를 통하여 언제나 이단적인 주장이었으며 단 한번도 정통신학이었던 적은 없었습니다. 단일신론 역시 이단적인 주장이었습니다.

"그 안에는 신성데오테스, Godhead의 모든 충만이 육체로 거하시고…"골2:9
성경본문에서 '신적본질'은 곧 '신성'으로 이해되어집니다.

그러나 성경이 말하는 삼위에 대한 관계성에 대해서, 삼위의 인격은 서로가 관계와 교류를 가질 수 있었고 인격적으로는 구별되었어야만 했습니다. 예를 들어 성부는 성자와 성령을 파송하였고, 성자는 성부께 기도를 하며, 성령은 성자의 뜻을 전하게 됩니다.

물론 삼위의 역할과 기능은 모두 다릅니다. 예수님은 십자가에 달리심으로 그 몸을 희생제물로 바쳤고, 성부하나님은 그 제물을 인류의 죄값으로 온전히 열납하셨으며, 그 보증으로 성령을 보내신 것입니다. 하나님은 인류를 구원하기로 계획하셨고 예수님은 그것을 몸소 성취하기 위하여 이 땅에 오셨습니다. 또 성령은 성도들 안에서 그 구원을 효과적으로 인도하고 보증합니다. 그 역할과 기능은 모두 다릅니다.

여호와의 증인들이 자주 주장하는 것과 같이, "하나님이 예수님보다 크다"요14:28는 것은 본질의 동등함을 말하는 것이 아닙니다. 초대교회부터 오리겐과 같은 학자들에 의하여 하나님은 가장 큰 신성을 가졌고, 아들은 좀 열등한 신성을 가졌다는 잘못된 주장이 있었는데 이것을 '종속설'이라고 합니다.

요한복음 17장5절은 "창세 전에 내가 아버지와 함께 가졌던 영화"라고 기록되어 있습니다. 비록 "하나님과 동등함을 취하지 않고"빌2:6 종의 모습으로 오신 예수님이지만, 그가 창세전에 가졌던 영광은 하나님과 함께 가졌던

그 영화이었습니다. 또 예수님은 "누구든지 나를 본 자는 아버지를 보았고"라고 말합니다. 물론 예수의 육신적인 형상이 영이신 아버지의 형상을 뜻하지 않기 때문에, 본성nature 혹은 본질essence을 뜻하는 신적속성이라고 해석합니다. 즉 예수의 본질은 하나님과 동일한 본질이라는 것이 아타나시우스의 니케야 신조가 됩니다.

그렇다면 성령도 동일한 신적본질일까요?

이 성경적인 증거는 뒤에 '성령의 신성'이라는 주제로 다시 자세하게 설명되어질 것입니다. 다음 구절은 하나님과 하나님의 영과 성령, 그리스도와 그리스도의 영에 대한 구별이 사실상 없습니다.

"만일 너희 속에 '하나님의 영'이 거하시면 너희가 육신에 있지 아니하고 영에 있나니 누구든지 '그리스도의 영'이 없으면 그리스도의 사람이 아니라. 또 '그리스도'께서 너희 안에 계시면 몸은 죄로 인하여 죽은 것이나 영은 의를 인하여 산 것이니라. '예수를 죽은 자 가운데서 살리신 이의 영'이 너희 안에 거하시면 그리스도 예수를 죽은 자 가운데서 살리신 이가 '너희 안에 거하시는 그의 영'으로 말미암아 너희 죽을 몸도 살리시리라" 롬 8:9-10

그리스도가 보내는 영이 따로 있고, 하나님이 보내는 영이 별도로 있는 것은 아닙니다. 그러나 하나님과 예수와 성령은 서로 다릅니다. 결론적으로 말하자면, 우리는 이 성경본문에서 삼위의 본질적 동일성을 깨닫게 됩니다.

정통조직신학자들의 삼위일체

그렇다면 정통조직신학자들이 정의하며 요약하는 삼위일체를 살펴보겠습니다. 정통삼위일체는 앞에서 설명한 바와 같이 1 본질의 단일성 2 상호교류되는 인격의 구별성이 전제됩니다.

> 우리가 보통 말하기를 아버지와 아들과 영은 한 신성godhead을 가지고 있으며, '상대적'으로 서로 다르다고 한다. 이 서로 다른 셋은 상호관계라는 관계성에 의해서만 가능하다. 그렇게 이해하여야만 본질의 동일성과 이 셋의 구별이라는 형식이 만들어진다. 이종성, 삼위일체론, 81쪽

삼위일체론이 바탕을 두고 있는 성경의 기본적인 내용은 다음과 같이 요약될 수 있다. 세 위격이 각각 하나님신으로 인정된다. 하나님의 자기 계시는 서로 상호작용을 하고 있는 세 위격들 가운데서 각각 구별된distinction 모습으로 나타난다. 아가페 성경사전 776쪽

왜냐하면 각 위격은 하나님 안에서 완전한 하나님이 되시기 때문이다. 각 위격 간의 차이는 존재의 차이가 아니라 관계의 차이이며, 그럼에도 각 위격은 실제적으로 존재하여야 한다. 웨인그루뎀의 조직신학 상권 366쪽

하나님이 삼위이시라는 말은 성부가 성자가 아니라는 말이다. 그들은 독립된 인격체이다. 또 성부는 성령이 아니라는 의미이다. 그들은 독립된 인격체이다. 그리고 성자는 성령이 아니라는 의미이다. 같은 책, 333쪽

성경은 한 하나님이 삼위3인격로 되어있다는 것을 우리에게 가르쳐 주고 있다. 이것은 분명히 특별계시의 교리로서 자연에는 계시되지 않은 교리이며, 인간이성으로서는 발견할 수 없는 교리이다… 하나님은 그의 본질적 존재에 있어서는 한분이시나, 이 한분 안에는 성부, 성자, 성령이라 불리우는 삼위가 존재한다. 그러나 이 삼위는 여러 사람들의 여러 인격들처럼, 전혀 분리된 세 인격이 아니다. 삼위는 오히려 신적본질이 존재하는 세 형태인 것이다. 동시에 명심해야 할 것은 신적 존재에 있어서의 이들 자기 구별은, 그들이 서로 인격적 관계를 가질 수 있다는 점이다. 루이스벌콥의 기독교신학개론 85쪽

성자는 본체에 있어서 성부와 성령과 동등하시지만 인격적 실체에 있어서는 그들과 다르다. 하지 조직신학 303쪽

I and the Father are one. 웨슬레는 사벨리우스나 아리우스의 설을 아래와 같이 반박하였다. 요한10:30 '아버지와 나는 하나입니다' 라는 본문을 웨슬레는 'are가 복수형이다' are는 인격의 복수를 실증함으로서 사벨리우스는 반박하는 반면에, 하나one라는 하나님 안에 본성의 일치를 실증함으로서 아리우스를 반박한다. 웨슬레 조직신학, 한영태, 50쪽

삼위일체가 동시에 언급되는 성경적인 증거

또한 성경은 삼위가 각각 구별되어 동시에 언급되는 구절이 기록되어 있습니다.

예수 그리스도로 말미암아 우리가 한 성령님에 의해서 아버지께 나아가느니라 엡2:18
For through him we both have access to the Father by one Spirit.

예수님과 성령님, 그리고 아버지라는 세 인격적 관계와 그 각각의 사역이 잘 언급되어 있는 구절입니다. For Jesus Christ말미암아, by Spirit의하여, to Father께를 의미합니다.

은사는 여러 가지이나 성령은 같고, 직임은 여러 가지이나 주는 같으며, 또 역사는 여러 가지이나 모든 것을 모든 사람 가운데서 역사하시는 하나님은 같으니 고전12:4-6 가서 모든 족속으로 제자를 삼아 아버지와 아들과 성령의 이름으로 세례를 주라 마 28:19

위 본문은 삼위를 말하지만, 이름은 단수로 사용되었다는 것은 중요합니다. 만일 하나님이 한 분, 한 인격이시라면 왜 성경은 아버지와 아들과 성령의 이름으로 세례를 주라고 말하고 있을까요?
아래의 본문은 성도들과 삼위의 사역적인 관계가 각각 구별되어 있습니다. 미리 아시는 하나님, 거룩하게 하시는 성령, 피로 죄사함을 주신 예수입니다.

하나님 아버지의 미리 아심을 따라 성령의 거룩하게 하심으로 순종함과 예수 그리스도의 피 뿌리심을 얻기 위하여 택하심을 입은 자들에게…벧전 1:22

4. 양태론이란 무엇인가?

양태론

앞의 글에서 설명한 것과 같이, 삼위일체란 성경을 정리하고 체계화시킨 것으로 인간의 이해를 돕기 위한 논리가 아니라, 이해가 다소 어렵더라도 불구하고, 성경을 그대로 요약하고 정리한 것입니다. 그리고 삼위일체에서 가장 오류를 범하기 쉬운 것이 양태론입니다. 우리는 무엇보다도 양태론이 무엇인지, 그 정의에 대해서 잘 알고 있어야만 합니다.

양태론을 가장 쉽게 설명하자면, 첫째, 물과 얼음과 수증기로 구별하는 방법입니다. 이것은 세가지가 동일한 물의 본질을 갖는다는 비유에서는 맞지만, 온도와 같은 환경조건이 달라지면 다른 형태로 변한다는 점에서 적절한 비유가 아닙니다. 둘째, 집에서는 아버지, 교회에서는 장로, 회사에서는 부장이라는 직분적 명칭으로 설명하는 것인데, 이것은 완전한 양태론이 됩니다. 동일한 한 사람의 세가지 사역적 직분이기 때문입니다. 즉 한 하나님이 구약에서는 성부로, 신약에서는 성자로, 십자가 이후로는 성령의 세 양태로 나타난다는 것이 곧 양태론인데, 이러한 주장은 삼위간의 인격적인 교통에 대해서는 도저히 설명할 수가 없어지므로 오류가 됩니다. 아버지와 장로와 부장은 모두 같은 인격의 사람으로서 서로 상호 구별과 교류가 되지 않기 때문입니다.

이러한 주장들은 모두 양태론으로서 대표적인 인물로는 초대교회의 사벨리우스, 노예투스, 파락세아스등이 있었으며, 중세에는 캘빈과 논쟁을 하였던 세르베투스가 있었고, 신비주의자였던 스웨덴보그와 현재는 지방교회의 위치만 니, 위트니스 리등이 있었으며, 구원파도 양태론자이며, 베뢰아 김기동 목사와 다락방 류광수목사도 양태론이며, 특히 적지 않은 목사들이 지금도 양태론을 주장합니다.

그렇다면 양태론에 대해서는 정통신학은 어떻게 설명하고 있는지 살펴 보겠습니다.

시대에 따라 사람들은 하나님이 세 위가 아니라 다만 다른 때에 다른 형태로 나타나시는 한 위라고 가르쳐왔다. 예를 들면, 구약에서는 하나님이 아버지로 나타나시고, 복음서를 통해서는 같은 분이 예수님의 생애와 사역을 통해, 보는대로 아들로 나타나시고, 오순절이후에는 같은 분이 교회에서 활동하시는 성령으로 나타나셨다는 것이다. 웨인그루뎀, 조직신학 상권 347쪽

양태론은 하나님은 오직 한분이시라는 사실을 분명하게 강조하려는 열정 때문에 매력적이다. 이 입장은 한분뿐이신 하나님에 관한 구절뿐만 아니라 요한복음10:30의 '나와 아버지는 하나이니라'는 구절이나 요한복음14:9 '나를 본 자는 아버지를 보았느니라'는 구절들을 통해 지지를 얻는다. 같은 책, 347쪽

싸벨리우스파는 삼위를 단순히 신적행위, 혹은 신적 현현의 많은 형태로 보고 하나님은 창조와 율법의 수여자로, 성육신에서는 성자로, 중생과 성화에서는 성령으로 각각 자신을 나타내 보이셨다고 하였다. 이렇게 해서 삼위는 한위로 축소되어 버렸다. 루이스벌콥, 기독교 신학개론 87쪽

프락세아스Praxeas는 알려지지 않은 이단으로서 어떤 학자들은 그를 사벨리우스Sabellius라고 보기도 하지만, 프락세아스의 가르침을 살펴보면 서머나의 노예투스Noetus of Smyrna. 150년경에 활동의 가르침에 훨씬 가깝다. 프락세아스는 삼위일체의 위격사이의 구별은 진짜 구별이 아니라고 가르쳤다. 하나님의 세 이름은 구속의 형태를 설명하는데는 약간의 가치가 있지만, 하나님 안에서 진정한 구별이 있음을 말하는 것은 아니라는 것이다. 성부라는 이름은 창조주로서의 하나님의 역할을 강조하며, 성자라는 이름은 구속자로서의 하나님의 역할을, 그리고 성령이라는 이름은 성화자로서의 하나님의 역할을 강조한다는 것이다. 따라서 진정한 의미에서 이 모든 작용의 역사자는 유대인의 성경에 나오는 그 한분 하나님이라는 것이다. 이 하나님이 예수 그리스도라는 이름으로 성육했으며, 십자가에서 죽으셨고, 죽은 자들 가운데서 다시 일어나셨다는 것이다. 제럴드 브레이, 신론. 153-154쪽

양태론이란 하나의 인격을 가진 하나님이 세가지 양태로 오셨다는 주장, 즉 구약에서는 성부 하나님으로, 신약에서는 예수로 오시고, 오순절 이후에는 성령으로 오셨다는 것을 말합니다. 즉 한 인격이 사역적으로만 구별된다고 하는 견해는 양태론입니다. 이 양태론은 부분적인 성경구절만을 잘못 해석하기 때문에 옳다고 착각하게 되지만, 양태론은 많은 성경적인 오류에 부

덧히게 됩니다.

양태론의 실제 주장

1. 지방교회

> 왜 그분의 경륜을 이루는데 하나님의 세 인격들이 필요한가? 아버지와 아들과 성령은 서로 다른 세 하나님이 아니라, 세 인격으로 나타난 한분의 하나님이다. 위트니스 리, 하나님 363쪽

> 아버지와 아들과 성령은 분리된 세 인격이나 세 하나님이 아니라, 그들은 한 하나님, 한 실제, 한 인격이다. 그러므로 아버지와 아들과 성령은 한 이름으로 지칭된다. 이름은 그 인격을 지칭하며, 그 인격은 그 이름의 실제이다. 신성한 삼일성의 이름은 그 분의 인격과 동등한 신성한 존재의 총체이다. 하나님은 삼일, 즉 셋-하나이시다. 위트니스 리, 세부분의 사람의 생명되시는 삼일 하나님. 52쪽

> 아버지 하나님과 아들과 그 영이 우리 안에 계심을 계시하여 준다. 그러면 몇 가지 인격이 우리 안에 있는가? 셋인가, 하나인가? 우리는 서로 다른 세 인격이 우리 안에 있다고 말할 수도 없다. 우리는 다만 삼일=—이 우리 안에 있다고 말해야 한다. 하나님의 세 인격은 세 영들이 아닌 하나의 영이다. … 세 인격이 한 영 안에 있기 때문에 우리에게는 아버지도 있고, 아들도 있고, 성령도 있다. 위트니스 리, 하나님의 경륜, 16쪽

> 우리 하나님은 한분이시다. 왜, 어떻게 이 한 하나님이 세 위격을 가지셨으며 가지실 수 있는가? 위격person이라는 단어는 성경에 없다. 그것은 사람의 해석에서 나온 것이다. 위트니스 리, 하나님, 290쪽

양태론자들의 특징은 그 이단성을 지적하면, 그들은 자신이 양태론이 아니라고 변명을 하며, 그들은 언제나 자신들이 정통적인 삼위일체를 주장한다고 변명합니다. 특히 지방교회는 자신들이 삼위의 상호내재를 주장하기 때문에 자신들은 세 인격을 구별한다고 주장합니다. 그러나 다음 위트니스

리의 주장을 보면 그러한 것이 얼마나 거짓인지 곧 알 수 있습니다.

> 그러므로 요한복음 3장16절은 하나님이 세상을 이처럼 사랑하사 독생자를 주셨다고 말한다. 하나님은 자기의 아들을 주셨다. 이 아들이 하나님과 분리되어 있다고 여기지 말라. 우리에게 주신 바 된 이 아들이 바로 다름아닌 그 '하나님 자신'이다. 당신이 아들을 영접할 때 그것은 바로 하나님을 영접하는 것이며, 당신의 기도에서 당신은 그분을 아들이라 부르지 않고 아버지라 부른다. 위트니스 리, 하나님의 경륜 안에 있는 두가지 큰 비밀. 18-19쪽

아예 위트니스 리는 기독교가 성경의 계시와 정통적인 가르침과 해석에서 벗어났다고 주장을 합니다.

> 하나님이 한분이라는 것은 분명하고도 명확한 성경의 계시이다. 그러나 기독교에서는 성경에 언급된 명확한 계시에 근거한 정통적인 가르침이나 해석에서 벗어나 그중 몇몇 사람들은 아버지도 한 하나님이요, 아들도 한 하나님이요, 성령도 한 하나님으로서 세 하나님이 단체적인 한 하나님이 된다고 말한다. 위트니스 리, 하나님 282쪽
>
> 어떤 그리스도인 교사들은 삼일성에 대한 그들의 가르침에서 아버지를 아들과 분리시킨다. 그들은 아버지와 아들, 영을 모두 분리시킨다. 그들의 가르침에서 그들은 아버지, 아들, 영이 구별될 뿐 아니라 분리될 수 있는 위격들이라고 말한다. 위트니스 리, 하나님 287쪽
>
> 삼일성에 대한 전통적인 설명은 전체적으로 충분치 않으며 삼신론에 가깝다. 하나님의 영이 우리와 합할 때, 하나님은 뒤에 남아 계시지 않으며, 그리스도가 보좌에 남아계시지도 않는다. 이것은 기독교가 주는 인상이다. 그들은 아버지를 한 인격으로 생각하여 또 다른 인격이신 아들을 보내사 구속을 성취하게 하시고 그후 아들은 또 다른 인격이신 그 영을 보낸 것으로 생각한다. 전통적인 생각으로는 그 영이 믿는 이들 안으로 오실 때, 아버지와 아들은 보좌에 남아계신다. 믿는 이들이 기도할 때, 그들은 아버지 앞에 엎드려 아들의 이름으로 기

도하라고 가르침을 받는다. 신격을 세 분리된 인격들로 나누는 것은 성경의 계시가 아니라, 니케야 신조의 교리이다. 위트니스 리, 하나님, 439쪽

2. 성락교회

그 하나님은 본질을 말하는 것이기에 아버지이시며, 이 분이 나타났을 때는 본체이시며 영으로 오셨을 때에는 본영이란 말입니다. 하나님은 영이시나 영들이 많기에 하나님의 존재를 나타내 주셨습니다. 이 하나님께서 예수 그리스도 안에 계실 때는 성령이십니다. 김기동, 성령을 알자 88년도, 74쪽

어떤 사람은 예수님도 성령받고 우리도 성령받는 것으로 잘못 생각하지만 성령이 예수 안에 계실 때에는 어느 장소에도 어느 사람 속에서도 계시지 않았습니다. 그가 하늘로 가신 다음 비로소 예수 그리스도의 지체가 된 교회 안에 성령이 오신 것입니다. 김기동, 성경을 알자, 96쪽

김기동목사는 구약에서 하나님과 함께 공존한 하나님의 신Spirit 혹은 여호와의 신Spirit에 대해서 성령이 아니라 천사라고 주장합니다.

구약의 하나님의 신, 하나님이 보내신 영들은 천사들을 말하는 것이지 성령이 아닙니다. 김기동, 마귀론 108 페이지
구약시대에는 모두가 천사에 이끌림을 받았기 때문에 성령을 받은 사람이 없었습니다. 김기동, 마귀론 61페이지
창세기 1장2절에 하나님의 신이 수면위를 운행하시니라" 할 때의 그 신은 성령이 아닙니다. 김기동, 마귀론 65 페이지

아예 예수님 이전에는 성령이 없었다고 주장합니다.

본래 하나님을 본 사람은 없습니다. 그러기에 인간이 예수를 알고 최초로 하나님을 본 자가 되는 것입니다. 이전에는 아무도 성령이 내주한 적이 없습니다. 성

령은 예수께서 영광을 받으신 후에야 세상에 임하셨습니다.김기동, 마귀론 상 65쪽

비록 아버지와 아들과 성령의 사역에 시간적인 차이는 있으나 그리스도가 영광을 받으시기 전에는 성령이 오시지 않았고 또 아버지의 뜻이 없었다면 아들이 이 땅에 오시지 않았을 것입니다. 이렇게 중간에 예수 그리스도의 생애가 있어야 되는 것입니다.김기동, 성령을 알자 46-47쪽

심지어 베뢰아 김기동 목사는 하나님의 이름이 예수라고 주장하며, 여호와는 천사의 이름이었다고 주장을 합니다.

또 '성령이 예수 이름으로 너희 속에 임하신다' 요14:26고 했습니다. 성부와 성자와 성령의 이름은 예수입니다. 어떤 사람은 성령의 이름은 보혜사이고, 성자의 이름은 예수이고, 성부의 이름은 여호와라고 하는데, 그렇지 않습니다. 그것은 하나님에 대한 모독입니다. 보혜사는 성령의 이름이 아니고 직분을 일컫는 말입니다. 예수만이 하나님의 이름입니다. 이 아버지의 이름을 아들에게 주셨고, 또 아들이 하늘로 간 후에 성령이 그 이름으로 오셨습니다. 베뢰아원강, 356-357

지방교회 위트니스 리와 베뢰아 김기동 목사의 주장은 누가 보아도 양태론이 분명합니다. 특히 김기동 목사의 영향을 받은 적지 않은 목사들에게도 양태론이 나타나고 있으며, 구원파이요한, 권신찬등의 경우도 양태론이 나타나며, 또 다락방 류광수목사의 교재를 보아도 명백한 양태론이 나타나고 있고, 오히려 류광수 목사는 그것을 '영접의 비밀' 또는 '삼위일체의 비밀'이라고 설명하고 있습니다.

(1) 영이신 하나님이 인간을 구원하시려고 사람의 몸을 입고 이 땅에 오셨습니다(요1:14) (2) 그러므로 그분은 죄가 없고 그 영은 하나님이십니다(고전15:45) (3) 그분이 바로 예수 그리스도입니다. (4) 예수는 신성과 인성을 가진 분입니다(마16:16-19) - 영은 하나님이시고 몸만 사람의 몸을 입고 계신 분이 예수님이다. 다락방, 류광수,『복음편지 – 어떻게 하나님을 만날 수 있는가』

다락방의 주장은 명백한 양태론이며, 더욱이 예수의 신성과 인성을 예수의 영과 육으로 동일시하는 지방교회와 동일한 기독론적인 문제점도 보이는데, 영이신 하나님이 사람의 몸을 입고 오신 것이 아니며, 그것은 아폴로내리우스의 견해입니다.

성부, 성자, 성령 하나님의 비밀입니다. 이 말은 무슨 말이냐? 성부 하나님이 말씀하셨는데, 성자 하나님은 이 땅에 와서 그 말씀을 다 성취시켰습니다. 하나님이 사람의 모습을 입고 오셨는데 그분이 성자 하나님이십니다. 그렇죠? 그런데 하나님이 지금 우리 속에 들어오셨습니다. 그분이 뭐라고요? 성령 하나님. 맞지요? 너무 너무 놀라운 구원의 비밀입니다. 당장 여러분이 언약을 받았습니다. 그러니까 성부, 성자, 성령 성삼위하나님의 비밀, 성삼위 하나님이 내 속에 오셨습니다. 이 놀라운 구원 때문에, 나를 구원하기 위해서입니다. 지금 여러분 속에 이 하나님이 계십니다. 어떻게?- 성령 하나님으로, 이것을 보고 성부, 성자, 성령 하나님의 놀라운 비밀인 것입니다.다락방, 류광수, 기본멧세지 -영접의 열두가지 의미

구원파의 신론도 양태론입니다.

1. 아버지가 어떻게 아들이라고 불리는가? 예수님은 원래 하나님 자신인데 우리를 위해 하나님의 아들이 되신 것이다.이요한은 예수님은 하나님 자신이라고 반복하여 강조한다.
2. 하나님과 동일하신 예수님은 원래 기도를 하실 필요가 없는데, 우리를 위해 기도를 하신 것이라고 주장한다,
3. 예수님은 구약에서 하나님으로 나타나셨고, 33년은 말씀으로 오셨으며, 죽고 부활하여 성령으로 오신 것이다.
4. 나이요한는 사람은 하나인데 세 역할을 한다. 교회에서는 목사이고, 집에 가면 여보라고 부르는 사람이 있고 아버지도 된다. 이렇게 목사도 되고, 남편도 되고, 아버지도 되지만 사람은 몇사람인가? 한 사람인 것이다. 이런 것은 잘 모르면 그냥 놔두자….이요한의 동영상에서 발췌. '예수님이 하나님인가?'

물론 삼위일체라는 단어는 성경에 없다. 그러나 요한복음 10:30에 '나와 아버지는 하나' 라고 했고, 이사야 9:6의 말씀….이는 전능하신 하나님이요…., 사도행전 20:28하나님이 자기 피로 사신 교회….라고 했으니 예수님과 하나님이 한분이시라는 것은 의심의 여지가 없다. 기독교복음침례회 구원파교회 홈페이지. '우리는 무엇을 믿는가? 삼위일체 하나님'

하나님과 성령과 예수님은 하시는 역할로는 세분삼위이지만, 근본은 한분일체이시라는 것을 알 수 있다. 기독교복음침례회, 홈페이지

과연 양태론이 이들에게만 국한될 문제이겠습니까?

침례교단의 대형교회인 Y교회 Y목사의 설교에도 양태론이 계속적으로 나타나고, O교회 H목사에게도 양태론이 나타납니다. 특히 베뢰아 출신으로 알려진 인기부흥사인 J목사에게도 이러한 양태론이 자주 나타납니다. 더욱 이상한 것은 이러한 목사들의 양태론이 묵인되고 있다는 점입니다.

캘빈의 시대에는 세르베투스라는 양태론자가 있었습니다. 세르베투스는 캘빈과 토론을 한 후에 이단으로 정죄되었는데, 그의 주장과 지방교회의 주장을 비교함으로, 여러분은 지방교회의 삼중적인 상호내재가 정통신학이 아니며 이단적인 양태론이라는 것을 분명히 알게 될 것입니다.

캘빈이 그들에 관해서 말한 내용을 잘 검토해 보면, 세르베투스와 그의 추종자들은 고대의 두 이단설이었던 사벨리우스주의와 아리우스주의를 교묘하게 혼합한 설을 가르친 듯 하다. 일면 세르베투스는 사벨리우스주의자였다. 캘빈이 말했듯이 세르베투스는 신의 본질 안에 세 위격이 존재한다고 말할 때마다 삼중적인 신을 도입하는 것이며, 이것이 하나님의 단일성에 일치 않는 한, 이 삼위는 공상적인 것이라고 믿었기 때문이다. 제럴드 브레이의 신론, 234쪽

지방교회 역시 세 위격을 삼중적이라고 주장합니다. 이들은 이 셋이 언제나 함께 한 공간 안에만 국한되어있고 분리되지 않기 때문에 자신들은 양태론이 아니라고 변명합니다. 소위 '상호내재' 페리코레시스라고 불리는 것입니

다.

이미 살펴 보았듯이, 지방교회는 구약에서는 하나님만이 사역하셨고, 그 하나님이 육신을 입고 직접 예수로 오셨다고 보며, 십자가에 달리신 분이 결국 육신을 입은 하나님 자신이라고 보며, 죽음과 부활 후에는 살려주는 영이 되었다는 것입니다. 즉 이들이 말하는 한 인격 안에 상호내재하는 세 인격은 실제의 구별이 아니며, 단지 개념상의 삼중적이라는 명칭 뿐입니다.

이들이 말하는 삼위는 결국 하나님 자신이 거치고 변화되는 단계와 과정을 의미합니다. 그들의 상호내재란 한 장소에 동시에 존재하는 삼중적인 개념이며, 실제적으로 구별되는 인격이 아니고, 즉 양태론을 위장하기 위한 추상적인 변명일 뿐입니다. 위트니스 리의 주장을 들어봅니다.

> 태초에 하나님이 천지를 창조하시니라창1:1. 이 문장에서 하나님은 히브리어상으로 삼중적이다. 더욱이 같은 장 26절에서 하나님은 자신을 가르키는 대명사 '우리의'를 사용한다. 위트니스 리, 하나님의 경륜 안에 있는 두가지 비밀, 17쪽

위트니스 리에게 삼위는 한 인격, 한 영에 포함된 성분과 같습니다. 아버지가 아들이 되었고, 아들이 성령이 되었기 때문에 그 영에 아버지와 아들이 포함되어 있다는 것입니다. 이것이 그들의 상호내재라는 변명의 실체입니다.

그렇다면 대학교 시절의 '나'와, 학교를 졸업하고 회사를 근무할 때의 '나'와, 현재의 '나'가 상호교류를 할 수 있습니까? 그 세명의 '나'가 과연 구별되는 한 인격입니까, 세 인격입니까? 이러한 삼중적인 '나'의 상호내재가 양태론이 아니라는 주장은 단지 이단이라는 것을 피하고 보자는, 변명을 하기 위한 변명으로서, 웃을 수도 없는 궁색한 변명일 뿐입니다.

양태론의 성경적인 모순

다음은 양태론이 모순이라는 성경적인 증거입니다..
위트니스 리의 주장과 성경이 서로 부딪히면, 성경의 권위를 더 인정하여

야만 하는 것은 당연합니다. 양태론자들에게 아래의 질문을 하면 답변을 할 수가 없습니다.

(1) 예수님과 하나님의 인격이 동일하다면, 예수님이 하나님아버지에게 기도한 것은 자기 자신 안에 있는 하나님에게 기도한 것입니까?

(2) 예수님과 하나님의 인격이 동일하다면, 십자가에 달리신 예수님은 자기 자신 안에 있는 자신에게 바쳐진 제사였습니까? 아니면 인격적으로 구별되는 하늘에 계신 아버지께 바쳐진 제사였습니까? 예수님의 십자가 대속은 하나님께 드려진 제사였습니다…. 구약의 모든 제사는 하나님께 바쳐지는 것입니다. 제물로 바쳐지는 분과 제사를 받으시는 분이 인격적으로 구분되어야만 하며 이것은 매우 중요합니다. 양태론을 주장하게 되면 신약에서 가장 중요한 예수 십자가의 대속의 개념이 이상하여 집니다… 누가 누구에게 무엇을 바쳤으며 누가 그 희생제물을 기쁘게 받았습니까?

(3) "아버지여 내 영혼을 아버지에게 부탁하나이다"는 예수님이 십자가에서 운명하시기 전에 하신 이 말씀은 자기 자신 안에 있는 아버지에게 자기 영혼을 부탁한다는 것입니까?

(4) 다윗이 기록한 시편110:1의 "여호와께서 내 주에게 말씀하시되…."라는 구절은 신약에서 예수님이 직접 인용하신 구절로서, 하나님과 예수님 자신을 구별하는 의미로 재조명 되어집니다(마22:43). 다윗은 하나님과 구별된 인격으로서의 예수를 본 것입니다.

> 여호와께서 내 주에게 말씀하시기를 내가 네 원수로 네 발등상되게 하기까지 너는 내 우편에 앉으라 하셨도다.시110:1

이 시편의 기록은 신약의 여러 곳에서 예수님이 직접 인용하셨으며, 다윗이 하나님과 예수님을 인격적으로 구별하였다는 것을 예수님이 유대인들에게 직접 설명하신 구절입니다. 신약에서 마22:43, 눅20:43-44. 행2:34-35을 보면 "다윗이 성령에 감동하여 어찌 그리스도를 주라 칭하여 말하되, 주께서 내 주께 이르시되…."라고 기록하고 있습니다.

즉 다윗이 '성령'에 감동되어 말한 후자의 '내 주'는 '여호와'와 구별되는 예수님이며, 이것을 예수님이 직접 유대인에게 설명하고 있었습니다.

(5) 보혜사이신 예수께서 다른 보혜사를 보내준다는 성경말씀은, 다른 보혜사가 곧 동일한 보혜사라는 것을 말합니까? 아니면 문자 그대로 구별된 인격으로 다른 보혜사를 말합니까? 예수님은 성령을 보내시면서 왜 '다른 보혜사'라고 말하셨으며, 3인칭대명사 '그'라고 하셨습니까?

(6) 사람과 한 분 하나님 사이의 또 다른 한분이신 중보자 예수가 있다는 성경말씀(딤전2:5)은 하나님과 예수님이 동일한 인격이라는 것을 말합니까? 아니면 하나님 아버지와 구별되는 인격으로서의 예수님이 중보자로서 한 분이라는 것을 가르킵니까?

(7) 성자 예수님이 세례를 받으실 때에 성령이 비둘기처럼 임하였으며, 성부 하나님은 하늘에서 "내가 사랑하는 아들"이라고 말씀하셨습니다. 이 세 인격이 모두 구별되지 않는 동일한 인격입니까? 요한12:28의 예수님의 지상간구와 하나님의 하늘로부터의 소리는 무엇입니까? 또 변화산에서 하늘로부터 들려오던 하나님의 소리는 예수님 안에서 들려오던 예수님 자신의 소리입니까?

(8) 스데반은 '성령'이 충만하여 '하나님' 우편에 앉은 '예수님'을 보았습니다. 이 삼위는 모두 구별되지 않는 동일한 하나의 인격입니까?

(9) 예수님은 자신이 곧 하나님이라면, 주기도문에서 왜 제자들에게 '하늘에 계신 아버지께' 기도하라고 하셨으며 이렇게 기도하라고 하셨습니까?

(10) 사도행전 10:37-38

곧 요한이 그 세례를 반포한 후에 갈릴리에서 시작되어 온 유대에 두루 전파된 그것을 너희도 알거니와, 하나님이 나사렛 예수에게 성령과 능력을 기름 붓듯 하셨으며 저가 두루 다니시며 착한 일을 행하시고 마귀에게 눌린 모든 자를 고치셨으니 이는

> 하나님이 함께 하셨음이라 행 10:37-38

'하나님'이 '예수'에게 '성령'을 부어주셨습니다. 본문은 예수님이 구약에 예언된 기름부음을 받은 멧시야라는 내용입니다. 하나님과 예수와 성령이 동일한 한 인격이라면 성경본문은 어떻게 해석하여야 합니까?

> 하나님이 오른손으로 예수를 높이시매 그가 약속하신 성령을 아버지께 받아서 너희 보고 듣는 이것을 부어 주셨느니라 행 2:33

5. 단일신론과 예수님의 신성

여호와의 증인이 주장하는 단일신론

여호와의 증인과 유대교는 예수를 하나님이라고 하지 않습니다. 특히 여호와의 증인은 오직 여호와 성부하나님만이 유일한 하나님이라고 주장하며, 예수를 하나님보다 열등한 '하나의 신' a god, 천사장 미가엘, 피조물이라고 말합니다. 또한 성령이 하나님이 되심과 인격성도 부정하며, 성령은 단지 하나님의 기운이라고 주장합니다.

1. 예수님이 하나님보다 열등한 신인가?

정통신학적인 교리는 반드시 성경에서 그 근거를 찾아야만 합니다. 성경은 예수님이 하나님이라는 것을 많은 부분에서 언급하고 있습니다.

> 조상들도 저희 것이요 육신으로 하면 그리스도가 저희에게서 나셨으니 저는 만물 위에 계셔 세세에 찬양을 받으실 하나님이시니라 아멘 롬9:5
>
> 그는 근본 하나님의 본체이시나 하나님과 동등됨을 취할 것으로 여기지 아니하시고 빌2:6
>
> 태초에 말씀이 계시니라. 이 말씀이 하나님과 함께 계시니 이 말씀은 곧 하나님이라. 요1:1

> 본래 하나님을 본 사람이 없으되 아버지 품 속에 있는 독생하신 하나님이 나타내셨느니라 요1:18
>
> 도마가 대답하여 가로되 나의 주시며 나의 하나님이시다. 요20:28
>
> 또 아는 것은 하나님의 아들이 이르러 우리에게 지각을 주사 우리로 참된 자를 알게 하신 것과 또한 우리가 참된 자 곧 그의 아들 예수 그리스도 안에 있는 것이니 그는 참하나님이시오 영생이시라 요일5:20
>
> 복스러운 소망과 우리의 크신 하나님 구주 예수 그리스도의 영광이 나타나심을 기다리게 하셨으니 딛2:13
>
> 이는 하나님의 영광의 광채시요 그 본체의 형상이시라 히1:3

물론 이외에도 성경적인 증거는 많이 있습니다. 성경에서 예수를 하나님과 동등하신 분이라고 말하고 있다면, 그 성경적인 증거를 믿어야만 하는 것입니다.

2. 예수가 미가엘 천사장인가?

이러한 주장은 여호와의 증인뿐 아니라, 안식교와 몰몬교에서도 주장합니다.

> 천사와 더불어 모세를 매장하신 미가엘 즉 그리스도는 그가 잠깐동안 무덤에 있은 후에 하늘에서 내려오사 그를 부활시켜 하늘로 데려 가셨다. 엘렌화잇, 살아남는 이들, 157쪽
>
> 천사장 미가엘이 모세의 시체에 대하여 마귀와 다투어 변론할 때에 감히 훼방하는 판결을 쓰지 못하고 다만 말하되 주께서 너를 꾸짖으시기를 원하노라 하였거늘 유 1:9 그러나 그리스도께서는 온유하게 그를 하늘 아버지께 위임하시면서 '주께서 너를 꾸짖으시기를 원하노라' 유9고 말씀하셨다. 엘렌화잇, 살아남는 이들, 157쪽

어느 성경도 '온유하게' 라고 기록하지 않습니다. 이런 것이 바로 함정입니다. 성경은 천사장이 "다투어 변론하였다"고 말하고 있는데, 안식교는 슬

쩍 이 구절을 빼어 버렸습니다. 예수를 미가엘로 만들기 위하여, "감히 판결을 쓰지 못했다"는 성경구절도 빼어 버립니다. 예수님은 마귀에게 감히 판결도 못하는 분이 된 것입니다

> 모세는 죽었으나 미가엘이 내려와 그의 육체가 썩기 전에 그를 다시 살렸다. 사단이 그의 시체를 자기의 것이라고 주장하면서 붙잡으려고 하였으나 미가엘이 모세를 부활하게 하여 하늘로 데려 가셨다.같은 책, 186쪽
> 모세는 예수께서 재림하실 때에 부활할 자들을 대표하였다.같은 책, 186쪽 아래

"미가엘이 모세를 부활시켰다. 모세가 부활할 자를 대표하였다…" 이런 황당한 주장을 부정조차 못하는 안식교인이 불쌍합니다. 그들에게 엘렌화잇은 성경보다 권위가 높은 선지자이기 때문입니다. 물론 안식교는 삼위일체를 인정하며, 예수님의 신성도 인정합니다. 그러나 그들은 왜 예수를 미가엘 천사장이라고 할까요? 엘렌화잇의 주장을 따르기 때문입니다.

여호와의 증인의 교주였던 럿셀은 안식교의 영향을 받았습니다. 그래서 여호와의 증인의 교리도 지옥을 부정한다든지, 율법주의적이라는 점이 안식교의 교리와 유사합니다.

> 하나님께서 어느 때에 천사 중 누구에게 네가 내 아들이라 오늘날 내가 너를 낳았다 하셨으며 또 다시 나는 그에게 아버지가 되고 그는 내게 아들이 되리라 하셨느뇨히 1:5

구약에서 천사는 하나님의 아들이라고 불려졌지만, 그것은 실제 하나님의 아들이 아니었다는 것입니다. 즉 하나님의 아들은 오직 예수뿐이라는 것입니다. 예수만이 하나님의 패밀리라는 것이며 그것은 곧 예수만이 하나님의 신성을 갖고 있다는 뜻입니다.

또 성경은 예수가 천사장이 아니라는 분명한 증거가 있는데, 다음 성경본문에서 '주'와 '천사장'은 동일존재일까요? 이 성경구절 하나만 보아도 안

식교 주장은 충분히 오류가 됩니다.

> 주께서 호령과 천사장의 소리와 하나님의 나팔로 친히 하늘로 좇아 강림하시리니 그리스도 안에서 죽은 자들이 먼저 일어나고 살전 4:16

위 성경본문은 천사장과 주님이 서로 다른 인격임을 명백하게 보여주고 있습니다. 성경본문에서 주는 주격으로 사용되었으며, 호령과 천사장의 소리와 하나님의 나팔소리는 모두 여격전치사 헬라어 엔with이 사용되었습니다.

> [공동번역] 명령이 떨어지고, 대천사의 부르는 소리가 들리고 하느님의 나팔 소리가 울리면 주님께서 친히 하늘로부터 내려 오실 것입니다. 그러면 그리스도를 믿다가 죽은 사람들이 먼저 살아날 것이고,
> [표준새번역] 주께서 호령과 천사장의 소리와 하나님의 나팔 소리와 함께 친히 하늘로부터 내려오실 것이니, 그리스도 안에서 죽은 사람들이 먼저 일어나고,
> [현대인의성경] 그것은 주님이 호령과 천사장의 소리와 하나님의 나팔 소리와 함께 하늘에서 내려오실 때 그리스도를 믿다가 죽은 사람들이 먼저 부활할 것이기 때문입니다.

구약에서도 미가엘은 예수가 아닙니다.

> 그런데 바사 국군이 이십 일일 동안 나를 막았으므로 내가 거기 바사국 왕들과 함께 머물러 있더니 군장 중 하나 미가엘이 와서 나를 도와주므로 단 10:13

성경본문 "군장 중 하나"라는 구절은 히브리어 원문으로 보면 "천사장 중에 하나"라는 뜻으로서 천사장이 여럿 있었는데 그 중에 하나인 마가엘이라는 뜻입니다. 성경구절은 오히려 미가엘이 여러 천사장 중에 하나라는 뜻을 분명히 우리에게 가르쳐주고 있습니다. 다시 말하여 본문의 '군장' 이 예수

라고 하면 예수님은 여러 천사장 중에 하나가 됩니다. 본문에서 '군장' Chief, 리숀이라는 단어는 히브리어로 복수명사로 사용되었음을 직접 확인하기 바랍니다. 그러나 본문에서 '나'와 '미가엘'은 서로 다릅니다.

또 본문의 앞 구절을 보기 바랍니다. 과연 다니엘에게 나타나 말씀을 전한 '그'는 누구일까요? 전통적인 해석은 다니엘에게 나타난 그가 "세마포를 입은 사람"이라는 사실단10:5-6로 인하여 예수로 봅니다.

> 그가 내게 이르되 다니엘아 두려워하지 말라 네가 깨달으려 하여 네 하나님 앞에 스스로 겸비케 하기로 결심하던 첫날부터 네 말이 들으신 바 되었으므로 내가 네 말로 인하여 왔느니라 단 10:12
>
> 오직 내가 먼저 진리의 글에 기록된 것으로 네게 보이리라 나를 도와서 그들을 대적하는 자는 너희 군 미가엘 뿐이니라 단 10:21

"미가엘이 나를 돕는다"는 것은 '나'와 '미가엘'이 서로 다른 존재라는 것을 말합니다, 즉 미가엘 천사장이 다니엘에게 나타난 '나'를 도운 것입니다. 다니엘에게 나타난 '나'가 예수라면, "나를 도왔던 미가엘"은 누구입니까?

> [공동번역] 나는 반드시 이루어질 일을 기록한 책에 있는 것을 너에게 일러 준다. 그들과 대항하는 데 지금은 너희의 수호신 미가엘 외에 나를 도울 이가 없다.
>
> [표준새번역] 나는 진리의 책에 기록된 것을 네게 알려 주려고 한다. 너희의 수호신, 천사장 미가엘 외에는 아무도 나를 도와서 그들을 대적할 이가 없다.
>
> [현대인의 성경] 그는 나에게 이렇게 말하였다. "너는 내가 너에게 온 이유를 아느냐? 그것은 진리의 책에 기록된 것을 너에게 말해 주기 위해서이다. 이제 나는 돌아가서 페르시아를 지배하고 있는 악령과 싸워야 한다. 내가 가면 그리스를 지배하는 악령이 나타날 것이다. 나를 도와 그들을 대적하게 할 자는 이스라엘의 수호 천사인 미가엘밖에 없다."

3. 종속설

여호와의 증인들이 종속설에 대해서 성경적인 것이라고 하면서 두가지가 있습니다.

> 내가 갔다가 너희에게로 온다 하는 말을 너희가 들었나니 나를 사랑하였더면 나의 아버지께로 감을 기뻐하였으리라 아버지는 나보다 크심이니라 요 14:28
> 그러나 그 날과 그 때는 아무도 모르나니 하늘의 천사들도, 아들도 모르고 오직 아버지만 아시느니라 마 24:36

즉 하나님이 예수보다 크다는 것으로 예수님이 열등하다는 것입니다. 또 그 날과 그 때에 대해서 아버지는 알고 계시지만 아들은 모르기 때문에, 아들이 아버지보다 열등하다는 것입니다. 다시 말하자면, 예수는 하나님보다 열등한 신적존재라는 것입니다.

그러나 정통삼위일체는 성자예수가 성부하나님으로부터 파송되었으며, 예수님이 하나님께 순종하였다는 사실을 부정하지 않습니다. 아버지는 아들보다 크다는 것은 그 신적본질이 크다는 뜻이 아닙니다. 다시 말하여 우리가 삼위가 동일하다고 하는 점은 신적본질에 대한 동일성입니다. 정통삼위일체는 질서적인 종속까지 부정하는 것은 아닙니다. 다음 정통신학적인 증거를 보여 드립니다.

> 그럼에도 성부와 성자와 성령에게는 그 신성과 속성, 그리고 본질적인 성품에 있어서 차이가 없다는 사실을 잊지 말아야 한다. 각 위는 온전하신 하나님이며 하나님의 모든 속성들을 소유하신다. 삼위일체의 각 위간의 유일한 차이는 서로의 관계와 피조물과 상관하는 방법일 뿐이다. 이 관계를 통하여 각 위에 합당한 역할을 담당하신다. 삼위일체에 관한 이 진리는 종종 '존재론적 동등함과 질서의 종속' ontological equality but economic subordination이란 말로 요약되기도 한다. 이 말을 좀 더 간단하게 표현하자면, '존재에 있어서는 동등하지만 역할에서는 차이가 있다'고 말할 수 있다. 삼위일체의 교리에 있어서는 윗구절의 두부분을 모두 강조해야 한다. 존재론적 동등성을 강조하지 않으면 삼위가 모두 온전한 하

나님이 될 수가 없고, 역할에 있어서의 차이점을 강조하지 않으면 삼위간의 교제와 차이가 없게 되고, 결국 영원토록 성부와 성자와 성령으로 존재하는 명확히 구분되는 삼위가 될 수 없다. 가령 성자가 그 역할에 있어서 영원히 성부께 순종하지 않는다면, 성부는 영원히 성부일 수가 없고, 성자는 영원히 성자일 수 없다. 이는 삼위가 영원히 존재하지 않았다는 말이다.웨인그루뎀의 조직신학 상권 362쪽

본질과 존재에 있어 동일한 성부와 성지와 성령은 개성과 직분과 기능에 차이가 있다. 성자의 성부에 대한 종속, 즉 공식적으로 성부가 우선이 되고, 성자가 그 두 번째가 되고. 그리고 성령이 세 번째가 되도록 하는 개성과 직분과 기능은 동일성과 하나도 상충되지 않는다. 우선한다는 말은 우월하다는 말일 필요가 없기 때문이다…. 우리는 그리스도의 성부에 대한 영원한 종속을 솔직히 인정하지만, 동시에 이 종속은 질서와 직분과 기능의 종속이지 본질의 종속은 아님을 믿는다.스트롱, Systematic Theology 3권 1:460-62

정통신학은 질서적인 종속 자체를 부정하지 않습니다.

초대교회에 종속론이라는 잘못된 주장이 있었는데, 그 주장은 "제1격인 하나님이 가장 신적인 능력이 있고, 2격과 3격은 좀 열등한 신적 능력을 갖는다"라는 뜻입니다. 그러나 정통삼위일체는 신성과 능력과 본질에서 삼위는 동등합니다. 다만 질서적인 종속은 다르다는 것을 인정합니다. 또한 삼위는 그 사역과 권한이 다릅니다.

> 예수 그리스도로 말미암아 우리가 한 성령님에 의해서 아버지께 나아가느니라엡2:18

For Jesus, to Father, by Spirit 라는 공식이 곧 사역을 구별합니다. 즉 구원은 '예수로 인하여, 하나님께로, 성령의 인도함으로 의하여' 이루어집니다. 즉 하나님은 창조와 구원과 심판을 계획하시며 모든 것의 시작과 근본이 되십니다.

또 예수님은 그가 직접 실행하여 이루심으로서 성취를 이루십니다. 또한

성령께서는 성도들의 안에서 직접 그들을 인도하고 보호함으로서 개인적인 적용을 이루시게 됩니다.

  심판의 날은 하나님의 사역이시며 하나님의 권한입니다. 예수님이 그 날과 때를 모른다는 표현은 정말로 예수님이 그 날과 때를 모른다고 해석하기보다는, 종말의 계획은 오직 하나님의 주권이라는 것을 강조하기 위함으로 봅니다. 창조와 구원과 심판을 계획하고 성취하시는 것은 오직 하나님만의 주권적이며 고유적인 권한이기 때문입니다.

> 가라사대 때와 기한은 아버지께서 자기의 권한에 두셨으니 너희의 알 바 아니요.^{행1:7}

4 예수님은 피조물이 아니다.

  예수님은 피조물이 아닙니다. 여호와의 증인은 예수를 피조물이라고 주장하는데, 그들이 인용하는 성경은 다음과 같습니다.

> 네가 의를 사랑하고 불법을 미워하였으니 그러므로 하나님 곧 너의 하나님이 즐거움의 기름을 네게 부어 네 동류들 보다 승하게 하셨도다 하였고^{히 1:9}

  여호와의 증인은 이 '동류'가 천사라는 주장합니다. 즉 예수가 천사와 동류라는 주장인데, 그러나 그러한 주장은 성경을 모르는 주장으로서, 히 1:9은 구약의 시편 45:7을 인용한 것입니다.

> 왕이 정의를 사랑하고 악을 미워하시니 그러므로 하나님 곧 왕의 하나님이 즐거움의 기름으로 왕에게 부어 왕의 동류보다 승하게 하셨나이다^{시 45:7}

  그 동류는 예수가 천사와 동류라는 뜻이 아니라, 구약을 인용한 것으로서, 구약의 구절은 왕의 동류를 의미합니다. 그리고 여호와의 증인들이 인용하는 것이 또 있는데, 골로새서입니다.

> 그는 보이지 아니하시는 하나님의 형상이요, 모든 창조물보다 먼저 나신 자니골 1:15

얼핏 보면 예수님이 '먼저 나신 자'로서 피조물인 것처럼 보입니다. 여호와의 증인들은 예수가 첫 피조물이라는 것입니다. 물론 그들은 예수가 보이지 아니하시는 하나님의 형상이라는 구절은 무시할 것입니다. 또 그들은 골로새서 1장15절의 바로 다음의 본문에서 만물이 천사를 포함하여 그에게 창조되었다는 것은 제시하지 않습니다.

> 만물이 그에게 창조되되 하늘과 땅에서 보이는 것들과 보이지 않는 것들과 혹은 보좌들이나 주관들이나 정사들이나 권세들이나 만물이 다 그로 말미암고 그를 위하여 창조되었고골 1:16

'먼저 나신 자'로 번역된 헬라어 단어는 '프로토토코스'로서 문자적으로는 '초태생' first born을 말하지만, 그 뜻은 '장자 혹은 독생자'를 말합니다. 성경에서 '하나님의 장자' 혹은 '독생자'라는 단어는 신성을 뜻하는 단어이며, 피조물이라는 의미로 사용된 적이 단 한 번도 없습니다. 실제로 구약에서는 '하나님의 아들'이라는 용어는 특별한 신적위임을 받은 자를 뜻합니다. 구약에서 간혹 천사가 하나님의 아들이라고 불려진 이유도 그러한 것입니다. 그러나 예수님이 특별히 '하나님의 아들'이라고 불리우는 것은 그러한 평범한 의미가 아니라, 예수님이 하나님의 가족 God's family를 뜻하는 신성을 의미합니다. 고대로부터 왕들은 자신을 '하나님의 아들'이라고 불렸는데, 그 의미는 왕은 인간이 아니라 신적인 권위를 가졌다는 뜻이었습니다.

즉 하나님이 예수님을 직접 낳으셨다고 하는 히 1:5의 표현과 독생자라는 표현은 피조물이라는 뜻이 아니라, 예수가 곧 하나님과 동등한 신성을 가진 분이라는 개념을 증거하는 용어입니다.

물론 하나님은 어떤 생식적인 방법으로 그의 아들을 낳은 것이 아닙니다. 다시 말하여 예수만이 하나님이 직접 낳으셨다는 표현은 예수가 하나님과 동등한 존재하는 것을 의미합니다.

예수에 대해서 '하나님의 아들'이라고 말한 성경적인 내용은 예수가 피조물이라는 의미가 아니며, 그 이유에 대해서는 기독론, 하나님의 아들이라는 제목에서 다시 자세하게 설명할 것입니다.

5. 예수님은 창조주이다

무엇보다도 성경은 예수님을 창조주라고 말하고 있습니다.

> 만물이 그에게 창조되되 하늘과 땅에서 보이는 것들과 보이지 않는 것들과 혹은 보좌들이나 주관들이나 정사들이나 권세들이나 만물이 다 그로 말미암고 그를 위하여 창조되었고 또한 그가 만물보다 먼저 계시고 만물이 그 안에 함께 섰느니라 골 1:16-17

골로새서 본문은 보이지 않은 천사도 예수님이 창조하셨다는 뜻입니다.

> 만물이 그로 말미암아 지은 바 되었으니, 지은 것이 하나도 그가 없이는 된 것이 없느니라 요 1:3
>
> 한 주 예수 그리스도께서 계시니, 만물이 그로 말미암고 우리도 그로 말미암았느니라 고전 1:6
>
> 저로 말미암아 모든 세계를 지으셨느니라 히 1:2

6. 성령의 신성과 인격

성령의 인격성

여호와의 증인같은 이단들은 성령을 삼위일체하나님으로 보지 않고, 하나님이 갖고 있는 에너지와 같은 무형적인 기운으로 봅니다. 즉 성령은 인격체가 아니며, 성령의 신성을 부정함으로서 하나님이 아니라는 것입니다.

더욱이 교회를 오래 다닌 사람들도 예수님이 삼위일체 하나님이 되심에 대해서는 어느 정도 알고 있지만, 성령이 하나님 되심과 그의 인격성에 대한 성경적인 증거에 대해서는 전혀 설명을 하지 못하는 경우가 많습니다.

앞에서 설명한 바와 같이 '인격'이란 '지정의를 행사하는 주체'를 말합니다. 예수께서는 성령을 보내게 되실 것에 대해 다음과 같이 인칭대명사를 사용하여 말씀하십니다.

> 내 이름으로 보내실 성령 그가the counselor 너희에게 모든 것을 가르치시고… 요 14:26
> 진리의 성령이 오실 때에 그가he 나를 증거하실 것이요 요 15:26
> 가면 내가 그him를 너희에게 보내리니… 요 16:7
> 진리의 성령이 오시면 그가he 너희를 모든 진리 가운데로 인도하시리니 요 16:13
> 그가he 내 영광을 나타내리니… 요 16:14

예수님께서 성령을 인격체로 말씀하셨습니다. 또 예수님은 성령을 또 '다른 보혜사'라고 언급하였는데, 예수님도 '보혜사'가 되시며, 이것은 성령을 예수님과 같은 사역의 인격적 존재로 말씀하신 증거이기도 합니다.

> 내가 아버지께 구하겠으니 그가 또 다른 보혜사another counseller를 너희에게 주사 영원토록 너희와 함께 있게 하시리니 저는 진리의 영이라 세상은 능히 저를 보지도 못하고 알지도 못함이라. 그러나 너희는 저를 아나니 저는 너희와 함께 거하심이요 요 14:16

'보혜사'에 대해서 뒤에서 구체적으로 설명하게 될 것이지만, 그 의미는 '옆에서 보호하고 변호해주는 사람'을 말합니다. 예수님이 성령을 다른 보혜사라고 말씀하신 이유는 예수님 자신이 곧 보혜사이시기 때문이며, 그것은 예수님이 성령을 또 다른 인격체로 말씀하신 증거이기도 합니다.

성령의 신성

창세기 1장 2절을 보면 '하나님의 신'Spirit이 수면을 운행하셨는데. 이것은 성령께서 태초부터 창조사역에 함께 참여하셨음을 의미합니다. 물론 성령께서 창조사역을 하셨다고 성경은 분명히 기록하고 있습니다.

> 하나님의 신이 나를 지으셨고 전능자의 기운이 나를 살리시느니라 욥 33:4
>
> 주의 영을 보내어 저희를 창조하사 시 104:30
>
> 그의 영으로 말미암아 너희 죽을 몸도 살리시리라 롬 8:11
>
> 또 성령은 희노애락을 갖는 인격체로서, 성령은 근심을 하거나, 탄식을 하시며 우리를 위하여 간구하기도 하십니다.
>
> 주의 성신을 근심케 하였으므로… 사 63:10
>
> 성령이 말할 수 없는 탄식으로 우리를 위하여 친히 간구하시느니라 롬 8:26

성경적으로 볼 때에 성령은 크게 분류하여 4가지의 사역을 하십니다…. 아래와 같은 사역을 하시는 분은 인격체로서, 당연히 에너지나 기운이 아닙니다.

1) 능력을 주시는 성령
2) 정결케 하시는 성령
3) 계시하시는 성령
4) 하나가 되게 하시는 성령

그렇다면 성령께서 과연 하나님이라는 성경적인 증거가 있을까요? 그것을 성경적으로 증거하지 못하면 삼위일체는 오류가 될 것입니다. 성경은 성령이 성도 안에 거하므로 성도가 하나님의 성전이라고 불리운다고 기록되어 있습니다.

> 너희가 하나님의 성전聖殿인 것과 하나님의 성령이 너희 안에 거居하시는 것을 알지 못하느뇨 고전 3:16

즉 성령이 성도의 몸 안에 있으므로 성도 자신이 하나님의 성전이라고 불린다는 것은 성령이 곧 하나님이라는 뜻이 됩니다. 또 성경에서 '하나님의 영'은 '하나님'으로 표현됩니다.

> 오직 하나님이 성령으로 이것을 우리에게 보이셨으니 성령은 모든 것, 곧 하나님의

> 깊은 것이라도 통달케 하시느니라. 사람의 사정을 사람의 속에 있는 영 외에 누가 알리요 이와같이 하나님의 사정도 하나님의 영 외에는 아무도 알지 못하느니라. 고전 2:10-11

아나니아가 성령을 속인 것을 베드로는 하나님께 거짓말을 한 것이라고 말하고 있습니다.

> 베드로가 가로되 아나니아야 어찌하여 사단이 네 마음에 가득하여 네가 성령을 속이고 땅값 얼마를 감추었느냐. 땅이 그대로 있을 때에는 네 땅이 아니며 판 후에도 네 임의로 할 수가 없더냐. 어찌하여 이 일을 네 마음에 두었느냐 사람에게 거짓말 한 것이 아니요 하나님께로다 행 5:3-4

딤후3:16에서 성경은 하나님의 감동으로 된 것이라고 기록되어 있는데, 베드로후서는 성경은 성령의 감동으로 기록하고 있습니다.

> 모든 성경은 하나님의 감동感動으로 된 것으로 교훈과 책망과 바르게 함과 의로 교육教育하기에… 딤후3:16
> 예언은 언제든지 사람의 뜻으로 낸 것이 아니요 오직 성령의 감동感動하심을 입은 사람들이 하나님께 받아 말한 것임이니라 벧후 1:21

이러한 예는 구약에서 특히 많이 발견되어지는데 '하나님의 신성령의 감동'과 '하나님의 감동'을 동일시 하고 있으므로, 성령께서 하나님이심을 증거합니다.

> 창 41:38 하나님의 신에 감동한 사람
> 삼상 10:26 하나님께 감동된
> 삼상 11:6 하나님의 신에 크게 감동되어
> 대하 18:31 하나님이 저희를 감동하사

대하 24:20 하나님의 신이…. 스가랴를 감동시키어

즉 성령께서는 하나님의 에너지가 아닌 지정의를 갖추신 인격체이시며, 또한 성부하나님, 성자하나님과 더불어 삼위일체 하나님이신 것입니다. 그래서 성령께서는 본질로서는 성부, 성자와 동일한 하나님이시며, 인격으로는 서로 구별이 되며 상호관계가 가능하신 분이십니다.

성령에 대한 잘못된 개념

성령에 대해서 잘못 착각을 하는 이단적 견해가 많은데, 특히 베뢰아 김기동목사는 구약의 하나님의 신spirit을 천사였다고 주장하는 큰 오류를 범하고 있습니다.

> 구약의 하나님의 신, 하나님이 보내신 영들은 천사들을 말하는 것이지 성령이 아닙니다. 김기동, 마귀론 108 페이지
>
> "창세기 1장2절에 하나님의 신이 수면위를 운행하시니라" 할 때의 그 신은 성령이 아닙니다." 김기동, 마귀론 65 페이지

또 양태론자들은 성령을 성부하나님 자신이 직접 육신을 입고 예수로 오셨다가 오순절 이후에는 성령으로 오셨다는 동일한 인격의 세 양태적인 변화로 보기 때문에 구약의 성령과 신약 오순절 이후의 성령을 다르게 봅니다.

> 창세기 1장은 하나님의 영을 말하지만, 그것은 최종 완결된 영이 아니다. 여호와의 영과 성령도 최종 완결된 영도 아니다. 아버지와 아들과 영의 최종 완결된 영이 계시된 것은 바로 그리스도의 부활 후였다. 이 영은 창세기의 하나님의 영, 구약의 여호와의 영, 마태복음 1장의 성령과 다르다. 위트니스 리, 하나님의 경륜과 하나님-사람의 합당한 삶. 27-28쪽
>
> "우리가 또한 삼일적으로 아들 그리스도의 실제화이신 그 영과 함께 살아야 한다. 당신이 '오 주 예수 그리스도여' 라고 부를 때 당신은 주님을 누린다. 당신이

주님을 누릴 때 즉시 당신 안에 계신 주님은 그 영이시다. 주님은 그 영으로 실제화 되신다. 주님을 더 부를수록 당신은 그리스도의 실제화이시며 실제의 영이며 당신 안에 계신 그 영을 더 갖게 된다. 실제란 주로 삼일하나님의 신성한 성분 안에 있는 존재자체를 가리킨다. 그 영이 하나님의 실제이다."위트니스 리, 새 예루살렘, 396쪽

이러한 양태론은 예수의 재림과 성령을 혼동하여, 예수의 재림도 부정하는 경우도 있습니다.

또 신사도운동이나 신비주의자들은 성령을 어떤 신비로운 기적이나 표적, 초능력을 보여주는 존재로만 표현하는데 이것도 잘못된 생각입니다. 어떤 목사들은 설교준비를 하지 않아도 성령이 일일이 설교를 가르쳐 주신다고 주장하며, 어떤 사람들은 일상생활에서 무엇을 먹을 것이며 무엇을 입을 것인지 성령께서 일일이 가르쳐 주신다고 주장합니다.

그러나 성령의 가장 중요하고 본질적인 사역은 예수를 믿는 성도 안에 내주하시면서 그 개인을 구원으로 인도하고 보증하는 역할을 하시는 것입니다.

7. 보혜사란 무엇인가?

보혜사

우리나라에는 자칭 보혜사라고 하는 교주들이 수십명이 있다고 합니다. 특별히 신천지의 이만희, 하나님의 교회의 안상홍, 새빛등대중앙교회의 김풍일, 구인회, 정명석, 문선명, 박태선을 포함한 대부분의 이단들의 교주는 자신을 보혜사라고 주장하였습니다. 초대교회 2세기에도 몬타누스라고 하는 자가 자신을 보혜사라고 주장한 적이 있었습니다. 결론적으로 말하자면, 인간은 보혜사가 될 수 없습니다. 즉 자신을 보혜사라고 주장하는 사람이 있다면, 그는 이단이라고 보아도 무리가 아닙니다.

1. 보혜사의 개념

"내가 아버지께로서 너희에게 보낼 보혜사, 곧 아버지께로서 나오시는 진리의 성령이 오실 때에 그가 나를 증거하실 것이요." 요 15:26

본문에서 예수께서 보내신다는 보혜사는 기록된 바와 같이 '진리의 성령'을 가르킵니다. 원래 보혜사保惠師란 단어는 헬라어 '파라클레토스'를 한문으로 음역한 것입니다. 이 단어의 문자적인 의미는 원래 '파라' 곁에와 '클레오' 부르다라는 단어를 합성한 명사로써 "곁에서 부르다, 도와주다"는 의미를 갖습니다. 요 15:26의 경우에는 NIV가 Counselor상담역, 고문, 변호사, KJV가 Comforter위로자, 위안자라고 번역하고 있습니다.

> 저는 진리의 영이라. 세상은 능히 저를 받지 못하나니 이는 저를 보지도 못하고 알지도 못함이라. 그러나 너희는 저를 아나니 저는 너희와 함께 거하심이요 또 너희 속에 계시겠음이라요 14:17

진리의 영은 성도들의 속에 거하는 성령이십니다. 즉 보혜사라는 단어의 개념에서, 후자의 능동적인 의미는 성도들의 안에 거하시면서 성도들의 구원을 위하여 인도하고 보증하시는 성령의 사역을 의미하며, 눈으로 볼 수 없으며 성도들의 속에서 그리스도의 말씀을 생각나게 하며 가르치는 진리의 성령을 의미하며 그것이 파라클레토스의 능동적인 개념이 될 것입니다.

또한 '파라클레토스'라는 단어는 헬라의 법정용어로서 '피고의 변호인'이라는 의미를 갖습니다. 다음 성경 본문은 우리가 종말적이며 궁극적으로 아버지 앞에 나아가 심판을 받을 때, 예수께서 우리의 대언자, 변호자가 되어주신다는 뜻이 됩니다. 그 '피고측 변호인'의 개념으로 사용된 '파라클레토스'라는 단어가 요한일서에서 '대언자'라고 번역되었습니다.

> 나의 자녀들아 내가 이것을 너희에게 씀은 만일 누가 죄를 범하면 아버지 앞에서 우리에게 대언자파라클레토스가 있으니 곧 의로우신 예수 그리스도라요일 2:1

또 위의 본문은 성령뿐 아니라 예수도 파라클레토스대언자가 되어진다는 것으로 본문에서 대언자는 하나님의 대언자가 아니라 성도들을 대언하여 준다는 뜻입니다. 특히 요일 2:1은 성령만이 보혜사가 아니라, 예수 그리스도도 보혜사임을 설명해 주는 구절입니다. 다른 번역성경들은 모두 '변호자'라고 번역을 했고, 영어성경은 NIV가 Defense, KJV가 Advocate라고 번역하였습니다.

즉 누구든지 어떤 사람을 보혜사라고 한다면 그는 이단입니다.

이 이유는 보혜사라는 개념 자체가 "성도들의 안에서 함께 하여주는 성령"과 "하나님 앞에서 변호하여 주는 예수 그리스도"의 두 개념을 반영하기 때문입니다.

> 내가 아버지께 구하겠으니 그가 또 다른 보혜사를 너희에게 주사 영원토록 너희와 함께 있게 하시매 요14:16

예수님은 또 다른 보혜사를 우리에게 보내 주시며, 그가 너희와 함께 있게 하실 것이라고 하셨습니다. 다시 말하여 예수님도 보혜사가 되시기 때문에, 예수님은 또 다른 보혜사를 보내주시겠다고 말씀하신 것으로, '또 다른 보혜사'란 당연히 성령을 가르킵니다.

수많은 이단 교주들이 '또다른 보혜사'를 자신이라고 주장하지만, 그 성경구절의 뒤를 더 자세히 읽어 본다면, 그 '또 다른 보혜사'는 진리의 영이며, 우리 속에 거하시는 성령을 의미한다는 것을 알게 됩니다.

> 내가 아버지께 구하겠으니 그가 또 다른 보혜사를 너희에게 주사 영원토록 너희와 함께 있게 하시리니 저는 진리의 영이라 세상은 능히 저를 받지 못하나니 이는 저를 보지도 못하고 알지도 못함이라 그러나 너희는 저를 아나니 저는 너희와 함께 거하심이요 또 너희 속에 계시겠음이라 요 14:16-17

즉 인간이 보혜사가 될 수 없는 이유는 다음과 같습니다.

(1) 예수만이 인류의 죄를 위하여 대속을 하셨기 때문에 심판 때에 성도의 죄를 변호하여 주시는 존재가 되신다.
(2) 성령만이 성도의 안에 함께 계시며, 함께 거하여 주신다.

즉 어느 시대, 어느 사람도 보혜사가 될 수는 없었으며, 초대교회의 사도들도 자신을 보혜사라고 지칭한 적은 단 한번도 없었습니다. 성경에서 예수님이 말한 보혜사는 분명히 예수 자신과 성령의 두 존재뿐이었습니다.

2. 성령의 비자의적 회상사역

어떤 사람은 차를 몰고 주차장에 들어갈 때에 기도를 하면 성령께서 주차할 빈 곳을 만들어 주신다고 말하였습니다. 더 나아가서는 자신이 점심을 무엇을 먹을 것인가를 성령께서 정하여 주신다고 말하였습니다. 어떤 물건을 살 때에는 기도로 응답을 받은 후에 구매여부를 결정한다고 말합니다.

이러한 신앙적인 형태를 우리는 신비주의라고 부릅니다. 물론 필자는 하나님의 기적과 이사를 더 이상 없다고 무조건 부정하지 않으며, 성령의 인도하심과 보호하심도 믿습니다. 신비주의라는 것은 어떤 사람이 무엇인가를 원할 때마다 그 개인을 위하여 하나님께서 매번 응답을 해주시거나 기적을 만들어 주신다는 신앙을 뜻합니다. 자신은 설교준비를 한 적이 없다고 말하는 목사도 있습니다. 그는 성령께서 무엇을 설교할 것이며, 무엇을 말한 것인가를 모두 정하여 주고 심지어 설교의 제목과 성경구절까지 일일이 가르쳐 준다는 것입니다. 심지어 자신이 쓴 책의 제목과 내용도 주님이 가르쳐 주셨다고 하는 사람들이 있습니다. 자신이 설교준비를 위하여 열심히 노력한다고 하면 자기의 위신과 체면이 낮아질까요?

특히 구원파나 일부 형제교회, 지방교회등은 신학과정과 목사제도를 부정하는데, 그들은 회중 중에서 아무나 성령이 충만한 사람이 설교를 할 수 있다고 주장합니다. 왜 사람들은 이러한 주장을 할까요? 이러한 부류의 사람들은 자신들이 성령의 인도를 따르는 매우 신령한 존재라는 것을 부각시키려고 합니다. 또 자신들의 학습적 무능력이나 결함을 감추고 위장하기 위하여, 성령으로부터 직접적인 가르침을 받았다고 주장하기도 하며, 다른 사람들의 주의를 끌기 위한 생각으로 자신이 신령한 존재라는 것을 말하기 위함일 것입니다. 특히 이러한 경우는 이단, 사이비라고 불리는 사람들에게 흔히 발견되는 공통점이기도 하지만, 자신이 성령의 계시를 받았다고 하면서도, 전혀 성경에 맞지 않는 주장을 합니다. 실제로 수많은 이단들의 교주들이 자기의 주장을 성령이 가르쳐 주었다고 하거나, 천사가 계시를 하여주었다고 주장합니다. 그러나 성경은 하늘로부터 온 천사라도 다른 복음을 전하면 저주를 받는다고 말하고 있습니다.갈 1:8 성경은 진리의 영이신 성령께서도 자의적으로 말하지 않으며 오직 예수 그리스도의 가르침과 말씀을 증거한다고 말합니다. 즉 기록된 성경과 다른 복음을 전하거나, 다른 가르침을 전하는 사람들은 모두 거짓선생이며 거짓 선지자이 됩니다. "그러나 진리의 성령이 오시면 그가 너희를 모든 진리 가운데로 인도하시리니 그가 자의로 말하지 않고 오직 듣는 것을 말하시며 장래 일을 알리시리라. 그가 내 영광을 나타내리니 '내 것을 가지고' 너희에게 알리겠음이라."요 16:13-14 "내가 아버지께로서 너희에게 보낼 보혜사, 곧 아버지께로 나오시는 진리의 성령이 오실 때에 그가 나를 증거할 것이요."요 15:26 성령께서 개인적이며 일상생활적인 것까지 항상 직접적으로 가르쳐 주는 것은 아닙니다. 만약 실제로 그렇다면 그는 단 하나의 실수나 오류도 없어야만 합니다. 또 자기 자신에게 순간적으로 떠오르는 생각이나 느낌을 모두 성령의 감동이라고 생각한다면 그것은 신비주의입니다. 어떤 사람은 성경을 열어서 손가락으로 짚는 구절이 성령이 자신에게 오늘 주시는 말씀이라고 생각합니다. 특히 신사도운동을 한다는 교회나 몇몇 기도원에서 교인들 개인의 장래를 점을 쳐주는 듯한 행위는 예언도 아니며 성령의 역사도 아닙니다. 성경에서 '예언'은 '선지자'를 뜻하며, 선지자의 예언은 이스라엘이나 교회라는 공동체의 이익을 위하여 하나님의 인격적인 메시지를 전하는 직분이었으며 개인의 장래를 점쳐주는 행위가 아니었습니다. 오히려 성경에서는 어느 개인을 위하여 점을 치는 행위를 엄격하게 금지합니다. "여호와께서 내게 이르시되 선지자들이 내 이름으로 거짓 예언을 하도다. 나는 그들을 보내지 아니하였고 그들에게 명하거나 이르지 아니하였거늘 그들이 거짓 계시와 복술과 허탄한 것과 자기 마음의 속임으로 너희에게 예언하도다."렘 14:14 어떤 기독교인은 아침에 성경책을 임의로 펼쳐서, 손가락으로 짚는 구절을 정하여, 그것이 성령께서 자신에게 계시를 주는 메시지라고 자랑스럽게 말하는 것을 들었던 적이 있습니다.

성령은 개인의 장래를 점 쳐주거나 예언하여 주며, 일상생활의 일거수 일투족을 일일이 가르쳐 주는 것이 아니며, 구원으로 인도하기 위하여 감동과 조명으로 깨닫게 하여 주십니다. 예수님은 오실 성령의 기능과 역할에 대해서 이렇게 말씀하셨습니다. "그가 와서 죄에 대해서, 의에 대해서, 심판에 대해서 세상을 책망하시리라."요 16:8 성령이 모든 것을 가르쳐 주므로 공부나 학습이 전혀 불필요하다는 주장도 잘못된 주장입니다. 주관적인 신비주의자들은 인간교사를 부정하고 오직 성령으로만 직접적인 가르침을 받아야만 한다고 주장하거나, 직통계시만을 주장하기도 합니다. 그러나 성경에서 보면, 초대교회는 성령의 은사로써 교사를 사용하였음을 알 수가 있습니다. 고전 12:28, 14:19; 롬 12:7, 엡 4:11 즉 예수 그리스도는 자신의 진리를 가르치기 위하여 교사를 도구로 사용하셨습니다. 이러한 성령의 은사는 그리스도의 몸이신 교회에 덕을 세우도록 주어지는 것입니다.고전 14:12 우리는 성경에 기록된 그리스도의 지상명령에서도 "가르쳐 지키게 하라"마 28:20는 말씀을 발견할 수 있습니다. 즉 다른 사람을 가르치며 하나님의 말씀을 진리로 인도하는 교사들은 기도하며 최선을 다하여 공부하고 미리 준비하여야 합니다. 성령의 가르침이란 인간의 노력을 전혀 배제하여도 저절로 이루어진다는 것이 아니기 때문입니다. 물론 인간의 노력으로만 되는 것도 아니며, 성령의 도우심이 반드시 필요하다는 것도 잊으면 안될 것입니다. 시편의 기자는 이렇게 기도하였습니다. "내 눈을 열어서 주의 법의 기이한 것을 보게 하소서."시 119:18

제4장. 기독론과 이단

내가 또 밤 환상 중에 보니 인자 같은 이가 하늘 구름을 타고 와서 옛적부터 항상 계신 이에게 나아가 그 앞으로 인도되매 그에게 권세와 영광과 나라를 주고 모든 백성과 나라들과 다른 언어를 말하는 모든 자들이 그를 섬기게 하였으니 그의 권세는 소멸되지 아니하는 영원한 권세요 그의 나라는 멸망하지 아니할 것이니라. 단7:13-14

1. 예수는 하나님인가, 사람인가?

기독론

예수는 누구인가? 그것을 공부하는 것이 곧 기독론基督論입니다. 즉 예수는 하나님인가 사람인가? 이 대답은 모두 아래에 기록된 세가지라고 볼 수 있습니다. 그러나 정확히 말하자면 세가지를 모두 말해야만 정답이 되며, 한 가지만을 말하면 틀리게 됩니다. 그것이 기독론의 키포인트가 됩니다. 그 이유는 성경이 그렇게 말하기 때문입니다.

1) 예수는 '참 하나님'이다.
2) 예수는 '참 사람'이다.
3) 예수는 '참 사람이며 동시에 참 하나님'이다.

예수는 하나님과 인간 사이의 단 한분의 사람이신 중보자라는 것딤전 2:5을 성경은 말하고 있습니다. 또한 예수는 태초에 성부하나님과 함께 계신 성자 하나님이 육신으로 나타나셨다는요 1:14 위대한 신비라고 성경은 말하고 있습니다.

그렇다면 예수는 하나님인가요 혹은 사람인가요? 성경은 예수가 단지 인간으로 오셨다는 것만이 아니라, 참으로 하나님이시다는 점도 성경은 증언하고 있습니다. 2000년 동안 많은 이단들이 그리스도의 이성二性를 분리하려고 하였으니 실패하였고, 그리스도의 이성二性을 통일시키려고 시도하였으나 실패하였습니다.

그렇다면 왜 그리스도의 이성二性이 필요할까요?

그는 인류 구속사역에 있어서 죄인인 인간을 대표하기 위하여서는 반드시 인류의 한 사람, 즉 인간이어야만 했으며, 그를 믿는 자들이 예수를 통하여 구원을 받기 위하여서는 그는 반드시 하나님이 되어야만 하기 때문입니다.

무엇보다도 성경 자체가 예수 그리스도를 우리와 동일한 사람이며 또한 하나님으로 언급하고 있기 때문입니다.

> 하나님의 영은 이것으로 알지니 곧 예수 그리스도께서 육체로 오신 것을 시인하는 영마다 하나님께 속한 것이요 요일 4:2

예수는 우리와 모든 점에서 동일한 사람으로서 다만 죄가 없으신 분입니다.

> 우리에게 있는 대제사장은 우리 연약함을 체휼하지 아니하는 자가 아니요 모든 일에 우리와 한결 같이 시험을 받은 자로되 죄는 없으시니라 히 4:15

한편 성경은 예수 그리스도를 하나님이라고 언급하고 있습니다.

> 또 아는 것은 하나님의 아들이 이르러 우리에게 지각을 주사 우리로 참된 자를 알게 하신 것과 또한 우리가 참된 자 곧 그의 아들 예수 그리스도 안에 있는 것이니 그는 참하나님이시오 영생이시라 요일 5:20
>
> 이는 하나님의 영광의 광채시요 그 본체의 형상이시라 히 1:3

그렇다면 그리스도의 이성에 대한 이단적인 주장은 어떠한 것이 있을까요? 이 견해들은 초대교회부터 시작하여 지금까지 끊임없이 전해지고 있는 기독론의 중대한 오류들입니다. 다음과 같은 주장들은 성경과 분명히 상반되어지기 때문입니다.

1). 신성의 부정: 초대교회의 에비온파라고 하는 이단들은 유대교에서 개종한 기독교인들로서, 유대교의 유일신론적 사상 때문에 그리스도의 신성을 부정하였고 동정녀 탄생에 대해서도 부정하였습니다. 예수는 율법을 준수하였으므로 메시야로 선택되었다고 주장하기도 하였습니다. 최근에 와서는 여호와의 증인, 자유주의자들이 예수의 신성을 부정합니다. 특히 몰몬교와 같은 이단들은 예수가 세례를 받을 때에혹은 어느 시점에서 신적 그리스도가 그에게 강림하여 초자연적인 신적능력을 부여받았다고 주장합니다.

2) 인성의 부정: 초대교회의 영지주의는 헬라의 이원론적인 영향을 받아 그리스도의 참된 인간성을 부정하였습니다. 어떤 사람들은 예수가 육체로 오신 것을 부정하는 가현설을 주장하였고, 또 어떤 사람들은 그리스도를 단순히 순화된 육체로 보았고, 또 양태론자사벨리우스파는 그리스도를 단순히 하나님께서 자신을 나타내신 한 형태로 생각하였기 때문에, 그리스도의 인성을 사실상 부정하였습니다.

3.) 이성(二性)의 완전성에 대한 부정: 여호와의 증인들의 선조라고 할 수 있는 아리우스파는 그리스도를 피조물로 보고 하나님도 인간도 아닌 천사와 같은 존재로 만들어 버렸습니다. 또 4세기 경 라오디게아 교회의 감독이었던 아폴리나리우스는 아리우스를 강하게 반대다가 다른 극단으로 흐른 결과, 그리스도는 인간의 몸을 갖었지만, 그 영은 하나님의 신성에서 비롯되었다고 주장하게 됩니다. 그는 한편 인간을 육, 혼, 영의 세부분으로 구성되었다고 보고 그리스도의 인성은 육체와 혼의 두 부분으로만 구성되었다고 주장하는 동시에, 신적 로고스는 영의 자리를 취하였다고 주장하였습니다.

즉 예수의 인성은 사람의 '육 + 혼'으로 보고, 신성은 그리스도로 보아서 '영'으로 분리시키는 것입니다. 오늘날 지방교회와 구원파, 다락방같은 이단들이 이와 비슷한 주장을 하는데 "예수의 신성만이 하나님의 아들이었다"고 주장하거나 "예수의 영만이 하나님이었다"라고 주장합니다. 그들은 그리스도와 예수가 다르다고 주장하는데, 그리스도는 신성, 예수는 인성이라고 말하며, 예수에게 그리스도가 들어왔다고 가르칩니다.

4.) 인격의 통일성에 대한 부정: 주후 5세기 경, 콘스탄티노플의 주교였던 네스토리우스는 사실상 그리스도의 이성의 참된 통일성을 부정하였습니다. 그들은 양성을 너무 날카롭게 구별하여 실제적으로 양성을 두 인격으로 만들어 놓았는데 한 몸 안에 인성과 신성의 두 인격을 갖고 있었다고 주장하였습니다. 현재도 이러한 착각을 하는 경우가 많은데 그리스도의 인성과 신성은 결코 두 인격이 아니며, 연합된 하나의 인격이라는 것을 주의하여야 합니다. 성경은 예수님의 두 인격이 대립하거나 상호구별이 된 적이 한번도 없기 때문입니다.

5.) 그리스도의 이성(二性)에 대한 부정: 유티커스파는 네스토리우스파양성론자에 반대하여 단성론을 주장한 것까지는 좋았지만, 그리스도의 이성을 인적인 것과 신적인 것도 아닌 어떤 제3의 성질의 것으로 말하여, 그것은 인성이 신성 속에 흡수된 것처럼 표현되기도 하였고, 인성과 신성이 연합되어 전혀 다른 성질의 것으로 변화되었다고 주장하기도 하였습니다. 이러한 주장은 매우 위험한 것이었으며, 이 주장을 수용한다면 예수는 하나님도 인간도 아닌 제3의 존재가 됩니다.

이러한 주장이 이단으로 발표된 이후에도 인성 혹은 신성만을 주장하는 단성론이 등장하기도 합니다. 이러한 견해는 칼케톤회의에서 모두 정죄하고, 예수 그리스도를 참 하나님이며 참 사람으로 공표하게 됩니다. 이와 같이 정통신학은 많은 이단적인 견해를 반박하는 과정에서 정립되어진 것입니다.
즉 올바른 기독론은 성경에서 표현하는 대로, 그리스도의 신성과 그리스도의 인성은 하나의 인격으로 연합되었다고 봅니다. 물론 인성과 신성의 두 본성은 그대로 남아있으며, 변질되지 않고, 보존되어집니다. 또 혼합되어 다른 성격으로 변화된 것도 아닙니다. 또 그리스도는 이중 인격을 갖고 있지 않았으며, 신성과 인성의 양성이 서로 대립하거나 상호구별이 되지 않았습니다. 즉 예수님은 하나님이셨고 동시에 사람이셨지만 언제나 동일한 한 인격만을 갖고 있었으며 분리되지 않습니다. 이러한 기독론은 삼위일체 교리와 같이 인간의 이해를 돕기 위한 것이 아니라, 기록된 성경을 근거로 한 교리입니다.

그렇다면 인성과 신성은 서로 50%를 공유하여 연합되었을까요? 그렇지 않습니다. 예수님은 100% 참 사람이셨으며 100% 참 하나님이셨으며, 신적의지와 인적의지를 모두 갖고 계셨습니다. 신성은 불변하였기 때문에 성육신을 입으신 예수님의 신성도 하나님의 신성과 동일한 것으로서, 실질적인 변화를 입지 않았습니다. 당연히 예수님의 인성은 우리와 동일한 온전한 인성이었으며, 희노애락을 동일하게 느꼈습니다. 그는 다만 죄가 없었을 뿐입니다. 요일3:5. 히4:15

실제적인 예를 들면, 지방교회의 위트니스 리는 예수의 인성과 신성을 분리시키며 위에 열거한 이단적인 기독론에서 아폴로나리우스적인 주장과 양태론적인 주장을 혼합하여 주장합니다. 그들이 말하는 그리스도는 양태론적인 성부하나님 자신이며, 그 하나님이 예수에게 들어온 영이라는 것입니다. 그들이 말하는 예수의 인성은 '육과 혼'의 부분이며, 그 부분은 하나님의 아들이 아니었다고 분리시킵니다.

> 비록 그분의 '인간의 부분'이 죽었지만, 죽지 않는 '그분의 신성한 부분'은 영원히 산다. 그리스도는 죽은 자 가운데서 부활하실 수 있었다. 왜냐하면 그 분은 자신 안에 신성한 요소 곧 거룩의 영을 갖고 있었기 때문이다. 위트니스 리, 새예루살렘, 445쪽
>
> 그 분이 육체 안에 사셨을 때에 '그분의 한 부분'은 다만 사람, 곧 다윗의 씨였다. 그 부분은 하나님의 아들이 아니었다. 그러면 '그 부분'이 어떻게 하나님의 아들이 되었는가? 그것은 죽음과 부활을 거쳐 인정됨을 통해서이다. 같은 책 45쪽

그러므로 그분의 부활 이전에 그분은 그분의 신성안에서 하나님의 아들이셨다. 그러나 그 분의 성육신으로 그분은 인성 안으로 들어가셨고 그 분의 존재의 부분으로 인간의 본성을 입으셨다. 그러나 그 분의 인성은 그분이 부활할 때까지는 '아들화' 되지않은, 즉 하나님의 아들로 인정되지 않았다. 위트니스 리. 그리스도 23쪽

골1:15-18은 그리스도께서 창조자이실 뿐 아니라, 모든 창조된 것들 가운데 첫 번째, 모든 피조물 가운데 첫 번째 이심을 계시한다. 위트니스 리. 그리스도 67쪽

지방교회 위트니스 리는 예수의 인성과 신성을 분리시키며 이단적인 기독론을 주장하는 이유는, 지방교회 교인을 인성혼+육과 신성영으로 분리시켜, 예수와 동일한 존재로 만들기 위함입니다. 그래서 지방교회는 그리스도와 예수가 다르다고 말합니다. 그래서 지방교회는 예수를 'God-man'의 첫 샘플이라고 보며, 지방교회 성도들은 성령을 받으면 예수와 같은 God-man이 될 수 있다고 주장하는 것입니다. 즉 그들의 이단적인 양태론과 기독론, 그리고 인간론 이 세가지의 견해가 그들의 신일합일적인 신화라는 과정을 만들게 됩니다.

다시 말하여 기독론은 삼위일체와 함께 정통기독교의 가장 성경적인 교리와 신학을 말하며, 인간의 이해를 위하여 만들어진 논리가 아니라, 오히려 인간의 이해가 다소 어렵더라도 성경을 그대로 정리하고 체계화시킨 논리인 것입니다.

인성과 신성의 기원

기독론에서 중요한 것이 또 있습니다.

예수님의 신성은 하나님으로부터 온 것이지만, 예수님의 인성은 마리아에게서 취한 것을 알아야만 합니다. 물론 예수는 성령으로 잉태하였으며, 마리아는 동정녀였습니다. 그러나 혹간은 예수님의 인성도 하늘로부터 온 것으로 인식하는데, 예수님의 인성은 전적으로 마리아에게서 취한 것이어야만 합니다. 예수는 다만 죄가 없을 뿐, 우리의 피와 살과 동일한 사람이시며, 동일한 방법으로 태어난 참 사람이어야만 합니다. 혹간은 예수님의 피가 우리

와 다르다고 주장하는 사람들이 있습니다.

기록론을 확립시킨 칼케톤신조는 "신성으로는 창세 전에 성부로부터 출생하였고, 인성으로는 이 마지막 때에 우리와 우리 구원을 위하여 신의 수태자인 동정녀 마리아에게 태어나셨다"이정석교수 역라고 발표하였으며, 또 웨스터민스터 신조는 다음과 같습니다.

> 삼위일체의 제2위이신 하나님의 아들은 성부와 본질이 동일하고 동등한 참되고 영원한 하나님으로서, 때가 차매 그에게 인간의 본성, 즉 그에 따르는 모든 본질적 속성과 죄를 제외한 공통적 연약성을 취하시고, 성령의 능력으로 동정녀 마리아의 태중에 그녀의 형질subtance로 잉태되었다. 그리하여 두 가지의 전체적이고 완전하며 구별되는 본성, 즉 신성과 인성이 한 인격 안에 함께 나누어질 수 없게 결합되어 변환, 혼성, 또는 융합되지 않는다. 그 인격은 참 하나님이며 참 인간이지만, 한 그리스도이며 하나님과 인간 사이의 한 중보자이다.웨스터민스터 신조 8항2번

누가복음 1:42의 개역성경은 '네 태 중에 아이'라고 번역하고 있지만, 원문으로 보면 '태의 열매' the fruit of your womb입니다. 다시 말하여 예수는 성경이 말하는 바와 같이 성령으로 잉태하였으나, 마리아의 태를 통하여 다른 인간과 동일한 방법으로 자랐던 마리아 '태의 열매' 였던 것이며, 예수의 피와 살은 우리와 동일한 피와 살히 2:14이었다는 것을 잊으면 안됩니다.

2. 인자Son of man

인자

이미 기독론에서 설명한 것과 같이 예수그리스도는 사람이며 동시에 하나님이 되십니다. 즉 예수님은 Son of Man이시며 또한 Son of God 이십니다.

그렇다면 인자Son of Man란 무슨 의미일까요?

예수님이 자신을 인자라고 불렀을 때에, 그 의미는 크게 두가지의 개념으로 해석이 됩니다.

1 자신의 사역중 인간적인 고난과 배척 자신을 낮추심
2 구약에 예견된 종말적인 재림과 메시야

첫째, 예수께서 자신을 '인자' Son of Man라고 직접 불렀는데, 인자라는 용어는 첫째로 인간으로서의 고난과 배척을 당한다는 것을 뜻하는 용어로 사용되었습니다. 즉 하나님의 아들이신 예수께서 고난과 배척을 당할 때에 그는 자신을 사람의 아들로서 표현한 것이라고 말할 수 있습니다.

둘째로 이 '인자' 라는 단어는 또한 성경에 예언된 메시야로서의 예수님을 뜻할 때에도 사용되었습니다.

> 내가 진실로 너희에게 이르노니 세상이 새롭게 되어 인자가 자기 영광의 보좌에 앉을 때에 나를 좇는 너희도 열두보좌에 앉아 이스라엘 열두지파를 심판하리라 마 19:28

특별히 신약, 요한복음에서는 정관사 The가 붙어 있는 이유는 '그 인자' the Son of Man가 바로 구약에서 예언된 '그 메시야' 를 가리키기 때문입니다.

> 내가 또 밤 환상 중에 보니 인자 같은 이가 하늘 구름을 타고 와서 옛적부터 항상 계신 이에게 나아가 그 앞으로 인도되매 그에게 권세와 영광과 나라를 주고 모든 백성과 나라들과 다른 언어를 말하는 모든 자들이 그를 섬기게 하였으니 그의 권세는 소멸되지 아니하는 영원한 권세요 그의 나라는 멸망하지 아니할 것이니라 단 7:13-14

즉 신약에서 '인자'라는 단어는 다니엘 7장13절에서 예언된 '인자' 의 의미라는 것은 의심할 바 없습니다. 다니엘은 "인자같은 이가 구름을 타고 온다"고 하였는데, 마태복음 26:64에서 대제사장이 예수님께 "네가 하나님의 아들 그리스도인지 우리에게 말하라"고 물었을 때에, 예수님은 다음과 같이 말씀하십니다.

> 네가 말하였노라, 그러나 내가 너희에게 이르노니, 이 후에 인자가 권능의 우편에 앉은 것과 하늘 구름을 타고 오는 것을 너희가 보리라.^{마26:64}

이 말을 듣고 대제사장은 "참람하다"고 하였으며, 사형에 해당된다고 하였는데^{마26:65-66} 그것은 예수 그리스도가 자신이 메시야라고 주장하는 것과 같기 때문입니다. 구약의 다니엘서 7장13절의 '인자'라는 단어가 곧 메시야를 나타내는 말씀으로서 유대인들이 이미 인식하고 있는 구절입니다.

또 앞서 설명하였듯이 '인자'라는 용례에 대해서, 예수께서는 자신의 지상사역, 특별히 고난과 죽음에 대해서 언급할 때에 이 용어를 사용하셨는데, 이것도 역시 구약과 연결되어 있습니다.

> 여호와께서 가라사대 보라 내 종이 형통하리니 받들어 높이 들려서 지극히 존귀하게 되리라. 이왕에는 그 얼굴이 타인보다 상하였고 그 모양이 인생보다 상하였으므로 무리가 그를 보고 놀랐거니 후에는 그가 열방을 놀랠 것이며 열왕은 그를 인하여 입을 봉하리니 이는 그들이 아직 전파되지 않을 것을 볼 것이요 아직 듣지 못할 것을 깨달을 것임이라 하시니라.^{사 52:13-15}
> 그는 멸시를 받아서 사람에게 싫어 버린바 되었으며 간고를 많이 겪었으며 질고를 아는 자라 마치 사람들에게 얼굴을 가리우고 보지 않음을 받는 자 같아서 멸시를 당하였고 우리도 그를 귀히 여기지 아니하였도다 ^{사 53:3}

신약성경에서 주로 예수님이 스스로 자신을 '인자'라고 호칭하였는데, 다른 사람이 예수를 '인자' ^{정관사와 함께 사용된 경우}라고 부른 적이 한번 있습니다. 그것은 스데반이 본 이상입니다.

> 보라, 하늘이 열리고 인자가 하나님 우편에 서신 것을 보노라 ^{행 7:56}

이 경우 스데반이 본 것은 다니엘이 본 이상^{단 7:13, 하늘 구름을 타고}과 함께, 예수님이 직접 하신 말씀^{마26:64}과 일치합니다. 스데반은 인자가 하나님 우편에 계신 것을 보았던 것입니다.

> 네가 말하였노라, 그러나 내가 너희에게 이르노니, 이 후에 인자가 권능의 우편에 앉은 것과 하늘 구름을 타고 오는 것을 너희가 보리라. 마 26:64

3. 하나님의 아들 Son of God

하나님의 아들

하나님의 아들이라는 용어는 구약성경에도 몇 번 등장합니다.

구약의 욥기에서 언급되는 '하나님의 아들들'은 대부분 천사를 지칭하는 것이지만 욥 1:6, 2:1, 38:7 그러나 성경에 나오는 'son of God'은 언제나 천사로만 사용된 것은 아닙니다. 창 6:2의 하나님의 아들은 천사를 말한다고 단정할 수 없으며, 문맥상 셋의 후손으로 보는 것이 더 정확하다는 견해가 보편적입니다. 천사는 영적 존재로서 결혼을 할 수 없으며 후손을 생식할 수 없기 때문입니다. 마 22:30

구약에서는 오직 천사만이 '하나님의 아들'이라고 불렸던 것이 아니라, 이스라엘 백성들 출 4:22 사 1:2 렘 3:22. 호 11:1도 '하나님의 아들'로 불렸으며, 모세는 이스라엘 백성들을 지칭하여, 하나님께서 아버지가 된다고 하였습니다 신 32:6

> 너는 바로에게 이르기를 여호와의 말씀에 이스라엘은 내 아들 내 장자라 출 4:22
> 하늘이여 들으라 땅이여 귀를 기울이라 여호와께서 말씀하시기를 내가 자식을 양육하였거늘 그들이 나를 거역하였도다" 사 1:2
> 이스라엘의 어렸을 때에 내가 사랑하여 내 아들을 애굽에서 불러 내었거늘 호 11:1

실제로 구약에서는 '하나님의 아들'은 '특별한 위임을 받은 자' 혹은 '택함을 입은 자'라는 뜻이 포함되어 있습니다. 그러나 무엇보다도 신약에서 예수님이 '하나님의 아들'이라고 불리운 것은 위와 같은 일반적인 의미 외에 특별히 '신과 동등한 본질' 신성을 의미합니다.

예수님이 하나님의 아들이라는 것은 문자적으로 하나님이 직접 낳으셨다는 생식적인 개념 혹은 피조물적인 개념을 뜻하려고 하는 의도가 아닙니다. '하나님의 아들'이라는 용어는 원래 오래 전부터 신적권위를 가르키는 단어로서 사용되어 왔습니다. 성경은 하나님의 아들이라는 용어가 이스라엘 백성과 천사, 왕에게도 등장하지만 "오직 예수님만이 하나님이 낳으셨다"고 말씀하시는 히브리서의 언급은 "오직 예수만이 하나님과 동등한 신적본질을 가진 자"라는 완곡한 표현이 됩니다.

즉 천사도 하나님의 아들이지만, 오직 예수님만이 "하나님이 직접 낳으신 친 아들"이라는 개념을 강조한 것으로, 천사와는 차원이 다른 신성의 차별화를 하려는 의미가 됩니다. 즉 예수만이 순수한 신적 혈통의 God's family라는 의미로 보면 됩니다.

> 하나님께서 어느 때에 천사 중 누구에게 네가 내 아들이라 오늘날 내가 너를 낳았다 하셨으며 또 다시 나는 그에게 아버지가 되고 그는 내게 아들이 되리라 하셨느뇨 히 1:5

예수님은 하나님의 아들이며, 또한 하나님이십니다.

성경에서 '인자' son of Man가 인성을 말하듯이 '하나님의 아들' son of God은 예수님의 신성을 의미합니다. 하나님의 아들은 하나님과 동등한 신적본질을 가지신 분을 뜻합니다. 고대의 왕들은 자신을 '하나님의 아들'이라고 부르게 하였습니다. 그 용어는 왕이 인간이 아니라 '하나님의 직계가족'이라는 하나님과의 동등한 권위를 나타내려는 목적이었습니다.

하나님은 홀로 자존하시는 분입니다.

하나님은 생식적인 방법이나 혈연적인 방법으로 아버지나 어머니가 아들, 딸이 있는 것은 아닙니다. 그렇다면 왜 히브리서의 기자는 예수님에 대해서 하나님이 직접 낳으신 아들이라고 기록하였을까요? 하나님에게 실제로 혈연적이고 생식적인 아들과 딸과 손자와 아버지와 어머니가 있을까요? 성경은 그렇게 말하지 않으며 하나님은 스스로 자존하시는 분이라고 말하고 있습니다.

실제로 애굽과 헬레니즘국가와 로마시대에는 왕이 '神의 아들'이라는 용어로 불리워졌다는 문헌이 많이 발견되고 있습니다. 그것은 왕의 신분과 권위가 신과 동등하다는 고의적인 의도에서 온 것입니다. 즉 '하나님의 아들'이라는 용어는 실제로 하나님과의 동질성을 의미하는 용어입니다. 물론 고대의 왕들이 실제로 하나님의 혈연이거나 하나님이 생식적인 방법으로 낳았음을 의미하는 것이 아닙니다. 왕들이 하나님의 아들이라고 불리웠던 이유는 그 신분과 위엄이 하나님의 것과 동일하다는 의미를 갖기 때문입니다. 옥타비아누스라는 황제는 자신을 divifilius 라고 불렀는데, 그 라틴어에서 devine신성한이란 영어단어가 유래되었습니다.

다시 말하여 '하나님의 아들'이라는 용어는 피조물이라는 의미를 말하고자 하는 것이 결코 아니며, 하나님과 동등한 자라는 신성의 의미를 말하기 위함입니다.

예수님을 하나님의 아들로 고백하는마14:33 베드로의 신앙은 예수님이 칭찬하시는 고백이 되어집니다. 성경에는 귀신들도 예수님을 하나님의 아들로 고백하며 예수께 간구를 합니다마8:29. 동시에 예수를 하나님으로 언급하는 것이 곧 요한복음의 신학적 특징이기도 합니다.

또 바울이 회심을 한 후에 그가 한 일은 예수가 하나님의 아들임을 전하는 것이었습니다행9:20.

> 유대인들이 이를 인하여 더욱 예수를 죽이고자 하니 이는 안식일만 범할 뿐 아니라 하나님을 자기의 친 아버지라 하여 자기를 하나님과 동등으로 삼으심이러라 요 5:18

하나님의 아들이라는 말은 곧 하나님과 동등하다는 것을 말합니다. 예수님이 하나님을 친아버지라고 하자, 유대인들은 예수님이 자신을 하나님과 동등으로 삼는 것으로 알고 예수를 죽이려고 하였던 것입니다.

백부장과 및 함께 예수를 지키던 자들이 지진과 그 되는 일들을 보고 심히 두려워하

여 가로되 이는 진실로 하나님의 아들이었도다 하더라 마27:54

예수가 돌아가시자, 땅이 진동하고 바위가 터졌으며, 성소의 휘장이 찢어지고, 무덤에서 죽은 사람들이 살아났습니다. 백부장은 그러한 초자연적인 일을 보고 예수가 하나님의 아들임을 고백하게 됩니다.

예수님은 근본 하나님의 본체이며 하나님과 동등하신 분입니다. 그러나 스스로 동등됨을 취하지 않고 낮은 사람의 모습으로 오신 것입니다. 또한 예수님은 하나님 본체의 형상이 되십니다.

> 그는 근본 하나님의 본체시나 하나님과 동등됨을 취할 것으로 여기지 아니하시고 빌 2:6
>
> 이는 하나님의 영광의 광채시요 그 본체의 형상이시라 그의 능력의 말씀으로 만물을 붙드시며 죄를 정결케 하는 일을 하시고 높은 곳에 계신 위엄의 우편에 앉으셨느니라 히 1:3

예수님의 신성신적본질은 하나님의 모든 신성과 동일합니다.

> 그 안에는 신성의 모든 충만이 육체로 거하시고 골 2:9
>
> 아버지께서는 모든 충만으로 예수 안에 거하게 하시고 골 1:19

예수님은 열등하고 모자라는 신성을 가지신 것이 아니라, 하나님 아버지의 신성을 충만히 가지신 분입니다. 예수님은 하나님과 동등하신 분임에도 불구하고 그 동등됨을 취하지 아니하셨습니다. 또 예수님은 "하나님과 하나"요 10:30라고 말씀하셨고, 또한 "예수님을 본 자는 하나님을 본 자"요 14:9이라고 말씀하셨습니다. 예수와 성부하나님은 인격적으로 구별되었음에도 불구하고, 예수님을 본 자는 하나님을 본 것과 같다는 것은 그 본질이 동일한 분이라는 뜻입니다.

독생자(獨生子, the One and Only, only begotten Son)

또한 성경에는 예수님을 '하나님의 아들' 이라는 용어 외에 '독생자' 라는 특별한 용어로 부르고 있습니다. 즉 예수님은 하나님의 아들일 뿐 아니라, 하나님의 독생자이며, 친아들이시며, 장자가 되십니다. 예수님이 하나님의 장자가 되신다는 것은 기업을 물려받는다는 의미가 포함되어 있습니다.

독생자를 뜻하는 헬라어 '모노게네스' 는 '독자, 외아들' 이란 의미 외에 '유일하고 독특하다' 는 의미가 추가되어 있습니다. 즉 정확하게 한글로 번역하자면 '유일하고 독특한 외아들' 이라고 번역을 하는 것이 올바른 해석이 되며 마땅한 단어가 사실 없어서, 한문으로 독생자라고 번역된 것입니다. KJV 영어성경에서는 'his only begotten Son' 이라고 번역하고 있으며, NIV 영어성경도 'his one and only Son' 이라고 번역하고 있습니다.

> 하나님의 사랑이 우리에게 이렇게 나타난바 되었으니, 하나님이 자기의 독생자를 세상에 보내심은 저로 말미암아 우리를 살리려 하심이니라 요일 4:9

4 그리스도메시야

그리스도란 무엇인가?

예수 그리스도는 성부, 성령과 함께 삼위 하나님이시며 우리의 신앙적 대상이 됩니다. 그런데 만일 어느 교회나 단체에서 목사나 지도자가 자신을 신앙의 대상으로 주장하거나, 자신을 성경에서 예언된 자, 약속된 자로 부각시킨다면 그가 누구이든 이단으로 보아도 무방합니다. 특히 교주나 지도자를 메시야, 그리스도라고 하는 자는 모두 이단 혹은 사이비라고 보면 틀림이 없습니다.

> 많은 사람이 내 이름으로 와서 이르되 나는 그리스도라 하여 많은 사람을 미혹케 하리라 마 24:5

'그리스도' 라는 말은 곧 '메시야' 라는 뜻입니다.

> 그가 먼저 자기의 형제 시몬을 찾아 말하되 우리가 메시야를 만났다 하고 메시야는 번역하면 그리스도라 요 1:41
>
> 여자가 가로되 메시야 곧 그리스도라 하는 이가 오실 줄을 내가 아노니 그가 오시면 모든 것을 우리에게 고하시리이다 요 4:25

'메시야' 헬라어: 멧시아스. 히브리어: 마쉬아흐라는 말은 '기름부음을 받은 자' 라는 뜻으로서, 번역하면 '그리스도' 가 되어집니다. 구약에서는 주로 왕, 선지자, 제사장같은 직분을 가진 자가 기름부음을 받은 자로 불려졌으며, 그 말의 의미는 특별한 사명을 부여받고, 신적권위의 위임을 상징하는 것으로서, 유대인들은 오랫동안 기름부음을 받은 자, 즉 약속된 메시야를 기다려왔습니다.

기름부음을 받았다는 뜻은 왕, 선지자, 제사장출 29:29의 직분을 의미하며, 그래서 그 세 직분을 '예수님의 삼중직분' 이라고 말합니다. 구약 시대에 기름부음을 받은 직분은 왕도 있었고, 선지자도 있었고, 제사장도 있었습니다. 그러나 그러한 직분을 모두 겸한 사람은 예수님 외에 누구도 없었습니다. 그래서 여자가 낳은 자 중에서 가장 크다는 세례요한도 자신은 그리스도가 아니라고 말합니다.

> 요한이 드러내어 말하고 숨기지 아니하니 드러내어 하는 말이 나는 그리스도가 아니라 한 대 요 1:20

성경에서 예언된 메시야는 혈통과 지역이 예언되어 있었습니다.

> 성경에 이르기를 그리스도는 다윗의 씨로 또 다윗의 살던 촌 베들레헴에서 나오리라 하지 아니하였느냐 하며 요 7:42, 참고: 미가서5:2

그래서 요한은 자신을 그리스도와 비유하여 그 분의 신들메도 풀기도 감당치 못한다고 말하였고,막 1:7, 눅 3:16, 요 1:27 성경은 오직 예수만이 구약에서 예언된 기름부음을 받은 자, 즉 '그 그리스도' the Christ이시며, 구약에서 약속된 '그 메시야' 라는 것을 명백하게 말해주고 있습니다.

> 오직 이것을 기록함은 너희로 예수께서 하나님의 아들 그리스도이심을 믿게 하려 함이요. 또 너희로 믿고 그 이름을 힘입어 생명을 얻게 하려 함이니라 요 20:31

또한 예수께서 그리스도이심을 부인하는 자는 적그리스도입니다. 즉 예수와 하나님 아버지를 부인하는 자입니다. 그 말은 곧 자신이 그리스도라고 주장하는 자가 있다면 적그리스도라는 뜻입니다.

> 거짓말 하는 자가 누구뇨 예수께서 그리스도이심을 부인하는 자가 아니뇨 아버지와 아들을 부인하는 그가 적그리스도니 아들을 부인하는 자에게는 또한 아버지가 없으되 아들을 시인하는 자에게는 아버지도 있느니라 요일 2:22-23

대부분의 사이비와 이단들의 교주들은 예수가 메시야로 왔으나 유대인들이 십자가에 못박음으로 실패하였다고 주장합니다. 이러한 주장을 하는 대표적인 집단은 정명석집단, 통일교, 영생교, 천부교등입니다. 또 예수 대신 교주가 재림하였다고 주장하거나, 교주에게 재림예수의 영이 임했다고 주장하기도 합니다.

성경은 이미 2000년 전에 "그리스도가 여기 있다 저기 있다하여도 믿지 말라"고 기록하고 있다는 것은 놀라운 일입니다. 예언대로 오늘날 자신이 그리스도라고 하는 이단교주들이 많이 있습니다. 더욱이 최근에는 누구든지 그리스도가 될 수 있다고 주장하는 지방교회, 대구교회이현래와 같은 이단들도 있습니다. 이러한 주장을 하는 자들 중에서는 그리스도라는 용어가 '기름부음을 받은 자'이기 때문에 성도들도 성령을 받고, 기름부음을 받으면 그리스도가 된다고 생각합니다. 그러나 구약에서 예언된 그리스도는 오직 한 분이십니다.

> 그 때에 사람이 너희에게 말하되 보라 그리스도가 여기 있다 혹 저기 있다 하여도 믿지 말라. 거짓 그리스도들과 거짓 선지자들이 일어나 큰 표적과 기사를 보이어 할 수만 있으면 택하신 자들도 미혹하게 하리라. 보라 내가 너희에게 미리 말하였노라. 그러면 사람들이 너희에게 말하되 보라 그리스도가 광야에 있다 하여도 나가지 말고 보라 골방에 있다 하여도 믿지 말라 마 24:23-26. 참고: 막 13:21

기독교의 교회는 예수를 그리스도이시며 하나님의 아들이라고 말하는 베드로와 동일한 신앙고백에서 세워진 것입니다.

> 당신은 그리스도시오, 살아계신 하나님의 아들이로소이다 마 16:16

다시 말하면, 예수가 유일한 그리스도이며 하나님의 아들임을 고백하지 않는 자들은 기독교가 아닙니다. 예수는 창세전부터 이미 나타나실 것으로 예정된 분이며, 하나님께서 그의 백성들을 선택하실 때에 이미 존재하셨습니다.

> 그는 창세 전부터 미리 알리신 바 된 자나 이 말세에 너희를 위하여 나타내신 바 되었으니 벧전 1:20

구약성경에는 기름부음을 받은 자의 도래에 대해서 자주 예언하고 있었습니다. 신약성경에서 자주 언급되는 '호 크리스트' the Christ는 그리스도 앞에 정관사가 붙은 것으로, 구약에 이미 예언되었던 특별한 한 사람 '그 그리스도'를 의미합니다.

> 세상의 군왕들이 나서며 관원들이 서로 꾀하여 여호와와 그 기름받은 자를 대적하며 시 2:2

> 여호와를 대적하는 자는 산산이 깨어질 것이라 하늘 우뢰로 그들을 치시리로다. 여호와께서 땅 끝까지 심판을 베푸시고 자기 왕에게 힘을 주시며 자기의 기름 부음을

받은 자의 뿔을 높이시리로다 하니라 삼상 2:10
내가 거기서 다윗에게 뿔이 나게 할 것이라. 내가 내 기름 부은 자를 위하여 등을 예비하였도다 시 132:17

물론 그리스도는 사람이 기름을 부어줌으로 임명한 직분이 아니라, 하나님에 의하여 기름부음을 받은 자를 의미합니다. 예수님은 이에 대해서 스스로 증거하고 있습니다.

주의 성령이 내게 임하셨으니… 내게 기름을 부으시고 눅4:18, 사61:1의 인용
하나님이 나사렛 예수에게 성령과 능력을 기름 붓듯 하셨으매… 행10:38

또 대제사장 가야바가 예수님을 심문하면서 "네가 하나님의 아들 그리스도인지 우리에게 말하라"라고 물었을 때에 예수는 "네가 말하였느니라"마 26:63-64라고 대답하심으로 자신이 그리스도임을 스스로 답변하십니다. 마가복음에서는 더 구체적으로 답변을 하는 것으로 기록되어 있습니다.

예수께서 이르시되 내가 그니라. 인자가 권능자의 우편에 앉은 것과 하늘 구름을 타고 오는 것을 너희가 보리라 하시니 막14:62

성경은 오직 예수그리스도만이 인류를 구원하시는 유일한 분이라고 명백하게 기록하고 있습니다.

다른 이로서는 구원을 얻을 수 없나니 천하 인간에 구원을 얻을만한 다른 이름을 우리에게 주신 일이 없음이니라 하였더라 행4:12
예수께서 가라사대 내가 곧 길이요 진리요 생명이니 나로 말미암지 않고는 아버지께로 올 자가 없느니라 요14:6

가짜 재림예수

우리나라에 재림예수가 수십 명이 있다고 합니다. 천국복음전도회의 구인회는 자신이 재림예수라고 했고, 하나님의 교회 안상홍도 재림예수라고 하였으며, 신천지의 이만희는 재림예수의 영을 받았으므로 죽지 않는다고 합니다. 그 전에도 자신이 재림예수라고 사칭하는 교주들은 모두 죽었습니다. 예수님은 죽은지 사흘만에 다시 부활하시어 사망과 권세에서 승리하셨으나, 가짜 재림예수들은 죽음을 이기지 못하여 죽어 무덤에 묻혔습니다. 그리고 아직 살아있는 가짜 재림예수 교주들도 모두 죽게 될 것입니다.

> 이는 그리스도께서 죽은 자 가운데서 사셨으매 다시 죽지 아니하시고 사망이 다시 그를 주장하지 못할 줄을 앎이로라 롬 6:9

이미 부활하여 영원히 죽지 않는 분이 다시 육신으로 와서 죽어야 할 이유가 무엇인지요? 예수는 마지막 아담고전 15:45이라고 성경은 말하고 있습니다. 성경은 이미 부활하신 예수는 다시 죽을 수 없으며 시집과 장가도 가지 않는다고 분명히 말하고 있습니다.

> 저 세상과 및 죽은 자 가운데서 부활함을 얻기에 합당히 여김을 입은 자들은 장가가고 시집가는 일이 없으며 저희는 다시 죽을 수도 없나니 이는 천사와 동등이요, 부활의 자녀로서 하나님의 자녀임이니라 눅20:35-36

우리 장래의 부활체는 죽지 않습니다. 부활은 영생을 전제로 하기 때문이며, 만일 부활이 다시 죽음을 전제로 한다면 그것은 기독교가 아닙니다. 예수는 부활의 첫열매가 되시며, 우리는 예수의 부활을 본받게 되는데, 만일 재림하신 예수가 다시 죽는다면 우리의 부활체도 다시 죽게 될 것이기 때문입니다.

> 그러나 이제 그리스도께서 죽은 자 가운데서 다시 살아 잠자는 자들의 첫 열매가 되셨도다. 사망이 사람으로 말미암았으니 죽은 자의 부활도 사람으로 말미암는도다.

> 아담 안에서 모든 사람이 죽은 것같이 그리스도 안에서 모든 사람이 삶을 얻으리라
> 고전 15:20-22
>
> 죽은 자의 부활도 이와 같으니 썩을 것으로 심고 썩지 아니할 것으로 다시 살며 욕된 것으로 심고 영광스러운 것으로 다시 살며 약한 것으로 심고 강한 것으로 다시 살며 육의 몸으로 심고 신령한 몸으로 다시 사나니 육의 몸이 있은즉 또 신령한 몸이 있느니라. 고전 15:42-44

예수께서 "세세토록 살아있다"는 성경 기록을 "죽을 수 있다"고 해석하는 것이 과연 올바른 성경해석이 될까요?

> 곧 산 자라 내가 전에 죽었었노라 볼지어다 이제 세세토록 살아 있어 사망과 음부의 열쇠를 가졌노니 계 1:18
>
> 우리가 흙에 속한 자의 형상을 입은 것같이 또한 하늘에 속한 자의 형상을 입으리라. 형제들아 내가 이것을 말하노니 혈과 육은 하나님 나라를 유업으로 받을 수 없고 또한 썩은 것은 썩지 아니한 것을 유업으로 받지 못하느니라. 보라 내가 너희에게 비밀을 말하노니 우리가 다 잠잘 것이 아니요 마지막 나팔에 순식간에 홀연히 다 변화하리니 나팔 소리가 나매 죽은 자들이 썩지 아니할 것으로 다시 살고 우리도 변화하리라. 이 썩을 것이 불가불 썩지 아니할 것을 입겠고 이 죽을 것이 죽지 아니함을 입으리로다. 이 썩을 것이 썩지 아니함을 입고 이 죽을 것이 죽지 아니함을 입을 때에는 사망이 이김의 삼킨바 되리라고 기록된 말씀이 응하리라" 고전 15:49-54
>
> 또 하나님께서 죽은 자 가운데서 저를 일으키사 다시 썩음을 당하지 않게 하실 것을 가르쳐 가라사대 내가 다윗의 거룩하고 미쁜 은사를 너희에게 주리라 하셨으니 그러므로 또 다른 편에 일렀으되 주의 거룩한 자로 썩음을 당하지 않게 하시리라 하셨느니라. 행 13:34-35

예수님의 무덤은 빈 무덤이었습니다. 그는 십자가에서 돌아가신지 3일 만에 부활을 하셨기 때문입니다. 예수께서 십자가에서 사망과 권세로부터 승리를 하심으로 우리 장래 부활의 첫열매가 되셨는데, 왜 다시 육신으로 오셔

서 다시 죽어야 하는지요?

> 이 뜻을 좇아 예수 그리스도의 몸을 단번에 드리심으로 말미암아 우리가 거룩함을 얻었노라. 제사장마다 매일 서서 섬기며 자주 같은 제사를 드리되 이 제사는 언제든지 죄를 없게 하지 못하거니와 오직 그리스도는 죄를 위하여 한 영원한 제사를 드리시고 하나님 우편에 앉으사 그 후에 자기 원수들로 자기 발등상이 되게 하실 때까지 기다리시나니 저가 한 제물로 거룩하게 된 자들을 영원히 온전케 하셨느니라. 히 10:10-14

두 번째 오시는 예수는 더 이상 죄 문제로 오시지 않으며, 심판을 하러 오신다고 성경은 말합니다. 이미 죄문제를 단번에 담당하여 해결하신 예수는 다시 죄의 문제로 오시지 않습니다, 예수는 우리를 구원에 이르게 하기 위하여 오시며, 심판을 하시기 위하여 오십니다.

> 한번 죽는 것은 사람에게 정하신 것이요 그 후에는 심판이 있으리니 이와 같이 그리스도도 많은 사람의 죄를 담당하시려고 단번에 드리신 바 되셨고 구원에 이르게 하기 위하여 죄와 상관 없이 자기를 바라는 자들에게 두번째 나타나시리라 히 9:27-28
> 하나님 앞과 산 자와 죽은 자를 심판하실 그리스도 예수 앞에서 그의 나타나실 것과 그의 나라를 두고 엄히 명하노니 딤후 4:1

제5장. 창조론과 이단

하나님이 땅의 짐승을 그 종류대로, 육축을 그 종류대로, 땅에 기는 모든 것을 그 종류대로 만드시니 하나님의 보시기에 좋았더라 창 1:25

1. 하나님의 창조

하나님의 창조

하나님의 창조는 무無에서부터의 창조이며, 이것을 라틴어로 *creacio ex nihiro*라는 단어를 사용합니다. 이러한 주장은 하나님이 온 우주를 창조하시기 전에는 아무 것도 존재하지 않았다는 것이며 시간과 공간조차 하나님이 창조하셨다는 것입니다.

하나님의 '창조' Create라는 말은 히브리어 '바라' bara라는 단어가 사용되었으며 당연히 주어는 하나님입니다. 즉 삼위일체 하나님께서 자신의 영광을 나타내기 위하여 1차적으로는 무無에서 유有를 창조하셨고, 2차적으로 불완전한 것에서 완전한 우주와 그 안에 있는 모든 존재를 창조하신 것입니다.

즉 이 '창조' 라는 단어는 전에 존재했던 사물에 대해서 사용되지 않으며, 그래서 무로부터 유의 창조를 말합니다.

창세기 1장1절에는 "태초에 하나님이 천지the heaven and the earth를 창조하셨느니라"라고 기록되어 있습니다.

이 천지는 '온 우주'를 의미합니다. 그래서 시편33:6에서도 "여호와의 말씀으로 하늘이 지음이 되었으며 그 만상이 그 입 기운으로 이루었도다"라고 말하고 있습니다. 물론 구약뿐 아니라 신약에서도 하나님의 창조에 대해서 많은 곳에서 기록하고 있으며, 하나님은 이 세상 만유를 창조하셨다고 기록하고 있습니다.

"우주헬, 코스모스, the world와 그 가운데 있는 만유all thing를 지으시고, 천지 heaven and earth의 주재시니…. 만민에게 생명과 호흡과 만물을 친히 주시는 하나님"행 17:24-25

> 대주재여 천지와 바다와 그 가운데 만유를 지으신 이시요 행 4:24
> 천지와 바다와 그 가운데 만유를 지으시고 살아계신 하나님 행 14:15
> 내가 땅을 만들고 그 위에 사람을 창조하였으며 내가 친수로 하늘을 펴고 그 만상을 명하였노라 사 45:12

창조의 주체

하나님의 창조에 대한 성경구절은 많습니다.

또한 창조는 특히 성부의 사역고전8:6이지만, 성자요1:3, 고전8:6, 골1:15,16와 성령욥26:13, 시104:30도 이 일에 동참하셨습니다창1:2, 요1:3. 이와 같이 삼위일체 하나님만이 창조의 주체가 되신 것이며, 창조의 주체와 객체를 혼동하는 범신론은 잘못된 것입니다. 하나님은 물질과 영적인 것을 모두 창조하신 분입니다.

> 믿음으로 모든 세계가 하나님의 말씀으로 지어진 줄을 우리가 아나니 보이는 것은 나타난 것으로 말미암아 된 것이 아니니라 히11:3

모든 세계가 하나님의 말씀으로 지어진 것입니다. 하나님의 창조는 나타난 것으로 말미암아 된 것이 아니며, 즉 하나님의 창조는 말씀으로 비롯되었다는 것입니다. 즉 우리가 보는 물질은 어떠한 가시적인 물질로 인하여 만들어진 것이 아니라, 우리 눈에 보이지 않는 것에서 창조된 것이라는 뜻입니다.

다음 성경구절은 좀더 구체적으로 보이는 것과 보이지 않는 것도 창조된 것이라고 말합니다.

> 만물이 그에게 창조되되 하늘과 땅에서 보이는 것들과 보이지 않는 것들과 혹은 보좌들이나 주관들이나 정사들이나 권세들이나 만물이 다 그로 말미암아 그를 위하여 창조되었고… 골 1:16

위 성경본문은 만물이 창조되었으되, 보이는 것과 보이지 않는 것까지도 모두 하나님이 창조하셨다는 말씀이다. 본문에서 보좌, 주관, 정사, 권세는 천사를 말한다고 일반적으로 해석합니다.

> [공동번역] 그것은 하늘과 땅에 있는 만물, 곧 보이는 것은 물론이고 왕권과 주권과 권세와 세력의 여러 천신들과 같은 보이지 않는 것까지도 모두 그분을 통해서 창조되었기 때문입니다. 만물은 그분을 통해서 그리고 그분을 위해서 창조되었습니다.
> [표준새번역] 만물이 그의 안에서 창조되었습니다. 하늘에 있는 것들과 땅에 있는 것들, 보이는 것들과 보이지 않는 것들, 왕권이나 주권이나 권력이나 권세나 할 것 없이, 모든 것이 그로 말미암아 창조되었고 그를 위하여 창조되었습니다.
> [현대인의성경] 그분에 의해서 모든 것이 창조되었습니다. 하늘과 땅에 있는 것들과 보이는 것과 보이지 않는 것들과 천사들과 영적 존재들과 만물이 다 그분에 의해서 창조되었고 그분을 위해 창조되었습니다.

에베소서에서는 정사와 권세를 하늘의 천사로 설명하고 있기 때문입니다.

> 이는 이제 교회로 말미암아 하늘에서 정사와 권세들에게 하나님의 각종 지혜를 알게 하려 하심이니 엡 3:10
> 우리의 씨름은 혈과 육에 대한 것이 아니요 정사와 권세와 이 어두움의 세상 주관자들과 하늘에 있는 악의 영들에게 대함이라 엡 6:12

즉 물질적, 영적인 모든 것을 다 하나님께서 직접 창조하셨다는 것입니다. 특히 하나님은 지으신 것을 보시고 "보시기에 좋았다"라고 하셨다습니다. 창조의 마지막 여섯 번째 날에는 "하나님이 그 지으신 모든 것을 보시니 보시기에 심히 좋았더라"창1:31라고 하셨습니다. 하나님이 그 목적하신대로 만드신 창조물로 인하여 매우 만족하셨다는 뜻입니다.

그러므로 물질육체과 영, 혹은 선과 악, 사탄과 하나님을 두 가지의 대결을 하는 구도로 보는 이원론은 헬라적인 주장으로서 옳지 못합니다. 보이는 것과 보이지 않는 모든 것까지 하나님은 창조하셨으며, 그 모든 것을 하나님께서는 "보시기에 심히 좋았더라"라고 말씀하고 계시기 때문입니다.

창조의 목적

간혹 하나님의 창조의 목적을 인간의 행복에서 찾으려 하나, 궁극적인 목적은 오히려 하나님의 영광스러움을 나타내시는 데 있다고 보아야 합니다.

첫째, 하나님은 인간으로 하여금 이 세상을 대신 다스리도록 하시기 위하여 창조하셨으며, 둘째, 하나님 자신의 영광을 위해서 창조하셨고, 셋째, 하나님 자신을 찬송케 하기 위하여 창조하셨다고 성경은 말하기 때문입니다.

> 하나님이 가라사대 우리의 형상을 따라 우리의 모양대로 우리가 사람을 만들고 그로 바다의 고기와 공중의 새와 육축과 온 땅과 땅에 기는 모든 것을 다스리게 하자 하시고 창 1:26
>
> 무릇 내 이름으로 일컫는 자 곧 내가 내 영광을 위하여 창조한자를 오게 하라 그들을 내가 지었고 만들었느니라 사 43:7
>
> 그 기쁘신 뜻대로 우리를 예정하사 예수 그리스도로 말미암아 자기의 아들들이 되게 하셨으니 이는 그의 사랑하시는 자 안에서 우리에게 거저 주시는 바 그의 은혜의 영광을 찬미하게 하려는 것이라 엡 1:5-6
>
> 이는 그리스도 안에서 전부터 바라던 우리로 그의 영광의 찬송이 되게 하려 하심이라 엡 1:12

2. 창조의 날

하나님은 6일 동안 모든 것을 창조하셨는가?

하나님은 만물을 육일 동안에 창조하셨습니다.

그런데 모든 각 날은 "저녁이 되고 아침이 되니"라고 되어 있으나, 오직 일곱째 날만큼은 그러한 표현을 찾아 볼 수가 없습니다.

> 천지와 만물이 다 이루니라. 하나님이 지으시던 일이 일곱째 날이 이를 때에 마치니 그 지으시던 일이 다하므로 일곱째 날에 안식하시느니라 창 2:1-3

우리는 윗구절에서 의문점을 발견할 수가 있습니다. 과연 하나님은 일곱째 날부터 지금까지 계속적으로 안식에 들어가셨다는 것을 말합니까? 그러면 다음 성경구절은 무엇을 말하는 것입니까?

> 내 아버지께서 이제까지 일하시니 나도 일한다 요 5:17
> 이스라엘을 지키시는 자는 졸지도 아니하시고 주무시지도 아니하시리로다 시 121:4

하나님은 지금도 살아계셔서 역사하시며, 히브리서 기자는 '안식'을 종말적이고 미래적인 구원의 개념으로 말하고 있습니다.

> 그런즉 안식할 때가 하나님의 백성에게 남아있도다. 히4:10
> 제 칠일에 관해서는 어디 그렇게 일렀으되 하나님은 제 칠일에 그의 모든 일을 쉬셨다 하였으며 또다시 거기 저희가 내 안식에 들어오지 못하리라 하였으니 그러면 거기 들어 갈 자가 남아 있거니와… 히 4:4-6

특히 세대주의라고 부르는 신학적 견해가 6일을 각각 천년으로 해석하여 지구의 역사를 6천년이라고 계산합니다. 그래서 어떤 단체들은 구약의 역사를 4천년, 신약의 역사를 2천년으로 계산하고 서기 2000년에는 종말이 온다고 주장하기도 하였습니다.

하나님이 지으시던 일이 일곱째 날이 이를 때에 마치니 그 지으시던 일이 다하므로

> 일곱째 날에 안식하시니라. 창2:2

'첫째 날, 둘째 날'에서 '날'이란 단어는 히브리어 '욤'인데, 이 "욤"이라는 단어는 성경에서 크게 세 가지의 개념으로 사용되어집니다.

(1) 낮의 개념으로 사용되었습니다.
> 빛을 낮이라 칭하시고…. 창1:5

(2) 낮과 밤을 포함한 "24시간의 하루"를 말합니다.
"저녁이 되며 아침이 되니 이는 첫째 날(욤)이니라"(창1:5)

(3) 어느 일정한 기간, 즉 '때'를 가르킵니다.
> 여호와 하나님이 천지를 창조 하신 때욤에 천지를 창조하신 대략이…. 창2:4

창세기 2장4절에서는 창조의 육일동안의 기간을 모두 포함하여 '욤' 때이라고 말하였습니다. 우리는 태양이 넷째 날 이후에 만들어졌음을 압니다. 일日, 하루이란 태양의 자전으로 이루어지며, 해年란 태양의 공전으로 이루어집니다. 즉 세째 날까지의 '하루' 욤는 태양이 만들어지기 이전이므로, 지구의 태양자전 주기와 관계가 없습니다. 그렇다면 과연 히브리어 '욤'이 24시간의 하루라는 뜻 외에 사용되어진 용례가 더 있을까요?

> 그 때욤에 사람들이 비로소 여호와의 이름을 불렀더라. 창4:26

히브리어 '욤'이라는 단어는, 이사야 37:26에서는 '상고'라는 뜻으로, 신약성경에서는 디모데후서 3:1과 벧후 3:3에서는 '말세' 헬라어: 헤메라라는 의미로 사용되었으며, "보라 지금은 구원의 날이로다"고후 6:2에서도 하루가 아닌 특정한 기간을 의미하고 있습니다. 더군다나 첫번째의 의미인 '낮'이라는 개념도, 요 9:4, 11:9, 롬 13:12-13을 보면 영적이며 도덕적인 분별을 갖고 일하여야 하는 기간으로 비유되어 있습니다.

그가 그 이름을 세바라 한지라. 그러므로 그 성읍 이름이 오늘까지온 브엘세바라 하더라. 창26:33

적어도 이 구절에서 '오늘까지' 라는 기간은 창세기 26장의 기자가 성경을 기록할 당시를 기준하여 그 사건이 일어났던 때부터의 긴 일정한 기간을 의미한다고 보아야만 할 것입니다.

그렇다면 창조의 육일에서 각각의 '날'은 오늘날과 동일한 24시간의 하루를 의미한다고 단정할 수가 없습니다. 물론 신학자들 중에서는 문자적으로 창조의 6일을 24시간의 하루로 보아야 한다는 견해도 있습니다. 그 당시의 하루는 지금의 시간과 달랐을 것이라는 견해도 있습니다. 하루가 천년이라고 하는 사람들도 있습니다.

더욱이 태양은 네째날에 만들어졌으니 태양의 역사가 3천년 밖에 지나지 않았다고 보아야만 한다는 주장은 억지에 가깝다고 할 수 있습니다. 현재 천문학에서는 지구의 나이를 46억년 혹은 그 이상으로 보는 것이 정설입니다.

어느 학자들은 첫째날을 무생대 및 시생대로, 둘째날을 고생대 전반기로, 셋째날을 고생대후반기, 넷째날을 중생대 전기로, 다섯째날을 중생대 중기 후기, 여섯째날을 신생대로 보는 견해도 있습니다. 그 진위는 고사하고 매우 흥미있는 발상이라고 생각되어집니다. 물론 이러한 주장을 진리라고 단정할 수 없습니다.

사랑하는 자들아 주께는 하루가 천년같고 천년이 하루같은…. 벧후3:8

이 구절은 '하루가 곧 천년'이라는 문자적인 의미가 아니라, 주님이 아무도 멸망치 않고 회개하게 하기를 위하여 오래 참으신다는 의미이며, 주님의 시간관념이 우리의 시간관념과 정확히 천배의 차이가 난다는 뜻도 아닙니다. 그 첫째날, 둘째날의 '날'을 24시간의 하루만으로 생각해야만 한다는 주장은 설득력이 없습니다. 공룡은 이 땅에 사람이 생존하기 수백만 년 전인 약 6,500만 년 전에 멸종되었습니다. 만일 그 날이 24시간의 시간만을 말한다면, 공룡과 사람은 동시대에 공존하는 화석으로 나타나야만 합니다.

우리는 과학 때문에 신앙을 포기할 수는 없지만, 적어도 과학을 무시한 채 비논리적이며 무조건 배타적인 신앙만을 고집할 수는 없을 것입니다. 물론 성경으로는 지구 창조의 나이를 알 수는 없으며, 성경은 고고학을 연구하기 위한 과학서적이 아닙니다.

분명한 것은 그 '날'의 개념은 우리가 인간적인 이해 안에서 추론하고 단정할 수 있는 '날'의 개념이 아니라 '하나님의 날'로서의 단위인 것입니다.

3. 이중아담론

아담은 첫번째 사람이 아닌가?

> 가인이 여호와께 고하되 내 죄벌이 너무 중하여 견딜 수 없나이다. 주께서 오늘 이 지면에서 나를 쫓아내시온 즉 내가 주의 낯을 뵈옵지 못하리니 내가 땅에서 피하며 유리하는 자가 될지라, 무릇 나를 만나는 자가 나를 죽이겠나이다. 여호와께서 그에게 이르시되 그렇지 않다 가인을 죽이는 자는 벌을 칠 배나 받으리라 하시고 가인에게 표를 주사 만나는 누구에게든지 죽임을 면케 하시니라, 가인이 여호와의 앞을 떠나 나가 에덴 동편 놋 땅에 거하였더니, 아내와 동침하니 그가 잉태하여 에녹을 낳은지라 가인이 성을 쌓고 그 아들의 이름으로 성을 이름하여 에녹이라 하였더라 창4:13-17

초신자들이 자주하는 질문이 있습니다.

첫째, 가인이 동생 아벨을 죽인 후에 하나님께 추방되면서 "자기를 만나는 자가 자기를 죽일 것"이라고 하나님께 탄원을 합니다. 즉 그 당시 땅에는 아벨이 죽었으므로 아담과 하와 그리고 가인 밖에 없을텐데, 가인이 누군가를 만나는 자를 걱정하고 있다는 것 자체가 모순이라는 주장에서 소위 이중아담론이 시작됩니다.

둘째, 성경은 "가인이 아내와 동침하니"라고 되어 있는데 아내가 누구인가 하는 의문입니다. 즉 이러한 의문에서 시작되어, 그 당시 땅에는 아담 외에도 다른 종족이 살고 있었다는 추측을 하는 것이 곧 이중아담론이라는 주장입니다.

이러한 의문점에서 출발한 베뢰아성락교회, 김기동목사는 이들이 네피림이라고 인위적으로 추측하고 단정하며, 이들은 영이 없으며 혼과 육체만 가진 짐승과 같은 존재라고 주장을 합니다. 그리고 이것을 창세기 1장과 2장으로 연결시킨 것입니다. 즉 성경을 자신들 임의대로 추측하고 단정합니다.

성경에는 아담과 하와가 낳은 다른 아들과 딸에 대해서 전혀 언급하지 않고 있습니다. 아담과 하와가 오직 가인과 아벨의 두 아들만 낳았다고 생각하는 것은 정상적인 생각이 아닐 것입니다. 과연 아담과 하와는 가인과 아벨 외에 셋의 세 아들만을 낳았을까요? 가인은 어디서 아내를 구했을까요?

사실 이러한 질문은 불신자나 성경 회의론자들 사이에 자주 언급되는 내용입니다. 많은 그리스도인들이 이러한 불필요한 질문 앞에 스스로 좌절하며 질문을 회피하는데, 마땅한 해답이 없다는 것입니다. 그래서 고민하고 걱정하다가 이단으로 빠지게 됩니다.

눈으로 보이는 성경적인 모순을 피해보려고 하다가 급조된 이중아담론은 오히려 더욱 모순이고 더욱 해괴한 주장이 되고 맙니다. 성경에 의하면 모든 인간은 아담과 하와의 후손들입니다. 성경은 아담과 하와 외에 다른 종족이 있었다고 말하지 않으며, 하와가 '모든 산 자의 어미'가 된다고 말합니다.

> 아담이 그의 아내의 이름을 하와라 불렀으니 그는 모든 산 자의 어미 the mother of all living가 됨이더라. 창 3:20

너무나 당연하게도 인류의 초기에는 형제와 자매를 포함하여 가까운 근친 간의 결혼은 피할 수 없는 것이었을 것입니다. 최초의 인류는 단 하나의 가족이었기 때문입니다. 레위기에서 하나님은 근친결혼을 엄격하게 금지하셨지만, 아담 시대에는 그런 것이 전혀 문제가 되지 않았습니다. 예를 들면, 아브라함의 아내도 알고 보면 그의 이복 누이였습니다창 20:12.

> 아담은 셋을 낳은 후 팔백 년을 지내며 자녀들을 낳았으며 창 5:4

800년 간 아담이 낳은 자녀의 숫자는 상당한 숫자였을 것이 분명합니다. 만일 아담의 손자와 그 손자, 그 손자의 손자…. 이렇게 800년을 계산한다면 그 숫자는 더욱 천문학적으로 불어나게 될 것입니다.

> 가인이 여호와의 앞을 떠나 나가 에덴 동편 놋 땅에 거하였더니 아내와 동침하니 그가 잉태하여 에녹을 낳은지라 가인이 성을 쌓고 그 아들의 이름으로 성을 에녹이라 하였더라 창 4:16-17

본문은 가인의 아내가 누구였는지 말해주지 않으며, 가인이 놋 땅에서 그 아내를 구하였다고 말하지 않습니다. 그 아내가 누구인지에 대해서 성경은 침묵하는데, 그러한 기록이 없는 것은 그 내용이 전혀 불필요하기 때문입니다. 가인이 아벨을 죽였을 당시에 이미 결혼하여 그 아내가 이미 있었는지도 우리는 알 수가 없습니다. 그 아내의 이름과 신분에 대해서 성경본문의 내용으로 하등의 중요한 가치가 없으므로 그것을 밝힐 아무런 필요가 없기 때문입니다. 위 성경본문은 가인에게 아들이 있었음을 말하고 있습니다.

그렇다면 아담에게 성경에 언급되지 않은 자녀들이 있었을까요? 창세기 5장 4절에, 우리말 성경에는 그냥 자녀를 낳았다고 되어 있지만, 히브리어 원문을 보면 아담은 아들히브리어:벤만 아니라 딸히브리어:바트도 낳았다는 것을 분명히 말해주고 있으며, 그 히브리 단어는 복수명사 sons and daughters입니다. 즉 아담은 많은 아들과 딸을 낳았다는 것이 명백합니다.

> [NIV] After Seth was born, Adam lived 800 years and had other sons and daughters".

> [KJV] And the days of Adam after he had begotten Seth were eight hundred years: and he begat sons and daughters:

> 아담이 일백삼십 세에 자기 모양 곧 자기 형상과 같은 아들을 낳아 이름을 셋이라

> 하였고 아담이 셋을 낳은 후 팔백 년을 지내며 자녀를 낳았으며, 그가 구백삼십 세를 향수하고 죽었더라. 셋은 일백오 세에 에노스를 낳았고 에노스를 낳은 후 팔백칠 년을 지내며 자녀를 낳았으며 그가 구백십이 세를 향수하고 죽었더라. 에노스는 구십 세에 게난을 낳았고 게난을 낳은 후 팔백십오 년을 지내며 자녀를 낳았으며 창 5:3-10

아담이 130세에 셋을 낳았습니다. 셋은 105세 때에 에노스를 낳았기 때문에 아담이 235세 때에 에노스라는 손자가 태어난 것입니다. 또 에노스가 90세에 게난을 낳았다고 성경은 기록하고 있습니다. 또 증손자 게난이 태어난 것은 아담이 325세 때입니다. 참고삼아 한 가지만 더 살펴 보자면 마할랄렐은 아담의 증증손자이며, 아담이 395세에 태어났습니다.

성경은 인간사의 모든 기록을 하나도 빠짐없이 다 기록하는 세밀한 족보책이나 역사책이 아닙니다. 즉 중요한 인물과 중요한 사건만을 기록하는 것임은 당연합니다. 즉 성경에 기록되지 않았다는 이유만으로, 다른 인물들이 전혀 없었다고 생각하는 것은 비상식적인 생각입니다. 우리는 그것을 '요인 열거주의'라고 합니다.

한가지 실제적인 예를 들어 봅니다…. 아담이 130세에 셋을 낳았고, 아담이 235세 때에 셋이 에노스라는 아담의 손자를 낳았습니다(셋이 105세에 에노스를 낳았으므로). 과연 아담의 나이가 130세와 235세였던 시간, 105년 사이 동안에 셋과 에노스 이외에 아무도 태어나지 않았을까요? 하나님은 인간을 창조한 후에 "생육하고 번성하여 땅에 충만하라"고 하셨는데, 105년 동안 단 한명의 아들만을 낳았을까요?

인류역사 초기에는 근친결혼이 혐오스러운 일이 아니었으므로 가인이 놋 땅에서 결혼했던 여자는 여호와 앞을 떠날 때 함께 갔던 아담의 딸, 즉 누이동생일 수도 있고, 혹은 아담의 많은 후손들의 딸(손자) 중의 하나일 수도 있습니다. 문제는 아담과 하와, 가인뿐 아니라 다른 사람들이 얼마든지 많이 있었다고 추론하는 것이 상식적이며 이러한 것에 의심을 품을 수는 없습니다.

베뢰아의 이중아담론

김기동목사성락교회. 베뢰아는 "인간은 마귀를 멸하기 위하여 하나님의 형상을 따라 지음받은 존재"라고 주장을 하며, 예수가 이 땅에 오신 목적은 "마귀를 멸하기 위한 것"이라고 합니다. 만일 그것이 목적이라면 전지전능하신 하나님께서는 쉽게 마귀를 멸하실 수 있을 것입니다. 또 굳이 예수가 오셔서 십자가에서 죽음을 당하실 이유도 없었을 것입니다

특히 김기동목사의 '이중아담론'은 유명한데, 신천지의 이만희, 천부교의 박태선, 새빛등대중앙교회의 김풍일과 같은 다른 이단들도 그와 비슷한 주장을 하고 있습니다.

김기동목사는 창세기1장27절의 남자와 여자는 몸과 혼만을 가진 짐승과 같은 존재이며, 2장7절의 아담은 1장과 다른 존재로서, 영과 혼과 몸을 가진 인간이라는 것입니다. 즉 김기동목사는 창세기 1장과 2장의 기사는 서로 다른 사건이며, 창세기 1장의 인간은 '사람'이며, 창세기 2장의 인간은 '아담'으로써 다른 창조사건이라고 주장합니다.

새빛등대중앙교회의 김풍일도 역시 이중아담론을 주장합니다

> 아담은 최초의 사람이 아니다. 아담이 인류의 시조로서 하나님이 지으신 인간 최초의 사람이라고 알고 있으나 아담은 인간 최초의 사람이 아니다. 왜냐하면 성경은 아담 이전부터 많은 사람들이 살고 있었음을 입증하고 있기 때문이다 생명나무, 김풍일, 170쪽

더욱이 김풍일씨는 "이러므로 남자가 부모를 떠나 그의 아내와 합하여 둘이 한 몸을 이룰지로다"창2:24 라는 구절을 인용하며, 아담에게 부모가 있었다고 주장합니다.

그러나 본문은 "아담에게 부모가 있었다"는 것이 아니라 "남자a man가 부모를 떠나서 가정을 이룬다"는 보편적인 내용이며, 본문에서 남자는 일반적인 대표단수입니다.

김기동목사의 주장은 다음과 같습니다.

창세기 1장 27절의 하나님이 남자와 여자를 창조하시고…. 할 때의 이 남자와 이 여자는 지금 말하는 인격적인 사람이라기 보다는, 남자와 여자라는 곧 암컷과 수컷이라는 하나의 자웅을 구분하는 이치로서의 표현입니다. 마귀론 상, 49, 81, 83페이지

"이와같이 땅에 충만한 수의 사람 중에서 아담 하나를 뽑았으니, 그 아담이 얼마나 개화된 인간이었겠습니까? 하나님은 이렇게 한 사명자를 불러 이 기존적인 인격 위에 항구적 가치를 부여 하심으로 생령이 되게 하셨습니다. 마귀론 상. 85페이지

"사람은 남자와 여자로부터 시작했으나, 아담은 충만한 수의 사람 중 하나를 뽑아 경건한 자녀를 얻기 위해 분리시킨 것입니다." 마귀론 상. 85페이지

베뢰아에서는 짐승과 같은 인간이 아담 이전에 이미 창조되어 있었으며베뢰아에서는 네피림이라고 부른다 그 짐승과 같은 인간 중에서 하나를 특별히 선택하여 생기를 불어 넣어준 영적인 존재가 아담이라는 주장인 것입니다. 즉 창세기 1장과 2장은 각각 다른 사건의 기록이라는 주장을 하고 있습니다. 이러한 주장은 인간론에 그릇된 영향을 끼치며, 성경해석학적인 관점에서도 오류가 되어집니다. 김기동목사는 1983년에 자신이 속했던 침례교 총회에서 이 이중아담론의 문제가 지적되어지자, 앞으로는 가르치지 않겠다고 각서를 제출하는 사건이 있었습니다. 물론 그 후에도 그 약속은 지켜지지 않았고, 결국 그 교단에서 1987년 11월에 이단으로 정죄되었습니다. 물론 베뢰아는 지금까지도 이중아담론을 주장합니다.

이제 베뢰아의 인간론, 이중아담론이 얼마나 황당한 주장이며 비성경적인가를 증명하여 보겠습니다. 이단적인 주장을 특별히 정통신학적인 공부로 다루려는 목적은 이러한 주장들을 성경에 전혀 근거를 갖고 있지 않다는 것을 증거하기 위함입니다.

베뢰아는 하나님이 동물적인 암컷과 수컷을 만들어 놓고, 그 중에서 가장 똑똑하고 개화된 인간을 하나 골라 생령을 불어 넣어줌으로 아담이 창조되었다고 주장합니다. 그러한 논리를 주장한다면 다음과 같은 모순이 생기게 됩니다.

1. 성경에서는 "사람은 흙으로 만들어졌다"창2:7고 설명하고 있는데, 그렇다면, 아담은 흙에서 창조된 것이 맞습니까? 아니면 짐승적인 인간 중에서 선택되어진 것이 맞습니까? 어원적으로 볼 때에, 히브리어 '아담'란 말의 의미는 '사람, 인류'이며, 또한 '아담'이란 말의 어원은 '붉다' 혹은 '흙'히브리어, 아다마에서 어원을 갖습니다. 즉 아담이 흙으로 만들어진 첫 사람이라는 말입니다.

2. 고전15:45-49는 '첫사람'이 '아담'이라고 기록하고 있으며, 그 첫사람 아담이 흙에 속한 자라고 기록하고 있습니다.

> 기록된바 첫 사람 아담은 산 영이 되었다 함과 같이 마지막 아담은 살려 주는 영이 되었나니 그러나 먼저는 신령한 자가 아니요 육 있는 자요 그 다음에 신령한 자니라 첫 사람은 땅에서 났으니 흙에 속한 자이거니와 둘째 사람은 하늘에서 나셨느니라. 무릇 흙에 속한 자는 저 흙에 속한 자들과 같고 무릇 하늘에 속한 자는 저 하늘에 속한 자들과 같으니 우리가 흙에 속한 자의 형상을 입은 것같이 또한 하늘에 속한 자의 형상을 입으리라 고전 15:45-49

3. 창5:1-3의 기록은 베뢰아의 주장이 오류임을 명백하게 말하고 있습니다.

> 아담 자손의 계보가 이러하니라. 하나님이 사람을 창조하실 때에 하나님의 형상대로 지으시되, 남자와 여자를 창조하셨고 그들이 창조되던 날에 하나님이 그들에게 복을 주시고 그들의 이름을 사람히, 아담이라 일컬으셨더라창1:27-28. 아담이 일백 삼십세에 자기 모양 곧 자기 형상과 같은 아들을 낳아 이름을 셋이라 하였고… 창 5:1-3

베뢰아의 주장과 전혀 달리, 하나님의 형상대로 창조하신 창세기1장의 남자와 여자로 창조된 '사람'이 창세기5장1절에서는 '아담자손의 계보'라고 분명하게 기록되어 있는 것입니다. 또한 그 사람이 '아담'이라고 분명히 기록하고 있습니다. 더욱이 베뢰아에서는 하나님의 형상대로 지으신 사람창 1:26-27을 아담이 아니라 짐승과 같은 암컷과 수컷이라고 주장한다면, 아담의 계보에 왜 동물적인 암수가 등장합니까?

4. 눅3:38의 계보에는 "그 이상은 아담이요 그 이상은 하나님이시라."라고 되어 있습니다. 아담의 이상은 짐승과 같은 사람이라고 되어 있지 않습니다.

5. 하나님의 형상으로 만들어진 사람이 영이 없는 짐승적인 사람일까요? 베뢰아는 창세기1장의 사람이 영이 없는 짐승과 같은 사람이라고 주장하는데, 그러한 짐승과 같은 영이 없는 사람이 하나님의 형상인지 아닌지를 설명하여 주기 바랍니다.

> 하나님이 가라사대 우리의 형상을 따라 우리의 모양대로 우리가 사람을 만들고 그로 바다의 고기와 공중의 새와 육축과 온 땅과 땅에 기는 모든 것을 다스리게 하자 하시고 하나님이 자기 형상 곧 하나님의 형상대로 사람을 창조하시되 남자와 여자를 창조하시고 창 1:26-27

6. 창세기 1장과 2장의 연결을 하여주는 2장4절의 "천지의 창조된 대략이 이러하니라"라는 구절은 창세기 1장의 내용의 대략을 2장에서 다시 상세하게 설명을 하겠다는 의미가 됩니다.

'대략' 이라고 번역된 단어는 히브리어 '톨레톳' 으로, 성경에서는 항상 앞문장을 다시 재설명하고자 할 경우에 사용되었던 단어입니다. 대략. 계보. 사적등

히브리어 '톨레톳' 은 창세기 5장1절, 6장9절, 10장1절, 11장10절, 25장12절, 36장1절, 37장2절등에서 앞문장을 다시 상세하게 재설명할 경우에 사용되었습니다. 즉 창세기 2장은 창세기 1장과 다른 내용이 아니라, 창세기 1장을 줌렌즈와 같이 다시 상세히 설명하기위한 기록인 것입니다.

7. 창1장과 2장이 같은 내용이며 연속성을 갖는다는 것을 예수님이 직접

말씀에서 증거하시고 계십니다. 베뢰아에서는 예수님 말씀과 김기동목사의 견해 중에서 어느 것을 믿는지요?

마가복음10장6-8절을 보면…. 예수님이 직접 하신 말씀이 기록되어 있습니다.

> 창조시로부터 저희를 남자와 여자로 만드셨으니창1:27, 이러므로 사람이 그 부모를 떠나서 그 둘이 한 몸이 될지니라. 창 2:24

만일 창세기 1장과 2장의 내용이 서로 다른 사건이라면, 예수님이 마가복음에서 창1장과 2장을 한 구절로 함께 인용하셨을 리가 없습니다.

'이러므로' 라는 단어는 '앞 구절에서 보는대로' 라는 뜻을 의미합니다. '이러므로' 라는 단어는 KJV 영어성경은 For this cause, NIV영어성경은 For this reason 이라고 번역하고 있습니다. 만일 창세기 1장에서 창조된 남자와 여자가 창세기 2장의 아담과 하와와 다르다면 예수님이 '이러므로' 라는 단어를 사용하며 한 문장으로 인용할 수 없습니다. 즉 본문은 "하나님이 원래부터 사람을 남자와 여자로 만드셨으니, 부모를 떠나 한 몸이 되어야 한다"는 뜻입니다.

8. 이중아담론이 옳다고 변명하는 성락교회의 변명을 보겠습니다.

> 하나님이 가라사대 우리의 형상을 따라 우리의 모양대로 우리가 사람을 만들고, 그로 바다의 고기와 공중의 새와 육축과 온 땅과 땅에 기는 모든 것을 다스리게 하자 하시고, 하나님이 자기 형상 곧 하나님의 형상대로 사람을 창조하시되 남자와 여자를 창조하시고 하나님이 그들에게 복을 주시며 그들에게 이르시되 생육하고 번성하여 땅에 충만하라, 땅을 정복하라, 바다의 고기와 공중의 새와 땅에 움직이는 모든 생물을 다스리라 하시니라 창 1:26-28

베뢰아는 창세기1장27절의 지시대명사그들가 복수라고 주장합니다. 그러나 '그들'은 앞문장의 남자와 여자 두 명을 말하므로 당연히 복수를 사용하여야 한다는 것은 당연합니다. 남자와 여자를 함께 말하는데 단수가 된다는 자체가 이상한 주장이 아닐까요?

그리고 창1:27-28의 남자와 여자, 사람이라는 단어는 모두 단수로 사용되었습니다. 히브리어 원어는 모두 3인칭 단수로 사용되었음을 확인하기 바랍니다….. 만일 김기동목사와 같은 주장이라면 짐승과 같은 많은 사람들이 만들어졌을 것이고, 그렇다면 남자와 여자, 사람이라는 단어는 모두 복수가 되어야만 할 것이 아닐까요?

두 번째 베뢰아는 창1:27의 남자자카르와 여자네케바라는 단어가 동물적인 암컷과 수컷을 말한다고 주장하였는데, 참으로 엉터리 주장입니다. '자카르'라는 단어는 동물의 수컷에만 사용되는 단어가 아니며, 창17:10, 17:12, 34:15등 수많은 성경에서 사람의 남자로 사용되고 있습니다. 또 '네케바'라는 단어는 동물의 암컷에만 사용되는 단어가 아니라. 레12:5, 12:7, 27:4등 수많은 성경에서 사람의 여자에게도 사용되는 단어입니다. 그 단어들이 사람의 남자와 여자에게도 사용되었다는 성경적인 증거는 수없이 많습니다.

셋째, 베뢰아는 창세기 1장의 사람들에게는 "생육하고 번성하라"고 했으니 짐승적인 존재라고 주장하였는데….. 베뢰아는 점점 엉터리 거짓 변명만 계속하고 있습니다. 생육과 번성은 육적인 사람들에게만 사용되는 단어가 아닙니다.

창9:1을 보면 노아와 그 아들들에게도 "생육하고 번성하라"는 단어가 사용되었고, 창28:3과 35:11을 보면 아브라함에게도 "생육하고 번성하라"는 단어가 사용되었습니다.

노아와 그 아들도 짐승적인 사람이며, 아브라함도 짐승적인 사람인 네피림이었을까요?

넷째, 베뢰아는 창세기 1장의 식물과 창세기 2장의 식물은 다르다고 주장합니다. 그러나 베뢰아의 주장처럼 창1장에서는 식물이 사람보다 먼저 만들어졌고, 창2장에서는 식물이 사람보다 나중에 만들어진 것이 아닙니다.

> 여호와 하나님이 땅에 비를 내리지 아니하셨고 경작할 사람도 없었으므로 들에는 초목이 아직 없었고 밭에는 채소가 나지 아니하였으며…. 창 2:5

창2장에서도 식물은 사람보다 먼저 만들어졌습니다.
그것을 재배할 사람이 아직 없었으므로여섯째날 들과 밭에 없었던 것이며, 인간이 창조된 이후에 식물로 주신 것입니다. 성경에 기록된 대로 믿기 바랍니다.

> 하나님이 가라사대 내가 온 지면의 씨 맺는 모든 채소와 씨 가진 열매 맺는 모든 나무를 너희에게 주노니 너희 식물이 되리라 창 1:29

위의 성경을 보면, 창세기 1장도 동일한 설명을 하고 있습니다. 위 성경구절이 여섯 번째 날에 기록되었음을 성경을 통하여 확인하기 바랍니다.
즉 김기동목사의 이중아담론은 성경에 그 근거를 찾을 수 없는 개인적인 견해일 뿐입니다. 그러한 엉터리 주장을 증거하기 위하여 성경을 짜깁기로 맞추는 베뢰아측의 변명은 베뢰아가 김기동목사의 개인 주장을 따른다는 증거가 되고도 남습니다.

9. 그렇다면 과연 아담이 짐승같은 사람 중에서 선택되어 영을 불어 넣어준 사람일까요? 창세기 2장 7절을 자세히 보겠습니다.
"여호와 하나님이 흙으로 사람을 지으시고, 생기니쉬마트 하임 = 호흡. 바람를 그 코에 넣으시니, 사람이 생령네페쉬 하야 = Living Being이 된지라."
일반적으로 '영' sprit이라 번역되는 용어는 히브리어 '루아흐' 이며 헬라어 '프뉴마' 입니다. '영혼' 혹은 '혼' soul이라고 번역되는 용어는 히브리어 '네페쉬' 이며 헬라어 '프쉬게' 입니다. 이 단어들의 한글적 표현은 매우 다양하므로 명확한 구별이 어렵지만, 성경은 영과 혼에 대해서 구체적으로 정확하게 구별을 하지는 않습니다. 그런데 '루아흐' 영나 '네페쉬' 혼 또는 영혼라는 단어의 원래적인 의미는 '호흡' 이며 '바람' 입니다.

창세기2장7절의 내용을 "하나님께서 영을 부어주어 생령살아있는 영이 되었다"고 해석하는 사람들이 있습니다. 생기를 '혼'과 구별되는 '영'으로 해석하고, 생령을 '살아있는 영적존재'로 해석하는 것은 잘못된 것입니다.

창세기 2장7절에서의 '네페쉬'는 '영'을 말하는 것이 아니라, 전인적인 생명체로서의 의미를 뜻합니다. 즉 개역성경에 '생령'으로 번역되어, 마치 육체를 배제한 영적인 의미만으로 해석하는 것은 옳지 못합니다. 번역성경을 보면 다음과 같습니다.

[공동번역] 야훼하느님께서 진흙으로 사람을 빚어 만드시고 코에 입김을 불어 넣으시니, 사람이 되어 숨을 쉬었다.

[표준새번역] 주 하나님이 땅의 흙으로 사람을 지으시고, 그의 코에 생명의 기운을 불어넣으시니, 사람이 생명체가 되었다.

[현대인의성경] 그때 여호와 하나님이 땅의 티끌로 사람을 만들어 그 코에 생기를 불어넣으시자 산 존재가 되었다.

[KJV] And the LORD God formed man [of] the dust of the ground, and breathed into his nostrils the breath of life; and man became a living soul.

[NIV] the LORD God formed the man from the dust of the ground and breathed into his nostrils the breath of life, and the man became a living being.

성경을 보면, 사람만 생령네페쉬 하야으로 기록 된 것이 아니라, 짐승들도 동일한 '네페쉬 하야'라는 단어로 기록되었습니다창1:21, 1:24, 1:30, 2:19등. 만일 '생령'을 영적인 존재라고 해석하려면, 짐승들도 모두 영적인 존재로 해석 되어야만 합니다.

"여호와 하나님이 흙으로 각종 들짐승과 공중의 각종 새를 지으시고 아담이 어떻게 이름을 짓나 보시려고 그것들을 그에게로 이끌어 이르시니 아담이 각 생물하이 네페쉬: Living Creature을 일컫는 바가 곧 그 이름이라" 창 2:19

'생령'이라고 번역된 '네페쉬 하야'는 살아있는 영생령이 아니라, 전인적인 "Living Being"이라는 '생명체'를 말합니다. 흙으로 지음을 받고 하나님이 불어 넣어주신 생기를 가진 전인적인 존재가 바로 아담입니다.

> 하나님이 가라사대 땅은 생물네페쉬 하야을 그 종류대로 내되 육축과 기는 것과 땅의 짐승을 종류대로 내라 하시고 그대로 되니라 창 1:24

베뢰아는 다음을 설명할 수 있어야 합니다.

네페쉬 하야생령는 창1:20생물, 1:21생물, 1:30생명, 2:9생물에서 짐승에게 사용되었습니다. 그것도 '영적존재'로 해석하여야 하는지요? 그 단어는 창세기 본문에서는 '생명체'라는 의미로 해석되어진 것입니다. 물론 네페쉬 혹은 프쉬게는 언제나 '영혼'으로만 해석이 되는 것이 아니라, '목숨, 생명'으로 번역되어질 수도 있으며 또한 전인적인 인간자체를 말하기도 합니다.

즉 창세기 1장에서 짐승같이 창조된 인간 중에서 하나가 특별히 선택되어, 창세기 2장에서 하나님이 영을 불어 넣어주어 생령이 된 것이 아담이라는 베뢰아의 주장은 성경을 주의깊게 읽어보면 곧 비성경적인 황당한 주장으로 밝혀집니다.

이와 같은 성경적인 근거가 전혀 없는 황당한 인간론은 다음 이론으로 전개되어져 가므로 더욱 위험한 사상을 낳게 됩니다. 즉 인간의 육체에는 귀신이 들어오고, 영으로는 성령이 들어온다는 것입니다. 그리고 혼에는 그 사람의 인격이 존재한다고 주장하는데, 더욱 해괴한 것은 영에는 인격이 없다고 주장합니다. 그리고 영은 인간의 몸과 함께 있어야만 인격이 나타난다고 주장을 합니다. 즉 아담 이전의 인간네피림은 영이 없는 짐승과 같은 존재이므로 인격이 없었다는 것입니다.

베뢰아에서 주장하기를, "귀신은 불신자의 사후의 영이기 때문에 인격이 아니며, 인간의 몸에 들어갈 때만 인격이 나타난다"고마귀론 하, 62-63 주장하며, 또한 "귀신은 영이므로 인격이 아니기 때문에, 우리 몸에 들어올 때 반드시 가변된 천사, 미혹의 영의 도움으로만 들어오게 된다"고 주장합니다.

그렇다면 하나님도 영이시며약 1:17, 성령도 영인데, 그렇다면 하나님과 성령께서는 인격적이 아닌 존재가 아니며, 인간의 몸에 들어와야만 인격이 나타나게 된다는 것인가요? 또 영이신 성령께서는 인격이 아니므로 우리 몸에 들어오실 때에 가변된 천사, 미혹된 영의 도움으로 들어오시나요?

베뢰아에서는 예수님도 성육신으로 오셨기 때문에 인격적이었다는 것입니다. 과연 인격의 정의는 무엇인지요? 인격이란 '지정의를 주체하는 존재'란 뜻입니다. 인간의 몸을 갖고 있어야만 인격이라는 설명은 베뢰아의 주장일 뿐이며, 그 주장을 따르면 하나님도, 성령도 인격이 아닌 존재가 됩니다. 특히 베뢰아에서 교육을 받은 몇몇 귀신론 계열의 목사들과 특히 연세중앙교회 윤석전목사, 인터콥 최바울은 "영은 인격이 없다"라고 동일한 주장을 하고 있습니다

4. 간극론재창조론

간극설(Gap Theory)

지방교회와 구원파, 형제교회, 말씀보존학회등의 극단적세대주의를 보면 창조론에서 간극설, 소위 재창조론을 주장합니다.

창 1:1 태초에 하나님이 천지를 창조하시니라

창 1:2 땅이 혼돈하고 공허하며 흑암이 깊음 위에 있고 하나님의 신은 수면에 운행하시니라

자유주의신학자들, 그리고 몇몇 이단이라고 불리우는 극단적인 세대주의를 표방하는 교회들은 창세기1장의 1절과 2절 사이에 상당한 시간적 간격이 있었다고 주장을 하는데, 그러한 주장을 소위 '간격설' 혹은 '재창조설'이라고도 합니다.

즉 하나님이 1장1절에서 천지를 창조하셨고, 1절과 2절 사이에서 타락한 천사들이 하나님께 범죄하여 전쟁이 나고 그들을 심판하기 위하여 세상이 황폐하여지고 무질서하여졌다는 것입니다. 그래서 심판 후에 땅이 혼돈과 공허가 되었으며, 하나님은 세상을 재창조하셨다는 것이 그들의 주장입니다.

첫째, 자유주의 신학의 소산에서 오는 견해입니다.

바벨론 지역의 창조신화를 보면 '에누마 엘리쉬' 라는 신들의 우두머리격인 '마르둑' 이라는 신이 혼돈의 신이었던 '티아맛' 을 물리치는 이야기로 시작하고 있습니다. 지금도 '혼돈' 을 영어단어로 'Chaos' 라고 하는데, 사전을 찾아보면 그 단어의 뜻 중에서 [그리스신화] '천지창조시 최초로 태어난 신' 이라고 기록합니다.

즉 자유주의 신학자들은 성경의 창조신화와 바벨론의 창조신화를 동일한 가치와 성격으로 비교합니다. 자유주의 신학자들은 성경의 창조기사를 하나님의 말씀이 아닌 일종의 신화로서 간주하는 것입니다. 즉 성경의 창조신화와 바벨론의 창조신화를 동일한 것으로 간주하여, 창세기 1장2절의 '혼돈' 을 사단, 혹은 타락한 천사로 기인한 것으로 해석을 하여 시작되는 것입니다.

즉 1장1절에서 창조된 세상이 사단으로 인하여 세상이 파괴되어 2절에서 땅이 혼돈해지고 황폐하여졌다고 해석하는 것입니다. 그들은 "흑암이 깊음 위에 있고"라는 구절에서 '흑암' 을 빛의 세력과 대항하는 사단들의 세력으로 상징적인 해석을 하는 것입니다. 다시 말하자면, 사단과 하나님의 치열한 전투에서 세상은 파괴되었고 황폐하여졌으며 무질서하여졌고, 성령께서 재창조를 위하여 그 수면 위를 운행하신다는 의미로 해석하는 것입니다.

(1) 그러한 견해는 존재론적인 이원론입니다 :

어느 성경에서도 창세기1 장2절의 혼돈과 공허가 사단과의 싸움 때문이라고 말하지 않습니다. 또 혼돈과 공허라는 단어를 히브리어 어원적으로 살펴볼 때에는 '황폐, 무질서' 를 뜻하지 않으며, 혼돈과 공허가 사단과의 싸움의 결과라는 어떤 성경적인 근거도 없습니다. 성경은 오히려 사단은 결코 하나님의 대적이 되지 않는다는 것을 말하고 있음으로, 타락한 천사들과의 싸움으로 인하여 창조된 땅이 황폐하고 무질서하여질 이유가 없습니다.

또 자기 지위를 지키지 아니하고 자기 처소를 떠난 천사들앙겔로스을 큰 날의 심판까

지 영원한 결박으로 흑암에 가두셨으며"유1:6

"하나님이 범죄한 천사들앙겔로스을 용서치 아니하시고 지옥에 던져 어두운 구덩이에 두어 심판 때까지 지키게 하셨으며"벧후 2:4

즉 사단은 하나님과 서로 대립되는 이원론적인 존재가 결코 아닙니다.

자녀들아 너희는 하나님께 속하였고 또 저희를 이기었나니 이는 너희 안에 계신 이가 세상에 있는 이보다 크심이라요일 4:4

또 재창조론은 욥 1:6과 2:1의 천상회의에서 천사들과 함께 사단이 참석한 것에 대해서 설명을 할 수가 없습니다. 창조 때에 하나님과 사단이 전쟁을 해놓고, 천상회의에 참석할 수 있을까요?

(2) 혼돈과 공허의 의미 :

'혼돈'을 가르키는 히브리어 '토후'는 영어로 'without form' 혹은 'formless'로 번역됩니다. '공허'는 히브리어 '보후'로서 '비어있다'는 어원을 가지고 있으며, 영어로는 'void'로 번역됩니다.

혼돈without form과 공허void에 대해 영어성경을 비롯한 번역성경들이 히브리어 단어적 개념을 잘 설명해주고 있습니다.

[KJV] In the beginning God created the heaven and the earth. And the earth was without form, and void; 창1:1-2

[NIV] In the beginning God created the heavens and the earth. Now the earth was formless and empty 창1:1-2

[공동번역] 한 처음에 하느님께서 하늘과 땅을 지어 내셨다. 땅은 아직 모양을 갖추지 않고 아무 것도 생기지 않았는데, 어둠이 깊은 물 위에 뒤덮여 있었고 그 물 위에 하느님의 기운이 휘돌고 있었다. 창 1:1-2

[현대인의성경] 태초에 하나님이 우주를 창조하셨다. 지구는 아무 형태도 없이 텅 비

> 어 흑암에 싸인 채 물로 뒤덮여 있었고 하나님의 영은 수면에 활동하고 계셨다. 창 1:1-2

즉 문자적으로나 어원적으로 해석할 때에 혼돈과 공허는 '형태가 없는 빈 장소' 를 의미합니다. 그렇기 때문에, 혼돈과 공허는 "아직 사람이 살기에 적합하지 않은 상태"로 해석하는 것이 전통적이며 보편적인 해석입니다. 그래서 "아직 사람이 살기에 적합하지 않은 혼돈과 공허의 땅"을 하나님은 "사람이 살기에 적합한 땅"으로 창조를 진행하신 것으로 봅니다. 성경은 하나님은 사람이 거할 수 있도록 하늘과 땅을 창조하신다고 기록하고 있기 때문입니다.

> 여호와는 하늘을 창조하신 하나님이시며 땅도 조성하시고 견고케 하시되 헛되이 창조치 아니하시고 사람으로 거하게 지으신 자시니라, 그 말씀에 나는 여호와라 나 외에 다른 이가 없느니라 사 45:18

하나님은 세상을 창조하시고 1절, 3절에서는 빛을 지으셨습니다. 빛을 만드셨다는 것은 그 전에 어두움이 있었다는(빛이 없었다는) 것을 의미합니다. 또 그 이후의 하나님의 창조는 사람이 거할 수 있는 환경을 계속 조성하시는 방향으로 진행되어집니다. 즉 하나님께서는 물과 물을 나누시고, 물과 뭍을 나누시며, 달과 해와 별을 창조하시고, 인간의 식물食物을 위하여 열매와 채소등과 짐승들을 창조하십니다.

이것은 창조가 엿새 동안에 진행 중이었다는 증거가 되며, 그러한 성경적인 증거는 많습니다. 하나님은 여섯째 날에야 비로소 "그 지으신 모든 것을 보시니"라고 기록하고 있습니다. 즉 여섯째 날이 되어서 그 모든 창조 과정이 완료되었다는 뜻입니다. 또 창세기 2장 1절에 가서 "천지와 만물이 다 이루니라" 라고 기록하고 있습니다. 또 출애굽기 20장에서는 "엿새 동안에 나 여호와가 하늘과 땅과 바다와 그 가운데 모든 것을 만들고 제 칠일에 쉬었음이라"출 20:11이라고 기록하고 있는데, 하늘과 땅과 바다와 모든 것이 6일 동안에 진행되었으며 만들어진 것을 뜻합니다.

(3) 성경은 저급한 이방종교의 신화와 다릅니다.

기독교의 하나님, 성경의 하나님은 바벨론의 신화와 같이 다신론多神論이 아니며, 유일신이라는 것이며, 저급하고 유치한 이방적 신화와는 비교할 수 없을 만큼 전혀 다르며, 하나님은 결코 혼돈과 무질서의 하나님이 아닙니다.

(4) 어두움은 항상 악의 상징적인 단어가 아닙니다 :

간격 이론 지지자들에 따르면, 창세기 1:2의 '어두움darkness'은 악과 사단을 의미하는 상징적인 단어로 봅니다. 물론 어두움은 상징적으로 그렇게 비유될 수도 있습니다. 그러나 성경은 항상 그렇게 말하고 있지 않습니다. 시편기자를 비롯한 구약의 기자들은 하나님께서 주께서 흑암을 지으셨다고 말하며, 그것은 창세기의 흑암이 상징적이 아니라는 증거를 제공합니다.

> 주께서 흑암을 지어 밤이 되게 하시니 삼림의 모든 짐승이 기어나오나이다 시104:20
>
> 나는 빛도 짓고 어두움도 창조하며, 나는 평안도 짓고 환난도 창조하나니 나는 여호와라 이 모든 일을 행하는 자니라 하였노라 사45:7

만일 어두움이 사단과 악을 의미한다면, 하나님이 보시기에 좋았더라고 말할 수 없었을 것입니다.

> 주야를 주관하게 하시며 빛과 어두움을 나뉘게 하시니라, 하나님의 보시기에 좋았더라 창1:18

(5) 히브리어 접속사 '와우'와 동사 '하에타' :

창세기1장 1절과 2절 사이에는 히브리어 접속사인 '와우' 그리고라는 단어가 들어있습니다. 그것은 1절과 2절 사이에 오랜 간격이 있었다는 주장을 부인하며, 창조된 천지에 대한 연속성의 설명이라고 보는 것이 자연스럽습니다.

또 "땅이 혼돈하고 공허하게 되었다"became고 성경을 해석할 이유가 없으며. "땅이 혼돈하고 공허하였다"was라는 상태로 해석하는 것이 옳습니다.

(6) 간극론의 유래

이 간극론이라고 하는 이론의 자취는 교회사에서 더 일찍 거슬러 올라 갈 수도 있지만, 일반적으로 세대주의 사상에서 찾습니다. 1917년에 스코필드가 그의 주석에 이 이론을 포함시키면서 이 이론이 알려지기 시작하였던 것으로 봅니다. 1876년과 1917년의 연도가 매우 중요한 것은 1880년에 다윈이 [종의 기원]에서 제시한 진화론이 과학계에 의하여 보편적으로 받아들여졌기 때문입니다.

그 당시 크리스천 신학자들은 진화론으로 인하여 중대한 문제에 직면하게 되었습니다. 어떻게 이 모든 것을 창세기 1장과 일치시킬 수 있을까? 그 해답이 발견되었던 것입니다.

즉 수백만년 혹은 수천만년의 연도를 창세기 1장1절과 2절 사이에 존재한다고 추측되는 상상 속의 '깊은 구멍'bottomless hole에 밀어 넣은 것입니다. 그리하여 간격이론은 비非그리스도인 진화론자를 달래기 위한 시도로서 크리스천 신학자들에 의해 부분적으로 검토되었던 것입니다. 이러한 이론이 현대에 들어서면서 자유주의 신학과 혼합되었고, 또 이러한 이론이 극단적 세대주의 교회들의 재창조설과 다시 혼합되며, 이단들의 자의적 성경해석과 섞이게 된 것으로 봅니다.

이러한 재창조론은 결국 하나님과 사단의 이원론적인 대결로 이끌어가게 됩니다. 즉 영과 물질육체의 이원론, 선과 악의 이원론, 나아가서는 하나님과 사탄의 대결로 보는 개념이 곧 이원론이며, 인간을 영과 혼과 육체로 구분하여 영에는 하나님이, 육에는 마귀가 거한다고 주장합니다.

5. 천사

천사

성경은 천사에 대해서는 설명하고 있지만, 천사의 기원과 유래등에 대해서 구체적으로 언급하지 않습니다. 다시 말하여 우리는 성경에 언급되지 않은 천사의 개념과 기원, 유래까지 알 필요도 없지만, 성경에서 언급하는 한도 내에서 천사를 알면 충분합니다.

천사는 히브리어 '말라크', 헬라어로는 '앙겔로스' 로서 '하나님을 섬기고 인간을 보호해 주는 영적인 존재' 를 말합니다. 천사는 문자적으로 '하나님의 사자' 이며, 즉 '하나님의 멧세지를 전달하는 존재' 를 말합니다. 다만 천사는 우리 신앙적인 대상이 아니며, 천사의 주장이 진리적인 기준이 되는 것은 아니며, 천사는 피조물입니다.

> 오직 주는 여호와시라 하늘과 하늘들의 하늘과 일월 성신과 땅과 땅 위의 만물과 바다와 그 가운데 모든 것을 지으시고 다 보존하시오니 모든 천군이 주께 경배하나이다 느 9:6
>
> [공동번역] 야훼여, 임께서는 홀로 하늘을 지으셨습니다. 하늘 위의 하늘과 거기에 딸린 별들을 지으셨습니다. 땅과 그 위에 있는 온갖 것, 바다와 그 안에 있는 온갖 것을 지으시고 목숨을 불어넣으셨습니다. 하늘의 별들이 하느님께 예배드립니다.

개역성경은 '일월성신' 으로 번역하였고, 공동번역은 '별' 로 번역하였지만, 그 단어는 히브리어 '짜바' 로서 '군대, 전쟁을 위한 무리, 천군' 이라는 뜻입니다, 실제 단어로 보면 '일월성신' 이나 '별' 로 해석되어지지 않으며 '하늘의 군대' 로 번역됩니다. 영어성경은 'host' 로 번역했으며 'the host of heaven' 은 천군천사, 일월성신으로 번역되어지기도 합니다.영한엣센스

성경은 천사가 창조된 피조물이라고 기록되어 있습니다.

> 만물이 그에게 창조되되 하늘과 땅에서 보이는 것들과 보이지 않는 것들과 혹은 보좌들이나 주관들이나 정사들이나 권세들이나 만물이 다 그로 말미암고 그를 위하여

창조되었고 골 1:16

천사의 속성

1 인간과 같이 지정의를 지닌 인격적 존재입니다.눅 15:1, 삼하 14:20

2 천사는 영적인 존재입니다히 1:14.

3 결혼하지 않으며마 22:30 따라서 종족 번식의 능력이 없습니다막 12:25.

4 천사는 죽지 않습니다눅 20:36.

5 하나님과 같이 무한한 지식과 능력을 지닌 것은 아니지만, 인간보다는 월등한 지식과 능력을 지닌 존재입니다마 24:36, 벧후 2:11.

성경에는 구체적으로 천사의 이름이 언급된 것이 미가엘과 가브리엘의 두 천사가 설명된 것이 전부인 것 같습니다. 그룹과 스랍을 천사의 이름이라고 말할 수 있을지, 혹은 어떤 계급이나 종류를 말하는 것인지 자세한 것은 밝혀지지 않았지만, 성경에서 언급된 천사의 이름은 다음과 같습니다.

- 그룹 Cherub: 케룹: 창 3:24, 출 25:18, 삼하 22:11
- 스랍 Seraphim: 세라핌 : 사 6:2, 3, 6
- 가브리엘 : 단 8:16, 9:2 눅 1:19, 26
- 미가엘 : 단 10:13 유 8, 계 12:7
- 정사, 권세, 능력, 주관하는 자 : 엡 1:21. 3:10. 벧전 3:22
- 범죄한 천사들 : 벧후 2:4, 유 6

유대 전승과 위경에녹1서에 의하면 천사장은 라파엘, 우리엘, 라구엘, 미가엘, 사리엘, 가브리엘, 레미엘의 일곱 천사장이 있다고 기록되어 있지만, 성경적인 근거를 갖는 것은 아닙니다. 계시록 8장2절에 '일곱영'이라는 구절이 나오지만, 반드시 그들이 천사장을 의미한다고 볼 근거는 없습니다.

루시퍼는 타락한 천사장이라고 하는데, 그 근거는 성경 내적인 증거가 아니라 라틴어 번역 성경에서 유래된 것입니다.

[개역성경] 너 아침의 아들 계명성이여 어찌 그리 하늘에서 떨어졌으며…사14:12

[NIV] How you have fallen from heaven, O morning star, son of the dawn!
[KJV] How art thou fallen from heaven, O Lucifer, son of the morning

킹제임스 성경은 이사야14장12절의 계명성NIV의 morning star을 '루시퍼' 라고 번역하여 놓았습니다. '계명성' 이라고 번역된 히브리어 단어는 '헬렐' 이며, 이 단어는 샛별, 금성Venus의 별칭입니다. 즉 히브리어 원문 그대로를 번역하면 계명성, 샛별이 정확한 해석이 됩니다. 영어 KJV성경에서 라틴어의 'lux fero', 즉 '빛을 발하는 자' 라는 뜻을 근거로 하여 'lucifer루시퍼' 라고 임의로 번역을 한 것이며, 킹제임스는 라틴어 역을 번역함으로서 루시퍼라는 단어로 번역하였지만 성경적인 근거는 없습니다.

천사의 숫자

그러나 너희가 이른 곳은 시온산과 살아 계신 하나님의 도성인 하늘의 예루살렘과 천만myriad 천사와… 히 12:22

내가 또 보고 들으매 보좌와 생물들과 장로들을 둘러 선 많은 천사의 음성이 있으니 그 수가 만만이요 천천이라 계 5:11

히 12:22은 천사의 수는 '천만myriads' 이라 했는데 이는 문자적으로 '셀 수 없이 많은' 이라는 뜻을 가집니다. 계 5:11에서도 천사의 수를 '만만이요 천천이라' 하였으니 셀 수 없을 만큼 많은 숫자를 일컫습니다.

천사의 수는 지음 받은 후에 늘어나고 있는가 줄어들고 있는가? 천사들은 죽지 않음으로 그 숫자가 줄어들지 않습니다눅 20:36. 또한 결혼하지 아니함으로 자녀를 낳을 수도 없습니다마 22:30 우리로서는 모른다고 말할 수 밖에 없습니다.

또 천사는 신앙의 대상이 아닙니다. 중세에는 천사에 대한 관심이 높아져서 천사를 숭배하는 사상까지 있었습니다. 그러나 수호천사가 있든지 없든지 우리는 천사를 숭배하여서는 안된다는 것입니다. 우리의 신앙의 대상은 오직 삼위일체 하나님이라는 것을 우리는 잊어서는 안됩니다. 가톨릭에서는 수호천사 기념일까지 지킵니다. 또 중세에는 수호천사에 대한 연구가 아주 활발한 때가 있었습니다. 어거스틴도 천사론에 대한 저술이 있었을 정도입니다. 그러나 우리는 다음과 같은 성경구절도 유의하여야만 합니다. 즉 천사라도 거짓된 교리를 전할 수가 있다는 것입니다.

> 그러나 우리나 혹 하늘로부터 온 천사라도 우리가 너희에게 전한 복음 외에 다른 복음을 전하면 저주를 받을지어다 갈 1:8

사단도 천사로 가장을 하기 때문에 구별을 하기 어렵습니다.

> 이것이 이상한 일이 아니라 사단도 자기를 광명의 천사로 가장하나니 고후 11:14

또한 성경은 천사숭배가 잘못임을 말하고 있습니다.

> 누구든지 일부러 겸손함과 천사 숭배함을 인하여 너희 상을 빼앗지 못하게 하라 저가 그 본 것을 의지하여 그 육체의 마음을 좇아 헛되이 과장하고 골 2:18

실제로 몰몬교, 신천지, 신사도운동과 같은 많은 이단들이 천사로부터 계시를 받았다고 주장합니다.

6. 사단, 마귀, 귀신

1) 용어적인 구분

1. 사단사타나스, 마귀디아볼로스, 귀신다이모니안, 천사앙겔로스

사단사타나스과 마귀디아볼로스는 같은 동의어로서 정통신학에서는 타락한 천사로 보며, 귀신은 사단마귀의 무리들, 즉 사단의 졸개나 부하들로 봅니다.

본래 사단이란 '대적자'란 의미를 갖습니다.
　천사는 하나님으로부터 창조된 피조물입니다.
　다시 말하면 천사는 본래 선한 존재로 창조되었는데, 그 천사 중에서 하나님께 범죄한 한무리의 타락한 천사들이 나타났고, 이들 중 대장이 사단마귀이며, 그와 함께 타락한 천사들을 귀신으로 보는데, 그 성경적인 근거는 유 1:6과 벧후2:4등으로 봅니다.

> 또 자기 지위를 지키지 아니하고 자기 처소를 떠난 천사들앙겔로스을 큰 날의 심판까지 영원한 결박으로 흑암에 가두셨으며 유 1:6
> 하나님이 범죄한 천사들앙겔로스을 용서치 아니하시고 지옥에 던져 어두운 구덩이에 두어 심판 때까지 지키게 하셨으며 벧후 2:4

　즉 하나님께 범죄한 한 집단의 천사들이 있었는데, 대장인 사단마귀를 포함하는 일부 집단은 심판 때까지 무저갱에 갇혀 있으며, 일부는 아직 제한적인 활동을 하고 있다고 봅니다. 언제 사단과 일부 집단이 타락하여 무저갱에 갇혀 있게 되었느냐는 것은 성경에 구체적으로 언급하지 않고 있어서 모릅니다. 어느 학자들은 예수님이 이 땅에 오셔서 사역을 시작한 이후라고 보기도 합니다. 그리고 이 무저갱에 갇힌 사단과 그 일행들은 마지막 심판 날에 잠깐 풀려나서, 최후의 전쟁을 하고 모두 영영한 불의 심판을 받게 된다는 것이 성경적인 기록입니다.
　또 구약에서도 이러한 언급이 있는데, 하나님의 아들들이라고 불리는 천사들이 천상회의를 갖는데, 그 중에 사단도 함께 있었다는 것입니다. 즉 사단이 천사였다는 것은 분명하며, 성경상으로는 그것을 부정할 수 없습니다.

> 하루는 하나님의 아들들이 와서 여호와 앞에 섰고, 사단도 그들 가운데 왔는지라. 욥 1:6, 2:1

　또 구약 중에서 이사야 14:12-15의 구절도 일차적인 본문의 의미로는 바벨론의 왕을 가르키지만, 전통적인 해석으로는 계명성을 곧 타락한 천사장을 상징한다고 봅니다. 그 구절 중 "가장 높은 구름에 올라 지극히 높은 자와 비리기라"는 표현은 천사들의 반역을 시사한다고 해석하는 것이 일반적인 해석입니다.

또 스가랴 선지자는 대제사장 여호수아가 여호와의 사자 앞에 서고 사단은 그의 우편에 서서 그를 대적하는 하는 것을 보았다고 기록하고슥3:1 있음으로, 사단이 천사라는 것을 간접적으로 시사합니다. 또 신약에서도 마귀와 천사를 상반되게 대조되어지는 동격으로 보는 이러한 언급도 있습니다.

> 가라지를 심은 원수는 마귀요, 추수 때는 세상 끝이요, 추수꾼은 천사들이니…마13:39

성경은 더 이상의 상세한 설명을 하지 않고 있지만, 분명 일단의 타락한 천사들의 집단이 하나님께 반역하였고, 그 사단마귀과 일부는 큰 날의 심판 때까지 갇혀 있으며 일부는 지금껏 활동을 하고 있다는 사실입니다. 성경은 마귀와 사단이 같은 의미라고 말합니다.

> 또 내가 보매 천사가 무저갱 열쇠와 큰 쇠사슬을 그 손에 가지고 하늘로서 내려와서 용을 잡으니 곧 옛 뱀이요 마귀요 사단이라, 잡아 일천 년 동안 결박하여계20:1-2
> 큰 용이 내어쫓기니 옛 뱀 곧 마귀라고도 하고 사단이라고도 하는 온 천하를 꾀는 자라 땅으로 내어쫓기니 그의 사자들도 저와 함께 내어쫓기니라 계12:9
> 이에 예수께서 말씀하시되 사단아 물러가라. 기록되었으되 주 너의 하나님께 경배하고 다만 그를 섬기라 하였느니라. 이에 마귀는 예수를 떠나고 천사들이 나아와서 수종드니라 마4:10-11

사단이라는 명사는 '대적자' 라는 의미를 가진 일반 단수명사이며, 정관사와 함께 사용되어질 때에 인격적인 사단을 의미합니다. 마귀는 보다 구체적인 하나님을 대적하는 집단적인 우두머리의 개념을 의미하는데, 사단의 다른 명칭입니다.

귀신은 복수명사로서 집단적인 무리를 말하며, 사단과 마귀의 부하, 무리, 악한 영적존재들을 총괄하여 말한다고 보는데, 우상숭배의 대상이기도 합니다.

2. 귀신이 사단마귀의 부하라는 성경구절

베뢰아성락교회, 김기동목사와 그에 영향을 받은 교회들은 무속적인 신앙과 같이 귀신이 불신자의 사후영혼이라고 주장하는데, 귀신이 불신자의 사후영혼이라는 베뢰아의 주장을 뒷받침하는 성경구절은 전혀 찾을 수가 없습니다.

물론 귀신이 사단마귀의 부하라는 구체적인 언급에 대해서 성경에는 구체적인 설명을 하지는 않고 있는 것은 사실입니다. 그러나 성경의 몇 구절을 통하여 귀신이 사후영혼이 아니라는 사실을 우리는 어느 정도 인지할 수 있습니다.

칠십문도가 전도를 하고 와서 "귀신들도 주의 이름으로 그들에게 항복하더이다"라고 예수님께 이야기하였을 때에 예수님은 이렇게 말씀하십니다.

> 사단이 하늘로서 번개같이 떨어지는 것을 내가 보았도다. 눅 10:18

사단이 하늘로부터 떨어졌다는 것이 정확히 어떤 의미인지는 모르겠지만, 어쨌든 귀신은 그 머리인 사단이 떨어짐으로서, 칠십문도에게 항복하고 말았던 것입니다. 다시 말하여 귀신은 불신자의 사후영혼이 아니라, 사단을 우두머리로 하는 한 집단인 것이며, 사단의 추락은 곧 귀신들의 대장으로서의 패배로 나타나고 있다고 보여집니다. 이러한 예는 성경에서 자주 언급되어 있습니다.

> 너희 말이 내가 바알세불을 힘입어, 귀신다이모니안을 쫓아낸다 하니, 만일 사단사타나스이 스스로 분쟁하면 저의 나라가 어떻게 서겠느냐 눅 11:18
> 사단이 만일 사단을 쫓아내면 스스로 분쟁하는 것이니 그리하고야 저의 나라가 어떻

> 게 서겠느냐 마 12:26, 참고: 막 3:23, 사단이 어찌 사단을 쫓아낼 수 있느냐
>
> 바리새인들은 듣고 가로되, 이가 귀신의 왕 바알세불을 힘입지 않고는 귀신을 쫓아내지 못하느니라 하거늘 마 12:24, 마 9:34
>
> 예루살렘에서 내려온 서기관들은 저가 바알세불을 지폈다 하며 또 귀신의 왕을 힘입어 귀신을 쫓아낸다 하니 막 3:22
>
> 그 중에 더러는 말하기를 저가 귀신의 왕 바알세불을 힘입어 귀신을 쫓아낸다 하고 눅 11:15

성경은 모두 귀신의 왕이 바알세불이라고 언급하면서, 동시에 그들을 사단이라고 말하고 있으며, 귀신을 쫓아내는 것을 사단이 사단을 쫓아내는 것으로 동일시하고 있습니다. 귀신이 불신자의 사후 영혼이라면, 왜 귀신의 왕이 귀신을 쫓아낸다는 유대인의 비난을, 예수님은 사단이 스스로 분쟁하는 것으로 표현하였는지에 대해서 설명할 수 있어야만 합니다. 즉 예수님은 귀신을 불신자의 사후영혼으로 본 것이 아니라, 귀신을 사단과 같은 집단의 개념으로 본 것입니다. 이와 같이 귀신을 사단 혹은 마귀와 같이 표현하거나 귀신을 사단과 마귀의 부하라고 표현하는 성경구절이 생각보다 상당히 많이 있습니다.

> 하나님이 나사렛 예수에게 성령과 능력을 기름붓듯 하셨으매 저가 두루 다니시며 착한 일을 행하시고 마귀디아볼로스에게 눌린 모든 자를 고치셨으니, 이는 하나님이 함께 하셨음이라 행 10:38

예수님이 귀신다이모니안 들린 자를 고치셨다는 것은 사복음에서 자주 언급하며 일일이 설명할 필요도 없을 것입니다. 그런데 행 10:38에서는 예수님이 '마귀디아볼로스에게 눌린 모든 자'를 고치셨다고 언급하고 있으므로, '귀신 들린 자'와 '마귀에게 눌린 자'의 사실상 구별이 없습니다. 귀신이 불신자의 영혼이라면, 성경은 귀신들린 자를 왜 타락한 천사인 마귀에게 눌린 자라고 표현하고 있을까요? 물론 귀신에게 눌린 자가 따로 있고, 마귀에게 눌린 자

가 따로 구별된다고 볼 수 없습니다. 즉 사도행전의 기자인 누가는 귀신들린 자를 마귀에게 눌린 자라고 동일하게 표현하고 있는 것입니다.

행 19:12-16에서는 바울이 쫓는 귀신을 '악귀'라고 말하고 있는데, 사도행전에서 언급되는 귀신과 악귀가 서로 다르다고 할 수는 없습니다. 사도행전 5:16, 8:17, 16:18등에서는 귀신이라고 기록되어 있기 때문입니다. 이 악귀라고 하는 단어는 '프뉴마 포네로스'로써 죽은 자의 영혼이 아니라, '사악한 영' 혹은 '악독한 영'을 가르킵니다. 이 프뉴마 포네로스는 '악한 영적 존재'를 의미하는 것입니다.

> 저희는 귀신(다이몬)의 영이라 이적을 행하여 온 천하 임금들에게 가서 하나님 곧 전능하신 이의 큰 날에 전쟁을 위하여 그들을 모으더라 계 16:14
> 천년이 차매 사단(사타누스)이 그 옥에서 놓여 나와서 땅의 사방 백성 곧 곡과 마곡을 미혹하고 모아 싸움을 붙이리니 그 수가 바다모래 같으리라 계 20:8

이 두 문장을 비교하면 귀신과 사단의 구별이 사실상 없습니다. 즉 귀신은 불신자의 사후영혼이 아니라 사단의 무리라는 것을 증거하여 주고 있습니다. 귀신이 불신자의 사후 영혼이라고 한다면, 불신자의 사후영혼이 큰 날에 하나님과 전쟁을 하려한다는 이상한 이야기가 되어 버립니다. 불신자가 죽은 후에는 하나님이 그들의 영혼을 제어하지 못한다는 주장은 잘못된 논리가 됩니다.

무저갱에서 심판까지 결박되는 자들은 마귀(사단, 용, 옛뱀)와 그의 범죄한 천사들(복수)인 것을 알 수가 있습니다. 유1:6. 벧후2:4. 계20:1-2에서는 마귀(사단)뿐 아니라 함께 범죄한 천사들로 무저갱에 갇힌다고 언급되어 있는데, 다른 성경에 무저갱에 귀신들도 갇힌다는 것을 암시하는 성경구절이 있습니다. 즉 함께 결박되는 범죄한 천사들이 곧 귀신이라는 증거이기도 합니다.

귀신들(다이모니안)이 주님께 무저갱으로 들어가지 말게 해달라고 애걸하는 장면이 있습니다. 만일 귀신이 불신자의 영혼이라면, 주님께 무저갱으로 들어가게 하지 말아달라고 애걸할 필요가 없을 것입니다. 무저갱으로 가는 자

는 사단이라고 성경은 말하고 있기 때문입니다. 계9:1-2, 9:11, 11:7-8, 20:1-3 등

> 예수께서 네 이름이 무엇이냐 물으신즉 가로되 군대라 하니, 이는 많은 귀신다이모니
> 안이 들렸음이라. 무저갱으로 들어가라 하지 마시기를 간구하더니 눅 8:30-31

또한 예비된 불에 마귀와 그의 사자들이 들어간다는 성경구절도 있습니다.

> 또 왼편에 있는 자들에게 이르시되 저주를 받은 자들아 나를 떠나 마귀와 그 사자엥
> 겔로스들을 위하여 예비된 영영한 불에 들어가라 마 25:41

또 귀신이 불신자의 사후영혼이 아니라는 이러한 증거도 있습니다.

> 저희가 그 증거를 마칠 때에 무저갱으로부터 올라오는 짐승데리온이 저희로 더불어
> 전쟁을 일으켜 저희를 이기고 저희를 죽일 터인즉 계 11:7

이 계11:7에서 무저갱에서 나오는 것은 짐승이며, 즉 용과 뱀과 마귀, 사단은 곧 짐승과 같은 부류입니다. 무저갱에 들어가는 자들은 사단과 범죄한 천사들이 분명한데, 그렇다면 전쟁을 일으키려고 준비하는 이 짐승데리온은 무엇일까요?

> 또 내가 보매 개구리 같은 세 더러운 영이 용의 입과 짐승데리온의 입과 거짓 선지자
> 프슈도프롭헤테스의 입에서 나오니, 저희는 귀신다이몬의 영이라. 이적을 행하여 온 천하
> 임금들에게 가서 하나님 곧 전능하신 이의 큰 날에 전쟁을 위하여 그들을 모으더라
> 계 16:13-14

이 계 16:13에서 나오는 용의 입과 짐승데리온의 입과 거짓 선지자의 입에서 나오는 세 영은 '귀신다이몬의 영' 입니다. 그 귀신의 영이 전쟁을 위하여

백성들을 모은다는 것입니다. 만일 귀신이 불신자의 사후 영혼이라면, 용의 입과 짐승의 입과 거짓선지자의 입에서 나올 수가 없으며, 무저갱에서 나올 수가 없으며, 마지막 날 하나님과의 전쟁을 위하여 세상 임금들을 모을 수가 없습니다.

3. 귀신이 사후영혼이라고 하는 성경적인 증거

귀신이 죽은 자의 사후영혼이라고 주장하는 사람들은 그 유일한 성경적인 증거를 이렇게 제시합니다.

> 또 저희가 바알브올과 연합하여 죽은 자에게 제사한 음식을 먹어서 주를 격노케 함을 인하여 재앙이 그 중에 유행하였도다 시 106:28

즉 귀신이 죽은 자의 사후영혼이라고 주장하는 베뢰아에서는 그 성경적인 증거를 제시하라고 하면, 유일하게 시편106:28만을 제시합니다. 그러나 히브리 지역 사람들은 죽은 자에게 제사를 지내지 않으며, 신적 존재인 이방신에게 제사를 지냅니다.

그런데 죽은 자에게 제사를 지낸다는 것이 시편 106장 28절에 오직 단 하나의 기록이 있을 뿐입니다. 그러나 이 문장을 아무리 읽어 보아도 죽은 자가 귀신이라는 어떤 증거도 발견할 수 없으며, 개역성경의 해석을 그대로 보더라도, 단지 죽은 자에게 제사를 지냈다는 내용뿐입니다. 물론 이러한 성경 해석도 잘못된 해석에서 비롯됩니다. 본문은 '죽은 사람의 영혼'에게 제사를 지냈다는 뜻이 아니라, '생명이 없는 죽은 자들'에게 제사를 지냈다는 뜻이기 때문입니다.

> [공동번역] 브올에서는 그 곳 바알신에게 굴종하고 생명도 없는 것들에게 바쳤던 제물을 먹었다.
> [현대인의성경] 그들이 브올에서 바알의 제사에 참여하여 생명 없는 신들에게 제사한 음식을 먹고

또 이 시편 106편 28절은 민수기 25장 1-3절의 말씀에 대한 인용입니다.

이스라엘이 싯딤에 머물러 있더니 그 백성이 모압 여자들과 음행하기를 시작하니라. 그 여자들이 그 신들에게 제사할 때에 백성을 청하여 백성이 먹고 그들의 신들에게 절하므로, 이스라엘이 바알브올에게 부속된지라 여호와께서 이스라엘에 진노하시니라

시편 106:28을 읽어 보면 "죽은 자에게 제사한 음식"이라고 되어있는데, 민수기 25장1-3절과 비교하면, 제사를 드린 대상은 '그 신들'입니다. 다시 말하여 '바알브올'을 곧 '그 신'이라고 표현한 것입니다. 결론적으로 말하면 바알브올과 죽은 자, 둘에게 제사한 것이 아니라, 바알브올이라는 신이 곧 '죽은 자'인 것입니다. NIV 영어성경은 'lifeless'라고 번역하였습니다.

민수기 25장1-3절을 보면, 그 여자들이 그 신들에게 제사를 지낸 것입니다…. 이스라엘 백성들은 그 바알브올에게 제사한 여자들과 음행을 하고, 그 신에게 제사한 음식을 먹은 것인데, 그러한 행위가 바알브올에게 연합되고 부속된 결과가 되어진 것입니다.

시편 106편에서 '연합하다'는 단어는 '짜마드'로서 민수기 25장 3절과 5절에 사용된 '부속되다'는 단어와 같습니다.

예수 그리스도를 하나님의 아들이며 그리스도로 믿고 예배에 참석하는 그리스도인들이 하나님께 부속되고 연합된 것과 같이, 바알브올을 숭배하는 여인들과 음행을 하고 그 제사음식을 먹는 것이 곧 바알브올에게 연합되고 부속된 것이라는 의미입니다. 다시 말하여 바알브올에게 제사를 드리는 것이 곧 죽은 자에게 제사를 드리는 것이라는 이야기이며, 바알세블이 곧 '생명이 없는 죽은 것'이라고 뜻합니다.

'바알'이란 여러 가지 형태의 우상을 말하는데 '바알들'이라고 복수로 표현되어져 있는 경우도 있습니다삿2:11. 3:7. 또 바알 하솔삼하13:32, 바알 헤르몬삿3:3, 바알 세붑왕하1:2, 바알 브릿삿9:4등의 다양한 이름은 바알이 여러가지 형태였다는 것을 의미하며, 특히 바알 브올이라는 단어는 '광장의 신'이라

는 뜻이 되어집니다. 특히 바알 세붑은 '파리곤충의 신'이라는 뜻이며 비, 우레, 풍요의 신등을 바알이라고 하였고, BC 1500년전의 것으로 시리아지역에서 발굴된 바알신은 진흙으로 빚은 조상彫像이었습니다. 아가페 성경사전 573쪽
즉 바알이라는 신은 죽은 사람을 가르키는 것이 아니라, 생명이 없는 죽은 것을 의미합니다.

> 우리가 우상은 세상에 아무 것도 아니며 또한 하나님은 한분 밖에 없는 줄로 아노라
> 고전8:4

우상이란 죽은 것이며 생명이 없는 것이고 아무 것도 아니며, 오직 하나님만이 살아계신 분입니다. 히브리어 '쉐드'란 단어는 오직 구약성경에 두 번 사용되었는데, 시편 106:37과 신 32:17입니다. 신명기32:7에서는 '마귀'라고 번역하였으며, '알지 못하는 신'이라고 하였는데 그 '신'은 히브리어로 '엘로힘'이라고 기록되어 있습니다. 엘로힘은 '신'이라는 일반명사이며, 즉 죽은 자의 사후영혼이 아니라, 신적존재귀신, 마귀를 의미합니다.

> 그들은 하나님께 제사하지 아니하고 마귀쉐드에게 하였으니 곧 그들의 알지 못하던 신엘로힘, 근래에 일어난 새 신엘로힘, 너희 열조의 두려워하지 않던 것들이로다 신 32:17

"대저 이방인의 제사하는 것은 귀신에게 하는 것이요, 하나님께 제사하는 것이 아니라…고전 10:20이라고 바울이 말하였을 때에, '귀신'이란 불신자의 사후영혼을 가르키는 것이 아니라, 다른 신적존재의 우상인 이방신을 의미하는 것입니다.

이방인의 제사는 하나님께 제사하는 것이 아니라, 생명도 없고 아무 것도 아닌 이방신들에게 하는 제사였습니다.

4. 부자와 나사로의 경우

불신자의 사후영혼은 부자와 나사로에서 보듯이 음부에 갇혀 있었습니

다. 불신자의 사후 영혼은 공간적으로 제한을 받았으며 고통 속에 있었던 것입니다. 부자는 아브라함에게 나사로를 자신의 아버지 집에 보내달라고 부탁합니다.

> 가로되 그러면 구하노니 아버지여 나사로를 내 아버지의 집에 보내소서. 내 형제 다섯이 있으니 저희에게 증거하게 하여 저희로 이 고통받는 곳에 오지 않게 하소서 눅 16:27-28

부자가 만일 맘대로 다닐 수가 있었다면 왜 나사로에게 아버지의 집에 보내달라고 간절하게 요구하고 있었을까요? 하나님이 불신자의 영혼을 음부에 가두어 고통을 받게 하는데도, 불신자의 사후영혼이 하나님보다 더 강하여 음부에서 탈출하며 자신들 마음대로 활동한다는 것인지요?

> 이뿐 아니라 너희와 우리 사이에 큰 구렁이 끼어있어 여기서 너희에게 건너가고자 하되 할 수 없고 거기서 우리에게 건너올 수도 없게 하였느니라 눅 16:26

심판을 받는 불신자의 사후영혼은 다른 장소로 이동할 수가 없음을 말합니다. 만일 베뢰아의 주장처럼 불신자의 사후영혼이 하나님의 통제에서 벗어나, 예수를 믿는 성도들에게 들어가며 자신들 마음대로 활동을 한다는 것은 비성경적입니다. 예수를 믿으면서도 귀신이 성도의 몸을 제 집처럼 드나들고 귀신을 제어할 수가 없다면 예수의 이름으로 귀신을 쫓을 수가 없다는 것이 됩니다.

5. 그 밖의 잘못된 주장

베뢰아의 귀신론과 다락방, 그리고 몇몇 교회들의 주장은 모든 질병과 모든 사고가 다 귀신, 불신자의 사후영혼이 원인이 된다는 것입니다. 그들은 귀신이 이미 예수를 믿는 사람에게도 자유롭게 들어올 수 있다고 주장합니다.

> 자녀들아 너희는 하나님께 속하였고 또 저희를 이기었나니 이는 너희 안에 계신 이가 세상에 있는 이보다 크심이라 요일 4:4

물론 사단은 믿는 성도들을 유혹할 수는 있으며 시험을 할 수도 있습니다. 그러나 이미 성령께서 거하시는 성도들에게 불신자의 사후 영혼이 자유롭게 드나들 수는 없다고 보아야 합니다. 게다가 베뢰아의 주장대로라면, 불신자의 사후영혼이 음부에서 고통을 받지 않고, 성령하나님께서 거하시는 성도들에게까지 마음대로 드나들며 질병과 사고를 일으킬 수가 있다는 것이 됩니다. 성령이 내주하시는 성도에게도 귀신이 수시로 자주 드나들 수 있다는 주장은 잘못입니다. 성경은 우리가 성령으로 능히 마귀를 이김을 언급하고 있기 때문입니다.

> 대적하는 자를 인하여 두려워 하지 말라. 이것이 저희에게는 멸망의 빙거요, 너희에게는 구원의 빙거니, 이는 하나님께로부터 난 것이라 빌 1:28
> 마귀를 대적하라 그리하면 너희를 피하리라 약 4:7
> 자녀들아 너희는 하나님께 속하였고 또 저희를 이기었나니 이는 너희 안에 계신 이가 세상에 있는 이보다 크심이라 요일 4:4
> 너희가 주의 잔과 귀신의 잔을 겸하여 마시지 못하고 주의 상과 귀신의 상에 겸하여 참예치 못하리라 고전 10:21

"제명에 죽지 못한 불신자가 귀신이 된다"라는 말은 하나님의 절대주권에 어긋나는 말로서 성경의 가르침과 정면으로 충돌되는 말입니다. 인간의 수명을 하나님이 정하시는 것으로, 참새 한 마리도 하나님이 허락하지 아니하면 떨어지지 않는다고 성경은 말하고 있습니다 마10:29. 만일 인간의 수명을 하나님이 정하고 또 하나님이 죽게 하는데, 남은 자연 수명만큼 귀신으로 일하게 한다는 말은 하나님을 불의한 분이며, 귀신으로 만드시는 분으로 만들고 있는 것이 되기 때문입니다.

게다가 김기동목사의 귀신론은 무속신앙적인 주장을 면하지 못합니다.

· 제5장. 창조론과 이단 · 197

그는 배멀미와 차멀미를 하는 이유는 조상 중에서 차 사고와 배사고로 죽은 사람이 있기 때문이라고 주장하며, 임신중독의 헛구역질도 귀신 때문이라고 주장을 합니다. 또 연탄가스 중독도 축사를 받아야 한다고 말합니다. 더욱 황당한 주장은 7세 이하의 어린이는 부모가 대신 귀신축사를 받아야 한다고 주장하기도 합니다.

제6장. 인간론과 이단

이러므로 한 사람으로 말미암아 죄가 세상에 들어오고 죄로 말미암아 사망이 왔나니 이와같이 모든 사람이 죄를 지었으므로 사망이 모든 사람에게 이르렀느니라 롬5:12

1. 하나님의 형상이란 무엇인가?

하나님의 형상

몰몬교에서는 하나님이 뼈와 살이 있는 사람의 형상이었다고 합니다. 그것은 성경구절을 잘못 이해하였기 때문입니다. 아래 성경 구절은 하나님이 사람의 형상이었다는 것이 아니라, 사람이 하나님의 형상이라는 것입니다. 더욱이 하나님이 영이라는 성경구절과 하나님을 볼 수가 없다는 성경구절에 정면으로 부딪히게 됩니다.

워치만 니와 위트니스 리로 계승되는 지방교회는 사람은 하나님이 되어야 한다고 주장하는데, 이것 역시 하나님의 형상이라는 개념을 잘못 이해하기 때문입니다.

특히 하나님의 교회는 "하나님의 형상대로 사람을 창조하시되, 남자와 여자를 창조하시고"라는 구절을 통하여 하나님의 형상이 '남자와 여자'라고 주장하면서, 하나님어머니가 존재한다는 주장을 하는데, 상대 할만한 가치조차 없는 무지하고 황당한 주장입니다. 그들은 하나님엘로힘이 복수명사이므로 남자와 여자를 뜻한다고 웃을 수도 없는 주장을 하는데, 하나님엘로힘은 남성복수명사이고, 자기의 형상his image은 3인칭 남성단수명사가 사용되었습니다. 하나님의 교회는 장길자라는 여자교주를 하나님어머니로 조작하기 위하여 성경을 짜맞추고 있는 것입니다. 성경은 예수님이 '하나님의 형상' 골1:15이라고 말하는데, 그렇다면 예수님이 남자와 여자의 두 형상입니까?

"하나님이 가라사대 우리의 형상을 따라 우리의 모양대로 우리가 사람을 만들고, 그로 바다의 고기와 공중의 새와 육축과 온 땅과 땅에 기는 모든 것을 다스리게 하자 하시고, 하나님이 자기 형상 곧 하나님의 형상대로 사람을 창조하시되 남자와 여자를 창조하시고….. 창 1:26-27

이 삼위일체의 하나님에 대한 '우리의 형상'이 무엇을 의미하는가에 대해서는 신학적으로 다양한 견해가 있으며, 오랫동안 많은 연구가 있어 왔습니다. 성경의 다른 구절에서의 '형상' 히:체렘, image과 '모양' 히:데무트, likeness은 닮음, 유사성같은 구체적인 외형적인 의미를 수반하는 것이 보통입니다.

그러나 하나님은 영이시며, 또 하나님의 외형적인 형상이 성경에서 제시되지 않았기 때문에, 대부분의 설명은 인격성, 자의식, 불멸성, 도덕성, 자유성같은 다양한 영적인 개념으로 해석되어 왔으며, 신체적인 외형적 형상을 의미하지 않는다고 보는 것이 보편적입니다.

우리가 피조물을 다스리고 정복하는 대표적인 기능창1:26을 하나님 형상의 연관적 의미로 찾으려는 주장도 있어 왔으며, 또한 오직 인간에게만 하나님의 형상이 주어졌다는 점에서, 인간과 동물의 차이점이 곧 하나님의 형상이라는 주장도 있었고, 인간의 어떤 이성적이며 지적이고, 영적인 면을 하나님의 형상으로 찾으려는 견해도 있어 왔으며, 또 어떤 학자들은 인간의 언어성 혹은 창조성을 형상으로 보는 주장도 있었습니다.

그러나 그러한 구체적으로 오직 한가지만의 주장이 정답이 되어지는 것이 아니며, 현재 사람이 하나님의 부분적인 형상을 갖고 있다는 점과 현재 불완전한 하나님의 속성을 갖고 있다고 보아야 한다는 측면에서 영원성, 무죄성, 공의등의 개념을 뜻한다고 해석합니다. 하나님께서 '영'이라는 사실은 단순히 형상적으로 볼 수 없는 비가시적인 속성을 말하지만, 하나님이 곧 인격적인 존재라는 것도 포함합니다.

또 예수님은 "나를 본 자는 아버지를 보았거늘…."이라고 말씀하고 계십니다. 예수님의 그 말씀은 예수님의 외형적인 형상이 하나님 아버지와 동일하다는 의미라고 볼 수는 없습니다. 다시 말하여 어떤 단순한 '외관상 형상'을 뜻한다는 주관적인 해석일 뿐입니다.

> 아담이 일백삼십세에 자기 모양 곧 자기 형상과 같은 아들을 낳아 이름을 셋이라 하였고… 창5:3

왜 셋은 아담의 모양과 형상과 같았다고 성경은 기록하고 있을까요? 아담은 하나님의 형상으로 지음을 받았지만, 그 죄로 인하여 하나님의 형상을 잃었다고 보아야 합니다. 그 이유는 그 아들 아담의 아들 셋은 아담의 형상이었기 때문입니다. 즉 창세기 5장3절은 그 '형상'의 개념은 '죄성'을 말할 수도 있을 것입니다. 어쨌든 죄를 지은 후 하나님의 형상을 잃게 되며, 셋이 하나님의 형상 대신 아담의 형상을 닮게 되었다는 것은 이 형상의 개념이 외형적인 개념을 의미하지는 않는다고 보아야 합니다. 그러나 살인을 금지시킨 이유가 하나님의 형상을 범하는 것이라고 정의한다면 창9:6 인간은 타락 후에도 하나님의 형상을 완전히 잃지는 않았다고 보아야만 합니다.

인류는 타락하여 하나님의 형상을 모두 잃었다는 견해가 있는 반면에, 인간이 타락하였음에도 불구하고 아직 하나님의 형상을 완전히 잃지는 않았다는 견해도 인정을 받습니다. 캘빈주의는 인간은 타락한 후에 하나님의 형상을 모두 잃었으므로 인간 스스로는 도덕적으로나 영적으로 어떤 선이라도 행할 수가 없다고 말하는 반면에, 웨슬레는 "타락한 인간이라도 하나님의 선재적 은총이 주어진다"고 주장하였으며, 그 말의 의미는 인간에게 상실된 하나님의 형상이 선재적 은총에 의하여 부분적으로나마 회복되었다고 보는 것입니다.

특별히 신약에서 예수 그리스도는 하나님의 형상으로 재정의가 되어집니다. 예수는 보이지 않는 하나님의 형상이며골 1:15, 하나님 본체의 형상이시고 히 1:3, 하나님의 형상고후 4:4이십니다. 이러한 구절에서의 '형상'이란 일반적으로 예수님이 갖고 계신 하나님의 본성과 속성을 의미하는 것이라고 해석되어질 수 있습니다. 그리스도 안에는 하나님의 충만이 거하시며골 1:9, 하나

님의 본체 안에 선재하셨습니다.빌2:6

예수님은 가시적可視的인 성육신의 몸으로 오신 분임에도 불구하고, 그가 보이지 아니하시는 하나님의 형상이라고 표현될 수 있었다는 점, 또한 그가 하나님 본체의 형상이라고 설명되었던 점은 예수님이 하나님의 본성과 속성을 동일하게 가지셨다는 뜻이라고 말할 수 있습니다. 왜냐하면 예수는 죄가 없으신 분임에도 불구하고, 외형적으로는 오히려 하나님의 형상이 아니라, 죄있는 육신의 모양롬 8:3과 종의 형체빌 2:7로 오신 분이기 때문입니다.

예수님의 외형적 형상은 인류의 외형적 형상과 동일한 사람이었습니다. 그런데 성경은 "장래에 우리의 낮은 몸이 그의 영광된 몸의 형체와 같이빌 3:21 될 것이며, 그리스도인들은 마침내 하늘에 속한 자의 형상을 입게 될 것이다"고전 15:49라고 말합니다. 그것은 타락한 인류의 구속과 회복을 목적으로 하는 새 피조물고후 5:18을 말하며, 그리스도의 형상을 본받는 것이 되어지며롬 8:29 결국 그리스도의 본성을 닮아감으로 인하여 신의 성품에 참예하는 것벧후 1:4을 내포합니다.

또 바울은 "자기를 창조하신 자의 형상을 좇아 지식에까지 새롭게 하심을 받는다"골 3:10라고 하였습니다. 결국 그 말의 의미는 형상이라는 개념이 지식적 의미도 포함하며, 그 형상은 '그리스도 안에서의 점진적인 성화'를 의미합니다. 그런데 창조주의 형상을 좇아 지식까지 새롭게 한다는 것은 삶과 성품까지도 하나님을 닮아간다는 의미가 됩니다. 우리가 주의할 것은 신인합일을 주장하는 이단들의 주장과 같이, '닮아간다'는 개념이 동일인격이 된다는 의미가 아니라는 것입니다.

이러한 형상적인 개념을 존재적인 인격체의 의미로 오해하여 인간이 하나님이 된다는 주장을 하는 지방교회같은 이단들도 있습니다. 그러나 어떤 아들이 아버지를 닮아간다고 하여, 아들이 아버지와 동일존재, 동일인격이 될 수 있다는 것은 결국 양태론적인 삼위일체를 주장하는 이단적인 견해일 뿐입니다. 성격과 감정까지 같은 일난성 쌍둥이조차, 그들의 인격은 동일존재가 아니며, 그들의 영혼은 하나가 아닌 둘이라는 점을 우리는 잊으면 안될 것입니다. 또한 몰몬교처럼 하나님의 형상이란 용어를 단지 외형상의 의미로만 이해하는 것은 수준이 낮은 차원이라고 할 수 있습니다.

　많은 성경학자들은 인간이 타락하였음에도 불구하고 하나님의 형상을 완전히 상실하지 않았음을 동의하고 있으며, 그 개념은 외형적 유사성, 인격성, 도덕성, 창의성, 불멸성, 무죄성, 진실성같은 다양한 견해를 의미할 수도 있다고 봅니다. 이와 같이 하나님의 형상이란 복합적이며 다양한 속성적인 개념을 포함하는 것입니다. 그 개념은 매우 어렵지만, 인류가 하나님의 형상으로 지음을 받았다는 것, 그리고 그리스도인의 궁극적인 목적은 하나님의 형상이라고 재조명되는 그리스도의 형상을 닮아간다는 것입니다.

　궁극적으로 우리는 하나님을 볼 수가 있을 것이라고 성경은 말하고 있습니다. 성경이 말하는 우리 그리스도인의 목적은 예수 그리스도를 온전히 닮아가는 연합을 의미하지만, 궁극적으로 얼굴과 얼굴을 대한다는 것은 분명한 인격적인 구별을 의미합니다.

> 우리가 흙에 속한 자의 형상을 입은 것같이, 또한 하늘에 속한 자의 형상을 입으리라. 고전15:49

바울을 포함한 우리의 현재는 흙에 속한 자의 형상이었으며, 장래에는 하늘에 속한 자의 형상이 되어질 것입니다. 우리는 장래 어떻게 될 지 모르지만, 우리의 부활은 새로운 신령한 몸을 갖게 되며, 이와 같게 될 것입니다.

> 우리의 낮은 몸을 자기 영광의 몸의 형체와 같이 변케 하시리라 빌3:21

신인합일론

　지방교회와 같은 사람들은 사람이 하나님이 되는 것을 구원의 목적으로 봅니다. 이것을 우리는 신인합일론이라고 부르는데, 성경을 잘못 오해한 비성경적인 개념입니다.

> 그분은 우리와 같이 되셨다. 왜 그런가? 그 목적은 우리를 그 분과 똑같이 되게

하기 위한 것이다. 오늘 여러분은 하나님의 생명을 가졌고 하나님의 성품을 가졌다. 그러므로 여러분은 하나님과 똑같은 것이다. 위트니스 리, 구약의 예표와 신약의 계시에서 본 하나님의 경륜, 63쪽

"만일 하나님으로부터 태어난 하나님의 자녀들이 하나님이 아니라면 그들은 누구인가? 자녀들과 아버지는 같은 종류가 아닌가? 요한복음3장6절은 '육으로 난 것은 육이요'라고 말한다. 당신과 당신의 부모는 모두 같은 종류, 육신의 종류이다. 6절은 또 말하기를 '영으로 난 것은 영이니'라고 말한다. 이 두 영은 같은 종류이며 또한 같은 근원이다. 우리는 하나님으로부터 태어나 많은 하나님-사람들, 하나님의 자녀가 되었다. 또한 우리가 믿고 경배하며 따르는 우리의 주님, 또한 첫번째 하나님-사람이다." 위트니스 리, 하나님-사람의 생활, 40쪽

지방교회의 대표적인 교리는 (1) 양태론적 신론 (2) 인성과 신성을 분리시키는 기독론 (3) 인간을 장소적인 영과 혼과 육으로 분리시키는 인간론을 주장합니다. 그 세가지의 잘못된 이단교리를 혼합시키므로서, 그들의 신인합일론이 만들어졌는데, 그들은 예수를 '하나님-사람' God-man의 첫샘플이라고 주장하며, 예수를 '하나님이 된 사람'으로 해석합니다. 즉 지방교회의 교인들에게 양태론으로 해석된 소위 하나님 자신인 '살려주는 영'이 들어오면, 그들도 예수와 동일한 존재가 된다고 해석하는 것입니다. 그들에게 예수님은 인성혼과 육과 신성하나님 자신을 가진 첫 God-man이기 때문입니다.

비록 우리의 최종적인 목표가 하나님의 형상을 회복하는 것이지만, 그것은 우리가 하나님이 되는 자체를 의미하지는 않습니다. 성경은 사람이 하나님이 되려는 것은 중대한 도전과 범죄로 언급하고 있습니다.

네가 네 마음에 이르기를 내가 하늘에 올라 하나님의 뭇별 위에 나의 보좌를 높이리라 내가 북극 집회의 산 위에 좌정하리라. 가장 높은 구름에 올라 지극히 높은 자와 비기리라 하도다 사 14:13-14

저는 대적하는 자라 범사에 일컫는 하나님이나 숭배함을 받는 자 위에 뛰어나 자존하여 하나님 성전에 앉아 자기를 보여 하나님이라 하느니라 살후 2:4

> 너희가 그것을 먹는 날에는 너희 눈이 밝아 하나님과 같이 되어 선악을 알 줄을 하나님이 아심이니라 창 3:5

하나님과 사람은 엄격하게 구별되며, 본질적으로 다릅니다.

> 여호와 우리 하나님과 같은 자 누구리요 시 113:5

우상숭배라는 것은 영이신 하나님을 썩어질 사람의 형상이나 짐승과 벌레의 형상으로 바꾸는 것을 말합니다.

> 썩어지지 아니하는 하나님의 영광을 썩어질 사람과 금수와 버러지 형상의 우상으로 바꾸었느니라 롬 1:23

2. 죄의 본질과 개념

죄의 본질과 개념

죄에 대한 잘못된 생각과 견해들이 많이 있습니다.

예를 들어, 죄를 물질적인 개념으로 생각하거나, 육체에 거하는 존재, 진화되지 못한 동물성, 존재의 부정 혹은 제한, 단순한 결핍, 실재實在하지 않는 착각, 정신의 불건전한 병적 상태, 선과 대립되는 이원론적인 원리, 인간의 자아적 투쟁등으로 보는 것들이 그러한 견해들입니다.

성경적인 관점에서 보는 '죄'란 '하나님의 법을 어기는 것'입니다. 요한일서 3:4은 "죄를 짓는 자마다 불법을 행하나니 죄는 불법이라."고 기록하고 있습니다. 롬3:23은 "모든 사람이 죄를 범하였으매 하나님의 영광에 이르지 못하더니"라고 말합니다.

죄를 의미하는 단어 중 신약에서 가장 많이 사용된 단어는 '하말티아'인데 그 뜻은 '표적을 빗나가는 것' to miss the mark입니다. 죄라는 단어의 정의는 '하나님과 반대방향을 지향하는 것' It is directed against God을 뜻합니다. 죄는 단순히 사회의 도덕적인 기준을 어기는 것이 아니라, 하나님의 말씀에 불순종하거나 그 뜻에 벗어나는 것을 말하며, 그 기준에 부족한 것을 말하며, 즉 하나님에 대한 인간의 신뢰적인 관계가 깨어진 것을 말합니다.

> 죄에 대하여라 함은 저희가 나를 믿지 아니함이요 요 16:9.

원죄(原罪, original sin)

아주 쉽게 설명하자면, 원죄란, 문자적으로는 아담이 지은 죄를 말합니다. 그런데 성경은 선악과의 과실을 먹지 않은 모든 사람들이 죄를 지은 것으로 간주하고 있다고 말하고 있습니다.

> 이러므로 한 사람으로 말미암아 죄가 세상에 들어오고 죄로 말미암아 사망이 왔나니, 이와 같이 모든 사람이 죄를 지었으므로 사망이 모든 사람에게 이르렀느니라. 죄가 율법 있기 전에도 세상에 있었으나 율법이 없을 때에는 죄를 죄로 여기지 아니하느니라. 그러나 아담으로부터 모세까지 아담의 범죄와 같은 죄를 짓지 아니한 자들 위에도 사망이 왕 노릇 하였나니 아담은 오실 자의 표상이라 롬5:12-14

하나님은 아담에게 이렇게 말씀하셨습니다.

> 동산 각종나무의 실과는 네가 임의로 먹되 선악을 알게하는 나무의 실과는 먹지말라. 네가 먹는 날에는 정녕 죽으리라. 창2:16-17

"먹으면 정녕 죽으리라"는 말씀에는 "먹지 않으면 죽지 않는다"는 언약의 의미가 담겨져 있습니다. 아담은 하나님께 지음을 받은 첫사람으로서, 온 인류를 대표하는 것입니다. "먹지 말라"는 하나님의 당부는 아담과 하나님만의 관계가 아니라, "인류 전체와 하나님과의 관계적인 언약"이었습니다. 호세야서는 언약이었다고 기록되어 있습니다.

> 그들은 아담처럼 언약을 어기고 거기에서 나를 반역하였느니라 호 6:7

즉 아담은 모든 인류를 대표하여 하나님과 언약하였다고 보는 것을 신학적인 용어로 '언약적 대표설'이라고 부릅니다. 만일 그 실과를 먹으면 죽게 되며, 그 실과를 먹지 않으면 영원히 죽지 않게 되는 언약인 것입니다. 이 사실은 로마서 5장이 증거할 뿐만 아니라, 죄와 정죄와 죽음의 보편성이 증거합니다. 성경은 분명히 죄의 보편성에 대해서 언급하고 있습니다.

> 모든 사람이 죄를 범하였으매, 하나님의 영광에 이르지 못하더니 롬3:23
> 허물과 죄로 죽었던 너희를 살리셨도다 엡2:1

죄는 물질적인 개념이 아니라 관계적인 개념으로서, 죄책과 죄성으로 구성됩니다. 다시 말하여 우리에게 '원죄'가 있다는 것은 우리에게 원죄라는 물질적인 개념이 어느 정도나 어느 상태로 남아있다는 것이 아니라, 우리가 '원죄로 인한 죄책과 그로 인하여 오염된 죄성'을 갖고 있다는 것을 의미합니다.

'죄책'이란, 하나님의 법을 어겼다는 '법적 책임'을 가리키는데, 좀더 분석하면, 그것은 첫째로 도덕적으로 비난 받아야 마땅하다는 사실과 둘째로 하나님의 공의에 따라 형벌을 받아야 한다는 죄에 대한 책임정죄을 포함합니다.

죄에서 중요한 것은 바로 이 죄책입니다. 그래서 원죄에 의한 죄책을 우리는 '원시적죄책' Original Guilty이라고 부릅니다.

또 죄성오염, 부패성이란, 죄인이 가지고 있는 죄악된 성질죄성, 罪性, 죄를 향한 성향, 혹은 부패성을 가리킵니다. 아담의 첫 범죄의 죄책의 전가轉嫁뿐만 아니라, 또한 그 범죄로 인한 부패성이 모든 인류에게 전달되었습니다. 즉 원죄로 인한 결과가 오염되고 부패한 죄성을 초래한 것입니다. 그 성경적인 증거는 다음과 같습니다.

> 만물보다 거짓되고 심히 부패한 것은 마음이라. 누가 능히 이를 알리요마는 렘17:9
> 어리석은 자는 그 마음에 이르기를 하나님이 없다 하도다. 저희는 부패하고 소행이 가증하여 선을 행하는 자가 없도다 시14:1
> 뱀이 그 간계로 이와를 미혹케 한 것같이 너희 마음이 그리스도를 향하는 진실함과 깨끗함에서 떠나 부패할까 두려워하노라 고후11:3

또 다윗은 내가 "죄악 중에서 출생하였음이여 모친이 죄중에 나를 잉태하였나이다"시 51:5라고 하였는데, 이 말은 곧 죄성을 의미하고 있습니다. 바울은 우리가 그리스도인이 되기 전에 "본질상 진노의 자식이었다"엡 2:4이라고 말하고 있으며, 성경은 많은 곳에서 부패되고 오염된 죄성에 관하여 기록하고 있습니다.

> 여호와께서 사람의 죄악이 세상에 가득함과 그 마음의 생각의 모든 계획이 항상 악할 뿐임을 보시고 창 6:5
> 대저 우리는 다 부정한 자 같아서 우리의 의는 다 더러운 옷 같으며 사 64:6
> 악인은 모태에서부터 멀어졌음이여 나면서부터 곁길로 나아가 거짓을 말하는도다 시 58:3

중요한 것은 죄를 물질적인 개념으로 이해하여 인간의 육체에만 죄가 있다고 하든지, 또는 영혼에만 죄가 있다는 주장도 잘못입니다. 죄는 전인적으로 그 인간의 마음에 있는 것입니다.

자범죄(自犯罪, actual sin)

자범죄란, 원죄로 인한 부패성을 가진 모든 사람들이 실생활 속에서 짓는 죄를 가리킵니다. 자범죄와 원죄는 다음과 같은 관계가 있습니다.

첫째로, 그 둘은 인과因果의 관계가 있습니다. 원죄는 원인이요, 자범죄는 그 결과입니다.

둘째로, 원죄와 자범죄는 인식의 측면에서도 서로 다릅니다. 원죄는 모든 사람에게 다 인식하는 것이 아니며, 원죄의 존재를 부정하는 사람이 많지만,

자범죄의 존재는 일반적으로 인정합니다.

셋째로, 원죄와 자범죄는 죄책의 측면에서도 서로 다르다고 흔히 생각됩니다. 원죄는 본성의 죄로서 죄책을 포함하지만, 자범죄는 자신의 의지적 악행이기 때문에 더 큰 죄책을 가진다고 봅니다.

통일교의 원죄

통일교와 정명석집단은 원죄를 하와가 뱀과 간음을 한 것이라고 말합니다. 즉 하와가 낳은 가인은 뱀의 자식이었다는 것입니다. 이러한 주장은 성경과 오히려 정반대의 내용으로서 언급할 가치조차 없는 주장입니다.

> 아담이 그 아내 하와와 동침하매 하와가 잉태하여 가인을 낳고 이르되 내가 여호와로 말미암아 득남하였다 하니라 창 4:1

하와가 이러한 간음 죄를 지음으로서 여자의 월경이 시작되었다는 이러한 해괴망칙한 견해는 바로 김백문과 문선명을 통하여 계승되었고, 평강제일교회의 박윤식 목사를 통하여 '씨앗속임'이라는 이름으로 가르쳐 졌습니다. 최근에는 비록 일부이지만 정통교회 목사들까지 여자의 월경이 죄의 결과라는 견해에 동조하며 죄가 피를 통하여 전해진다는 소위 '혈통유전설'을 주장하는 사람들까지 있습니다. 그러나 만약 죄가 피로 전하여 진다면 우리는 다른 사람의 피를 수혈 받으면 안될 것입니다. 특히 만민중앙교회 이재록 목사도 피에 죄가 있다고 주장하는데, 자신이 8일 동안 모든 피를 쏟아서 자신은 원죄와 자범죄가 없다고 주장하였습니다.

3. 인간의 구성영과 혼과 육

영과 혼과 육에 대한 잘못된 주장

인간의 구성에 대해서 어느 교단은 이분법을, 어느 교단은 삼분법을 가르칩니다. 물론 필자는 이분법이 옳은가 혹은 삼분법을 옳은가를 말하고 싶은 생각은 없습니다.

다만 필자가 비판하고자 하는 내용은, 특히 삼분법으로 주장하는 견해 중에서, 인간의 영과 혼과 육을 각각 분리된 장소적, 공간적인 개념으로 보는 주장에 대한 것입니다. 이러한 주장은 지방교회의 워치만 니와 위트니스 리로부터 우리에게 전파되었다고 말할 수 있으며, 이러한 개념으로부터 숱한 이단들 지방교회, 구원파, 베뢰아 등이 나타났습니다. 심지어 정통교회에서도 인간의 영과 혼과 육을 살아서 각각 분리시키며, 영과 혼과 육을 장소적, 공간적인 개념으로 간주하여 아래와 같은 이원론을 주장하는 목사들이 상당히 많습니다. 특히 영성훈련원의 박철수 목사는 어느 훈련을 통하여 영혼을 육과 분리시킬 수 있다고 가르칩니다.

먼저 이러한 주장들 가운데서 잘못된 주장을 먼저 살펴보고, 이것에 대한 성경적인 내용이 어떤 것인지 보겠습니다.

지방교회의 주장

죄는 사단의 체현이며 그리스도는 하나님의 체현이다. 이 두 체현들이 우리 안에 있다. 하나님의 체현이신 그리스도는 우리 영 안에 있고, 사단의 체현인 죄는 우리 육신 안에 있다. 위트니스 리, 세부분의 사람의 생명이 되시는 삼일하나님, 73쪽

우리는 우리 존재에 세부분이 있음을 알고 있다. 당신은 사단이 그의 거처를 당신의 몸, 즉 당신의 육체 속에 만들었다는 것을 아는가? 그리고 당신은 주님께서 당신의 영을 그분의 거처로 삼으셨다는 것을 아는가? 위트니스 리, 왕국, 218쪽

베뢰아의 주장

우리의 심령은 그리스도 안에서 거룩하여졌기에 하나님의 처소가 될 수 있지만 육체는 하나님의 처소가 될 수 없습니다. 김기동, 마귀론 하 154쪽

귀신은 사람의 영혼 속에는 들어오지 못하지만 육체 안에는 들어올 수 있습니다. 김기동 마귀론 하 63쪽

이요한 구원파의 주장

영혼의 구원: 우리가 구원을 받은 것은 영혼의 구원을 의미합니다. 그러나 육신의 죄성은 영원히 남아 있습니다. 구원받은 사람도 죄를 짓는 이유: 사단은 공중권세를 가진 자이며 인간육체를 통해 역사합니다. 구원받은 사람이 범하는 죄의 유형 첫째는 부지 중에 짓는 죄입니다. 이것은 인간의 육신에 아직 죄성 가운데 있기에 나의 의지와 상관없이 올라오는 죄입니다.생명의말씀 선교회 홈페이지

(1) 영과 혼은 서로 다른 구성요소인가?

과연 성경에서는 영과 혼을 서로 다른 인간의 구성요소로서 명백하게 구별하는지 살펴보겠습니다.

> 평강의 하나님이 친히 너희를 온전히 거룩하게 하시고 또 너희의 온 영과 혼과 몸이 우리 주 예수 그리스도께서 강림하실 때에 흠 없게 보전되기를 원하노라 살전 5:23
> 하나님의 말씀은 살았고 운동력이 있어 좌우에 날선 어떤 검보다 예리하여 혼과 영과 및 관절과 골수를 쪼개기까지 하며 또 마음의 생각과 뜻을 감찰하나니 히 4:12

삼분법을 주장하는 사람들은 위 성경본문을 제시합니다. 위에서 인용한 성경본문은 분명히 영과 혼을 구별하고 있으므로 잘못이라고 단정하기는 어렵지만, 그러나 이것만으로 삼분법이 확실하다고 단정하기는 부족하다고 봅니다. 다른 성경에서는 혼과 영에 대해서 구별이 없이 표현하는 경우도 많기 때문입니다. 즉 성경을 전체적으로 볼 때에는 영과 혼을 구별하는 몇 개의 구절보다는 영과 혼을 구별하지 않는 본문이 더욱 많이 있습니다.

물론 논리적이나 개념적으로 인간의 구성을 설명할 때에는 삼분법이 오히려 편리한 점은 있습니다. 예를 들면 혼은 일차적인 생명이 포함되는 내면적인 정신세계로 간주하고, 영은 하나님과 교류할 수 있는 이차적인 내면세계로 구별하여 본다면 편리하고 간단할 것입니다. 예를 들면 삼분법은 짐승과 사람을 구별할 때에 짐승에게는 혼이 있고 사람에게는 혼 외에 영이 있다는 설명을 하면 매우 편리합니다.

그러나 성경은 인간의 구성요소 중에서 물질과 비물질에 대해서 '영과 육

체'로 구분하기도 하고 '혼과 육체'로 구분하기도 하는데, 이 구분은 어떤 정해진 원칙을 찾아 볼 수 없습니다.

예수님은 "몸은 죽여도 영혼soul, 프쉬케은 능히 죽이지 못하는 자들을 두려워하지 말고…"마 10:28라고 하셨습니다. 즉 혼soul이라는 단어를 분명히 사후에 존재하는 것으로 말하며, 즉 몸은 죽지만, 죽지 않고 남는 사람의 부분에 대해서 말씀하신 것입니다.

그런데 성경은 죽지 않는 비육체적인 부분을 '영' spirit, 프뉴마 이라고 말하기도 합니다. 바울은 "육신은 멸하고 영spirit은 주 예수의 날에 구원을 얻도록 하기 위해…"고전 5:5이라고 하였습니다. 바울은 육체와 구별되는 비물질적인 존재를 '영'이라는 단어로 표현한 것입니다. 마찬가지로 야고보서 2장 26절에는 "영혼없는 몸이 죽은 것같이…"라는 기록이 있습니다. 본문의 '영혼'은 한글성경에서는 '영혼'이라고 번역하였지만, 헬라어 원문에서는 spirit영입니다. 다시 말해서, 죽은 시체는 영이 없는 것으로 표현한 것입니다.

결론적으로 성경은 사후상태에 대해서 '영'이라고 하고 '혼'이라고도 말합니다. 즉 영과 혼은 서로 다른 것이 아니라 동일한 비육체적인 개념으로 사용되었습니다.

또 이미 죽은 사람들의 영혼에 대해서 히 12:23 "온전케 된 의인들의 영들 spirit"이라고 기록되어 있으며, 계 20:4에서는 "목베임을 받은 자의 영혼soul"이라고 기록되어 있으므로 영과 혼에 대한 구별이 사실상 없습니다. 다음 성경구절에서도 그렇습니다.

> 다섯째 인을 떼실 때에 내가 보니 하나님의 말씀과 저희의 가진 증거를 인하여 죽임을 당한 영혼soul들이 제단 아래 있어 계6:9
>
> 그러나 너희가 이른 곳은 시온 산과 살아계신 하나님의 도성인 하늘의 예루살렘과 천만천사와 하늘에 기록된 장자들의 총회와 교회와 만민의 심판자이신 하나님과 및 온전케 된 의인들의 영spirit들과 새 언약의 중보이신 예수와 및 아벨의 피보다 더 낫게 말하는 뿌린 피니라. 히12:23-24

또한 죽음에 있어서도 혼soul이 떠난다는 표현창 35:18, 왕상 17:21, 눅12:20도 있고, 영spirit이 떠난다는 표현시 31:5, 전 12:7, 눅 23:46, 요 19:30도 있어서, 사실상 명확한 구분이 없습니다.

또한 요한복음 12:27에서 예수께서는 "지금 내 마음soul, 프쉬케, 혼이 민망하다"고 말씀하시는데, 그 다음 장, 요 13:21에서 예수님은 "심령spirit, 프뉴마, 영에 민망하셨다"고 말씀하십니다. 또 마리아는 "내 영혼soul, 프쉬케, 혼이 주를 찬양하며, 내 마음spirit, 프뉴마, 영이 내 구주를 기뻐한다고 눅 1:46-47에서 동시에 언급하였습니다. 또한 '마음' 이라는 단어도 원문으로 보면 heart, mind, spirit, soul 등 다양한 단어가 사용되었습니다.

즉 이분법이 옳은가 삼분법이 옳은가를 따져보자는 것이 아니라, 성경을 전체적으로 볼 때에는 이분법으로 표현할 수도 있고, 삼분법으로 표현할 수도 있다는 뜻입니다. 오히려 성경은 영과 혼을 구별하기도 하지만, 더 많은 곳에서는 영과 혼을 혼동하거나 구별없이 표현하고 있습니다. 결론적으로 대부분의 성경적인 표현에서는 영과 혼이 서로 다른 것으로 구별되어진다고 말할 수 없으며, 대부분 구별이 없거나 호환되어 사용되고 있다고 말할 수 밖에 없습니다.

(2) 사람은 살아서 영혼(영 혹은 혼)과 육체가 분리되지 않으며, 죽었을 때에 영혼과 육체가 분리 되어집니다.

이단들뿐 아니라 일부 정통교회조차도 육체와 영혼을 분리시켜 육체에만 죄가 있고 육체에만 사단이 거한다고 주장하는 사람들이 있습니다. 그러나 그것은 헬라의 이원론적 주장으로서 육체를 죄악시하고 육체의 가치를 저하시키는 것으로서 마치 중세 때의 일부 수도원 시대를 연상케 합니다. 그들은 육체를 죄악시하여 스스로 고통과 금욕과 학대를 하였습니다.

그러나 성경은 영이 죄를 지을 수 있다고 말하며, 영을 깨끗히 하라고 경고하고 있습니다. 바울은 고린도후서 7장1절에서는 "거룩함을 온전하게 이루어 육과 영spirit의 온갖 더러운 것에서 자신을 깨끗케 하자"라고 말하므로 육체뿐 아니라 영도 더러워질 수 있다고 말하므로서 영이 깨끗하고 죄가 없다는 이원론자들에게 할 말이 없게 만듭니다. "영에는 하나님이 거한다"라든지 혹은 "영은 죄를 짓지 않는다"는 지방교회와 구원파, 베뢰아 교회들이 설명할 수 없는 치명적인 오류가 될 것입니다.

다음 성경은 성령이 영 안으로 오신다는 것이 아니라, 우리 마음에 주셨다고 말하므로서, 영 안에 하나님이 거한다는 장소적인 주장을 무색하게 합니다.

> 저가 또한 우리에게 인치시고 보증으로 성령을 우리 마음헬: 칼디아, heart에 주셨느니라 고후 1:22

또한 영과 혼도 죄를 짓습니다.

> 악을 떠나는 것은 정직한 사람의 대로이니 자기의 길을 지키는 자는 자기의 영혼soul을 보전하느니라. 교만은 패망의 선봉이요 거만한 마음spirit은 넘어짐의 앞잡이니라 잠 16:17-18
>
> 여호와께서 천천의 수양이나 만만의 강수 같은 기름을 기뻐하실까 내 허물을 위하여 내 맏아들을, 내 영혼soul의 죄를 인하여 내 몸의 열매를 드릴까 미 6:7

다음 성경본문은 사람이 보기에는 영이 깨끗하다고 할지라도 하나님은 그 심령을 감찰하신다는 것과 영혼이 죄를 지을 수 있음을 말하고 있습니다.

> 사람의 행위가 자기 보기에는 모두 깨끗하여도 여호와는 심령spirit을 감찰하시느니라 잠 16:2
>
> 너희가 진리를 순종함으로 너희 영혼soul을 깨끗하게 하여 거짓이 없이 형제를 사랑하기에 이르렀으니 마음으로 뜨겁게 피차 사랑하라. 벧전 1:22

인간은 전인적으로 죄인입니다. 인간은 육체나 영혼으로 모두 죄를 짓습니다. 게다가 구원파와 같은 사람들은 구원을 '영의 구원'과 '혼의 구원'과

'육의 구원'의 세가지의 구원으로 분류하는데, 이것은 잘못된 주장입니다. 이러한 사람들은 거듭난 것이 '영의 구원'이라고 주장하는데, 그렇다면 거듭난 사람이 죽으면 영만 구원을 받고 혼은 구원을 받지 못합니까? 또 몸의 구원이 부활이라고 주장하는 사람들이 있는데, 그렇다면 거듭난 사람은 영만이 구원을 받았고, 몸으로 부활하지 못합니까?

어떤 사람들은 육체에 죄가 있고, 육체에 사탄이 거한다고 주장합니다. 물론 성욕, 식욕같은 욕망을 '육체적인 욕망'이라고 표현합니다. 그러나 그러한 욕망은 고깃덩어리 부분 육체만의 욕망이 아니며, 결국은 영혼과 육체를 포함하는 전인적인 사람의 욕망입니다. 사도 바울이 언급하는 '육신의 소욕'은 육체만의 소욕이 아니라, 전인적이며 총체적인 사람의 소욕을 뜻합니다.

마찬가지로 육체는 죄악되고 더러운 것이 아니라, 하나님께 예배를 드리며 하나님을 찬양할 수도 있습니다. 아래 본문은 영혼과 육체가 따로 따로 주를 찬양한다는 의미가 아니라, 인간적인 측면에서 총체적으로 하나님을 찬양한다는 표현입니다.

> 하나님이여 주는 나의 하나님이시라. 내가 간절히 주를 찾되 물이 없어 마르고 곤핍한 땅에서 내 영혼이 주를 갈망하며 내 육체가 주를 앙모하나이다 시63:1

사람을 육체와 영영혼으로 구별하여 죄는 육체에만 있다는 주장은 비성경적이며 성경은 그렇게 언급하지 않습니다. 영적예배는 우리의 몸을 드리는 헌신이 됩니다.

> 그러므로 형제들아 내가 하나님의 모든 자비하심으로 너희를 권하노니 너희 몸을 하나님이 기뻐하시는 거룩한 산 제사로 드리라. 이는 너희의 드릴 영적 예배니라 롬12:1

육체에 죄가 있으며 사단이 거한다는 주장에 대해서도, 그 육체라는 개념은 고깃덩어리 부분에만 죄가 있다는 뜻이 아니라, 전인적인 사람 자체를 뜻하며, 성경은 육체도 하나님을 찾으며 찬양한다고 말하고 있습니다.

내 마음과 육체가 생존하시는 하나님께 부르짖나이다 시84:2

내 영혼이 주를 갈망하며, 내 육체가 생존하시는 하나님께 부르짖으니 시63:1

우리 산 자가 항상 예수를 위하여 죽음에 넘기움은 예수의 생명이 또한 우리 죽을 육체에 나타나게 하려 함이니라 고후4:11

죄와 사탄이 육체에 거한다고 주장하는 지방교회, 베뢰아, 구원파들은 육체가 하나님을 찬양하고, 예수의 생명이 우리 죽을 육체에 나타나기도 한다는 위의 성경구절에 대해서 무엇이라고 반박하겠습니까? 이러한 이원론적인 주장은 워치만 니와 위트니스 리로부터 시작되어 한국교회에 만연되어 있습니다.

(3) 성경에서 말하는 '육체'와 '영'은 인간의 육신적 부분과 영적 부분을 대조시키는 것이 아니다

바울은 거듭난 사람과 거듭나지 못한 사람을 대조시키면서, '육신에 있는 자'는 하나님을 기쁘게 할 수 없다고 말하며 '영을 좇는 자'에 대해서 강조하고 있는데, 그 '영을 좇는 자'는 개인적인 사람의 영과 육체를 분리시켜 구별되는 부분을 말하는 것이 아니라, '성령 하나님을 좇는 삶'을 말하는 것입니다. 다시 말하여 성경에서 '육체'라는 표현은 물론 정신적인 영혼과 반대되고 대조되는 부분을 가르키는 경우도 있지만, 대부분은 '총체적인 인간'을 말함으로서 '성령 하나님'과 대조되는 경우로 사용됩니다. 특히 "육신에 죄가 거한다"는 표현은 그 육신 자체가 곧 성령을 거스리는 전인적인 인간의 욕망이라는 의미로 보아야 합니다. 예를 들면 다음 성경본문과 같습니다.

육체인간의 소욕은 성령을 거스리고 성령하나님의 소욕은 육체를 거스리나니, 이 둘이 서로 대적함으로 너희의 원하는 것을 하지 못하게 하려 함이니라 갈5:17

즉 인간의 육체와 영이 구별되고 대조되어지는 것이 아니라, 인간의 육체와 성령이 서로 구별되고 대조되어지는 것입니다. 또한 히브리어 '루아흐' 혹은 헬라어 '프뉴마'로 표현되는 '영'이란 때로는 인간의 영, 즉 인간의 내적인 생명력으로서 신적실재와 접촉하는 직접성과 관련되어 있지만, 근본적으로는 하나님의 성령을 가르킵니다. 인간의 영도 하나님이 주신 것이기 때문입니다.

앞서 말하였듯이, 바울이 말한 '육신을 좇는 소욕'의 개념은 사람을 육과 영으로 분리하고 구별하여 영을 좇는 개념으로 말하는 것이 아니라, '성령의 인도와 보호를 좇는 삶'과 반대되는 개념을 의미합니다.

> 육신의 생각인간의 생각은 하나님과 원수가 되나니 이는 하나님의 법에 굴복하지 아니할 뿐 아니라 할 수도 없음이라. 육신에 있는 자들은 하나님을 기쁘시게 할 수 없느니라 롬 8:7-8

본문에서 말하는 '육신의 생각'은 물질적인 고깃덩어리 부분만의 생각이 아니라, 성령을 좇지 않는 총체적인 인간의 생각을 의미하는 것입니다. 위 본문에서 '육신에 있는 자'라는 뜻은 하나님의 영이 거하지 않는 사람을 뜻합니다. 즉 육신에 있는 자들거듭나지 않는 자과 육신에 있지 않은 자들거듭난 자들을 구분하여주는 기준은 '성령의 내주'입니다. 성령이 우리 안에 거하는 것을 바울은 "육신에 있지 않고 영에 있다"고 표현한 것입니다.

> 만일 너희 속에 하나님의 영이 거하시면 너희가 육신에 있지 아니하고 영에 있나니, 누구든지 그리스도의 영이 없으면 그리스도의 사람이 아니라 롬 8:9

다시 말하여 '육신에 있다'는 말의 뜻은 '거듭나지 않았다'는 상징적이며 상태적인 개념을 말하는 것이며, '영에 있다'는 말은 '거듭난 그리스도의 사람'이라는 개념이 된다는 것입니다.

> 육으로 난 것은 육이요, 성령으로 난 것은 영이니, 내가 네게 거듭나야 하겠다 하는

말을 기이히 여기지 말라 요3:6-7

바울이 말한 '육체의 소욕'이란 성령 하나님의 인도와 보호를 외면하는 인격적인 인간 자체의 소욕을 말하는 것이 명백합니다. 위 성경본문 요한복음 3:6-7은 "성령으로 난 것이 영"이라고 말하고 있습니다. 또 영이 거듭난다는 것은 이전의 영이 죽거나 혹은 없었는데, 다시 태어난다는 의미는 아닙니다. 왜냐하면 "여호와께서 그 영을 강퍅하게 하셨다"신2:30는 것처럼, 불신자에게는 영이 없었다고 말할 수는 없기 때문입니다. 또한 거듭난 사람에게도 그 사람의 영이 존재하며, 성령은 그 사람의 영과 더불어 우리가 하나님의 자녀임을 증거합니다.

> 성령이 친히 우리 영으로 더불어 우리가 하나님의 자녀인 것을 증거하시나니 롬 8:16

즉 우리가 불신자였을 때에 그 영이 없었던 것이 아니라, 그 영이 하나님과 교제가 끊어졌음을 뜻하고 있다고 보아야 할 것입니다. 하나님이 선악을 알게 하는 나무의 과실을 먹으면 정녕 죽으리라고 하였을 때에, 그 죽음은 육체적인 죽음뿐 아니라 하나님과의 관계가 단절되는 영적인 죽음도 함께 포함되어졌던 것입니다. 바울이 허물과 죄로 죽었으나엡 :1 하나님에 대하여 산 자가 되었다롬 6:11고 말하였을 때에, 영과 육을 구별하고 분리하자는 것은 아니며, 전인적인 나의 변화를 뜻합니다. 우리의 영만이 새로운 피조물이 되었다는 것이 아니라, 전인적으로 우리는 새로운 피조물이 된 것입니다고후 5:17.

성경이 말하고 있는 '육에 속한 사람고전 2:14은 문자적으로는 '육체에 속한 사람'이 아니라 '혼에 속한 사람' 푸쉬기코스을 뜻합니다.

개혁주의 신학자인 스트롱 박사는 인간을 건물로 비유하여 '영'이라는 창문은 하늘로 향한 것이고, '혼'은 지상을 향하여 달린 창문이라고 보았는데, 이러한 비유는 적절한 설명으로 보이며, 영혼은 창문으로 비유하였을때, 그것이 어떤 개념으로 사용되었는가에 따라 의미적인 관점으로서 구별되어진다는 것입니다.

다시 말하여 영과 혼은 실제적으로는 분리될 수 없지만, 의미상 개념적으로 구별될 수 있으며, 영은 인간성의 특수한 방면으로서 사람이 하나님을 알 수 있는 창문으로, 혼은 세속적 행동과 관습에 제한되어 있는 창문을 뜻한다고 보면 적절하다고 생각됩니다.

물론 인간은 죽어서 영혼과 육체가 분리됩니다. 육체는 흙으로 돌아가서 썩지만, 영혼은 하나님의 곁으로 가게 되며, 썩지 않을 신령한 몸의 부활을 기다리게 될 것은 성경에서 언급하는 바와 같습니다. 그러나 인간은 살아서 영혼과 육체가 분리되지 않으며, 성경에서 육체라는 표현은 대부분 영과 분리되는 개념이 아니라 총체적인 인간을 말하거나, 단지 개념상으로 영과 대비시키는 육체로서 그 의미를 표현합니다. 성경에서는 인간이 살아서 육체와 영혼이 분리된 경우가 언급되지 않습니다. 야고보서 2장26절과 같이, 영혼없는 몸은 곧 죽은 것입니다.

최근에는 영성개발원이니 영성운동이니 하는 곳에서 살아서 영혼과 육체를 분리시킬 수 있다는 주장을 하는데, 이러한 주장은 전혀 비성경적인 주장이며, 헬라철학적인 이원론 사상일 뿐입니다.

또 인간은 하나님과 사탄의 대결, 영과 육체의 대결로 간주하여 그러한 승리를 영적전쟁이라고 가르치기도 합니다. 특히 입신이라는 비성경적인 용어를 사용하여 죽지 않고 천국과 지옥을 갈 수 있다는 주장은 비기독교적인 주장임에 분명합니다.

더욱이 지방교회, 베뢰아, 구원파같은 곳에서는 "죄가 육체에 거한다, 사탄이 육체에 거한다"고 하는데, 잘못된 주장입니다. 바울은 '육체에 죄가 거한다' 라고 말하였지만, 그가 말하는 '육체' 는 영혼을 제외한 부분이 아니라 '인간 자체' 를 말하며, 성령과 대조되는 의미에서 육체라는 용어가 사용되었기 때문입니다. 그래서 바울은 "죄가 내 안에 있다"고 표현하기도 하며 혹은 "죄가 육체 안에 있다"라고 말하기도 하는데, 그가 말하는 육체는 영이신 하나님과 비교하여, 총체적이며 전인적인 인간을 가르킵니다.

성경은 "죄가 마음에 있다"고 표현합니다. 죄는 그 자리를 육체에 두고 있는 것이 아니며, 전인적이며 총체적인 자아가 죄를 짓는 것입니다. 과연 영혼혹은 영이 배제된 육체라는 부분이 죄를 지을 수 있을까요? 죄는 인격적인 나의 마음에서 짓는 것입니다. 마음은 영을 대표하는 기관이며 또한 육체가 존재하므로 마음이 존재하는 것이라고 성경은 말합니다.

> 내가 그들에게 일치한 마음을 주고 그 속에 새 신을 주며 그 몸에서 굳은 마음을 제하고 부드러운 마음을 주어서 겔 11:9
> 성경적으로나 상식적으로 인간은 영영혼이 배제된 육체만이 죄를 짓는 것이 아니라, 그 마음으로 죄를 짓습니다.
> 만물보다 거짓되고 심히 부패한 것은 마음히: 레브이라 누가 능히 이를 알리요마는 렘 17:9
> 마음헬: 칼디아에서 나오는 것은 악한 생각과 살인과 간음과 음란과 도적질과 거짓 증거와 훼방이니 마 15:19

반면에 마음은 선을 낼 수도 있고 악을 낼 수도 있습니다.

> 선한 사람은 마음의 쌓은 선에서 선을 내고 악한 자는 그 쌓은 악에서 악을 내나니 이는 마음헬: 칼디아의 가득한 것을 입으로 말함이니라 눅 6:45

즉 성경에서 '육체의'라는 말은 '죄많은' sinful 이라는 단어와 동일시 되어지기도 하지만, 그것은 육신을 가진 인간 자체가 연약함으로 죄에 대한 유혹의 목표가 되어지기 때문입니다. 헬라 철학적인 이원론자들과 같이 죄가 육체에만 있는 것이 아니라, 마음으로부터 그 영향과 활동이 지정의에 미쳐 전인적으로 죄가 파급되어지는 것입니다. 헬라 철학적인 이원론자들은 이 세상의 근원을 영선과 물질악의 두가지로 구별하려고 하며, 모든 창조의 근원을 하나님으로 보지 않고, 하나님과 사탄으로 양분하려고 합니다. 그러한 헬라철학은 초대교회 영지주의 이단에게도 영향을 끼쳤습니다.

하나님이 우리를 죄인이라고 할 때에는 우리의 육체만이 죄인이라는 것이 아니라, 전인적인 내가 하나님 앞에 죄인이 되는 것입니다. 물질은 그 자체만으로 악하거나 악의 근원이 되지 않으며, 육체 자체만으로는 생명이 유지되지 않습니다. 인간의 육체는 능력에 있어서 약하고 힘없는 존재로서 특히 하나님 앞에서는 더욱 그러합니다. 그래서 성경에는 육체라는 단어가 영이신 하나님과 반대되는 개념으로 사용되고 있습니다.

> 여호와 대신에 혈육Flesh을 의지하는 자는 저주를 받을 것이라 렘17:5, 7

4. 가계의 저주가 유전되는가?

가계저주론

> 이러므로 한 사람으로 말미암아 죄가 세상에 들어오고 죄로 말미암아 사망이 왔나니 이와 같이 모든 사람이 죄를 지었으므로 사망이 모든 사람에게 이르렀느니라 롬5:12

우리는 선악을 알게하는 나무의 과실을 먹은 적이 없습니다. 그렇다면 성경은 왜 모든 사람이 다 죄 아래에 있다고 말할까요? 아담의 죄가 과연 어떻게 나에게 전가되어집니까? 좀더 구체적으로 말하면, 구약 창세기 시대에 아담이 저지른 그의 실수 때문에 왜 내가 하나님께 죄인이 되어지며, 아담이 지은 죄로 인하여 나까지도 죽어야만 할까요? 무엇보다도 나는 결코 선악과를 먹은 적이 없습니다.

펠라기우스383-410년는 이 문제에 대하여 강하게 거부하였습니다. 그는 아담의 범죄란 단지 아담 자신에게만 영향을 미쳤으며, 오늘의 인류는 범죄전의 아담과 같이 자유의지를 갖고 스스로 자신의 도덕적, 영적생활을 영위해 나갈 수 있다고 주장하였습니다. 그는 하나님의 은총을 강조한 어거스틴과 토론 끝에 이단으로 정죄되었습니다. 펠라기우스의 주장이 이단이 된 것은 그가 비성경적인 주장을 하였음이 분명하기 때문입니다. 왜냐하면 로마서 5장14절은 이렇게 말하고 있기 때문입니다.

> 그러나 아담으로부터 모세까지 아담의 범죄와 같은 죄를 짓지 아니한 자들 위에도 사망이 왕노릇하였나니 아담은 오실 자의 표상이니라. 롬 5:14

아담과 같이 죄를 짓지 아니한 자들 위에도 사망이 왕노릇하게 되었다고 성경은 말하고 있습니다. 만일 아담의 죄가 아담에게만 국한되어진다면, 아담 한사람의 죄로 인하여 모든 인류의 사망을 초래한 원죄에 대해서는, 하나님은 공의의 하나님이 아니라 불공정하신 하나님이 되어져야만 할 것입니다.

그러나 성경은 과연 무엇이라고 말하고 있을까요?

> 죄의 삯은 사망이요, 하나님의 은사는 그리스도 예수 우리 주 안에 있는 영생이라 롬 6:23

로마서 5장 12-21절을 보면 그리스도와 아담을 대비시켜 설명하고 있는데, 만일 원죄가 아담에게만 국한된다면, 우리에게 믿음으로서 주어지는 '그리스도의 의'도 오직 그리스도에게만 국한되어져야만 할 것입니다. 그러나 성경은 아담 한사람의 죄로 많은 사람이 죄인이 된 것과 같이, 예수 한 사람의 순종하심으로 많은 사람이 의인이 되었다고 분명히 말하고 있습니다.

> 한 사람의 범죄를 인하여 사망이 그 한 사람으로 말미암아 왕노릇 하였은즉 더욱 은혜와 의의 선물을 넘치게 받는 자들이 한 분 예수 그리스도로 말미암아 생명 안에서 왕노릇 하리라. 그런즉 한 범죄로 많은 사람이 정죄에 이른 것같이 의의 한 행동으로 말미암아 많은 사람이 의롭다하심을 받아 생명에 이르렀느니라. 한 사람의 순종치 아니함으로 많은 사람이 죄인된 것같이 한 사람의 순종하심으로 많은 사람이 의인이 되리라. 롬 5:17-19

즉 그리스도 한 사람의 의가 모든 인류에게 적용되어진다는 것을 믿는다면, 아담 한 사람의 죄도 우리 인류에게 전가되어져야만 한다는 것도 우리는 믿어야만 할 것입니다. 즉 아담 한 사람이 온 인류를 대표하는 것이며, 예수 그리스도 한 사람이 온 인류를 대표하는 것입니다. 그렇기 때문에 아담은 오실 자, 그리스도의 표상이 되는 것입니다.

이것을 '언약적 대표설'이라고 하며 성경의 의미를 가장 잘 반영한 것이 되어지며, 이것이 정통신학적인 견해이며 가장 성경적인 주장이 되어집니다. 즉 아담은 전 인류를 대표하는 사람의 자격으로서 죄를 지은 것이며, 그의 대표성에 의하여 모든 인류는 죄인이 된 것입니다.

> 한 사람의 순종치 아니함으로 많은 사람이 죄인된 것같이 한 사람의 순종하심으로 많은 사람이 의인이 되리라. 롬5:19

적절한 경우는 아니겠지만, 단지 이해를 돕기 위하여 예를 들자면, 어떤 제품을 검사할 때에 우리는 샘플을 골라 시험을 합니다. 그 샘플은 전체 제품의 대표성을 갖고 있습니다. 그 샘플이 불량품으로 판정이 난다면 그 제품은 모두 불합격이 될 것입니다. 그와 같이 아담은 인류의 대표성을 갖고 있습니다. 그래서 롬 5:14는 아담부터 모세까지 죄를 짓지 않은 자들에게도 사망이 왕노릇하였다고 말합니다.

만일 아담의 죄에 대해서 우리가 그것을 전가받음을 억울하다고 불평한다면, 동일한 방법으로, 예수 그리스도의 순종하심으로 그의 의가 우리에게 전가됨도 인정할 수가 없게 됩니다. 즉 우리가 예수를 믿을 때에, 예수의 '의'가 우리에게 전가되어 아담이 지은 '죄'를 덮는 것입니다. 하나님은 예수를 믿음으로서 우리를 의인이라고 불러주는 것은 죄가 있음에도 불구하고 의인이라고 인정하여 주는 것을 뜻합니다. 구약에서 제사를 지내는 사람이 죄 없는 어린 양에게 모든 죄를 전가하여 광야로 내보냈듯이, 예수 그리스도의 의는 우리에게 전가되어지며, 곧 아담의 죄도 우리에게 전가되어진 것입니다.

즉 원죄Original Sin란 말은 아담의 범죄가 아닙니다. 원죄란 말은 아담의 범죄의 결과가 그의 후손들에게 영향을 주는 것까지를 의미합니다. 하나님은 아담에게 이렇게 말씀하셨습니다.

> 동산 각종나무의 실과는 네가 임의로 먹되 선악을 알게하는 나무의 실과는 먹지 말라. 네가 먹는 날에는 정녕 죽으리라. 창2:16-17

"먹으면 정녕 죽으리라"는 말씀에는 "먹지 않으면 죽지 않는다"는 언약의 의미가 담겨져 있는 것입니다. 아담은 하나님께 지음을 받은 첫사람으로서, 온 인류를 대표합니다. '아담'이란 히브리 단어는 '인류'를 뜻합니다.

"먹지 말라"는 하나님의 당부는 아담과 하나님만의 관계가 아니라, '인류 전체와 하나님과의 관계적인 언약' 이었다고 보아야 합니다. 아담은 인류를 대표하여 하나님과 언약하였다고 보는 것이 바로 언약적 대표설입니다. 만일 그 실과를 먹으면 죽게 되며, 그 실과를 먹지 않으면 영원히 죽지 않게 되는 언약인 것입니다.

최근에 어느 목사들은 '가계에 흐르는 저주' 라든지 '조상의 죄'를 주장하기도 하였습니다. 그렇다면 우리는 아담의 죄뿐만 아니라 모든 조상의 죄를 물려 받아야만 하는데, 이것은 상상할 수 없는 끔찍한 일이 될 것입니다. 예를 들면, 나는 이조시대 때의 우리 조상이 어떤 죄를 저지렀는지에 대해서 알지도 못합니다. 과연 우리는 알지도 못하는 죄 때문에 저주를 받아야만 할까요? 그렇다면 예수님은 마리아 조상의 죄와 그 가계의 저주를 모두 받았을까요?

먼저 원죄의 '유전'은 부모의 죄가 마치 유전인자와 같이 자식에게 승계된다는 생식적 유전 개념에 초점이 있는 것이 아닙니다. '전가'라는 용어는 희생양에게 안수하여 죄를 옮겨가게 하여 죽이는 것 같이, 아담의 죄를 하나님이 후손들에게 전가하셨다는 설명입니다. 그러나 실제로 사람의 '죄'라는 물질이 짐승에게 이동되는 것이 아니라, 하나님이 생각하시는 죄에 대한 상대적 관계가 달라진다는 것을 뜻합니다. 즉 죄는 물질이 아니라 관계를 뜻하며, 대표성의 원리가 적용되어집니다.

복음은 어떤 죄인이라도 예수를 믿으면 구원을 받을 수 있기에, 우리에게 기쁜 소식이 되는 것입니다. 우리가 예수를 믿어도 가계의 저주와 조상의 죄에서 벗어날 수 없다면 예수님의 십자가 대속은 불완전한 것이 될 것입니다. 더욱이 어떤 대적 기도문과 같은 것으로 그 저주를 풀 수 있다는 주장은 가계저주론을 무속적인 신앙으로 접목시키는 주장이 됩니다.

"그것들에게 절하지 말며 그것들을 섬기지 말라 나 여호와 너의 하나님은 질투하는 하나님인즉 나를 미워하는 자의 죄를 갚되 아비로부터 아들에게로 삼 사대까지 이르게 하거니와 나를 사랑하고 내 계명을 지키는 자에게는 천대까지 은혜를 베푸느니라"출20:5-6 가계저주에 대한 지지자들이 하나같이 성경적인 근거라고 생각하는 성경구절이 위 본문입니다. 가계 저주론 지지자들은 자신들의 견해를 항상 구약성경 구절에 맞추어 왔습니다. 만일 본문을 문자적으로 그대로 적용하여, 아비의 죄를 삼사 대까지 이르게 한다는 말로 이해를 하여야 한다고 하면 매우 이상한 해석이 되고 맙니다. 이 구절은 반드시 그 앞에 조건으로 달려 있는 "나를 미워하는 자의 죄를 갚되"라는 말과 연결하여 이해하여야 합니다. 즉 본문은 모든 일반적인 가계의 저주와 조상들의 죄가 유전된다는 내용이 아니라, 특별히 하나님을 증오하는 자들의 경우를 지칭하는 것이며, 하나님께서 '우상숭배와 하나님의 형상을 만드는 행위'를 가장 혐오하시고 싫어하신다는 강조적인 내용에 초점을 맞추어야 합니다.

만약 본문을 문자적으로 적용시킨다면, 하나님의 계명을 지킨 자에게는 "천대까지 은혜를 베푼다"는 구절에 대해서도 문자적으로 해석을 하여야 할 것입니다. 과연 하나님의 계명을 지킨자에게는 그 후손이 예수를 믿지 않아도 이미 천대까지 은혜를 베풀어서 모두 구원을 받게 한다는 뜻으로 해석이 될까요? 하나님은 어느 개인의 죄에 대해서 그 모든 후손들에게 삼 사대까지 그 죄를 묻는 분이아니시며, 하나님의 계명을 지키는 의인이라고 할 지라도 그 후손 천대까지 죄를 묻지 않으시는 하나님은 아니시기 때문입니다. 본문은 '하나님을 미워하는 자'와 '하나님을 사랑하며 계명을 지키는 자'에 대한 비교로 해석하여야 합니다.

왕을 죽인 자의 자녀들은 죽이지 아니하였으니 이는 모세의 율법책에 기록된 대로 함이라 곧 여호와께서 명하여 이르시기를 자녀로 인하여 아비를 죽이지 말 것이요 아비로 인하여 자녀를 죽이지 말 것이라 오직 사람마다 자기의 죄로 인하여 죽을 것이니라 하셨더라 왕하 14:6

성경에서 하나님은 항상 그 개인 당사자와 하나님의 관계를 적용하십니다. 성경에서 하나님께서 과연 그 조상의 죄를 보고 예수를 믿어도 구원을 하지 않은 경우가 있었던가요? 또 그 반대로 하나님 앞에 가증한 죄를 지은 자를 그 조상 때문에 구원해 준 경우가 있었나요? 위 성경본문은 우상숭배를 하며 하나님을 미워하는 자들에 대한 철저한 경고적인 표현으로 보아야 합니다.

예레미야 선지자는 "아비가 신 포도를 먹었으므로 아들들의 이가 시다하지 아니하겠고 신 포도를 먹는 자마다 그 이가 심같이 각기 자기 죄악으로만 죽으리라."렘31:29,30고 말했습니다. 분명히 각자의 죄에 따라 심판을 받는다고 말합니다. 당연히 우리는 아버지나 조상의 죄로 인하여 심판을 받지 않습니다.

에스겔서에서 부모와 그 아들의 죄악의 관계가 정확하게 기록되어 있음을 확인하시기 바랍니다.

또 가령 그가 아들을 낳았다 하자 그 아들이 그 아비의 행한 모든 죄를 보고 두려워하여 그대로 행하지 아니하고 산 위에서 제물을 먹지도 아니하며 이스라엘 족속의 우상에게 눈을 들지도 아니하며 이웃의 아내를 더럽히지도 아니하며 사람을 학대하지도 아니하며 전당을 잡지도 아니하며 억탈하지도 아니하고 주린 자에게 식물을 주며 벗은 자에게 옷을 입히며 손을 금하여 가난한 자를 압제하지 아니하며 변이나 이식을 취하지 아니하여 내 규례를 지키며 내 율례를 행할진대 이 사람은 그 아비의 죄악으로 인하여 죽지 아니하고 정녕 살겠고 그 아비는 심히 포학하여 그 동족을 억탈하고 민간에 불선을 행하였으므로 그는 그 죄악으로 인하여 죽으리라. 그런데 너희는 이르기를 아들이 어찌 아비의 죄를 담당치 않겠느뇨 하는도다. 아들이 법과 의를 행하며 내 모든 율례를 지켜 행하였으면 그는 정녕 살려니와 범죄하는 그 영혼은 죽을지라 아들은 아비의 죄악을 담당치 아니 할 것이요 아비는 아들의 죄악을 담당치 아니하리니 의인의 의도 자기에게로 돌아 가고 악인의 악도 자기에게로 돌아가리라 겔 18:14-20

더욱이 가계저주론을 주장하는 사람들의 가장 큰 오류와 문제라고 할 수 있는 점은 예수를 믿고 거듭나도 가계의 저주와 조상의 죄가 끊어지지 않는다고 주장하는 것입니다. 즉 그들이 주장하는 가계의 저주는 죄와 다르며, 그들은 가계의 저주를 푸는 방법에 대해서 마치 믿음 외에 별도의 방법이 있는 것처럼 주장합니다. 실제로 어떤 사람들은 어떤 특정한 기도문을 암송하여야 저주를 풀 수 있다고 주장하는 경우도 있었습니다.

만약 예수를 믿고 거듭난 사람이 인류의 조상인 아담의 원죄에 대한 죄책도 사함을 받을 수 있는데도 불구하고…. 예수의 피가 조상의 죄와 가계의 저주를 풀지 못한다면, 예수의 십자가 대속이 어느 목사가 만든 기도문보다 불완전한 것이 되어진다는 뜻인가요?

제7장. 구원론과 이단

다른 이로써는 구원을 받을 수 없나니 천하 사람 중에 구원을 받을 만한 다른 이름을 우리에게 주신 일이 없음이라 하였더라 행4:12

1 구원이란 무엇인가?

구원의 의미

구원이라는 용어 자체는 우리의 일상생활에서는 여러 가지 의미로 사용되었습니다. 특히 구약의 경우에서는 질병과 재난, 환란등 인간이 스스로 빠져나올 수 없는 괴로움과 위험으로부터 건져내는 것을 구원이라고 말하기도 합니다. 물론 그러한 구원의 개념은 좁은 뜻의 구원이라고 말할 수 있습니다.

이것은 이미 선택된 이스라엘 백성을 직접 다스리는 하나님의 신정통치적인 개념에서 유래된 것입니다. 예를 들어, 애굽에서 종살이를 하는 이스라엘의 구원은 애굽으로부터의 해방이었습니다. 즉 구약에서 구원의 의미는 축복의 상태나 행복의 상태를 지속시켜 달라는 간구, 또 당면한 재난이나 질병, 위험, 전쟁에서의 긍리, 환란으로부터의 벗어남을 포함한 현실적인 개념으로 사용되어 왔던 것입니다. 그럼에도 불구하고 구약에서도 묵시적인 기록에서 여전히 구원은 종말적인 영생을 의미하고 있었습니다.

세례요한마저 메시야로 오신 예수님에 대해서 이스라엘 백성을 로마세력으로부터 정치적인 구원을 가져오신 분으로 인식하였습니다. 그러나 예수님은 그를 믿음으로서 영생을 주는 온 세상의 구원주로서 이 땅에 오셨음을 명백히 말씀하고 있었던 것입니다. 디아스포라를 체험했던 유대인들의 구원은 우상숭배를 하는 모든 이방국가를 멸망시키고 하나의 신정통치국가를 만들어 귀환하는 것이었으며, 신약시대조차도 유대인들의 소망은 로마를 물리치고 해방되는 지상국가를 독립시키는 정치적인 메시야의 출현을 구원으로 보았던 것입니다.

그러나 구원의 진정한 의미는 예수님의 이름에서 나타납니다. 천사는 요셉에게 나타나서 장차 태어날 아이의 이름을 예수라 하라고 말합니다. 예수라는 이름은 구원자라는 뜻이며, 그는 자기 백성을 죄에서 구원하게 될 것입니다.

> 아들을 낳으리니 이름을 예수라 하라 이는 그가 자기 백성을 저희 죄에서 구원할 자이심이라하니라 마 1:21

즉 성경이 말하는 구원은 죄로부터 해방되어지는 것을 의미합니다. 즉 죄로 인한 결과로 인하여 초래된 종말적인 심판으로부터 벗어남과 동시에 영생에 참여하는 것을 뜻합니다.

죄는 죄책심판과 죄성오염으로 구별됩니다. 첫사람 아담의 죄의 결과로 말미암아 사망이 오게 된 것을 우리는 죄책이라고 하는데, 죄책은 법률적인 것이고, 오염은 실제적인 것이 됩니다. 쉽게 예를 들자면, 죄책은 죄를 지은 사람이 실형을 받고 감옥에 갇히는 것과 같으며, 죄성은 죄로 인하여 오염된 부패성을 뜻하며, 사람은 누구든지 죄를 지을 수도 있는데, 이것이 곧 죄성입니다.

성경에서 말하는 구원은 이러한 죄책과 죄성으로부터의 해방을 말합니다. 즉 구원은 죄의 값인 사망에서부터 새로운 생명으로 태어나는 재창조가 되는 것이고, 죄로 오염된 옛 사람으로부터 새 사람을 입고, 그리스도의 장성한 분량에 이르고, 하나님의 형상을 회복하는 모든 과정을 말합니다. 물론 이 결과는 궁극적으로 영생을 보장하게 됩니다.

그래서 루이스 벌콥은 "죄인이 신적인 은혜와 하나님과의 직접적인 교제의 생활로 회복되는 것"을 구원으로 정의합니다.

따라서 아직도 위험이나 재난, 또는 육체의 질병이나 경제적인 가난 등에서 벗어나는 것을 구원이라고 말하는 사람들은 본질적이며 진정한 구원의 뜻이 아니라, 구원의 한 부분적이며 예표적인 좁은 개념의 측면을 말하는 것입니다. 예수님 십자가 이후 성경이 말하는 구원의 의미는 물질적이고 육신적인 개념이 아니라, 오히려 주를 위해 복음을 전하는 과정에서 많은 고난과 핍박을 비롯하여 심지어는 목숨까지 순교를 당하였던 제자들의 보상적이며 종말적인 영생의 보장으로서 구원을 말하고 있습니다.

즉 구원이란, 죄의 값으로 받은 사망으로부터 시작하여, 종말적으로 죄의 댓가인 심판까지의 과정을 벗어나 영생을 얻는 과정을 뜻합니다. 예수님은 인류의 모든 죄값을 청산하기 위하여 십자가에서 대속하셨습니다. 그래서 구원에 참여하는 방법은 자발적으로 예수를 믿는 길뿐이며, 예수는 유일한 구원의 방법이며 유일한 이름이 됩니다.

> 하나님이 세상을 이처럼 사랑하사 독생자를 주셨으니 이는 그를 믿는 자마다 멸망하지 않고 영생을 얻게 하려 하심이라 요 3:16

2. 행함인가, 믿음인가?

(1) 야고보서는 행함을 말하는가?

야고보서는 분명히 다른 성경과 달리 '행함' 을 강조하고 있습니다. 그렇기에 초대교회의 정경화 과정에서도 처음에 야고보서는 누락되어지기까지 했었습니다. 또한 마틴 루터는 성경을 독일어로 번역할 때에, 초판에서 야고보서의 번역을 누락시켰던 것도 사실입니다. 그는 야고보서를 '지푸라기 서신' 이라고 혹평하였습니다. 그러나 루터는 초판을 발행한 후, 다시 재판을 발행할 때에 야고보서를 누락시키지 않았으며, 더이상 비판을 하지 않았습니다.

이와 반대로 캘빈은 "이 서신서를 배척할 만한 정당하고 충분한 이유를 결코 발견할 수 없기 때문에 온전히 안심하고 받아들인다." 라고 말했습니다.

그런데 행함을 강조하는 이단들이 주로 야고보서를 인용한다는 사실은 흥미롭습니다. 결국 그들은 다른 성경 전체에 기록된 '믿음'에 대한 보편적인 내용을 굳이 외면하며, 야고보서만을 부분적으로만 인정하기 때문입니다.

우선적으로 가톨릭이나 행위구원론자들이 이신칭의 교리를 비난함에 있어서 주장하는 것이 있습니다.

첫째로는, 루터가 야고보서를 혹평하였는데 그렇다면 루터가 주장한 '오직 성경'이라는 슬로건이 잘못된 것이 아니냐는 것입니다.

둘째로는, 개신교가 구원의 조건으로서 행함을 비판하는데, 그렇다면 야고보서는 비판을 받아야만 하는가 라는 것입니다.

첫번째 주장에 대해서는, 루터의 야고보서 비판을 문제삼는 것은 한 개인적인 주장을 전체적인 주장으로 고의 확장 시키려는 의도가 있다고 보여집니다. 마틴 루터는 위대한 종교개혁자였고 하나님이 도구로 사용한 사람이었지만, 그는 완전한 신적 존재가 아닙니다. 현재 그의 견해가 모두 개신교의 주장과 동일한 것은 아닙니다. 즉 루터가 야고보서는 성경이 아니라고 비판했던 것은 비록 처음의 견해였지만, 개신교의 공식적인 입장이 아닙니다.

두번째의 주장에 대해서, 야고보서의 행함은 구원을 위한 조건으로서의 행함이 아닙니다. 또한 믿음을 부정하거나, 행함을 믿음과 동등한 것으로 표현한 것도 아닙니다. 이해를 돕기 위하여 설명하자면…. 야고보서는 "행함·믿음·구원"을 말하는 것입니다.

다시 말해서 행함은 '믿음의 조건'이며, 믿음은 '구원의 조건'으로서 강조되고 있는 것입니다. 그렇기에 "행함이 없는 믿음은 죽은 믿음이다"약2:17. 26 라고 하였고 '믿음의 조건'으로서의 행함을 말하고 있는 것입니다.

> 내 형제들아 만일 사람이 믿음이 있노라 하고 행함이 없으면 무슨 이익이 있으리요 그 믿음이 능히 자기를 구원하겠느냐 약 2:14
> 네가 보거니와 믿음이 그 행함과 함께 일하고 행함으로 믿음이 온전케 되었느니라 약 2:22

야고보서를 아무리 읽어보아도 '믿음을 부정하는 독자적인 조건으로서의 행함'을 강조하거나 '믿음보다 우월한 조건으로서의 행함'을 말하는 것이 아니며, '실천적인 믿음의 열매'로서의 행함을 말하고 있습니다.

성경은 전체적으로 '믿음으로 얻는 구원'을 말하고 있습니다. 단편적으로 보더라도 야고보서는 믿음을 부정하고 행함을 강조하는 글이 결코 아닙니다. 만일 그렇게 해석한다면 그것은 잘못된 해석이며, 나무는 보되 숲은 보지 못하는 성경해석의 대표적인 우를 범하고 있는 것입니다. 행함이란 믿음을 가진 자로서 당연히 가져야 할 일종의 실천적인 조건임을 야고보는 말하고 있을 뿐입니다.

야고보서의 수신자는 흩어져 있는 열두지파의 '유대인'입니다약1:1. 원래 유대인들은 율법주의적인 사고에 젖어있던 사람들이었습니다. 다시 말하여 무엇 무엇을 지켜야 한다는 율법론적인 신앙생활을 하던 사람들이었는데, 오래된 디아스포라의 생활로 인하여 이방지역에 흩어져서 살게 되므로서, 율법적인 면모를 잊어 버리고 비윤리적이며 비도덕적인 생활에 젖게 되었습니다. 야고보는 그들에게 믿음의 생활적이며 실천적인 측면으로서 행함을 강조하고 있었던 것입니다.

비근한 예를 들자면, 동일한 선생님은 열등반과 우등반에서 가르치는 설교가 달라질 수 있습니다. 공부를 잘하는 우등반에서는 공부를 열심히 하라는 설교보다는 적당한 운동과 시간관리에 대한 강조를 할 수 있습니다. 그러나 열등반에서는 무엇보다도 공부를 강조하여야만 합니다. 그 과정을 모두 무시하고 선생님의 설교를 오해하여, 열등반에서도 운동과 시간관리가 더 중요하다고 설교를 한 것으로 해석하거나, 우등반에서 공부를 하지 말라고 한 것처럼 해석하면 곤란하다는 것입니다.

야고보서는 믿는 자로서 가져야만 하는 실천적인 행함을 강조하는 글이며, 갈라디아서는 율법주의를 버리지 못하는 자에게 율법적인 행위를 비판하며 오직 믿음으로 얻는 구원을 강조하는 글입니다. 즉 야고보서는 '믿음의 조건'에 관한 내용이며, 갈라디아서는 '율법과 복음'에 대해서, 로마서는 '칭의의 조건'에 관한 내용입니다. 그 강조점을 우리는 잘 이해하여야 합니다.

　그들 야고보서의 수신자인 유대인들은 유대땅 밖에 있는 자들이며 로마 제국의 전 영역에 흩어져 살고 있는 유대인들을 말합니다. 그들은 초대교회의 지도자나 사도들과 접촉할 기회가 적었을 것이며, 율법적인 도덕과 윤리적인 생활을 잊어버렸으며, 또한 말과 행동에 실수가 많고 거칠어져서3:1-12, 3:13-4:3 다툼이 생기고 성도들 간에 교제가 단절되기 시작하였던 것입니다. 야고보서는 오늘날에도 이신칭의를 제대로 이해하지 못하여 도덕폐기론에 빠진 사람들에게 믿음의 측면으로서 행함을 강조하는 내용이 될 것입니다.

　야고보서는 아브라함의 예를 들고 있으며약2:21-23, 그것은 이 야고보서의 기자가 이미 로마서 4장과 히브리서 10장 17-19절을 염두에 두고 이 글을 기록하였다는 증거가 될 것입니다. 과연 아브라함이 그 아들 이삭을 제물로 바친 행위로 말미암아 하나님으로부터 구원을 얻었을까요? 그것은 결코 아닙니다. 아브라함의 행위는 그의 믿음에 대한 하나님의 시험이었습니다. 만일 하나님의 구원이 그와 같이 아들을 바칠 수 있는 행함의 조건이라면 이 세상 누구도 구원을 얻지 못할 것이 분명하기 때문입니다. 어느 누구도 자신의 아들을 하나님께 제물로 바치지 못합니다.

　아브라함의 구원은 하나님께로부터 부르심을 받았을 때부터 시작되어진 것이며창15:6, 하나님은 아브라함의 믿음을 확인하고 싶었던 것입니다. 즉 아브라함의 행위는 구원의 조건이 아니라, 그의 믿음을 확인하려는 실천적인 시험이었던 것입니다. 그래서 하나님은 아브라함에게 이렇게 말씀하셨습니다.

　　내가 이제야 네가 하나님을 경외하는 줄을 아노라 창22:12

　즉 우리의 행함은 구원의 조건이 되지 못하지만, 행함은 산 믿음의 조건이 되어질 수가 있는 것입니다. 야고보서는 서두에서 이렇게 말하고 있습니다.

　　오직 믿음으로 구하고 조금도 의심하지 말라. 약1:6

(2) 오직 믿음으로 얻는 구원

성경은 분명히 예수를 믿음으로 구원을 얻는다고 말하고 있습니다. 그러나 이 평범한 진리를 우리는 실감하지 못하고 신앙생활을 하는 경우가 많습니다. 간혹 이단과 사이비에 미혹된 사람들의 이야기를 들어보면, 일반적인 교회에서 가르치는 평범한 진리에 진부함과 식상함을 느꼈고, 이단과 사이비단체의 독특하고 이상한 주장을 오히려 신선한 견해로 받아들임으로서 이단에 미혹되는 경우가 종종 있습니다.

율법주의 이단 중에는 안식일을 지킴으로 하나님의 표를 받게 된다는 안식교도 있고, 유월절을 지킴으로 죄사함을 얻는다는 하나님의 교회안증회도 있습니다. 자신들의 특정한 교리를 깨달음으로 거듭난다고 가르치는 구원파, 혹은 하나님이 된다고 가르치는 지방교회도 있고, 보혜사나 이긴자로 지칭되는 어떤 목자를 만나야만 구원을 얻는다는 신천지도 있고, 하나님이나 재림예수로 지칭되는 교주를 만나야 된다는 하나님의 교회와 같은 사이비 집단들도 있으며, 구약의 부분적인 규례, 또는 성경이 언급하지 않는 어떤 독자적인 규칙이나 법규를 정하여 그것을 지켜야만 한다는 이단들도 있습니다.

그러나 우리가 성경의 기록을 살펴보면, 믿음으로 구원을 얻는다는 본문이 성경 안에 너무나 많다는 것을 알게 됨으로서 놀라게 됩니다. 예를 들자면, 공기가 삶을 위하여 필수적이라는 사실을 공기가 너무나 많음으로서 우리는 잘 모르고 사는 것과 같습니다.

> 너희가 그 은혜를 인하여by 믿음으로 말미암아through 구원을 얻었나니 이것이 너희에게서 난 것이 아니요 하나님의 선물이라 엡2:8

구원은 인간의 몫이 아니라, 하나님이 주신 선물입니다. 본문은 "믿음으로 말미암아…"라고 하는 전형적인 수동형입니다.

즉 구원의 대상은 우리이지만, 구원의 주체는 오직 하나님이라는 것이며, 은혜는 그 방법이며, 믿음은 그 유일한 통로가 되는 것입니다. 믿음으로 구원을 얻는 자체가 은혜입니다.

> 모든 사람이 죄를 범하였으매 하나님의 영광에 이르지 못하더니, 그리스도 예수 안에 있는 구속으로 말미암아 하나님의 은혜로 값없이 의롭다 하심을 얻은 자 되었느니라 롬3:23-24

하나님의 은혜는 값이 없는 것입니다. 즉 인간의 노력과 행위를 요구하지 않습니다. 인간은 스스로 의인이 되지 못하며 모두 죄인이지만, 오직 은혜로 구원을 얻게 됩니다. 믿음으로 의롭다함을 받는 자체가 바로 은혜입니다. 그 이유는 인간은 스스로의 행함이나 노력에 의하여 의인이 되지 못하기 때문입니다, 다시 말하여 인간은 율법 혹은 계명을 지킨다든지, 그의 의로운 행위나 어떤 깨우침으로서 구원을 얻는 것이 아니라, 전적인 하나님의 값없는 은혜로서 구원을 얻는다는 것이며, 그래서 종교개혁자들은 '오직 믿음과 오직 하나님의 은혜'를 외쳤던 것입니다. 즉 행위는 인간의 몫이므로 전적인 하나님의 은혜가 아니라는 것입니다. 바울은 다음과 같이 말하고 있습니다.

> 만일 은혜로 된 것이면 행위로 말미암지 않음이니 그렇지 않으면 은혜가 은혜되지 못하느니라 롬11:6

우리는 율법이 아니라, 은혜로서 구원을 얻습니다. 만일 율법을 지킴으로 의롭게 된다고 주장하면 그리스도께서 헛되이 죽으신 것이 됩니다. 즉 율법주의는 그리스도의 대속을 부정하는 다른 복음이 된다는 것에 주의하여야만 합니다.

> 내가 하나님의 은혜를 폐하지 아니하노니, 만일 의롭게 되는 것이 율법으로 말미암으면 그리스도께서 헛되이 죽으셨느니라 갈2:21
> 우리를 구원하시되 우리의 행한바 의로운 행위로 말미암지 아니하고, 오직 그의 긍휼하심을 좇아 중생의 씻음과 성령의 새롭게 하심으로 하셨나니… 딛3:5

이단들은 항상 교주나 지도자의 개인적인 주장을 성경보다 더욱 권위가 있다고 간주합니다. 교주나 지도자의 가르침이 곧 교리가 되어지는 것입니다.

또 가톨릭은 최근에 '교회 밖의 구원'을 주장합니다. '교회 밖'이란 용어는 장소적인 개념의 교회 밖이 아니라, 예수를 믿지 않아도 선행으로서 구원을 얻을 수 있다는 뜻입니다. 즉 '믿음 밖'을 이야기하는 것으로서, 칼 라이너라는 가톨릭신학자의 개인적인 주장이라고 말할 수 있지만, 그 견해는 가톨릭의 공식적인 견해와 동일하게 인정되고 있습니다.

율법은 그것을 지킴으로 의로움을 얻는 것이 아니라, 죄를 깨닫게 하는 것입니다. 율법은 무엇을 하지 말라는 금지사항을 알려주는 것이기 때문입니다.

> 그러므로 율법의 행위로 그의 앞에 의롭다 하심을 얻을 육체가 없나니 율법으로는 죄를 깨달음이니라. 이제는 율법 외에 하나님의 한 의가 나타났으니 율법과 선지자들에게 증거를 받은 것이라. 곧 예수 그리스도를 믿음으로 말미암아 모든 믿는 자에게 미치는 하나님의 의니 차별이 없느니라 롬3:20-22

> 그러므로 사람이 의롭다 하심을 얻는 것은 율법의 행위에 있지 않고 믿음으로 되는 줄 우리가 인정하노라 롬3:28
> 사람이 의롭게 되는 것은 율법의 행위에서 난 것이 아니요 오직 예수 그리스도를 믿음으로 말미암는 줄 아는 고로 우리도 그리스도 예수를 믿나니 이는 우리가 율법의 행위에서 아니고 그리스도를 믿음으로서 의롭다 함을 얻으려 함이라 율법의 행위로서는 의롭다 함을 얻을 육체가 없느니라 갈2:16

성경은 율법이나 행함이 아니라 믿음으로서 구원을 얻는다고 기록하고 있으며, 이러한 성경구절은 얼마든지 찾아볼 수 있으므로, 일일이 제시할 필요조차 없을 것입니다.

> 하나님이 우리를 구원하사 거룩하신 부르심으로 부르심은 우리의 행위대로 하심이 아니요 오직 자기 뜻과 영원한 때 전부터 그리스도 예수 안에서 우리에게 주신 은혜

> 대로 하심이라 딤후1:9

성경은 오직 믿음으로서 의를 얻을 수 있음을 언급하고 있으며, 그것을 우리는 소위 '이신칭의'라고 부릅니다. 즉 믿음으로 의롭다함을 얻는다는 것입니다. 모든 인간은 도저히 자기 힘으로 죄 문제를 해결할 수 없었습니다. 하나님이 직접 선택하신 이스라엘 백성들마저 목이 곧은 자들이어서 하나님께 끝내 범죄하고 돌아오지 않았습니다. 이제 하나님께서는 예수를 믿는 자는 누구든지 '의롭다고 칭하시는 신분'을 주십니다. 인간은 어느 누구도 행함으로 온전한 의인이 될 수가 없었기 때문에, 믿음으로 얻는 칭의가 곧 하나님의 값없는 은혜입니다.

> 복음에는 하나님의 의가 나타나서 믿음으로 믿음에 이르게 하나니 기록된바 오직 의인은 믿음으로 말미암아 살리라 함과 같으니라 롬1:17

마틴 루터는 롬 1:17을 읽으면서 "그 때에 천국문이 열림을 보았다"고 말하였고, 요한 웨슬레는 올더스케이트에서 있었던 집회에서 한 강사가 롬 1:17을 읽는 것을 듣고 뜨거운 회심을 체험하였다고 하였습니다. 바울을 감동시킴으로 성경을 기록케 한 성령의 역사가 시간과 공간을 초월하여 종교 개혁자들에게 임하여 감동시켰던 것입니다. 그것이 바로 믿음으로 의롭다함을 받는다는 이신칭의Justification by faith라는 기독교의 중요한 교리입니다.

요한 웨슬레가 롬 1:17로부터 느꼈던 회심의 체험에 대해서 '개혁주의적 의미의 복음적 사귐'이라고 합니다. 그는 회심 이후를 '종의 믿음'에서 '아들의 믿음'으로 변화되었다고 말합니다. 회심 이전의 웨슬레는 자신의 의지와 노력에 의한 자력적인 거룩을 추구하였으나, 회심 이후 그는 성령이 주시는 은혜의 능력을 깨달은 것입니다.

이신칭의는 그 당시 가톨릭 교회가 가르쳤던 인간의 행위와 공로에 반박하여 부르짖은 구호였습니다. 성경을 통하여 볼 때 행위와 인간의 공적에 의한 구원은 거저주시는 하나님의 은혜를 무효화시키고 인간을 다시금 율법의 노예로 예속시키는 것이었기 때문입니다. 이것은 성경 전체에서 의심하지 못할 정도로 우리에게 확인을 시켜 주고 있으며, 또한 실제적인 우리의 경험이 그것이 말해 주고 있습니다. 이신칭의는 구원이 오직 하나님께 속한 것임을 선포하는 것입니다. 우리는 여기에서 진정한 믿음을 알게 됩니다. 믿음이란, 물질이 아니라 인격적 존재와 인격적 존재 사이의 상대적인 관계입니다. 기독교 신앙에 있어서의 믿음이란 것은 그 신앙의 대상인 하나님에 대한 이해이며, 관계이며, 교제가 됩니다.

성경에는 "믿음으로 말미암아"라는 구절이 무려 23개가 있습니다. 믿음으로 얻는 구원에 대한 성경구절은 아마 수백구절 이상이 될 것입니다. 너무나 많은 이 명백한 성경구절들을 왜 진리로 받아들이지 못하며, 이단들이 제시하는 이상한 해석과 부분적인 해석으로 미혹되고 말까요? 아래 성경구절들에 대해서 얼마나 많은 목사님들이 설교제목으로 삼았으며, 성경에는 우리가 흔히 접하는 성경구절은 얼마든지 있습니다.

> 그러므로 우리가 믿음으로 의롭다 하심을 얻었은즉 우리 주 예수 그리스도로 말미암아 하나님으로 더불어 화평을 누리자 롬5:1
>
> 또 네가 어려서부터 성경을 알았나니 성경은 능히 너로 하여금 그리스도 예수 안에 있는 믿음으로 말미암아 구원에 이르는 지혜가 있게 하느니라 딤후3:15
>
> 믿음은 바라는 것들의 실상이요 보지 못하는 것들의 증거니 선진들이 이로써 증거를 얻었느니라 히11:1-2
>
> 믿음의 결국 곧 영혼의 구원을 받음이라 벧전1:9
>
> 너희가 다 믿음으로 말미암아 그리스도 예수 안에서 하나님의 아들이 되었으니…..갈3:26
>
> 너희가 믿음에 있는가 너희 자신을 시험하고 너희 자신을 확증하라. 예수 그리스도께서 너희 안에 계신 줄을 너희가 스스로 알지 못하느냐 그렇지 않으면 너희가 버리운 자라 고후13:5

예수님과 우리는 믿음으로 말미암아 '뿌리와 가지'와 같이 유기체적인 연결을 하게 되는 것입니다. 예수라고 하는 뿌리로 인하여 가지가 되는 우리가 보전되어집니다.

> 그 가지들을 향하여 자긍하지 말라. 자긍할지라도 네가 뿌리를 보전하는 것이 아니요, 뿌리가 너를 보전하는 것이니라 롬11:1

3. 구원의 세 가지 시제

구원의 시제

성경에서 '구원'에 대한 시제는 세 가지로 언급됩니다.

즉 이미 얻은 구원과거적 시제의 구원과 현재 구원의 길을 걷고 있다는 표현현재적 시제의 구원과 궁극적으로 얻게 되는 구원미래적인 시제의 구원을 말합니다.

그 이유는 구원이 하나의 과정이며, 길이기 때문입니다.

우리는 이미 구원의 길에 들어서 있고, 현재 구원의 길을 걷고 있으며, 장차 구원의 최종목적지에 도착하게 될 것입니다. 박윤선목사는 이것을 '즉각적인 구원과 점진적인 구원'이라고 표현하며, '이미와 아직' already but not yet 이라고 표현하기도 합니다. 이것을 다른 말로 바꾸자면, 죄에 대해서 법률적인 무죄선고의 과정, 실제적인 죄와의 싸움의 과정, 최종적으로 완성된 구원의 과정이라고 말할 수도 있습니다. 후크마는 다음과 같이 말합니다.

"즉 이미 그들은 그리스도 안에 있기는 하나, 아직은 온전한 자가 아니다. 그들은 영광에 이르는 길을 가는 자들이로되, 아직도 그 지점에서 멀리 있는 자들이다. 즉 그들은 진정으로 새로워진 사람이지만 그러나 아직 전적으로 새롭지 않다"안토니 후크마, 개혁주의 구원론, 32쪽

이러한 구원에 대해서 분류하는 것은 구원에 세 가지 개념이 있다는 뜻으로 분류하는 것은 아니며, 시간적인 의미와 과정적인 개념으로 분류할 뿐입니다.

그러나 최근에는 몇몇 교회들이 구원에 대해서 영과 혼과 육의 구원으로 각각 분리시켜서 말하는 주장이 있는데, 이것은 옳지 않습니다. 특히 구원파

는 거듭나는 것은 영이 거듭나는 것이며, 성화는 혼의 구원이며, 장차 궁극적인 구원은 몸의 구원이라고 정의하기도 합니다. 또 어떤 사람들은 성화를 육체적인 구원이라고 말하기도 하며 생활의 구원이라고 부르는데 잘못된 구원관입니다.

만약 그들의 주장대로 거듭난 것이 영만의 거듭남이면, 거듭난 사람이 죽었을 때에 혼은 천국에 가지 못합니까? 또한 거듭나는 것이 영만의 구원이라면, 거듭나고 죽은 사람은 예수가 재림하면 몸이 부활하지 못하는지요? 도대체 왜 전인적이며 총체적인 인간을 영과 혼과 육의 구원으로 구별하고 분리합니까?

1) 과거 시제의 구원

예를 들면, 다음과 같은 성경구절은 과거적인 시제의 구원을 말하고 있습니다.

> 허물로 죽은 우리를 그리스도와 함께 살리셨고, 너희가 은혜로 구원을 얻은 것이라. you have been saved 엡 2:5
>
> 내가 진실로 진실로 너희에게 이르노니 내 말을 듣고 또 나 보내신 이를 믿는 자는 영생을 얻었고 심판에 이르지 아니하나니 사망에서 생명으로 옮겼느니라.has crossed over from death to life 요 5:24

즉 믿는 자는 이미 심판을 받지 않으며 사망에서 생명으로 옮긴 것입니다. 이러한 과거적인 시제를 사용한 예는 많이 있습니다.

> 저를 믿는 자는 심판을 받지 아니하는 것이요, 믿지 아니하는 자는 하나님의 독생자의 이름을 믿지 아니하므로 벌써 심판을 받은 것이니라 요 3:18
>
> 그가 우리를 흑암의 권세에서 건져내사 그의 사랑의 아들의 나라로 옮기셨으니 그 아들 안에서 우리가 구속 곧 죄사함을 얻었도다 골 1:13-14
>
> 그런즉 누구든지 그리스도 안에 있으면 새로운 피조물이라 이전 것은 지나갔으니 보

라 새 것이 되었도다 the new has come 고후 5:17

물론 위에 기록한 성경구절보다 더 많은 성경구절들이 과거적인 시제로서 이미 받은 구원을 말하고 있습니다. 그런데 성경은 현재형의 구원을 함께 말하고 있습니다. 구원의 현재적인 면과 현재에도 계속되는 진행적인 구원을 함께 언급하고 있는 것입니다.

2) 현재 시제의 구원

> 그러므로 나의 사랑하는 자들아 너희가 나 있을 때 뿐 아니라 더욱 지금 나 없을 때에도 항상 복종하여 두렵고 떨림으로 너희 구원을 이루라 빌2:12

"이루라"라는 단어는 work out로 현재동사입니다.

> 십자가의 도는 멸망하는 자들에게는 미련한 것이요 구원을 얻는 우리에게는 하나님의 능력이라 고전 1:18

"구원을 얻는 우리"의 동사시제는 현재수동형 분사로 사용되었고 직역하면 구원을 받고 있는 우리"라는 뜻이 되어집니다. who are being saved

> 갓난 아이들 같이 순전하고 신령한 젖을 사모하라 이는 이로 말미암아 너희로 구원에 이르도록 자라게 하려 함이라 벧전2:2
>
> 성령이 친히 우리 영으로 더불어 우리가 하나님의 자녀인 것을 증거하시나니 롬8:16
>
> 이르시되 내가 은혜 베풀 때에 너에게 듣고 구원의 날에 너를 도왔다 하셨으니 보라 지금은 은혜 받을 만한 때요 보라 지금은 구원의 날이로다 now is the day of salvation 고후 6:2

3) 장래 시제의 구원

또한 성경은 장래적이고 궁극적인 구원에 대해서도 말하고 있습니다.

그러면 이제 우리가 그 피를 인하여 의롭다하심을 얻었은즉 더욱 그로 말미암아 진노하심에서 구원을 얻을 것이니 shall be saved... 롬 5:9

이뿐 아니라 또한 우리 곧 성령의 처음 익은 열매를 받은 우리까지도 속으로 탄식하며 양자될 것 곧 우리 몸의 구속을 기다리느니라. 롬 8:23

네가 어찌하여 네 형제를 판단하느뇨 어찌하여 네 형제를 업신여기느뇨. 우리가 다 하나님의 심판대 앞에 서리라 롬 14:10

오직 우리의 시민권은 하늘에 있는지라. 거기로서 구원하는 자 곧 주 예수 그리스도를 기다리노니, 그가 만물을 자기에게 복종케 하실 수 있는 자의 역사로 우리의 낮은 몸을 자기 영광의 몸의 형체와 같이 변케 하시리라 빌3:20-21

평강의 하나님이 친히 너희로 온전히 거룩하게 하시고, 또 너희 온 영과 혼과 몸이 우리 주 예수 그리스도 강림하실 때에 흠 없게 보전되기를 원하노라 살전5:23

그러므로 우리는 두려워할지니 그의 안식에 들어갈 약속이 남아 있을지라도 너희 중에 혹 미치지 못할 자가 있을까 함이라 히4:1

이와 같이 성경에서 구원이 세가지의 시제, 즉 이미 받은 구원과 현재 이루고 있는 구원, 종말적으로 얻게 될 구원에 대해서 말하고 있는 것은 구원은 하나의 과정이며 길이기 때문입니다. 특히 우리가 잊으면 안되는 것은 그 구원의 시제가 과거이든 현재이든, 장래이든, 인간은 구원의 수혜자이며, 하나님이 구원의 주체이심을 알아야만 합니다. 즉 인간은 구원에서 수동적인 입장이라는 것입니다. 하나님이 구원을 하시는 것이지, 인간 스스로가 구원을 하는 것이 아니라는 뜻입니다.

구원의 확신이란 매우 유익한 것이지만, 그것을 오해하여 무작정 내가 스스로 구원을 얻었다고 단정하는 것이 아니라, 자기 자신이 갖고 있는 믿음의 확증으로 구원을 받게 된다는 확신을 갖는 것입니다. 즉 구원의 확신이란, 나 자신의 믿음으로 말미암는 현재진행형의 구원에 대한 연속적인 확증이어야만 합니다. 내가 십년 전에 예수를 믿었다는 과거의 사실은 나를 구원하지 못하며, 혹은 내가 오년 후에 예수를 믿을 것이라는 미래의 예측도 나를 구원하지 못한다는 것은 너무나 당연합니다.

> 너희가 믿음에 있는가 너희 자신을 시험하고 너희 자신을 확증하라 예수 그리스도께서 너희 안에 계신 줄을 너희가 스스로 알지 못하느냐, 그렇지 않으면 너희가 버리운 자니라 고후13:5

물론 내가 하나님의 구원 예정 안에 있다면 나는 구원을 받게 됩니다. 그러나 내가 하나님의 구원 예정 안에 있는지를 확인할 수 있는 방법은 스스로의 믿음을 확증하는 것 외에는 없습니다. 내가 과거에 교회를 열심히 다녔는지는 구원의 확신이 되지 않습니다. 모태신앙이라는 단어는 성경에 없는 단어이며, 어머니가 신앙인이었다고 하여, 태 안에 있었던 자녀가 구원을 받지는 않습니다. 아버지가 장로였다거나 유명한 목사였다는 사실이 나를 구원하지 않습니다.

인간의 입장에서는, 내가 지금 예수를 믿느냐는 것이 가장 중요한 것입니다. 구원이란 하나님의 값없는 선물이며 전적인 하나님의 주권사역이며, 인간은 오직 하나님께로부터 구원을 받는 것입니다. 물론 믿음마저도 하나님의 선물입니다. 중요한 것은 하나님의 구원은 취소되지 않지만, 인간 자신이 스스로 확신하는 구원은 아직 종말적으로 심판이 결정된 것이 아니라는 것입니다.

물론 성령이 함께 하신다는 것은 우리가 이미 구원을 받았다는 인침과 보증이 되며, 우리의 구원은 그리스도 안에 있다면 취소되지 않습니다. 성경은 "그리스도 예수 안에 있는 자는 결코 정죄함이 없다"고 말하기 때문입니다. 롬 8:1

즉 우리는 구원에 대해서 "Already, but not yet"이라고 말해야만 합니다. 예수를 믿는 성도들은 이미 사망에서 생명으로 옮겼으며 지금 하나님의 자녀가 되었지만, 최종적인 구원은 아직 완성된 것은 아니기 때문이며, 그 최종적인 완성을 이루기 위해 우리가 이루어야만 하는 책임적인 측면이 있다는 것도 잊으면 안됩니다.

중요한 것은 Already이미와 Not yet아직의 개념은 두가지의 분리된 개념이 아니며, 첫째, 구원의 즉각성과 점진성의 개념을 뜻하는 차이점이며, 둘째,

하나님이 보시는 은혜적인 측면과 인간이 보는 책임적 측면에서 드러나는 역동적인 차이점이며 셋째, 신앙적 확신과 결과적 성취를 의미한다는 것입니다.

4. 하나님의 절대주권과 인간의 책임

우리의 구원은 우리의 노력과 의지에 따른 행함으로 이루어지는 것이 아닙니다. 그러한 행위구원론적인 주장은 다른 복음이며, 사도바울은 갈라디아서 1장에서 다른 복음을 전하는 자를 저주를 받는다고 말하였습니다. 성경은 우리의 구원이 '오직 믿음'이며 '오직 은혜'라고 말합니다. 물론 믿음마저도 하나님이 주신 선물임은 말할 나위가 없을 것입니다. 행함이 아니라 믿음으로 구원을 받는다는 자체가 하나님의 값없는 은혜가 됩니다.

그렇다면 구원에서 사람의 책임은 전혀 필요하지 않을까요? 구원은 전적으로 하나님의 은혜에 기인하지만, 그러나 성경은 인간의 책임이 하나도 필요없다고 말하지는 않습니다. 예를 들면, 예수를 믿지 않아도 저절로 구원을 받을 수 있을까? 심지어 우리가 다른 사람에게 전도를 할 필요도 없을까요? 더 나아가서는 성경을 읽고 공부할 필요도 없을까요? 성경에는 그러한 내용이 단 한마디도 없다는 것에 우리는 주목하여야 합니다.

인간은 자유로운 의지와 선택권을 갖고 있으므로, 그가 선택한 것은 스스로의 책임입니다. 동시에 하나님은 이 세상을 그의 선하신 뜻대로 통치하고 섭리하시고 계십니다. 그렇다면 우리는 어떻게 하나님의 절대주권을 인정하면서 동시에 인간의 책임도 필요하다고 말할 수 있을까요?

1) 합력하여 선을 이룬다

> 우리가 알거니와 하나님을 사랑하는 자 곧 그 뜻대로 부르심을 입은 자들에게는 모든 것이 합력하여 선을 이루느니라 롬 8:28

본문에 대해서는 "성도들이 힘을 합쳐서 노력하여 선을 이룬다"는 의미로 해석하는 견해가 있으며, 또한 "하나님이 그 뜻대로 선을 이루어 나가신다"고 해석하는 견해도 있습니다. 심지어 교단의 신학적인 견해에 따라 하나님의 주권적인 통치를 강조하는 사람들은 후자로 해석하고, 인간의 책임적인 의지적 측면을 강조하는 사람들은 전자로 해석하기도 합니다.

다른 번역성경을 살펴보겠습니다

[공동번역] 하느님을 사랑하는 사람들 곧 하느님의 계획에 따라 부르심을 받은 사람들에게는 모든 일이 서로 작용해서 좋은 결과를 이룬다는 것을 우리는 압니다.

[표준새번역] 하나님을 사랑하는 사람들, 곧 하나님의 뜻대로 부르심을 받은 사람들에게는, 모든 일이 서로 협력해서 선을 이룬다는 것을 우리는 압니다.

[현대인의성경] 하나님을 사랑하고 그분의 계획대로 부르심을 받은 사람들에게는 결국 모든 일이 유익하게 된다는 것을 우리는 알고 있습니다.

[KJV] And we know that all things work together for good to them that love God, to them who are the called according to [his] purpose.

[NIV] And we know that in all things God works for the good of those who love him, who have been called according to his purpose.

본문의 주어는 하나님도 아니고 사람도 아니며, '모든 일' all thing입니다. '쉬넬게오' 라는 단어는 '동역하다, 함께 일하다' work together라는 뜻인데, 능동형 동사로서 함께 일한다는 것입니다. 본문을 직역하면 "모든 것들이 선을 위해 함께 역사한다"로서 '모든 것' 이 주어가 되며, 'All thing work together' 로 해석됩니다. 본문에서 '모든 것' 이라는 개념은 성도들에게 일어나는 고난과 기쁨을 비롯한 결과도 포함하지만, 이 세상의 피조물과 자연세계도 모두 포함될 것입니다. 사람의 의지와 행위를 포함한 모든 것들이 하나님의 선하신 뜻대로 합력하여 선을 이루게 될 것입니다.

공교롭게도 본문에서는 두 가지의 종류의 사람이 언급됩니다. 즉 "하나님을 사랑하는 자"who love God와 "하나님의 뜻대로 부르심을 입은 자들"who are the called according to [his] purpose인데 그러나 이 두 유형의 사람은 서로 다른 형태의 구별이 아니라, 동일한 유형의 사람을 다르게 표현한 것이라는 점이라고 보여집니다. 다시 말하면 '하나님을 사랑하는 자'는 '하나님의 뜻대로 부르심을 입은 자'는 동일한 사람의 두가지 표현이라고 말할 수 있습니다.

하나님의 입장에서 볼 때에, 하나님은 미리 정하신 그들을 부르시고, 의롭다하시고, 영화롭게 하십니다.

> 미리 정하신 그들을 또한 부르시고 부르신 그들을 또한 의롭다 하시고 의롭다 하신 그들을 또한 영화롭게 하셨느니라 롬 8:30

그러나 사람의 입장에서 볼 때에는 입으로 시인하고 마음으로 믿어야만 구원을 받습니다.

> 네가 만일 네 입으로 예수를 주로 시인하며 또 하나님께서 그를 죽은 자 가운데서 살리신 것을 네 마음에 믿으면 구원을 받으리라 사람이 마음으로 믿어 의에 이르고 입으로 시인하여 구원에 이르느니라 롬 10:9-10

이것은 서로 다른 내용이 아닙니다. 전자는 하나님이 주어가 되지만 후자는 사람이 주어가 됩니다. 하나님은 태초부터 예정하신 그의 선하신 뜻대로 부르실 것이며, 인간은 자유로운 선택 중에서 예수를 믿어야만 할 것이기 때문입니다. 즉 '예정하시는 하나님'과 '책임적인 측면을 갖고 있는 인간"은 그 주어가 누구인가에 따라, 달라지는 주체적인 차이라고 봅니다. 하나님의 예정적인 주권과 인간의 믿음은 서로 다르며 반대되는 개념이 아닙니다.

2) 구원은 은혜인가 믿음인가?

너희는 그 은혜에 의하여 믿음으로 말미암아 구원을 받았으니 이것은 너희에게서 난

것이 아니요 하나님의 선물이라 엡2:8

우리의 구원은 전적으로 하나님의 선물입니다. 그런데 "은혜에 의하여 믿음으로 말미암아" 구원을 받은 것이라고 말합니다.

다른 번역성경들은 다음과 같습니다.

> [공동번역] 여러분이 구원을 받은 것은 하느님의 은총을 입고 그리스도를 믿어서 된 것이지 여러분 자신의 힘으로 된 것이 아닙니다. 이 구원이야말로 하느님께서 주신 선물입니다.
> [표준새번역] 여러분은 믿음을 통하여 은혜로 구원을 얻었습니다. 이것은 여러분에게서 난 것이 아니요, 하나님의 선물입니다.
> [현대인의성경] 하나님의 은혜로 여러분은 그리스도를 믿어 구원을 받았습니다. 그것은 여러분의 힘으로 된 것이 아니라 하나님의 선물입니다.
> [KJV] For by grace are ye saved through faith; and that not of yourselves: [it is] the gift of God:
> [NIV] For it is by grace you have been saved, through faith--and this not from yourselves, it is the gift of God--

구원은 By grace 와 through faith 이라고 성경은 말합니다. 구원은 '은혜에 의하여' 얻는 것이며, 동시에 '믿음을 통하여' 얻는 것입니다. 렌스키는 "구원을 얻는 믿음은 하나님의 구원하시는 은혜에 의하여 초대된 것임을 알아야 한다. 그 근원과 기원은 인간에게 있는 것이 아니다. 이것은 전적으로 그리고 오직 하나님 안에 있는 것이다. 죽은 자가 자신의 소생에 있어서 최소한의 노력도 할 수 없듯이 그의 영적인 죽음도 그 영적인 생명을 획득함에 있어서 최소한의 기여도 할 수 없을 것이다"라고 말했습니다.

물론 웨슬레도 믿음이 하나님의 선물이라는 것에 동의하며, 믿음으로 말미암아 구원을 얻게 되는 것도 하나님의 은혜라고 말합니다.

> 믿음도 구원도 하나님의 선물이며, 그 어느 것도 인간에게서 오는 것이 아니다. 믿음은 하나님께서 값없이 주시는 선물이요, 분에 넘치는 선물이다. 이 믿음으로 말미암아 사람이 구원을 얻는다. 인간의 구원은 하나님이 즐거이 주시는 사랑의 선물이다. 사람들이 믿는다는 것이 하나님의 은혜의 한가지 실증이요, 믿는 사람은 구원을 받는다는 것이 또 하나의 실증이다. 한국웨슬레학회, 웨슬리설교전집, 1권 26

이것에 대해서 신성종 목사는 다음과 같이 말합니다.

> 중요한 구절은 '그 은혜로 인하여 믿음으로 말미암아' 란 말씀이다. 이것에 대해서 두가지 견해가 있다. 첫째로 루터와 웨슬레는 '믿음으로 말미암아' 란 말에 강조를 두고 우리의 구원은 믿음에 있다고 강조했다. 둘째로, 칼빈은 '그 은혜로 말미암아' 란 말씀에 강조점을 두고 우리의 구원은 하나님의 은혜에 있다고 주장한 것이다. 나의 견해는 구원의 근원은 하나님의 은혜이고, 그러나 그 구원을 받아들이는 것은 우리의 믿음이란 손에 있다고 보는 것이 옳다고 본다. 신성종, 성경이 꿀맛이다. 도서출판 하나, 229쪽

성경은 은혜뿐 아니라 믿음도 말하고 있으며, 어느 한쪽만을 강조하지 않습니다. 박윤선 박사는 다음과 같이 말합니다.

> 은혜로 인하여 믿음으로 말미암아: 이 말씀은 인간이 구원을 받을 방편의 두가지 요소를 가리킨다. '은혜' 는 하나님 편에서 주신 것이고, '믿음' 은 인간 편에서 가질 태도이다. 그러나 이 믿음도 하나님이 주신 선물인 사실을 아래 말씀이 밝힌다. 이 점에 있어서 명심할 것이 있다. 곧 '믿음으로 말미암아' 란 말은 믿음 그것이 무슨 공로라는 의미가 아닌 사실이다. 믿음은 받는 태도뿐이고 공로나 의가 아니다. 인간이 구원 받는데 있어서 공로나 의는 예수그리스도뿐이시다. 박윤선, 바울서신 성경주석, 에베소서, 영음사, 134쪽

> 너희는 그 은혜에 의하여 믿음으로 말미암아 구원을 받았으니 이것은 너희에게서 난 것이 아니요 하나님의 선물이라 엡2:8

위 본문에서 '이것'은 무엇을 지칭하는가? 이것에 대해서는 다양한 견해가 있습니다. 마틴 로이드존스 목사는 '믿음'이라고 주장하며, J. A. 벵겔도 '믿음'이라고 말합니다. 또 캘빈, H. 알포드, 메이어등은 '구원'이라고 주장합니다. 또 이것은 '믿음으로 구원 받은 사실'을 뜻한다고 하는 사람들도 있는데, 웨슬레, 메튜 헨리등입니다. 이러한 해석에 대해서 호크마 주석은 다음과 같이 설명하고 있습니다.

> '이것'이 가리키는 것에 대해서 두 가지 견해가 있다. 1 혹자는 이것이 '믿음'이라고 주장한다Bengel, Beza, Hodge, Chird, Westcott. 2 혹자는 구원의 과정 전체라고 주장한다Lincoln,Wood, Abbott, Gnilka, Schlier, Mitton. 두 견해 중 후자가 더 타당하다. 왜냐하면 '이것'에 해당하는 헬라어 '투토'는 중성으로 믿음의 성性인 여성과 맞지 않으며, 문맥상 본절의 내용이 믿음에 대한 내용이 아니기 때문이다.Bruce, Foulkes

또 IVP 성경주석은 다음과 같이 말합니다.

> 바울은 예수님과 연합하여 죽음에서 생명으로 옮김으로서 우리가 이미 경험한 구원은 그것이 전적으로 하나님으로부터 온 것이라는 바로 그 이유 때문에, 하나님의 은혜로운 능력이 극적으로 드러난 것이라고 말한다. 그것은 우리 행위의 결과도 그에 대한 상급도 아니다. 그것은 믿음에 대한 '하나님의 선물'이다. 바울이 사용한 헬라어는 비록 다른 곳에서는 몰라도 여기서는 믿음 역시 순전히 하나님의 은혜라고 말하고 있지는 않는다. IVP 성경주석, 에베소서, 1689쪽

3) 과연 사람에게는 책임이 전혀 없을까?

혹간은 웨슬레안이 인간의 의지로 구원을 받는다고 가르친다고 주장합니다. 그러나 그것은 웨슬레의 신학을 잘 모르는 주장이며 사실이 아닙니다.

대표적인 웨슬레안 교단인 감리교의 교리와 장정을 보면 "사람은 행위로 구원을 받지 못한다"고 분명히 명시하고 있습니다. 웨슬레안은 펠라기우스와 구별되며, 세미펠라기우스도 아닙니다.

> 하나님 앞에서 우리가 의롭다 하심을 얻은 것은 오직 구주 예수 그리스도의 공로로 인하여 믿음으로 말미암음이요, 우리의 행한 것이나 당연히 얻을 것을 인함이 아니다. 그런즉 우리가 믿음으로만 의롭다 함을 얻는다 하는 것이 가장 유익하고 위로가 넘치는 도리이다. 감리교 교리와 장정 23, 제 9조 사람을 의롭게 하심

웨슬레는 올드 스케이트 회심 사건 이전과 이후로 구별됩니다.

먼저 올드스케이트 이전의 웨슬리의 사상에는 인간은 도덕적인 선과 하나님께 대한 절대적 복종, 그리고 하나님의 법도를 지킴으로서만 구원받는다는 기본적인 원리가 있었다. 그러므로 웨슬리는 자기 자신의 힘으로 의롭다함을 받으려는 노력과 그 노력의 도적적 영적 결과로 하나님의 구원을 얻으려고 노력했다 웨슬리조직신학, 한영태, 167쪽 이후 웨슬리는 로마서 서문을 듣고 회심을 체험하고 오직 믿음을 주장한 종교개혁자들의 교리로 돌아가게 되었다고 말합니다. "나는 나의 마음에 이상스럽게도 뜨거워짐을 느꼈다. 나는 그리스도, 오직 그리스도만이 나의 구주임을 믿는 마음이 생겼다. 그리고 그가 내 죄, 나의 자신의 죄를 가져 가시고 죄와 사망의 법에서 나를 구원하셨다' 고 기록하고 있다. 이러한 경험과 함께 웨슬리에게는 아들의 믿음이 왔으며, '율법 아래 살 때에는 전력을 다해 싸웠어도 패배자일 따름이었는데 이제 은혜 아래에서는 승리자가 된다' 는 새로운 경험을 얻을 수 있었다. 이 경험은 자신의 선한 행위로 의롭다함을 얻으려다가 실패한 그가 하나님의 은혜로 주시는 믿음으로만 의롭게 될 수 있다는 종교개혁자의 교리로 돌아가게 한 계기가 되었다. 웨슬리조직신학, 한영태, 169쪽 "

믿음도 구원도 하나님의 선물이며, 그 어느 것도 인간에게서 오는 것이 아니다. 믿음은 하나님께서 값없이 주시는 선물이요, 분에 넘치는 선물이다. 이 믿음으

로 말미암아 사람이 구원을 얻는다. 인간의 구원은 하나님이 즐거이 주시는 사랑의 선물이다. 사람들이 믿는다는 것이 하나님의 은혜의 한가지 실증이요, 믿는 사람은 구원을 받는다는 것이 또 하나의 실증이다.한국웨슬리학회, 웨슬리설교전집, 1권 26

웨슬레는 인간의 행위나 의지로 구원을 받는다고 말하지 않았습니다.

아! 없다. 내가 바로 이 순간부터 하늘나라로 갈 때까지 의를 행하고 순종하는 생활을 한다하여도 이것이 내 지난 죄를 보상할 수는 없다. 이 땅 위에 사는 모든 인간들과 하늘 위에 있는 모든 천사들의 완전하고 철저한 순종도 우리가 범한 단 한가지 죄를 대속할 수가 없다. 인간의 행위로 용서받을 생각을 하다니, 이 얼마나 허망한 생각인가?웨슬레, 믿음에 위한 구원, 웨슬레의 조직신학, 한영태,148쪽

감리교이든 장로교이든 막론하고 정통신학은 사람은 자신의 의지나 행함으로 구원을 받지 못한다고 가르칩니다. 그러나 성경은 분명히 인간의 책임으로서 '믿음'을 언급하고 있습니다.

인간의 조건	수고하고 무거운 짐진 자들아 다 내게로 오라.
하나님의 약속	내가 너희를 쉬게 하리라.마11:28
인간의 조건	네가 만일 네 입으로 예수를 주로 시인하며….
하나님의 약속	구원을 얻으리니….롬10:9
인간의 조건	누구든지 사람 앞에서 나를 시인하면….
하나님의 약속	나도 하늘에 계신 내 아버지 앞에서 저를 시인할 것이요 마10:32
인간의 조건	누구든지 주의 이름을 부르는 자는….
하나님의 약속	구원을 얻으리라 하였느니라.행2:21
인간의 조건	영접하는 자 곧 그 이름을 믿는 자들에게는
하나님의 약속	하나님의 자녀가 되는 권세를 주셨으니요1:12

예정론은 성경적인 이론입니다. 그러나 우리는 믿음을 유지하거나 노력할 아무 필요가 없다고 말할 수는 없습니다. 이것을 우리는 어떻게 설명할 수 있을까요? 1/2은 인간의 믿음이고 1/2은 하나님의 주권이라고 말할 수 있을까요? 성경은 그렇게 말하지 않으며, 100% 하나님의 절대주권적인 섭리이면서 동시에 100% 인간의 책임이라고 말합니다. 성경은 수많은 곳에서 인간의 책임을 경고하고 있습니다.

우리에게 하나님의 부르심에 대해서 응할 수도 있고 거절할 수도 있는 선택의 자유가 있으며 그것을 자유의지라고 부릅니다. 성경도 인간의 자유의지를 말하고 있습니다. 만약 인간에게 자유의지가 없다고 가정한다면, 멸망은 인간 스스로의 책임이 아니라는 결론이 되고 맙니다.

> 내가 생명과 사망과 복과 저주를 네 앞에 두었은 즉, 너와 네 자손이 살기 위하여 생명을 택하고 신30:19-20
> 너희가 나를 버리고 다른 신 들을 섬기니 그러므로 내가 다시는 너희를 구원하지 않으리라. 가서 너희가 택한 신들에게 부르짖어서 삿10:14
> 너희 섬길 자를 오늘날 택하라. 오직 나와 내 집은 여호와를 섬기겠노라. 수24:15

우리는 구원을 받기 위하여 믿음을 유지할 책임과 필요가 있습니다. 믿음이 필요하지 않다는 성경구절은 없습니다.

> 믿음없는 자가 되지 말고 믿는 자가 되라. 요20:17
> 저희가 바른 길을 떠나 미혹하여 브올의 아들 발람의 길을 좇는도다" 벧후2:15
> 나를 저버리고 내 말을 받지 아니하는 자를 심판할 이가 있으니요12:48
> 처음 믿음을 저버렸으므로 심판을 받느니라." 딤전5:12
> 이미 사단에게 돌아간 자들도 있느니라.딤전5:15
> 실족케 하는 일들이 있음으로 인하여…. 실족케 하는 일이 없을 수는 없으나…. 마

18:7, 눅17:1

그러므로 형제들아 더욱 힘써 너희 부르심과 택하심을 굳게 하라 너희가 이것을 행한 즉 언제든지 실족치 아니하리라 벧후1:10

어떤 사람들이 믿음에서 떠나 미혹케 하는 영과 귀신의 가르침을 좇으리라 하였으니 …딤전4:21

누가 아무렇게 하여도 너희가 미혹하지 말라. 먼저 배도하는 일이 있고…살후2:3

믿음과 착한 양심을 가지라 어떤 이들이 이 양심을 버렸고 그 믿음에 관하여는 파선하였느니라.딤전1:9

하나님의 주권적인 섭리와 인간의 자유로운 의지는 함께 움직입니다. 또한 사람은 누구나 자유롭게 그 의지대로 선택합니다. 그러나 그 자유로운 선택마저 하나님께서는 이미 예정하고 계십니다. 그렇다면 하나님이 불의하다고 할 수 있을까요? 결코 그럴 수 없다고 성경은 말합니다. 멸망에 빠진 사람은 곧 멸망이 그 사람 자신의 선택과 책임이었기 때문입니다.

우리가 하나님의 주권과 인간의 의지라는 문제 앞에 섰을 때 싸울 것인가 도망할 것인가 라는 딜레마에 빠지게 된다. 그러나 인간의 자유와 하나님의 주권이 참으로 상호모순이라면 우리는 둘 중에 하나는 버려야 한다. 하나님이 주권자가 아니라는 것도 안되지만 인간이 자유롭지 못하다고 하여도 모순이다. 다행히 하나의 대안이 있는데 우리가 그것을 상호모순이 아니라는 것을 보여주면 모두 지킬 수가 있는 것이다. 인간의 가족을 통해서 유추할 때 나에게도 자유로운 의지가 있고 자녀에게도 자유로운 의지가 있다. 이 의지가 충돌할 때, 자녀의 의지를 나는 통제하는 권위가 있다.스프롤

"세계 안에는 자연세력이나 인간의지와 같은 원인들이 있다. 하나님이 그들로 하여금 행동하도록 고무하시며 매순간마다 동행하시며 또한 이 행동을 효과있게 하신다. 이러한 일은 하나님이 한부분을, 인간이 다른 한부분을 분담한다는 생각은 잘못이며 하나님은 그의 모든 창조물과 합력하시며 그들의 일을 정확하게 하신다. 하나님은 선을 위하여 악을 제압하시는 것이다. 루이스 벌콥

"하나님의 주권과 인간의 책임성은 성경에서 우리에게 동일하게 똑같이 가르쳐지고 있으며 때론 한 본문 속에 나란히 같이 나타나고 있기도 하다. 그러기에 이 두가지 측면은 동일한 신적주권에 의하여 우리에게 보증되고 있으며 그러므로 이 둘은 진리이다. 이 둘은 함께 지켜져야 하며, 서로 상반되게 다루어져서는 안된다. 인간은 비록 하나님의 지배를 받고 있으나, 그는 책임성있는 도덕적 행위자이다. 또한 인간은 책임성있는 도덕적 행위자이지만, 동시에 하나님의 의해 지배를 받는다. 하나님의 주권이 하나의 실체라면 인간의 책임성 그러하다 제임스 패커

"하나님의 주권과 인간의 자유는 우물 속에 있는 밧줄과 같다. 표면에서는 그것들이 분리된 것처럼 보이지만 우물 바닥의 어둠 속에서는 함께 올라온다. 롤레이드

"그러므로 우리는 구원의 과정 속에 나타나는 하나님의 주권적 은혜와 인간의 책임성을 동시에 인정해야 한다. 이러한 역설이 갖는 양면을 굳게 지킬 때에야 비로소 우리는 성경의 진리들을 바르게 대할 수 있는 것이다. 그러나 하나님의 창조주시오, 우리는 그의 피조물이기에 하나님께서 우선권을 갖고 계신다. 그런 연유에서 우리는 구원의 과정 가운데서 궁극적이며 결정적인 요인은 하나님의 주권적 은혜라는 사실을 직시해야 한다. 안토니 A 후크마

인간의 믿음과 하나님의 주권은 동시에 움직입니다. 그러나 우리는 인간의 책임으로서 예수를 믿고, 그 믿음을 지켜야 할 책임이 있습니다. 사람은 자유롭게 자신의 의지로 자기의 길을 선택하지만, 하나님은 모든 것을 감찰하고 계시며, 그것이 곧 하나님의 인도하심 안에 있는 것입니다. 즉 인간의 자유와 책임은 하나님의 섭리 안에 포함되어 있습니다.

> 하나님은 사람의 길을 주목하시며 사람의 모든 걸음을 감찰하시나니 욥 34:21
> 사람이 마음으로 자기의 길을 계획할지라도 그 걸음을 인도하는 자는 여호와시니라. 잠 16:9

5. 예정론

예정豫定, Predestination이란 헬라어 "프로오리조"입니다.

앞에서도 언급했지만, 예정론을 운명론이나 숙명론적으로 이해하려고 하는 사람들이 있는데, 예정론은 그런 의미가 아닙니다. 특히 초신자들이 이런 의문을 갖게 되는데, 한 마디로 예정론이란, 성경에서 언급되는 내용으로서, "미리 선택하시는 하나님의 주권적인 역할과 섭리"를 강조하는 신학적인 견해를 말합니다.

> 참새 두 마리가 한 앗사리온에 팔리는 것이 아니냐 그러나 너희 아버지께서 허락지 아니하시면 그 하나라도 땅에 떨어지지 아니하리라. 너희에게는 머리털까지 다 세신 바 되었나니 두려워하지 말라 너희는 많은 참새보다 귀하니라 마 10:29-31
> 그 자식들이 아직 나지도 아니하고 무슨 선이나 악을 행하지 아니한 때에 택하심을 따라 되는 하나님의 뜻이 행위로 말미암지 않고 오직 부르시는 이에게로 말미암아 서게 하려 하사 리브가에게 이르시되 큰 자가 어린 자를 섬기리라 하셨나니 기록된바 내가 야곱은 사랑하고 에서는 미워하였다 하심과 같으니라. 그런즉 우리가 무슨 말 하리요 하나님께 불의가 있느뇨 그럴 수 없느니라. 모세에게 이르시되 내가 긍휼히 여길 자를 긍휼히 여기고 불쌍히 여길 자를 불쌍히 여기리라 하셨으니 그런즉 원하는 자로 말미암음도 아니요 달음박질하는 자로 말미암음도 아니요. 오직 긍휼히 여기시는 하나님으로 말미암음이니라. 성경이 바로에게 이르시되 내가 이 일을 위하여 너를 세웠으니 곧 너로 말미암아 내 능력을 보이고 내 이름이 온 땅에 전파되게 하려 함이로라 하셨으니 그런즉 하나님께서 하고자 하시는 자를 긍휼히 여기시고 하고자 하시는 자를 강퍅케 하시느니라. 혹 네가 내게 말하기를 그러면 하나님이 어찌하여 허물하시느뇨 누가 그 뜻을 대적하느뇨 하리니 이 사람아 네가 뉘기에 감히 하나님을 힐문하느뇨 지음을 받은 물건이 지은 자에게 어찌 나를 이같이 만들었느냐 말하겠느뇨, 토기장이가 진흙 한 덩이로 하나는 귀히 쓸 그릇을, 하나는 천히 쓸 그릇을 만드는 권이 없느냐 롬 9:11-21

하나님은 그분의 선하신 뜻대로 섭리하고 계십니다. 예정론은 그러한 하나님의 주권적인 통치를 근거로 한 논리이며, 성경은 참새 한 마리가 땅에 떨어지는 것도 하나님이 주관하시며, 사람을 도구로 사용하실 때에도 하나님의 뜻대로 하신다고 말합니다.

초신자들이 가장 많이 질문하는 내용은 "하나님은 아담이 범죄할 것으로 미리 예정하셨으면서 왜 선악과를 만들었느냐?"는 것입니다. 또한 하나님이 어떤 사람은 구원으로, 어떤 사람은 멸망으로, 미리 예정하시는 이유와 기준이 무엇이냐는 것입니다.

우리는 다음 두가지 사실에서 한가지라도 부정할 수는 없습니다.
(1) 구원은 오직 하나님만의 주권적인 사역이며, 또한 절대적이다.
(2) 인간은 자유로운 선택을 할 수 있으며, 오직 예수를 믿음으로 구원을 받는다.

앞에서 설명한 바와 같이 이 두가지 사실은 서로 상반되는 개념이 아닙니다. 사람들은 이 두가지 개념을 서로 반대라고 인식하기 때문에 하나님의 예정이 이해가 되지 않는 것입니다.

> 너희가 나를 버리고 다른 신 들을 섬기니 그러므로 내가 다시는 너희를 구원하지 않으리라. 가서 너희가 택한 신들에게 부르짖어서 삿 10:14
> 너희 섬길 자를 오늘날 택하라. 오직 나와 내 집은 여호와를 섬기겠노라. 수 24:15

성경은 우리의 의지대로 하나님을 선택할 수 있다고 말하는 구절이 생각보다 많습니다. 그러나 그 결과는 곧 하나님이 우리를 택하셔서 예정하셨다는 것입니다.

> 곧 창세 전에 그리스도 안에서 우리를 택하사 우리로 사랑 안에서 그 앞에 거룩하고 흠이 없게 하시려고 그 기쁘신 뜻대로 우리를 예정하사 예수 그리스도로 말미암아 자기의 아들들이 되게 하셨으니…. 엡 1:4-5
> 모든 일을 그 마음의 원대로 역사하시는 자의 뜻을 따라 우리가 예정을 입어 그 안

에서 기업이 되었으니…" 엡 1:11

곧 영원부터 우리 주 그리스도 예수 안에서 예정하신 뜻대로 하신 것이라 우리가 그 안에서 그를 믿음으로 말미암아 담대함과 하나님께 당당히 나아감을 얻느니라" 엡 3:11-12

내 양은 내 음성을 들으며 나는 저희를 알며 저희는 나를 따르느니라. 내가 저희에게 영생을 주노니 영원히 멸망치 아니할 터이요 또 저희를 내 손에서 빼앗을 자가 없느니라. 저희를 주신 내 아버지는 만유보다 크시매 아무도 아버지 손에서 빼앗을 수 없느니라 요 10:27-29

성경은 분명히 하나님이 미리 정하신 뜻대로 우리가 구원을 받는다고 말합니다. 또한 분명히 인간에게는 자유로운 의지가 있습니다. 만약 인간에게 자유의지가 없다면 인간은 로봇이나 인형에 지나지 않을 것입니다. 자유의지라는 신학적인 용어의 개념은 원래 '하나님의 부르심에 응할 수도 있고 거절할 수도 있는 선택'을 뜻합니다. 인간은 자유의지를 갖고 있지만, 본성이 타락하였으므로 그 의지나 행위로서 스스로 구원을 이룰 수는 없으며, 인간이 구원을 받지 못하는 것은 인간 스스로의 책임입니다.

우리는 다음 두가지에 대해서도 인정을 하여야만 합니다.

(1) 인간은 스스로의 의지로 구원을 받을 수 없는 피구원자이다.
(2) 하나님을 불의를 조장하시거나 악의 창시자라고 말할 수 없다.

그럴 수 없느니라 사람은 다 거짓되되 오직 하나님은 참되시다 할지어다. 기록된바 주께서 주의 말씀에 의롭다 함을 얻으시고 판단 받으실 때에 이기려 하심이라 함과 같으니라. 그러나 우리 불의가 하나님의 의를 드러나게 하면 무슨 말하리요 내가 사람의 말하는 대로 말하노니 진노를 내리시는 하나님이 불의하시냐, 결코 그렇지 아니하니라 만일 그러하면 하나님께서 어찌 세상을 심판하시리요 롬 3:4-6

하나님은 스스로 범죄하고 타락하는 자를 그대로 유기하십니다. 그 이유는 그가 심판을 받도록 하기 위함입니다. 다시 말하면 하나님의 유기는 하나님의 공의에 근거를 갖고 있습니다.

사람은 누구나 자유롭게 그 의지대로 선택합니다. 하나님은 스스로 예수를 믿는 것을 거부하는 사람을 그대로 유기하며 방치하십니다. 그 이유는 그 사람은 자기 자신의 책임과 선택으로 인하여 공의로운 심판을 받도록 하기 위함입니다. 즉 하나님은 모든 것을 아시고 모든 것을 예정하시지만, 하나님은 불의하신 분이 아니며, 어느 사람이 심판을 받고 멸망한다면 그것은 자신이 스스로 선택한 길이기 때문에 자기 책임일 뿐입니다. 물론 구원은 전적으로 하나님의 은혜입니다. 사람은 스스로 온전한 의인이 될 수 없으며 스스로 구원에 이룰 수가 없기 때문입니다. 이 세상 모든 사람이 모두 구원을 받지 못한다고 하여도 그것은 당연한 것이기 때문에 우리는 하나님에게 항의를 하거나 원망할 수 없습니다. 성경은 죄의 삯이 사망이라고 말합니다.

> 죄의 삯은 사망이요 하나님의 은사는 그리스도 예수 우리 주 안에 있는 영생이니라
> 롬 6:23

즉 구원은 전적으로 하나님에게 달려 있습니다. 피구원자인 사람의 입장에서 볼 때에는 예수를 안믿어도 저절로 구원을 받는다고 말할 수 없습니다. 즉 인간의 입장에서는 우리는 반드시 예수를 믿어야만 합니다. 하나님은 오래 참으시는 분이지만, 불신자나 무신론자를 구원하지 않기 때문입니다. 물론 믿음 마저도 하나님의 선물이지만, 어떤 사람이 믿지 않는 이유는 그 사람 스스로의 책임과 선택이기 때문입니다. 모든 것을 그의 뜻대로 통치하고 섭리하시는 하나님은 결코 악을 조장하시거나 불의하신 분이 아닙니다.

하나님의 입장에서 볼 때에 하나님은 미리 정하신 그들을 부르시고, 의롭다하시고, 영화롭게 하십니다.

> 미리 정하신 그들을 또한 부르시고 부르신 그들을 또한 의롭다 하시고 의롭다 하신 그들을 또한 영화롭게 하셨느니라 롬 8:30

그러나 사람의 입장에서 볼 때에는 입으로 시인하고 마음으로 믿어야 할 것입니다. 즉 예정하시는 하나님과 믿어야 하는 인간의 주어主語의 차이라고 봅니다.

> 네가 만일 네 입으로 예수를 주로 시인하며 또 하나님께서 그를 죽은 자 가운데서 살리신 것을 네 마음에 믿으면 구원을 받으리라 사람이 마음으로 믿어 의에 이르고 입으로 시인하여 구원에 이르느니라 롬 10:9-10

즉 하나님은 모든 것을 예정하시는 분이시며 그의 선하신 뜻과 섭리대로 역사하십니다. 예를 들어 요셉을 미워한 형제들이 노예상인에게 그를 팔았습니다. 분명히 그 형제들이 그들 자신들의 의지와 뜻대로 행한 사건이었고, 그후 요셉은 신실함으로 총리가 되지만, 그러나 그 일은 바로 하나님이 미리 예정하신 일이었습니다. 즉 인간의 자유의지와 하나님의 섭리는 반대가 아니라 함께 움직입니다.

> 당신들이 나를 이곳에 팔았으므로 근심하지 마소서 한탄하지 마소서 하나님이 생명을 구원하시려고 나를 당신들 앞서 보내셨나이다. 이 땅에 이년 동안 흉년이 들었으나 아직 오년은 기경도 못하고 추수도 못할지라. 하나님이 큰 구원으로 당신들의 생명을 보존하고 당신들의 후손을 세상에 두시려고 나를 당신들 앞서 보내셨나니 그런즉 나를 이리로 보낸 자는 당신들이 아니요 하나님이시라. 하나님이 나로 바로의 아비를 삼으시며 그 온 집의 주를 삼으시며 애굽 온 땅의 치리자를 삼으셨나이다. 창 45:5-8

심지어 예수그리스도가 십자가에 달리신 일조차 하나님이 미리 정하신 일입니다. 분명히 유대인들이 예수의 죄를 조작하여 십자가에 달았지만 그것조차 하나님이 정하신 뜻대로 진행되었던 것입니다.

> 그가 하나님의 정하신 뜻과 미리 아신 대로 내어 준비 되었거늘 너희가 법 없는 자들

의 손을 빌어 못박아 죽였으나 행 2:23

심지어 가롯유다가 스스로 자신의 의지와 뜻대로 예수를 팔았지만, 그것은 가롯유다가 태어나기 전부터 이미 예정되어 있었던 일입니다.

인자는 자기에게 대하여 기록된 대로 가거니와 인자를 파는 그 사람에게는 화가 있으리로다 그 사람은 차라리 나지 아니하였더면 제게 좋을 뻔하였느니라 하시니라 막 14:21

6. 구원의 서정

구원의 서정(order of salvation)

성경에 기록된 구원의 과정에 대해서 신학자들은 그것을 요약하고 정리하였습니다. 그것을 우리는 신학적인 용어로 '구원의 서정'이라고 부릅니다. 장로교와 감리교는 구원의 서정의 순서가 조금 다릅니다. 물론 같은 장로교 안에서나 감리교 안에서도 신학자들마다 그 견해가 조금씩 다를 수 있습니다.

장로교회 : 소명 – 중생 – 회심회개와 믿음 – 칭의 – 양자 – 성화
감리교회 : 선행은총 – 회심회개와 믿음 – 칭의 – 중생 – 양자 – 성화

장로교와 감리교에서 가장 두드러진 특징은 다음과 같습니다.

장로교에서는 중생거듭남이 먼저 온다는 것이고, 감리교에서는 회개와 믿음이 먼저 온다는 것입니다. 하나님의 예정과 선택을 강조하는 장로교의 입장에서는 이미 예정된 사람에 대해서 성령의 거듭나게 하는 과정이 먼저 있다는 것이고, 인간의 책임적 측면을 강조하는 감리교의 입장에서는 누구든지 회개불신으로부터의와 믿음을 가져야 한다고 주장하는 것입니다.

양측 모든 입장은 충분히 성경적인 근거를 갖습니다. 그러나 많은 사람들이 이것에 대해서 어느 것이 옳은가에 대해서 논쟁을 하기도 합니다. 그러나

착각을 하는 것이 있는데, 이것은 반드시 시간적적인 순서를 말하는 것이 아닙니다. 예를 들면 칭의와 중생과 성화가 구체적으로 뚜렷하게 구별되지 않습니다. 이러한 구원의 서정은 단지 개념적, 논리적으로 설명하는 순서일 뿐이며, 어떤 경우는 동시에 혹은 단번에 일어나는 경우도 있습니다.

> 너희 중에 이와 같은 자들이 있더니, 주 예수 그리스도의 이름과 우리 하나님의 성령 안에서 씻음과 거룩함과 의롭다하심을 얻었느니라 고전 6:11

고린도전서에서는 씻음중생과 거룩함성화과 의롭다하심칭의를 하나의 과정으로 언급하고 있습니다.

안코니오 후크마는 자신의 책에서 바뱅크의 견해를 다음과 같이 소개합니다. 개혁주의 구원론, 안토니오 후크마, 26쪽

> 중생, 믿음, 돌이킴, 새로워짐 등등의 표현들은 성경속에서 구원의 여정에서 나타나는 연속적인 단계들을 가르키기보다는 사람 속에서 일어나는 변화의 전체 과정을 한 단어로 요약시키는 것이다

또 안토니오 후크마는 같은 책 23쪽에서 루이스 벌콥의 견해를 소개하고 있는데, "벌코프 교수는 구원의 순서를 시간상의 순서라기보다는 논리적인 순서로 기술하고 있으며, 구원과정 속에서 역사하시는 성령의 다양한 활동들 사이의 상호연관 관계라고 말하고 있다는 사실이다."라고 말합니다.

7. 회개란 무엇인가?

구원파가 주장하는 회개의 의미

구원파라고 불리는 곳에서는 회개에 대해서 매우 독특한 해석을 하고 있습니다. 즉 '회개'라는 말은 오직 단회적인 것으로서 '믿음'을 의미하므로, 일생에 단 한번 회개를 하면 된다는 것입니다.

1) 예수를 믿는 자는 이미 죄사함을 받았으므로 반복적인 회개를 하지 않는다고 주장합니다. 특히 박옥수목사라는 사람은 이것을 죄사함과 거듭남의 비밀이라고 하며, 이 비밀을 깨달아야만 구원을 받는다는 것입니다. 이러한 주장은 대단히 위험한 주장이 되어지며, 결과적으로는 어떤 죄를 저질러도 상관이 없다는 도덕폐기론, 혹은 성화무용론이 되어지며, 죄에 대해서 인간은 아무 신경조차 쓸 필요가 없어지게 됩니다.

2) 구원파, 특히 박옥수목사는 천국에는 죄인이 갈 수 없고 의인만이 들어가며, 예수를 믿는 자는 이미 과거, 현재, 장래의 모든 죄를 사함을 받고 이미 100% 온전한 의인이 되었으므로 구원을 받지만, 자신이 죄인이라고 하는 사람들은 죄인이므로 구원을 못받는다고 주장합니다. 예수를 믿고 거듭난 사람이 장래의 모든 죄까지 이미 사함을 받았다는 것은 인간의 측면에서 말할 수 있는 주장이 아닙니다. 죄를 용서하시는 분은 하나님이시며, 우리가 심판하는 것이 아니기 때문입니다. 그렇다면 일단 구원파교회에서 구원을 받은 사람은 장차 예수를 믿지 않거나 사이비집단에 빠져도 상관없이 구원을 받았다는 뜻일까요?

3) 구원파는 이러한 단회성 회개(믿음)가 곧 구원이므로, 성도는 자신이 몇월몇일에 구원을 받았다는 것을 알아야만 한다고 주장합니다. 그런데 이 구원을 받은 날짜는 곧 자신들의 교리를 깨닫는 것이고, 그것이 곧 거듭난 것이라고 주장합니다. 그렇다면 과연 궁극적으로 구원의 주는 누구인지요? 또 이미 받은 구원의 개념만을 구원의 종결적인 의미로 강조하는 것은 올바른 성경적 구원관이 아닙니다.

회심(회개와 믿음)

죄인이 죄로부터 떠나 하나님과 주 예수 그리스도께로 돌아오는 것을 곧 회개와 믿음이라고 정의합니다. 이 회개와 믿음을 포함하여 '회심' conversion 이라는 용어로 부릅니다. 성경은 회개와 믿음을 그리스도에게 돌아오는 한 행동의 두 가지 측면으로 설명하기도 하지만, 물론 개념적으로 보면 서로 차이가 있지만, 동시에 일어나는 사건입니다.

회개란 신약에서 주로 '메타노에오' 라는 단어로 사용되었습니다. 이 단어는 '메타' …후에와 '누스' 마음의 합성어인데, 돌이킨 이후의 전향된 마음을 말하며 '방향수정' 이라는 용어가 적합한 뜻이 됩니다. 회개를 정의하면 "하나님이 원하시는 방향으로 다시 돌아오는 것"이라 할 수 있을 것입니다. 왜냐하면 죄란 "하나님과 반대방향을 지향하는 것"It is directed against God이기 때문입니다.

> 죄에 대하여라 함은 저희가 나를 믿지 아니함이요 요 16:9

믿지 않는 것이 곧 죄이며, 돌이켜 회개하여 믿지 않는다면 죄 가운데서 죽게 되는 것입니다. 즉 불신으로부터 돌이켜 하나님을 믿는 방향수정이 곧 회개이며 믿음입니다. 그래서 성경은 회개와 믿음을 동일하게 표현하고 있는 것입니다.

> 가라사대 때가 찼고 하나님 나라가 가까왔으니 회개하고 복음을 믿으라 하시더라 막 1:15
> 유대인과 헬라인들에게 하나님께 대한 회개와 우리 주 예수 그리스도께 대한 믿음을 증거한 것이라 행 20:21

물론 성경은 회개만을 언급한 적도 있고, 믿음만을 언급한 적이 있지만, 회개와 믿음은 같은 뜻을 갖습니다. 하나님을 향하여 돌이켜야만 믿을 수 있기 때문입니다. 그래서 웨슬레 목사는 "회개는 현관이며 믿음은 문"이라고 말하였습니다. 즉 하나님이 원하시는 반대방향을 향하던 불신으로부터 돌이켜 하나님께로 향하는 방향수정이 곧 믿음입니다. 돌이키지 않고 믿을 수가 없으며, 돌이켰는데 믿지 않을 수가 없기 때문입니다.

그래서 칼빈과 하지는 믿음이 먼저 일어난다고 말했지만, 박형룡 박사와 웨슬레는 회개가 먼저 일어난다고 말하였으며, 크리소스톰은 믿음과 회개는 동전의 양면이라고 말하였고, 존머레이는 회개하는 믿음, 혹은 믿는 회개라고 말하였던 것입니다.

> 또 그의 이름으로 죄사함을 얻게 하는 회개가 예루살렘으로부터 시작하여 모든 족속에게 전파될 것이 기록되었으니 눅 24:47

위 본문은 불신으로부터의 회개를 말하며, 성경은 믿지 않는 것이 곧 죄라고 말하며, 그 죄에서 돌이켜 죄사함을 받는 것이 곧 회개라고 말하고 있습니다. 즉 신약에서는 예수를 그 메시아the Christ이며 하나님의 아들Son of God로 믿는 그 믿음이 곧 회개이며, 그것을 믿지 않으면 죄 가운데서 죽게 되는 것입니다.

> 이러므로 내가 너희에게 말하기를 너희가 너희 죄 가운데서 죽으리라 하였노라 너희가 만일 내가 그인 줄 믿지 아니하면 너희 죄 가운데서 죽으리라 요 8:24

회개는 두 가지 개념으로 분류가 되는데, 하나는 앞에서 설명한 것같이 불신으로부터의 방향수정, 즉 믿음으로의 돌이킴을 뜻합니다. 또 다른 하나의 개념은 이미 믿는 자의 죄로부터 돌이킴, 즉 성화과정에서의 반복적인 회개를 말합니다. 믿음의 단계에서 회개를 거듭남중생의 개념으로 본다면 단회적이 되겠지만, 성화의 단계에서의 죄에 대한 회개는 반복적일 수밖에 없습니다. 이것에 대해서 정리를 하면 다음과 같습니다.

첫째, 믿음의 과정에서 회개와 믿음은 구원의 조건이 되지만, 전혀 다른 것으로 구별되거나 분리되는 것이 아니다.

둘째, 성화의 과정에서 회개는 단회적인 회개와 달리, 이미 구원을 받은 사람의 반복적인 것이다.

구원파의 주장은 회개에 대한 개념에 대한 신학적인 무지로 볼 수 있는데, 구원파는 오히려 회개를 믿음의 단계에서의 단회적인 회개로만 알고 있으며, 성화라는 과정의 회개와 구별치 않습니다. 그래서 그들은 "회개는 일생 동안 한번만 하는 것"이라고 주장하며, 죄에 대한 반복적인 회개는 더 이상 없으며, 그 이후로는 단지 "자백만 하면 된다"고 주장합니다. 굳이 자백과 회개를 구별하는 그런 주장은 당연히 비성경적인 주장이며, 구원파가 말하려고 하는 본질적인 내용은 "이미 구원을 받았으므로 죄와 아무 상관이 없다"는 것이며, 이미 죄문제가 해결되었다는 것입니다.

> 예수 그리스도가 여러분의 마음을 지배하시면 더 이상 여러분 자신이 죄와 싸울 필요가 없는 줄 압니다. 여러분이 더 이상 술을 끊으려고, 담배를 끊으려고, 도둑질을 하지 않으려고, 방탕한 생각을 하지 않으려고 노력할 필요가 전혀 없게 됩니다. 여러분 안에 계시는 예수 그리스도가 여러분 마음 속에서 그 모든 죄악을 이기게 해 주실 것입니다. 박옥수, 죄사함 거듭남의 비밀

박옥수목사는 이미 구원을 받았으므로 어떤 죄를 지어도 아무 상관이 없으며 이미 구원을 받았으므로, 장래에 지을 죄까지도 이미 사함을 받았다고 주장합니다. 심지어 죄를 짓지 않으려고 노력할 필요조차 없다는 것입니다. 바로 이러한 주장을 우리는 도덕폐기론 또는 도덕무용론이라고 부릅니다. 이요한과 유병언계열의 구원파는 박옥수계열과 조금 다른데, 박옥수 측은 자백도 부정하지만, 유병언과 이요한 계열은 자백을 반복적인 회개라고 주장합니다. 그러나 실제로 그들은 반복적인 회개를 인정하지 않으며, 그들의 용어대로 표현하자면 자백은 '하나님과의 사귐'이라고 합니다.

그러나 성경은 분명히 반복적인 회개에 대해서 말하고 있습니다.

> 만일 하루 일곱번이라도 네게 죄를 얻고 일곱번 네게 돌아와 내가 회개하노라 하거든 너는 용서하라 하시더라 눅 17:4

구원파의 일방적인 주장과 달리, 일곱 번을 회개한다는 것은 일곱 번을 다시 믿으라는 뜻이 아니며, 분명히 죄에 대한 반복적인 회개를 말합니다.

또한 구원파의 주장과 전혀 반대의 견해를 주장하는 사람들도 있습니다. 구원의 확신이 전혀 보장되지 않고 예수 십자가 대속과 성령의 보증과 인치

심의 의미를 약화시키는 사람들도 있습니다. 우리는 이러한 사람들을 '행위구원론'이라고 부릅니다. 행위구원론이라고 불리는 사람들의 주장은 믿음만으로 구원을 받는 것이 아니라 반복적인 회개, 도덕적인 삶, 순종, 선행등도 구원의 조건이라는 것입니다. 예를 들면, 큰믿음교회의 변승우목사는 거듭난 사람이라고 할지라도 단 하나의 죄라도 회개하지 않으면 구원을 받지 못한다고 주장합니다. 행위구원을 주장하는 사람들은 구원파와 정반대로 '회개'를 성화과정에서의 죄의 돌이킴으로만 주장하며, 회개를 하나라도 하지 못하면 구원이 취소된다고 주장합니다.

이렇게 한쪽으로 치우치는 극단적인 개념들은 성경을 전체적으로 인용하는 것이 아니라 자기 주장에 맞는 부분적인 성경구절만을 인용하기 때문에 나타납니다. 정통신학에서 말하는 구원은 이미 받은 구원과거적인 개념, 현재 걷고 있는 구원현재적인 개념, 궁극적으로 받을 구원미래적인 개념에 대해서 균형있게 말하며, 하나님의 자녀로서 또한 그리스도인의 열매로서의 성화의 과정을 결코 부정하지 않습니다. 또한 정통신학에서는 회개에 대해서도 믿음의 단회적인 회개와 성화의 반복적인 죄에 대한 회개를 모두 인정하고 있습니다.

> 이 회개중생후의 반복적인 회개는 칭의에 선행하는 회개와는 아주 다른 것입니다. 여기서 회개는 죄책이라든가 정죄라든가 하나님의 진노에 대한 의식이라든가 하는 것들과 연관되지 않습니다. 또 하나님의 사랑을 조금도 의심하지 않습니다. 이는 성령의 역사로 일어나는 깨달음이니 곧 우리 마음 속에 아직 남아있는 죄를 깨닫는 것입니다. …곧 육에 속한 마음입니다. 중생한 사람들 속에서도 그것이 남아있으나 지배하지는 못합니다. 웨슬레 조직신학, 한영태, 199-200쪽

웨슬레는 중생 후의 반복적인 회개와 칭의에 선행하는 믿음의 회개를 각각 구별하였습니다. 그리고 웨슬레는 이 중생 후의 회개, 즉 성화에서의 회개에 대해서는 죄책과 정죄, 하나님의 진노와 연관되지 않는다고 말합니다. 이미 구원을 받은 자의 반복적인 회개이기 때문입니다. 개혁주의 신학자인

루이스 벌콥도 반복될 수 없는 회심과 반복되어지는 회심을 구별하고 있습니다.

> 새 생명을 심어주는 것으로 해석되는 중생은 결코 반복될 수 없다. 엄밀한 의미에 있어서의 회심도 또한 반복될 수 없다. 이것은 중생의 변화가 인간의 의식생활에서 처음 밖으로 나타나는 것이기 때문이다. 동시에 반복되는 회심에 대하여도 말할 수 있다. 루이스 벌콥, 기독교 신학개론 256쪽

웨인그루뎀도 마찬가지입니다. 믿음과 회개는 한번이며, 성화 과정에서의 믿음과 회개는 지속적이라고 말합니다.

> 따라서 최초의 믿음과 회개는 생애 중 단 한번 있는 일이고, 그 일이 일어날 때 참된 회심이라고 말할 수 있지만, 그럼에도 믿음과 회개의 마음의 자세는 회심 때 단지 시작될 뿐이다. 그 때의 그 자세는 그리스도인으로서의 삶을 살아가는 동안 지속되어야 한다. 웨인그루뎀, 조직신학 중권, 345쪽

계시록 2-3장을 보면, 일곱교회에 대해서 성령께서는 "회개하라"고 말씀하고 있으며, 그 단어는 모두 '메타노에오'입니다. 그 교회들은 이미 예수를 믿는 교인들로 처음 믿음의 회개와는 구별되어지며, 다시 믿으라는 경고가 아님이 분명합니다.

앞에서 설명한 바와 같이, 눅 17:3-4에서 예수님은 형제가 죄를 범하여 일곱 번을 회개하여도 용서하라고 말씀하십니다. 만일 그 '회개하다' 메타노에오라는 단어가 단회적인 개념으로만 사용된다면, 예수님의 말씀은 오류가 되고 맙니다. 주기도문을 보겠습니다.

> 우리가 우리에게 죄 지은 자를 사하여 준 것 같이 우리 죄를 사하여 주옵시고

즉 우리가 우리 형제자매들에게 죄를 사하여준 것과 같이, 예수님도 우리

죄를 사하여 주신다는 말씀입니다. 그런데 우리에게 우리 형제들이 회개하면 하루에 일곱번이라도 용서하라고 말씀하셨습니다. 그렇다면 예수님 역시 우리가 회개하면 우리 죄를 하루에 일곱번이라도 반복하여 용서하여 주실 것이 분명합니다.

구원파는 주기도문을 회중기도문으로 암송하지 않습니다. 그들은 "주기도문은 암송하라는 것이 아니며 기도의 샘플로 주어진 것이다"라고 궁색한 변명을 하지만, 주기도문이 그들의 교리와 다르다는 것이 그들이 주기도문을 암송하지 않는 이유가 분명합니다. 분명히 성경은 반복적인 회개에 대해서 말하고 있다는 것은 중요합니다. 주기도문은 "너희는 이렇게 기도하라"라고 예수님이 직접 가르쳐주신 기도문입니다.

이미 목욕한 자는 온 몸이 깨끗하지만, 발은 씻어야 한다는 성경본문이 의미하는 것은 무엇일까요? 예수를 믿는 죄사함의 믿음은 단회적이지만, 그러나 지속적, 반복적으로 죄를 회개하고 정결케 하는 과정이 필요한 것을 상징합니다.

> 예수께서 가라사대 이미 목욕한 자는 발 밖에 씻을 필요가 없느니라. 온 몸이 깨끗하니라 요13:10

온 몸이 깨끗한 사람도 발은 씻어야 한다는 것이 예수님 말씀입니다. 온 몸을 씻는 것이 십자가 대속을 뜻한다면, 발을 씻는다는 것은 무엇을 뜻할까요? 단지 자백만 하면 된다고 해석이 될까요? 구원파는 이미 구원을 받은 사람은 죄와 상관이 없다고 말합니다, 그러나 예수님은 발을 씻지 않겠다고 하는 베드로에게 그와 같은 거부는 곧 예수님과 상관이 없다고 말씀합니다. 즉 예수와 상관이 있는 자들은 발을 씻어야 합니다.

> 베드로가 가로되 내 발을 절대로 씻기지 못하시리이다 예수께서 대답하시되 내가 너를 씻기지 아니하면 네가 나와 상관이 없느니라 요13:8

로마서 7장17-25절에서 바울은 자신에게 아직도 죄가 남아있음을 고백하는데, 그렇다면 바울은 구원을 받지 못하였을까요? 구원파의 주장을 인정하자면 성경의 인물들이 모두 구원을 잃게 됩니다. 무엇보다도 사도요한과 그의 서신을 받았던 소아시아교회의 성도들도 모두 구원을 받지 못하게 됩니다.

> 만일 우리가 죄 없다 하면 스스로 속이고 또 진리가 우리 속에 있지 아니할 것이요. 만일 우리가 우리 죄를 자백하면 저는 미쁘시고 의로우사 우리 죄를 사하시며 모든 불의에서 우리를 깨끗케 하실 것이요. 만일 우리가 범죄하지 아니하였다 하면 하나님을 거짓말하는 자로 만드는 것이니 또한 그의 말씀이 우리 속에 있지 아니하니라.
> 요일1:8-10

우리에게 죄가 없다고 주장하는 사람들은 스스로를 속이는 것이며, 진리가 없는 사람들이라는 내용입니다. 구원파는 이러한 것을 '회개'가 아니라 '자백'이라고 궤변을 늘어 놓습니다. 지금 중요한 문제는 회개와 자백이라는 용어의 구별이 아니라, 죄가 있느냐 없느냐는 문제입니다. 바울은 소아시아 지역의 교회 교인들에게 "죄가 없다고 하는 자들은 스스로를 속이고 진리가 없는 자"라고 말합니다. 즉 사도요한은 우리에게 죄가 있다고 말하는 것이 중요합니다. 더욱이 육체에만 죄가 있다는 뜻도 아닙니다. 죄가 있으니 죄를 자백하는 것이 아닙니까?

구원파의 주장에 의하면, 이미 예수를 영접한 자들에게는 더 이상 죄가 없다고 하였는데, 왜 자백을 하여야 하는지요? 그렇다면 요한일서 본문은 죄가 없는데도 고의적으로 자백을 하여야 한다는 뜻입니까?

> **욕심이 잉태한즉 죄를 낳고 죄가 장성한즉 사망을 낳느니라** 약 1:15

구원파는 죄성이 무엇인지 죄책이 무엇인지를 전혀 구분조차 못하는 것입니다. 죄의 의미를 물질적인 것으로 알고, 거듭난 자에게는 '죄가 없다'고 알고 있습니다. 죄사함과 죄씻음이 곧 죄책을 의미한다는 것을 전혀 이해조차 못하며, 무작정 죄가 없으므로 죄를 회개할 필요가 없다는 것입니다. 하나님은 죄를 지은 사람을 용서하여 주시지만, 그 죄 자체를 용서하여 주시는 것은 아니라는 것을 명심하여야 합니다.

> 다윗이 인구 수를 조사한 후에 그 마음에 자책하고 여호와께 아뢰되 내가 이 일을 행함으로 큰 죄를 범하였나이다 여호와여 이제 간구하옵나니 종의 죄를 사하여 주옵소서 내가 심히 미련하게 행하였나이다 하니라 삼하24:10, 대상21:8

그렇다면 인구조사를 하고 자신의 죄를 회개한 다윗은 구원을 받지 못하였습니까? 또 우리아의 아내를 빼앗은 범죄를 저지른 후에, 다윗은 선지자 나단에게 자신이 죄를 범하였다고 회개하는데, 다윗은 하나님께 죄를 범한 것을 인정하였으므로 구원을 받지 못합니까?

> 다윗이 나단에게 이르되 내가 여호와께 죄를 범하였노라 하매 삼하12:13

이 사건에 대해서 다윗은 시편에 다음과 같이 기록합니다.

> 다윗의 시, 영장으로 한 노래, 다윗이 밧세바와 동침한 후 선지자 나단이 저에게 온 때에 하나님이여 주의 인자를 좇아 나를 긍휼히 여기시며 주의 많은 자비를 좇아 내 죄과를 도말하소서. 나의 죄악을 말갛게 씻기시며 나의 죄를 깨끗이 제하소서. 대저 나는 내 죄과를 아오니 내 죄가 항상 내 앞에 있나이다. 내가 주께만 범죄하여 주의 목전에 악을 행하였사오니 주께서 말씀하실 때에 의로우시다 하고 판단하실 때에 순전하시다 하리이다. 내가 죄악 중에 출생하였음이여 모친이 죄 중에 나를 잉태하였나이다 시51:1-5

다윗은 자신에게 죄가 있다고 하였으나 구원을 받지 못하였습니까? 다윗은 자신의 죄를 회개하였으니 구원을 받지 못하였는지요? 구원파의 주장대로라면, 다윗은 죄가 없어야만 하며, 온전한 의인이므로 회개하지 말고 자백만 하면 됩니다. 그런데 왜 다윗은 "내 죄과를 도말하소서"라고 고백하였으며, 다윗은 분명히 자신이 주께 범죄하고 주의 목전에서 악을 행하였다고 고백하고 있습니다. 다윗은 인구조사 후에 또 우리아를 범하고 난 후 두 번 죄를 고백하고 회개하였는데, 구원파의 주장대로라면 분명히 구원을 받지 못합니다.

또 시몬의 경우를 보겠습니다. 성령의 능력을 돈을 주고 팔라고 하다가 사도들에게 큰 핀잔을 받는 장면이 사도행전에서 언급됩니다.

> 시몬도 믿고 세례를 받은 후에 전심으로 빌립을 따라 다니며 그 나타나는 표적과 큰 능력을 보고 놀라니라 행8:13

이 구절에서 혹 사람들은 시몬이 과연 예수를 진정으로 믿었는가 하고 반문할 수 있을 것입니다. 그러나 성경은 분명히 "시몬이 믿고 세례를 받았다"고 기록하고 있으며 "전심으로 빌립을 따라 다녔다"고 기록하고 있습니다. 어쨌든 성경본문에서 정작 중요한 문제는 시몬이 참된 신자였는가 라는 내용이 아니라, 베드로가 시몬에게 충고한 내용입니다. 베드로는 시몬에게 "악함을 회개하고 주께 기도하라"행8:22고 하였으며 "혹 마음에 품은 것을 사하여 주시리라"고 말을 하였습니다.

박옥수 목사의 경우에는, 더 이상 죄를 회개할 필요가 없다고 하였지만, 베드로는 "악함을 회개하면 사하여 주시리라"고 말하고 있다는 것입니다. 베드로와 박옥수 목사 중에서 누구의 견해가 옳을까요?

물론 시몬이 진정 베드로의 충고를 듣고 회개하여 구원을 받았는지 아닌지는 성경에서 더 이상 기록하고 있지 않으므로 우리는 알 수가 없지만, 본문에서는 '메타노에오'가 사용되었습니다. 베드로가 거짓말을 하였다고 볼 수 없는 것은 당연하며, 시몬이 진정으로 회개하였다면 그는 구원을 받았을 것입니다. 구원파의 주장과 전혀 다른 것입니다.

이와 같이 성경본문에서 '회개'라는 용어가 예수를 처음 믿는 단회적인 신앙만을 반드시 의미하지 않는다는 분명한 증거가 되어집니다. 그 단어의 헬라어는 '메타노에오'이기 때문입니다. 다음 성경구절은 "돌이켜 회개하라"고 하였는데, 왜 '모든 죄'에서 떠나라고 말하고 있을까요?

> 나 주 여호와가 말하노라. 이스라엘 족속들아 내가 너희 각 사람의 행한대로 국문할지라. 너희는 돌이켜 회개하고 모든 죄에서 떠날지어다. 그리한 즉 죄악이 너희를 패망케 아니하리라. 겔18:30

박옥수목사는 죄를 회개하면 죄인인 것을 인정하는 것이므로 구원을 잃는다고 하였는데, 다음 성경본문은 하나님께 죄를 자복하고 죄악을 숨기지 않고 죄를 아뢰면 주께서 죄의 악을 사하여 주신다고 기록하고 있습니다.

"내가 이르기를 내 허물을 여호와께 자복하리라 하고 주께 내 죄를 아뢰고 내 죄악을 숨기지 아니하였더니 곧 주께서 내 죄의 악을 사하셨나이다" 시32:5

사람은 누구나 죄인입니다. 죄가 없는 사람은 이 세상에 하나도 존재하지 않습니다. 누구를 막론하고 인간은 죄인입니다. 아무리 거듭난 자라고 할지라도 자신에게 죄가 없다고 말하며 회개할 필요가 없다고 하는 자들은 분명한 이단입니다.

> 내가 내 마음을 정하게 하였다 내 죄를 깨끗케 하였다할 자가 누구뇨? 잠20:9
> 하나님 한분 외에 선한 이가 없느니라 눅18:19
> 선을 행하고 죄를 범치 아니하는 의인은 세상에 아주 없느니라. 전7:20
> 다 치우쳤으며 함께 더러운 자가 되고 선을 행하는 자가 없으니 하나도 없도다 시14:3
> 유대인이나 헬라인이나 다 죄 아래 있다고 우리가 이미 선언하였느니라 기록된 바 의인은 없나니 하나도 없고 롬3:8-9
> 주의 목전에는 의로운 인생이 하나도 없나이다 시143:2

구원파의 가장 중요한 오류는 "이미 죄가 없다"는 자신들의 교리를 깨달으면 구원을 받았다는 것입니다. 자신들의 교리와 같은 깨달음이 곧 구원을 받은 것이라고 주장하는데, 그들은 그 깨달은 날짜를 거듭난 날짜로 기억합니다. 자신이 구원을 받았다고 생각하지만, 실제로는 아래와 같은 두가지 유형이 있을 것입니다.

1) 자신이 구원을 받았다고 생각하지만 실제로 구원을 받지 못하는 사람
2) 자신이 구원을 받았다고 생각하지만, 실제로 구원을 받은 사람

성경은 예수를 믿음으로 구원을 받는다고 기록하고 있지만, 어느 교회의 교리를 깨닫는 것을 구원을 받았다고 결코 말하지 않습니다. 또한 구원은 하나님이 결정하시는 것입니다. 우리는 우리 자신의 믿음을 확증함으로서 구원을 확신할 수 있는 것뿐입니다.

특히 구원파 교회에서는 루터나 웨슬레도 자신들과 같이 더 이상 죄가 없음을 깨달음으로 거듭났다고 주장합니다. 또한 박옥수 구원파의 홈페이지를 보면 마틴 로이드 존스가 현재 기독교의 복음을 변질되었다고 주장하고 있으며, 마치 자신들의 교리가 변질되지 않은 참복음인 것처럼 거짓말 선전을 하고 있습니다.

그러나 마틴 루터는 거듭난 사람이 의인임과 동시에 죄인이라고 말하므로서 구원파의 교리와 전혀 다른 주장을 합니다. 물론 아래 증거를 올린 것과 같이, 마틴 로이드 존스도 구원파의 주장과 전혀 다르며, 요한 웨슬레도 구원파의 주장과 전혀 다릅니다.

그렇다면 그것은 무엇입니까? 사실 저는 아직도 이 삶과 이 세상에 있습니다. 저는 여전히 이 몸 안에 있는 죄와 싸우고 있습니다. 따라서 요한은 다음과 같이 진술합니다. '주를 향하여 이 소망을 가진 자마다 그의 깨끗하심과 같이 자기를 깨끗하게 하느니라' 요일 3:3. 소망을 가진 자는 이렇게 해야 합니다. '내가 내 몸을 쳐 복종하게 함은' 고전 9:27이라고 바울이 말한 것처럼, 다시 소망을 가진 자는 수동적으로 주님만을 바라보고 있어서는 안됩니다. 저는 저의 '땅에 있는 지혜를' 골 3:5 죽입니다. 이것이 바로 논제입니다. 이 모든 진리는 주어졌고, 성령의 능력은 제 안에서 역사하시며, 저는 그것을 하도록 격려를 받으며, 그것을 행하기를 원하는, 이것이 바로 성화입니다. 우리는 이 세상에서 죄를 완전히 제거했다거나 죄로부터 완전히 구원받았다고 말하는 모든 것들을 반드시 거절해야만 합니다. 아울러 우리는 동일하게 반동의 원리 또한 거절해야만 합니다.

로이드존스, 성령하나님, 기독교문서선교회, 330쪽

마틴 로이드존스 목사는 이 세상에서 죄를 완전히 제거했다거나 죄로부터 완전히 구원받았다고 말하는 것구원파 교리을 거절하여야 하지만, 동일하게 반동의 원리행위구원론도 거절하여야 한다고 말합니다.

죄와 죄 용서

1) 원죄에 대한 스콜라 교의의 그릇됨
2) 우리의 모든 의는 불결하다
3) 그리스도인들에게도 죄는 여전히 있으므로 그리스도인은 죄에 대항하여 싸워야 한다
4) 선을 좇는 인간은 아무도 없다
5) 하나님은 그리스도 때문에 은혜로 우리 죄를 용서하신다
6) 원죄(죄성)는 그리스도인들에게 여전히 남아 있으나 이미 죽은 것이고 죽어가고 있다.
7) 죄인이면서 동시에 의인"(루터신학개요, 한국장로교출판사, 132-136)

"죄인이면서 동시에 의인"이라는 주장은 마틴 루터의 유명한 말중에 하나입니다. 또한 웨슬레 목사도 역시 중생한 성도들에게도 죄의 뿌리가 남아있다고 말합니다. 우리는 그것을 '옛사람'이라고 부릅니다.

> 앞서 말한 것처럼 중생에서는 죄가 정복되고 억제되지만, 아직 완전 소멸된 것은 아니다. 신자 속에서는 아직 옛 본성이라고 하는 죄의 뿌리, 죄의 경향성이 아직 남아있어서 그를 괴롭히고 있다. 중생은 아직 사람의 마음 속에 남아있는 이런 더러움에서 완전히 떠나지 못한 상태이다.웨슬레조직신학, 한영태, 201쪽

구원파들은 루터, 마틴로이드존스, 웨슬레에 대해서 자신들의 깨달음과 같은 교리를 갖었다고 선전하지만 그러나 그들은 구원파 교리와 전혀 다릅

니다. 특히 웨슬레 목사가 구원파와 동일한 깨달음으로 자신이 몇월몇일에 구원을 받았다고 고백을 했다고 선전하지만, 웨슬레 목사는 단지 일기에 회심을 한 내용을 기록했을 뿐이며, 그날이 구원받은 날짜라고 말한 적이 없습니다.

8. 믿음

믿음이 없이는 하나님을 기쁘시게 못하나니 히11:6

하나님은 우리의 믿음을 보시고 기뻐하십니다. 그러나 믿음에서 중요한 요소는 말씀이라는 것이 전제되어야만 합니다. 만일 우리의 믿음이 성경적 사실에서 비롯된 것이 아니라, 일종의 추측이나 미신이나 이단적인 믿음이라면 그 믿음은 헛된 것이 되고 말기 때문입니다. 유명한 설교자 무디는 믿음에 대한 확신이 없어 방황하다가, 다음 성경구절을 읽고 변화되었다고 전해집니다.

믿음은 들음에서 나며 들음은 그리스도의 말씀으로 말미암았느니라 롬 10:17

이러한 사실은 히브리서11장1절의 말씀에 의하여 확증되어집니다.

믿음은 바라는 것들의 실상휘포스타시스: Assurance이요 보지 못하는 것들의 증거니 히 11:1

믿음은 아직 성취되지 않았다 할지라도즉 아직 보지 않았더라도, 하나님의 약속하심을 마음 속에 확신하는 것입니다. 마치 아브라함이 "너희 본토 친척 아비집을 떠나 내가 네게 지시할 땅으로 가라"창 12:1 하신 말씀에 믿음으로 순종하였듯이, 인간의 눈에 아직 보이지 않고 성취되지 않았지만 하나님의 명령이라면 순종하는 것이 참 믿음이 됩니다.

하나님의 말씀 위에 근거한 믿음은 보이지 않는 것들의 증거를 실체화하며 실증합니다. 다시 말해서 우리의 믿음은 우리의 구주, 그리스도가 되시며 하나님의 아들이신 예수의 구속과 죽음과 부활을 영원한 진리로 믿는 믿음 위에 굳건히 서있어야만 합니다.

> 아브라함은 시험을 받을 때에 믿음으로 이삭을 드렸으니 저는 약속을 받은 자로되 그 독생자를 드렸느니라. 저에게 이미 말씀하시기를 네 자손이라 칭할 자는 이삭으로 말미암으리라 하셨으니 저가 하나님이 능히 죽은 자 가운데서 다시 살리실 줄로 생각한지라 비유컨대 죽은 자 가운데서 도로 받은 것이니라 히11:17-19

아브라함은 자신의 아들이 다시 살 줄로 믿었기 때문에 기꺼이 제물로 바치려 하였던 것입니다. 히브리서 11장의 믿음의 장章은 하나님의 말씀과 언약을 온전히 믿었던 믿음의 사람들의 기록인 것입니다. 에번 홉킨스라는 학자는 다음과 같이 말합니다.

> 믿음은 믿을 만한 사실을 토대로 한다. 반면에 가정은 사실보다 상상을 토대로 한다.

사도바울은 인간의 구원이 예수 그리스도를 믿는 신앙에 근거한다고 말하며, 소위 이신칭의에 대해 역설하였습니다. 하나님께서 만물을 회복하시며, 예수 그리스도를 믿는 믿음을 가진 사람을 의롭다하시는 분이시며롬 3:26, 믿음으로 죄인을 의롭다고 하시는 분롬 5:1이십니다.

> 모든 믿는 자에게 구원을 주시는 하나님의 능력이 됨이라 롬 1:16

믿음이란 히브리어로 '헤에민' 이란 단어가 많이 사용되었고, 그 원래의 뜻은 '참된 것으로 간주하다' 는 것입니다. 70인역에서는 이 '헤에민' 은 거의 모두 헬라어 '피스티스' 로 번역되었습니다.

헬라어로 '피스티스' 라는 단어는 주로 바울서신에서 많이 사용되었는데, 그 뜻은 '온전히 맡기다' 라는 뜻입니다. 우리는 알지 못하는 존재에 대해서 믿을 수 없습니다. 그러므로 무엇을 믿어야 할지, 누구를 믿어야 할지 분명히 그 믿음의 대상에 대한 정체성을 알아야만 합니다.

> 영생은 곧 유일하신 참 하나님과 그의 보내신 자 예수 그리스도를 아는 것이니라 요 17:3

참된 구원적인 신앙은 거듭남에 근거한 것입니다. 즉 성령으로 말미암아 마음에 복음의 진리에 대한 확신을 가지는 것이며, 또한 그리스도 안에서 행하신 하나님의 약속에 대한 확실한 신뢰라고 정의할 수 있습니다. 더욱이 자신이 아닌 제 삼자가 타인의 일시적인 신앙과 참된 신앙을 구별하는 것은 어렵습니다. 구원의 확신이란 맹목적이며 주관적인 확신이 아니라, 자기 자신의 믿음의 확신이 되어야 합니다. 우리는 하나님의 주권적인 심판을 자기 자신이 스스로 결정하여서는 곤란합니다. 단지 일시적인 신앙에 대해서는 "그 속에 뿌리가 없고"마 13:21라고 주님이 지적하셨습니다. 이러한 기반 위에서 스토니J. B. Stony는 다음과 같이 말하였는데 매우 공감이 가는 견해가 됩니다.

> 참 믿음은 그 믿음에 대한 반론과 부딪히면서 강해진다. 그러나 거짓 믿음은 그 반론을 이겨내지 못하고 없어지거나 해를 입는다.

성경은 믿음은 자기 자신의 확증이라고 말합니다. 즉 내가 예수를 진정으로 믿는다면 나는 구원을 받은 것입니다.

> 너희가 믿음에 있는가 너희 자신을 시험하고 너희 자신을 확증하라. 예수 그리스도께서 너희 안에 계신 줄을 너희가 스스로 알지 못하느냐? 그렇지 않으면 너희가 버

리운 자라고후13:5

즉 결론적으로 믿음은 아래 요소로서 구별되어 분류되어질 수 있습니다.
1) 지: 지적요소(지식)
2) 정: 감정적 요소(찬동)
3) 의: 의지적 요소(신뢰)

이 세 가지의 요소가 종합적으로 상관되어질 때에 우리는 확고한 구원적인 신앙을 갖게 된다고 말할 수 있을 것입니다. 위의 세 가지 요소 중에서 어느 것 한 가지만을 근거로 하는 믿음은 참된 구원적인 신앙이라고 말할 수는 없을 것입니다.

물론 연약한 믿음롬 14:1-2도 있고, 장성한 믿음고전 13:11도 있으며 믿음은 성장하게 됩니다.엡 4:13 또한 그 믿음을 자라나게 하시는 분은 곧 하나님이십니다.고전 3:6-7

그리스도인들은 믿음 위에 서서고전 16:13, 믿음으로 행하고고후 5:7, 믿음에 따라 살아야만 할 것입니다.갈 2:20

> 믿음으로 말미암아 그리스도께서 너희 마음에 계시게 하옵고…. 엡3:17

9. 칭의

칭의(의롭다 하심)

마치 주일학교 문답같은 질문과 대답을 하여 보겠습니다.
이러한 성경구절의 인용은 너무나 우리에게 익숙하며 잘 알려져 있는 것들인데, 우리는 때때로 너무나 쉬운 이러한 것들을 잊어 버리기 때문입니다.

- 하나님이 아담을 동산에서 쫓아내신 이유가 무엇입니까?
  - 그들이 죄를 지었기 때문입니다. 창3:17
- 하나님이 홍수를 계획하신 이유가 무엇입니까?

- 사람의 죄악이 세상에 관영함과 그 마음의 생각의 모든 계획이 항상 악함을 보셨기 때문입니다.창6:5
- 하나님이 소돔과 고모라성을 치신 이유가 무엇입니까?
  - 그 죄악이 심히 중했기 때문입니다.창18:20
- 하나님이 제사를 명하신 것은 무엇이었습니까?
  - 죄의 값을 치루기 위한 속죄제를 드리기 위함이었습니다.출29:36
- 하나님이 율법을 주신 이유가 무엇입니까?
  - 죄를 깨닫기 위함이었습니다. 롬3:20
- 하나님이 예수 그리스도를 보내신 이유가 무엇입니까?
  - 자기 백성을 저희 죄에서 구원하시기 위함이었습니다. 마1:21
- 간음한 여인을 사람들이 잡아오자 예수님은 무어라고 하셨나요?
  - 죄 없는 자가 먼저 돌로 치라. 요8:7
- 예수님은 왜 이 땅에 오셨습니까?
  - 내가 의인을 부르러 온 것이 아니요 죄인을 부르러 왔노라. 마9:13

하나님이 인간을 구원함에 있어서 가장 큰 장애적인 문제는 바로 죄였으며, 예수가 이 땅에 오신 목적은 바로 인류의 죄 문제를 해결하기 위함이었습니다. 인간은 누구나 다 죄 아래에 있으므로, 인간은 스스로 구원을 얻을 수가 없기 때문입니다. 그들은 죄 때문에 하나님과 교통을 할 수도 없었으며, 성경은 "죄의 값은 사망"롬6:23라고 말하며, 성경은 "의인은 없나니 하나도 없다"롬3:10고 말하고 있습니다. 당시 의인 열명을 찾지 못하여 소돔과 고모라성은 불타고 말았습니다.창18:32

죄와 관련하여 아주 대조적이며 서로 상반되어지는 두 구절이 있습니다.

> 선을 행하고 죄를 범치 아니하는 의인은 세상에 아주 없느니라.전7:20
> 그러므로 이제 그리스도 예수 안에 있는 자에게는 결코 정죄함이 없나니.롬8:1

전자는 모든 사람이 죄가 있음으로 하나님의 영광에 이르지 못함을 말하고 있고, 후자는 그리스도 예수 안에 있는 자는 결코 정죄함이 없다고 말하고 있습니다.

이 두 가지 성경구절에서 주의깊게 보아야 할 차이점은, 첫째로 그리스도 안에 있는가 밖에 있는가의 차이점입니다. 둘째로는 후자는 죄가 없다고 하는 것이 아니라는 것입니다. 다만 그리스도 예수 안에 있는 자에게는 죄가 있음에도 불구하고 정죄함이 없다는 것입니다.

즉 위의 두 성경구절은 서로 반대되는 내용이 아니며, 모든 사람에게 죄가 있음에도 불구하고, 예수 그리스도를 믿음으로 말미암아 의인으로 칭하심을 받는다는 것입니다. 즉 누구나 죄가 있으되 믿는 자에게는 정죄하지 않겠다는 말은, 곧 그 죄책죄에 대한 책임을 묻지 않는다는 이야기가 되어집니다.

> 그럴 수 없느니라 사람은 다 거짓되되 오직 하나님은 참되시다 할지어다 기록된 바 주께서 주의 말씀에 의롭다 함을 얻으시고 판단 받으실 때에 이기려 하심이라 함과 같으니라롬3:4

바울의 서신문에서 이신칭의Justification by faith라는 "믿음으로 의롭다함을 얻음"의 용어의 개념을 보다 깊이 알기 위하여, 일련의 헬라어에 대해서 주목하여야 합니다. 성경에서는 헬라어 '디카이오오' 의롭다하다, 바르게 하다, '디카이오마' 의롭다함, 심판가 주로 사용되었지만, '디카이오시스' 무죄선언라는 용어는 주로 헬라의 법정용어로 사용되어지는 용어입니다.

인간은 자기 자신의 자력과 의지, 또는 행위로 단 한명도 의인이 되어지지 못하므로, 우리의 칭의는 하나님의 값없는 은혜가 되어집니다. 하나님은 그러한 죄인을 의롭다하심이라는 법적 무죄선언을 통하여 의인으로 여기십니다. 우리가 정말로 의인이 되었기 때문이 아니라, 예수 그리스도께서 우리 죄로 인하여 대신 십자가에 달리셨기 때문에, 우리 죄가 사하심을 받고, 가리우심을 받은 것이 됩니다.

하나님께 의로 여기심을 받은 사람의 행복에 대하여 다윗의 말한 바, 그 불법을 사하심을 받고 그 죄를 가리우심을 받는 자는 복이 있고 주께서 그 죄를 인정치 아니하실 사람은 복이 있도다 함과 같으니라 롬4:6-8

예를 들어보면 내가 차를 운전하다가 실수로 사고를 내어 어떤 사람에게 피해를 입혔기 때문에 구속이 되었다고 가정하여 봅니다. 나의 가족이 그 피해자 측과 다행히 합의가 되어 물질적인 보상과 치료를 해주고 내가 풀려났다고 가정을 합니다. 나는 피해자에게 보상을 해 줌으로 무죄석방되어진 것입니다. 나는 보상을 함으로서 법적으로 더 이상 죄인이 아니며 자유인이 되었지만, 나는 실질적으로 죄를 지었으며, 또 다시 죄를 지을 수도 있습니다. 이것이 칭의의 단계입니다. 즉 죄가 있느냐 없느냐를 판단하는 것이 아니라, 법적으로 석방된 신분적인 변화를 말하는 것입니다. 예수 그리스도가 그 보상을 하여주었기 때문에 우리는 법적 신분적으로는 무죄석방이 되었습니다. 그것이 바로 칭의입니다.

즉 의인이란 하나님께서 죄인인 나를 향해 무죄선언하시는 사법적인 행위입니다. 아담 안에서는 죄인의 관계였는데, 그리스도 안에서의 의인의 관계로 전환시켜 주시는 것을 의미합니다. 진정으로 예수를 믿고 나의 구세주로 믿는 그 순간에 우리는 의롭다함을 받게 됩니다. 칭의는 '입혀진 의' 입니다

은혜로 얻는 칭의

허물로 죽은 우리를 그리스도와 함께 살리셨고 너희가 은혜로 구원을 얻은 것이라 엡 2:5

인간은 아무리 자기가 죄가 없다고 생각할지라도, 하나님 앞에서 의롭다함을 받을 수가 없습니다. 하나님의 절대적인 공의의 기준으로는 의인이 없습니다.

내가 자책할 아무것도 깨닫지 못하나 그러나 이를 인하여 의롭다함을 얻지 못하노라 다만 나를 판단하실 이는 주시니라 고전4:4

또 의인이 겨우 구원을 얻으면 경건치 아니한 자와 죄인이 어디 서리요 벧전 4:18

성경은 다음과 같이 말합니다. 사람은 온전한 의인이 하나도 없습니다. 결국 모두가 죄 가운데 죽을 수 밖에 없습니다. 그러므로 믿음으로 의롭다함을 얻는 자체가 바로 값없는 은혜입니다

> 그리스도 예수 안에 있는 구속으로 말미암아 하나님의 은혜로 값 없이 의롭다 하심을 얻은 자 되었느니라. 이 예수를 하나님이 그의 피로 인하여 믿음으로 말미암는 화목 제물로 세우셨으니 이는 하나님께서 길이 참으시는 중에 전에 지은 죄를 간과하심으로 자기의 의로우심을 나타내려 하심이니 곧 이 때에 자기의 의로우심을 나타내사 자기도 의로우시며 또한 예수 믿는 자를 의롭다 하려 하심이니라. 그런즉 자랑할 데가 어디뇨 있을 수가 없느니라 무슨 법으로냐 행위로냐 아니라. 오직 믿음의 법으로니라. 롬 3:24-27
>
> 우리로 저의 은혜를 힘입어 의롭다 하심을 얻어 영생의 소망을 따라 후사가 되게 하려 하심이라. 그리스도 예수 안에 있는 구속으로 말미암아 하나님의 은혜로 값없이 의롭다 하심을 얻은 자 되었느니라 딛3:7

칭의와 중생

그렇다면 칭의와 중생은 어떻게 다른 것일까요?
1) 중생(거듭남)이 실제적 변화라면, 칭의는 관계적인 변화를 말합니다.
2) 중생이 내적, 주관적 변화라면, 칭의는 외적, 객관적 변화가 되어집니다.
3) 중생이 죄의 능력을 제거해 준다면, 칭의는 죄책을 제거해 주는 것입니다.
4) 중생은 성령께서 'in me' (나의 안에서) 하시는 것이라면, 칭의는 예수께서 'for me' (나를 위해서) 하신 것입니다.

우리로 저의 은혜를 힘입어 의롭다 하심을 얻어 영생의 소망을 따라 후사가 되게 하

려 하심이라. 그리스도 예수 안에 있는 구속으로 말미암아 하나님의 은혜로 값없이 의롭다 하심을 얻은 자 되었느니라롬 3:7

물론 칭의와 중생은 별개의 분리되어진 것이라고 할 수는 없습니다. 그 개념은 구별된다고 하지만, 시간적으로 나타나는 순서를 의미하지 않고 동시에 일어날 수도 있는 것이며, 또 서로 분리되어지는 것이 아니라 서로 연관성을 갖고 있습니다.

10. 거듭남중생

1) 위로부터 난 자

'거듭나다'는 말은 문자적으로 '두 번 태어난다'는 뜻으로, 중생重生이라고 합니다. 그런데 중생重生이라는 단어를 단순하게 '두 번 태어나다'라고 생각한다면, 바로 요한복음의 니고데모와 같은 생각이 될 것입니다.

니고데모가 가로되 사람이 늙으면 어떻게 날 수 있삽나이까, 두번째 모태에 들어갔다가 날 수 있삽나이까 요 3:4

즉 사람은 두 번 모태에 들어가서 다시 태어날 수가 없습니다. 성경에서 중생重生을 뜻하는 말은 헬라어로 '팔링게네시아'인데 성경에서 '팔링게네시아'라는 단어는 성경에서는 두 번 사용되었는데, 디도서 3:5절에서는 '중생'으로 번역되었고, 마태복음 19:28절에 '다시 새롭게 됨'으로 번역되었습니다.

우리를 구원하시되 우리의 행한바 의로운 행위로 말미암지 아니하고, 오직 그의 긍휼하심을 좇아 중생의 씻음과 성령의 새롭게 하심으로 하셨나니딛 3:5

팔링게네시아는 '팔린'과 '게네시아'의 합성어로서 팔린은 '새롭게부사,

다시 한번시간의' 라는 뜻을 갖습니다. 게네시아는 '출생, 세대' 라는 뜻으로 rebirth, regeneration 라는 뜻을 갖습니다. 즉 '새롭게 다시 태어난다' 는 뜻이 됩니다. 마태복음 19:28의 '팔링게네시아' 는 '세상이 새롭게 되어' 로 번역되므로, 개인적인 거듭남의 의미가 아니며, 거듭남의 중생이란 의미로서 '팔링게네시아' 는 디도서에 유일하게 기록되어 있다고 볼 수 있습니다. 즉 팔링게시아중생는 '성령에 의하여 새롭게 태어나는 것' 을 의미하는데, 우리 인간의 행위로 거듭나는 것이 아닙니다.

또 요한복음 3장에서 '거듭나다' 는 말의 헬라어는 '겐나오 아노덴' 라고 기록되어 있습니다. '겐나오' 는 '낳다' 는 뜻이며, '아노덴' 이란 단어는 다음과 같은 뜻을 갖고 있습니다.
 1) 위로부터, 높은 곳에서부터
 2) 처음으로부터, 시작부터, 맨 첫 번째에서
 3) 새롭게, 다시

성경에서 '아노덴' 이라는 단어는 주로 '위로부터, 하늘로부터' 라는 뜻으로 기록되어있습니다. 즉 문자적으로 해석하면, '위로부터 다시 낳는다' 라는 뜻으로서, 의역하면 '위에서 나다' 가 되며, 즉 '하늘로부터 낳는다' 는 뜻입니다. 다른 성경 구절에서 '거듭나다' 는 말은 벧전 1:3과 1:23에도 기록되어 있는데, 그 헬라어는 '아나 겐나오' 입니다. '아나' 라는 단어도 '위에' 라는 뜻과 반복적인 '다시' 라는 의미를 갖고 있습니다. 즉 동일한 뜻입니다.

이 '위에서+나다' 를 이스라엘의 관원이며 지도자인 바리새인 니고데모가 문자적인 중생, 즉 '두번째 모태에 들어갔다가 나는 것' 으로, 즉 육체적인 태어남으로 잘못 이해하였던 것입니다. 즉 거듭난다는 것은 단순히 다시 태어나는 것이 아니라, 하늘로부터 태어나는 것이며, 육체적으로 두번 태어남이 아니라 물과 성령으로 거듭나는 것임을 아는 것이 중요한 것입니다.

　　육으로 난 것은 육이요, 성령Spirit으로 난 것은 영spirit이니라 거듭난다고 하는 것은 '성령으로 다시 태어난 것'을 의미합니다. 본문에서는 육과 영으로 구별되는 두가지의 차원을 비교하고 있습니다. 즉 거듭난다는 것은 인간의 육체적인 태어남이 아니라, 성령에 의하여 태어남을 비교하고 있는 것입니다. 사도바울은 성령이 우리 안에 거하는 것을 "우리가 육신에 있지 않고 영에 있다"고 표현합니다.

> 만일 너희 속에 하나님의 영이 거하시면 너희가 육신에 있지 아니하고 영에 있나니, 누구든지 그리스도의 영이 없으면 그리스도의 사람이 아니라 롬8:9

또 우리가 기억하여야 할 것은, 중생(거듭남)이란 단어가 있는 디도서 3:5를 보면, 거듭남의 중생은 인간의 의로운 행위나 의지로 말미암는 것이 아니라, '중생의 씻음과 성령의 새롭게 하심'으로 된다고 기록되어 있다는 것입니다.

즉 중생은 인간 스스로의 의지나 노력의 결과가 아니라 성령하나님에 의한 역사를 의미합니다. 물론 육체적인 태어남도 나의 의지나 노력으로 태어나는 것이 아닙니다. 또 흔히 '거듭난다'는 것에 대해서 도덕적, 윤리적인 개선으로 해석하는 경우가 많은데, 물론 그러한 거듭남도 좁은 의미에서 거듭남이라고 말할 수 있지만, 진정한 중생의 개념은 전적으로 성령의 역사라는 것을 알아야 합니다. 또 어떤 사람들은 거듭남이란, 자신들만이 알고 있는 특별한 자각적인 깨달음에서 온다고 가르치는 사람들도 있습니다. 특히 구원파나 몇몇 이단들은 자신들의 교리를 깨닫는 것이 거듭남이라고 주장합니다. 그러나 '거듭난다'고 하는 것은 인간의 행위나 깨달음이 아니라, 1 위로부터 나는 것이며, 2 물과 성령으로 거듭나는 것으로서 성령의 주도적인 사역을 말합니다.

그렇다면 어떻게 하여야만 거듭나는 것일까요? 거듭난다고 하는 것은 어떤 교리를 깨달음도 아니요, 인간의 의지와 행함과 노력도 아닙니다. 특별히 사도요한은 예수를 믿는 자들을 하나님의 자녀라고 말하고 있으며, 특히 그들이 '하나님께로 난 자'라고 말하고 있습니다. 즉 예수를 영접하고 그 이름을 믿는 자가 하늘로부터 거듭나는 자인 것입니다.

> 영접하는 자 곧 그 이름을 믿는 자들에게는 하나님의 자녀가 되는 권세를 주셨으니, 혈통으로나 육정으로나 사람의 뜻으로 나지 아니하고 오직 하나님께로서 난 자들이니라 요 1:13

본 구절 외에도 "하나님께로서 났다"는 표현은 사도 요한이 많이 사용하고 있습니다(요 1:13, 요일 2:29; 3:9; 4:7; 5:1, 4, 18. 그것은 '사람의 뜻'으로 나지 아니하고, '위로부터 나는 것'을 의미하며, 그 이름을 믿는 자에게 주는 권세입니다.

> 베드로가 가로되 너희가 회개하여 각각 예수 그리스도의 이름으로 세례를 받고 죄사함을 얻으라 그리하면 성령을 선물로 받으리니 행 2:38

아담은 땅에서 났지만, 예수님은 하늘에서 난 분이십니다.
우리도 땅에서 났지만, 우리가 물과 성령으로 거듭나면 우리는 위로부터 난 자, 즉 하늘로부터 난 자가 되어지며, 하늘의 시민권을 갖게 됩니다. 그래서 하늘에 속한 사람은 땅에 속한 아담의 형상이 아니라, 하늘에 속한 예수의 형상을 입게 됩니다.

> 첫 사람은 땅에서 났으니 흙에 속한 자이거니와 둘째 사람은 하늘에서 나셨느니라. 무릇 흙에 속한 자는 저 흙에 속한 자들과 같고 무릇 하늘에 속한 자는 저 하늘에 속한 자들과 같으니 우리가 흙에 속한 자의 형상을 입은 것같이 또한 하늘에 속한 자의 형상을 입으리라 고전 15:47-49

예수를 영접하고 그 이름을 믿는 성도들은 위로부터 난 자이며, 하나님의 자녀가 되며, 하늘에 속한 자가 됩니다.

2) 물과 성령으로 거듭난 자.
성경은 '물과 성령으로' 거듭난다고 하였습니다. 요 3:5

이 '물'을 '세례'로 해석하는 견해가 있는데, 물세례와 성령세례로 해석하는 것입니다. 그러나 세례라는 의식을 통하여 거듭나지는 못하며, 그러한 견해는 가톨릭의 견해와 같은 것입니다. 어느 학자는 이 '물'이 세례 자체를 말하는 것보다는 죄씻음을 상징한다고 말하는데, 일리가 있습니다. 또 칼빈은 물을 '성령'이라고 해석하였습니다. 그러나 그렇게 해석하면, 본문 5절의 '물과 성령'은 "성령과 성령으로 거듭난다"가 되어 부자연스러운 반복이 될 수 있습니다. 물론 이러한 반복적인 표현이 강조적인 의미가 될 수도 있으며, 성경은 성령을 생수로 상징적인 표현을 하는 경우도 있다는 견해도 있습니다.

> 나를 믿는 자는 성경에 이름과 같이 그 배에서 생수의 강이 흘러나리라 하시니 이는 그를 믿는 자의 받을 성령을 가리켜 말씀하신 것이라 예수께서 아직 영광을 받지 못하신 고로 성령이 아직 저희에게 계시지 아니하시더라 요 7:38-39

이 '물'에 대해서 성경에서 '하나님의 말씀'을 가리킨다는 견해가 보편적입니다.엡 5:26 성경에서는 "살아 있고 항상 있는 하나님의 말씀으로 거듭난다"고 하였으며벧전 1:23, "이 말씀이 영이요 생명"이라고 하였고요 6:63, "물로 씻어 말씀으로 깨끗하게 하신다"엡 5:26고 말하고 있기 때문입니다. 즉 말씀은 분명히 거듭남의 조건이 되어진다고 말할 수 있습니다.

> 이는 곧 물로 씻어 말씀으로 깨끗하게 하사 거룩하게 하시고 엡 5:26
> 너희가 거듭난 것이 썩어질 씨로 된 것이 아니요 썩지 아니할 씨로 된 것이니 하나님의 살아 있고 항상 있는 말씀으로 되었느니라 벧전1:23
> 살리는 것은 영이니 육은 무익하니라, 내가 너희에게 이른 말words이 영이요 생명이라 요6:63

살리는 것은 육이 아니라 영이며, "나의 영이 죽었다"는 말은 "나의 영이 하나님의 생명에서 떠나분리되어 있다"는 뜻입니다. 우리 안에 성령이 내주內住

함으로 나의 영과 성령이 유기체적으로 연결되어집니다. 그래서 성령이 내주하는 성도들은 "사람의 뜻으로 나지 않고 하나님께로서 난 자"가 됩니다요 1:13. 더 이상 땅에 속한 자가 아니라 하늘에 속한 자가 되어지는 것입니다.

> 이는 혈통으로나 육정으로나 사람의 뜻으로 나지 아니하고 오직 하나님께로서 난 자들이니라 요1:13
> 육으로 난 것은 육이요 성령으로 난 것은 영이니

여기의 '육'사르스은…. '육체, 몸'을 뜻하며 영혼과 상반된 육체적인 부분의 의미로 사용되어진 것이 아니라, 하나님의 성령에 반대되는 개념, 즉 총체적이며 전인적인 사람 자체의 뜻으로 사용되었습니다. 다시 말해서 육인간과 성령하나님이 서로 대조를 이루고 있습니다.

인간은 자연인自然人이라고 부릅니다. 이 땅 위의 모든 사람들, 곧 아담의 후손으로 태어난 모든 사람들을 말합니다. 이 자연인은 범죄한 아담의 자손, 즉 죄인으로 태어납니다. 즉 자연인에 대해서 성경은 땅에서 태어났고 흙에 속한 사람이라고 말합니다.

죄의 값은 사망입니다.롬6:23 그래서 땅에 속한 아담의 영혼은 하나님의 생명에서 분리되어 있는 것입니다.

> 저희 총명이 어두워지고 저희 가운데 있는 무지함과 저희 마음이 굳어짐으로 말미암아 하나님의 생명에서 떠나 있도다 엡 4:18

우리가 말씀과 성령으로 거듭날 때에, 우리의 소속이 땅에 속한 자에서, 하늘부터 난 자가 되어지며, 우리는 하늘에 속한 자로서 새로운 생명으로 거듭나게 되는 것입니다.

> 오직 우리의 시민권은 하늘에 있는지라 거기로서 구원하는 자 곧 주 예수 그리스도를 기다리노니 빌 3:20

3) 거듭남의 조건

중생, 거듭남이란 영적으로 죽은 죄인이 성령의 역사하심으로 새로운 피조물이 된다는 뜻을 의미합니다. 사도 바울은 고후 5;17에서 "그런즉 누구든지 그리스도 안에 있으면 새로운 피조물이라. 이전 것은 지나갔으니 보라 새 것이 되도다"라고 말했습니다. 인간의 의지나 노력, 행위나 깨달음이 원인이나 조건이 된다는 것이 아니라 "누구든지 그리스도 안에 있으면 새로운 피조물이 된다"는 말씀입니다. 그렇다면 "그리스도 안에 있으면"이라는 말은 도대체 무슨 의미일까요?

> 누구든지 예수를 하나님의 아들이라 시인하면, 하나님이 저 안에 거하시고 저도 하나님 안에 거하느니라 요일 4:15

즉 예수를 하나님의 아들이라고 시인하는 것이 곧 거듭남의 조건이라고 할 수 있습니다. 이 거듭남이 곧 새로운 영적생명을 의미하며, 또한 새 생명의 원리로서 활동하게 하시는 하나님의 역사를 말합니다. 중생은 근본적인 변화이며 즉각적인 변화이며 잠재적인 변화를 말합니다. 다시 말해서 영혼의 주도적 성향을 인도하는 하나님의 사역입니다. 누구든지 성령으로 아니하고는 예수 그리스도를 주라고 말할 수 없는 것입니다.

우리가 알아야만 할 것은 믿음과 중생은 주체가 서로 다릅니다. 믿음은 인간이 주체가 되지만, 거듭나게 하는 주체는 성령입니다. 그러나 본질적으로 그리스도의 구속사역은 믿음이라고 하는 신앙의 토대 위에 놓여져야만 하는 것이 정설입니다. 그러나 중생은 하나님이 구원을 목적으로 우리에게 부어주시는 단계이며 그것은 바로 성령의 역사라는 것입니다.

물론 믿음이나 중생, 모두 하나님이 주신 선물이지만, 믿음은 추상적이고 중생은 구체적이라고 보는 것입니다. 믿음은 가변성이 있지만 중생은 불변성이 됩니다. 믿음은 연속성이 있지만, 중생은 단회적이라는 것입니다. 또한 믿음은 능동적이며 중생은 수동적입니다.

> 너희가 회개하여 각각 예수 그리스도의 이름으로 세례를 받고 죄사함을 얻으라 그리하면 성령을 선물로 받으리니 행 2:38

또한 믿음은 수단과 조건이며 중생은 보증과 확신이라는 것이 됩니다.

> 너희가 다 믿음으로 말미암아 그리스도 예수 안에서 하나님의 아들이 되었으니 갈 3:26

또한 믿음은 약속이며 중생은 성취가 됩니다.

> 주 예수 그리스도의 이름과 우리 하나님의 성령 안에서 씻음과 거룩함과 의롭다하심을 얻었느니라 고전 6:11

누구든지 예수를 믿으며 죄 사함을 받고 예수를 주로 고백할 때에 우리는 성령을 받게 됩니다. 그 성령의 주도적인 성향에 의하여 우리는 거듭나게 됩니다.

> 바람이 임의로 불매 네가 그 소리를 들어도 어디서 오며 어디로 가는지 알지 못하나니 성령으로 난 사람은 이러하니라 요 3:8

이 말씀은 전도서 11장 5절을 인용하신 것입니다.

> 바람의 길이 어떠함과 아이 밴 자의 태에서 뼈가 어떻게 자라는 것을 네가 알지 못함과 같이 만사를 성취하시는 일을 네가 알지 못하느니라

바람이 어디서 오며 어디로 가는지 인간은 알 수 없으며, 오직 하나님만의 사역이십니다. 니고데모는 유대인의 지도자인 만큼 그의 해박한 구약성경의 지식으로 이 구약을 이미 알고 있었을 것입니다. 니고데모는 매우 놀라는 부정적인 물음으로 바뀌게 됩니다.

> 어찌 이러한 일이 있을수 있나이까? 요3:9

예수께서는 매우 자세하게 설명하여 주십니다.

> 우리는 아는 것을 말하고 본 것을 증거하노라 요3:11

이것은 매우 확실하고 담대한 개인적인 확신입니다. 우리는 알고 본 것에 대해서 우리는 확실하게 증거할 수 있는 것입니다. 이와 같은 확신이 바로 유대교의 종교적 전통에 젖어있는 니고데모의 관심을 사기에 충분했던 것입니다.

> 하늘에서 내려온 자 곧 인자 외에는 하늘로 올라갈 자가 없느니라

이 말씀 역시 구약을 인용하신 것입니다.

> 하늘에 올라갔다가 내려온 자가 누구인지, 바람을 그 장중에 모은 자가 누구인지 땅의 모든 끝을 정한자가 누구인지 그 이름이 무엇인지 그 아들의 이름이 무엇인지 너는 아느냐? 잠 30:4

앞의 전도서 11장5절의 바람에 대해서 다시 언급을 하고 계십니다. 이 말씀은 단호하고 권능의 말씀입니다. 주님은 계속 말씀하십니다. 아마 니고데모는 매우 놀라고 있을 것입니다.

> 모세가 광야에서 뱀을 든 것같이 인자도 들려야 하리니…

이 민수기 21장 4-9절의 사건은 옛날 이스라엘 백성들이 불순종에 대한 징벌로 불뱀 심판을 받았던 그 사건입니다. 백성들은 뱀을 물러가게 해달라고 간청했으며, 그들의 울부짖음을 듣고 하나님은 모세에게 명하여 놋뱀을

달아 기둥에 달게 하였습니다. 뱀에게 물려도 이 '상징'을 쳐다 본 사람들은 죽지 않았습니다.

　이것은 구약에서 찾아볼 수 없는 매우 특이한 사건입니다. 이 사건은 제사를 통한 것도 아니요, 제사장을 통한 죄의 고백도 아니었기 때문입니다. 하나님의 말씀대로 누구든지 뱀을 쳐다보는 사람들은 살 수가 있었던 것입니다. 이제 신약시대에 와서 누구든지 예수를 쳐다보면 그는 살 수가 있는 것입니다.

　요한복음에서 '바람'이란 헬라어로 '프뉴마'이며 성경에서는 주로 '영, 성령'이라는 용어로 사용되었습니다. 누구든지 주님을 믿으면 성령을 보내 주시고 그를 생명으로 인도하여 주신다는 것입니다.

> 너희가 회개하여 각각 예수 그리스도의 이름으로 세례를 받고 죄사함을 얻으라. 그리하면 성령을 선물로 받으리니…행 2:38

11. 양자 하나님의 자녀

　양자라는 것은 하나님의 자녀가 되었다는 것이며, 헬라어 '휘오데시아'는 "아들로 임명되었다"는 뜻을 가집니다. 성경은 예수를 믿는 자에게 하나님의 자녀가 되는 권세를 주셨다고 말합니다.

> 영접하는 자 곧 그 이름을 믿는 자들에게는 하나님의 자녀가 되는 권세를 주셨으니 요 1:12
> 너희가 다 믿음으로 말미암아 그리스도 예수 안에서 하나님의 아들이 되었으니 갈 3:26

　다만 우리가 알아야 할 것은 예수는 친 아들이고 우리는 직접적인 부자관계가 아니라는 것입니다. 아들이 없는 사람은 그 가속을 물려 줄 수가 없었기 때문에 당시의 양자제도는 친숙한 법률적인 제도였습니다. 즉 우리는 하나님의 자녀가 되므로서 하나님나라를 상속받는다는 뜻을 반영합니다.

> 너희는 다시 무서워하는 종의 영을 받지 아니하고 양자의 영을 받았으므로 우리가 아빠 아버지라고 부르짖느니라 성령이 친히 우리의 영과 더불어 우리가 하나님의 자녀인 것을 증언하시나니 자녀이면 또한 상속자 곧 하나님의 상속자요 그리스도와 함께 한 상속자니 우리가 그와 함께 영광을 받기 위하여 고난도 함께 받아야 할 것이니라 롬 8:15-17

사도바울은 하나님나라를 유업으로 받는다고 표현하면서, 동시에 우리가 종의 신분에서 아들의 신분으로 바뀐다고 표현합니다. 그것은 구체적으로 율법의 법과 의무로부터의 해방, 죄의 사슬로부터의 놓임을 받아 자유와 평안을 얻게 되는 과정을 말합니다.

> 율법 아래에 있는 자들을 속량하시고 우리로 아들의 명분을 얻게 하심이라 너희가 아들이므로 하나님이 그 아들의 영을 우리 마음 가운데 보내사 아빠 아버지라 부르게 하셨느니라 그러므로 네가 이 후로는 종이 아니요 아들이니 아들이면 하나님으로 말미암아 유업을 받을 자니라 갈 4:5-4:7

또한 칭의, 중생, 양자등과 같은 개념은 사실 뚜렷한 구별이 있다고 볼 수 없으며, 혹간은 이 과정을 모두 구원의 첫단계로 표현하든지, 회심의 넓은 의미로 포함시키기도 합니다. 보편적으로 양자를 칭의의 적극적인 혜택으로 고 분류합니다. 그러나 양자가 되는 것은 회심 이후의 일이며, 칭의의 결과로서 얻는다고 봅니다.

칭의는 법적 신분적인 변화를 말하지만, 양자는 특권과 관계를 설정하여 줍니다. 중생은 영적 출생이 하늘이라는 것을 뜻하고, 양자는 영적출생에 대한 법적인 신고를 뜻합니다. 그래서 그리스도 안에 있는 기독교인들은 형제 혹은 자매라고 불릴 수 있는 것입니다. 또한 양자가 되는 것은 중생 이후의 논리적인 순서를 갖는다고 보며, 구원의 확신을 포함합니다.

> 성령이 친히 우리의 영과 더불어 우리가 하나님의 자녀인 것을 증언하시나니 롬 8:16

사도바울은 양자를 몸의 구속으로 표현하는데, 이것은 양자가 지금 누리고 있는 권세라는 개념을 포함하여 장래의 완전하며 궁극적인 결과가 된다고 말할 수 있을 것입니다.

> 그뿐 아니라 또한 우리 곧 성령의 처음 익은 열매를 받은 우리까지도 속으로 탄식하여 양자 될 것 곧 우리 몸의 속량을 기다리느니라 롬 8:23

12. 거룩성화

성화(Holiness/Sanctification)의 의미

본래 '성화' 라는 말은 '구별되다' 는 뜻입니다. 일반적으로 구약에서는 히브리어로는 '카도쉬' 가 가장 많이 사용되었으며 헬라어는 '하기오스' 로 변역되는데, 그 단어는 '잘라냄, 분리' 를 의미하며, 종교적으로는 속세의 것과 구별되어서 '하나님께 속한 것' 을 뜻합니다. 그래서 성경은 일반 책과 다르게 구별되었으며, 다른 건물과 구별되어 '성전' 이라고 불렸으며, 부르심을 받은 사람들은 '성도' 라고 불리웠던 것이며, 고전 1:2 '성가' 는 일반 노래와 구별되어집니다.

> 제사하는 처음 익은 곡식 가루가 거룩한즉 떡덩이도 그러하고, 뿌리가 거룩한즉 가지도 그러하니롬 11:16
> 전에 하나님께 소망을 두었던 거룩한 부녀들도벧전 3:5
> 제사하는 처음 익은 곡식 가루가 거룩한즉 떡덩이도 그러하고롬 11:16
> 모든 형제도 너희에게 문안하니 너희는 거룩하게 입맞춤으로 서로 문안하라고전16:20

즉 신약에서도 떡덩이, 입맞춤, 심지어 부녀들도 모두 거룩하다고 불려집니다. 구약에서는 제사장의 옷레 16:4과 십일조신 26:13까지 거룩하다고 하였으며, 거룩한 시간출 20:8도 있었습니다. 또 제사를 드리는 구별된 물건에 접촉하는 것도 거룩하다고 불리워졌습니다.출 29:37 어떻게 떡과 옷같은 물질이 거룩할 수가 있었을까요? 즉 하나님께 속한 것은 모두 '거룩'이라고 불리워졌던 것입니다. 그래서 모세에게 계시하신 하나님이 거하시는 곳은 '거룩한 땅'이라고 불려졌던 것입니다. 예수를 믿는 우리들이 '성도'라고 불리는 이유는 우리가 '거룩하게 분리된 무리'라는 것입니다.

또한 성화는 하나님께 속한 사람으로서 구별되어지는 과정을 의미합니다. 그렇다면 우리에게 성화가 왜 필요할까요? 하나님이 우리에게 거룩하라고 하셨기 때문입니다.

> 너희는 거룩하라. 나 여호와 너희 하나님이 거룩함이니라.레 19:2, 참조 벧전 1:15

에드몬드 제이콥라는 학자는 다음과 같이 말합니다.

"하나님은 거룩하시다. 그러기에 하나님은 언약을 맺기를 원하신다. 반면에 인간은 그 언약 안에 들어감으로서 거룩해 질 수가 있는 것이다"

성화에는 그 개념에 따라 세가지로 분류됩니다.

① 예수 그리스도를 영접할 때 세상과 구별되는 즉각적인 변화, ② 생애 동안에 그리스도를 닮아가는 과정을 통하여 점진적으로 이루어져 가는 변화, ③ 천국에 들어갈 때의 완전히 이루어지는 변화 신학적인 용어로서 일반적인 구원의 서정을 말할 때에 '성화'는 두 번째의 의미를 의미합니다. 그러나 성화란 넓은 뜻에서 보면 예수를 믿는 단계에서부터 천국에 들어가는 모든 과정을 포함한다고 할 수 있습니다.

성화에 대해서 잘못 알려진 개념

앞에서 말한 바와 같이 성화는 거듭난 성도들이 주님을 닮아 거룩하여가는 과정을 말합니다. 먼저 이 성화에 대해서 많은 분들이 오해하는 것을 몇 가지 말씀드립니다.

(1) 성화는 신과 인간의 협력으로 이루어진다

간혹 이것을 오해하는 경우가 있습니다. 그러나 장로교의 개혁주의 신학에서도 성화라는 과정은 인간의 협력이 있어야 한다고 가르칩니다. 중생의 과정은 인간의 의지와 결단이 아닌 오직 성령의 주도로서만 이루어집니다.딛 3:5 그러나 성화는 성령과 인간의 공동협력으로 이루어집니다. 다시 말하면 죄와 싸우며 거룩하여져 가는 과정에 대해서, 인간은 수동적인 입장을 취하는 것이 아니라 적극적인 노력과 의지가 필요하다는 것입니다.

> 성화는 신자들이 협력하는 하나님의 사역이다루이스벌콥, 조직신학 하권, 299쪽
> "성화를 이루기 위하여 하나님과 인간은 상호협력한다"웨인그루뎀, 조직신학 중권, 405쪽

(2) 성화는 구원의 필수적인 조건인가?

이것도 잘못 오해하는 분들도 많습니다. 성화는 물론 구원의 한 서정 중에 중요한 과정입니다. 그러나 성화를 또하나의 구원의 조건이라고 생각한다면, 거듭난 사람이 성화라는 과정을 거치지 않고 그 날에 죽으면 구원을 받지 못할까요? 성화를 이루지 못하면 구원이 취소될까요? 성화는 거듭나서 하나님의 자녀가 된 성도가 이루는 과정이지만 그는 아직 오염된 옛사람의 죄성이 남아 있습니다. 성화는 구원을 이루는 또다른 조건적인 과정이 아니라, 이미 구원받은 하나님의 자녀로서의 삶, 즉 성령이 내주하여 보증을 받은 성도가 이루어가는 과정입니다.

행위구원론자들은 성화를 구원의 또다른 조건으로 말합니다. 즉 인간의 의지, 지속적인 회개, 순종, 행함, 도덕적인 변화가 없으면 구원을 잃을 수 있다는 것이 곧 행위구원론입니다. 그러나 인간은 어느 누구도 스스로 온전한 의인이 될 수 없다는 것을 망각하고 있습니다. 완전한 성화가 구원의 조건이라면 단 한사람도 구원을 받지 못합니다. 또 그 구원은 값없는 은혜라고 말할 수 없으며, 예수 십자가 대속은 불완전한 것이 되고 맙니다.

정반대로, 구원파와 같은 사람들은 자신들의 교리를 깨달은 날에 이미 구

원을 받았다고 주장하며, 어떤 죄를 지어도 상관이 없다는 도덕폐기론 혹은 성화무용론을 주장합니다. 물론 거듭난 사람도 죄를 짓지만, 그러나 성령의 인도함을 받은 사람이라면 습관적이고 고의적이며 반복적인 죄를 짓지 않아야만 합니다.

피구원자인 입장에서 우리가 어떤 죄를 지어도 상관이 없다고 단정할 수는 없습니다. 성경은 우리가 은혜 아래 있으므로 죄가 우리를 주관하지 못하나, 죄를 지을 수 없다고 분명히 말합니다.

> 죄가 너희를 주관치 못하리니 이는 너희가 법 아래 있지 아니하고 은혜 아래 있음이니라. 그런즉 어찌하리요 우리가 법 아래 있지 아니하고 은혜 아래 있으니 죄를 지으리요 그럴 수 없느니라 롬 6:14-15

(3) 완전성화가 가능한가?

웨슬레목사는 완전성화를 주장하였습니다.

그러나 웨슬레가 완전성화를 이루지 못하면 구원이 없다고 말한 것은 결코 아닙니다. 그가 말한 완전성화는 100% 죄가 없는 하나님과 같은 완전상태를 말하는 것도 아니며, 웨슬레가 말하는 '완전'이라는 개념은 "그리스도인의 완전은 무지나 과오나 결점이나 시험받을 가능성등을 문제 삼지 않는다"송홍국, 웨슬레신학 144쪽는 것이었습니다. 웨슬레는 믿는 자의 소망과 목표가 완전성화라고 말한 것뿐이며, 죄로부터 완전함을 말하지 않았으며, 죄로부터 완전은 사실상 불가능합니다.

> 비록 우리가 그리스도를 진심으로 믿는 순전, 중생함을 얻어 깨끗하게 되고 성화된다고 할지라도, 우리가 완전히 새로워지고, 씻음을 받고 깨끗하게 된 것이 아니요 비록 극복은 되었다고 하나, 우리 속에는 악한 성품의 씨인 육이 그대로 남아 있어 성령을 거슬려 싸운다. 웨슬레조직신학, 한영태, 195

루터나 캘빈과 같은 개혁자들이 말하는 것은 완전한 성화는 생전에 이루어지지 않는다는 것이었고, 웨슬레는 완전한 성화를 주장하였기 때문에, 이 두 견해는 서로 대립되어지는 것으로 보입니다. 그러나 '완전'이라는 개념에 대하여 서로 시각적인 차이가 있었던 것으로 보면 맞습니다. 웨슬레가 말하는 완전이란 정지된 상태의 최종적인 완전의 상태가 아니라, 완전을 향하여 가는 점진적인 완전을 의미합니다.

> 모든 사람으로 더불어 화평함과 거룩함을 좇으라, 이것이 없이는 아무도 주를 보지 못하리라 히12:14

웨슬레가 말하는 '완전한 성결'이란 하나님이 허락하시는 그리스도인의 인격적 완성과 완전한 사랑을 의미합니다. 물론 현세에서의 완전은 최종적인 성결이 아닙니다. 물론 최종적인 완전Final Stage of Perfection은 하나님 앞에 서는 순간이 될 것입니다. 요한 웨슬레가 주장하는 완전성화는 인간이 스스로 현세에서 완전한 성화를 이룰 수 있다는 것이 아니었음에도 불구하고, 일부 계승자들이 그것을 완전성화가 가능하다고 가르쳤던 것입니다.

> 그들에 의하면 우리는 일년 혹은 십년 안에도 더욱 그럴 수 있지만, 성화란 어느 순간에 여러분이 완전하게 사는 것을 뜻합니다. 이러한 자들은 완전의 한 유형을 소유합니다. 예를 들면 유명한 피니Charles. G. Pinney, 찰스 피니와 그의 위대한 동료 메이햄의 가르침, 곧 미국에 있어서 소위 오벨린 학파라고 하는 이들의 가르침이 그것입니다. 그들이 가르친 것과 그들을 따르는 자들이 소유한 것이 그 학파였습니다. 그러나 존 웨슬리는 그렇게 가르치지 않았습니다. 마틴로이드 존스, 성령하나님, 279쪽

(4) 성화는 전인적인 영향이다

대개 영과 혼과 육의 삼분법을 주장하는 사람들이 성화는 '육체의 구원적 과정'을 뜻한다고 주장을 하거나 '혼의 구원적 과정'이라고 주장합니다. 특히 지방교회, 구원파등의 영향을 받은 사람들은 영은 이미 거듭났으며, 육체

에만 죄성이 남아있다고 주장합니다. 그러나 죄의 좌소는 마음에 있으며, 성화는 전인적이며 총체적인 인간의 구원적 과정을 말합니다.

> 그런즉 사랑하는 자들아 이 약속을 가진 우리가 하나님을 두려워하는 가운데서 거룩함을 온전히 이루어 육과 영의 온갖 더러운 것에서 자신을 깨끗케 하자 고후 7:1
> 평강의 하나님이 친히 너희로 온전히 거룩하게 하시고 또 너희 온 영과 혼과 몸이 우리 주 예수 그리스도 강림하실 때에 흠 없게 보전되기를 원하노라 살전 5:23

(5) 중생과 성화는 어떻게 다른가?

엄격히 이야기하자면 중생은 성화의 시작일 것입니다. 그 두 과정은 시간적인 순서나 과정을 날카롭게 분리시켜 구별하지는 않지만, 의미적으로 구별하기 위하여 서로 다른 용어를 사용하는 것이 편의상 좋습니다. 바울은 "중생의 씻음과 성령의 새롭게 하심"딛 3:5이라고 한 것은 성령의 거듭남의 단계가 곧 성화의 시작이기 때문입니다. 예를 들자면, 바울은 고린도교회의 교인들에게 "주 예수 그리스도의 이름과 우리 하나님의 성령 안에서 씻음과 거룩함과 의롭다하심을 얻었다"고전 6:11이라고 함으로서, 중생과 성화와 칭의를 동시에 언급합니다. 구약에서 말하는 의식적인 성화가 '분리, 구별', 혹은 인간과는 전적으로 다른 '하나님의 거룩하심'을 뜻한다면, 신약에서의 내면적인 성화는 '성령을 통해 주어지는 내적 변화'를 뜻합니다. 물론 신약의 성화적 개념도 구약의 거룩의 개념에 그 뿌리를 두고 있습니다. 바울은 성화에 대해서, 그리스도를 영접한 자로서, 하나님 앞에서 의롭게 된 사람의 '내면적, 영적 변화의 점진적인 과정'이라고 보았습니다. 하나님은 우리가 그분을 닮아 거룩한 자가 되기를 원하신다는 것입니다. 장로교의 대표적인 신학자 루이스벌콥은 성화를 다음과 같이 정의합니다.

> 성화란 성령께서 죄인을 죄의 부패에서 깨끗하게 하시며 그의 전 본성을 하나님의 형상으로 갱신하시며, 그의 전 본성을 하나님의 형상으로 갱신하여, 죄인으로 하여금 선한 일을 할 수 있게 하시는 성령의 은혜로우시며 계속적인 사역

이라 할 수 있다.「기독교 신학개론」, 루이스 벌콥, 283쪽

즉 이 성화가 도덕적인 무흠의 상태 혹은 완전한 윤리적 인격으로 해석되어지지 않습니다. 루터의 핵심이 이신칭의, 즉 믿음에 의한 칭의였다면, 캘빈의 핵심은 거듭남의 중생이라고 할 수 있을 것입니다. 그러한 강조적인 관점에서 웨슬레의 핵심은 성화였으며, 이것이 가장 큰 차이점입니다. 믿음에 의한 죄의 용서와 씻음, 의인이라고 불러줌(칭의)은 신분상, 법적인 변화이지만, 실제적이고 내면적인 변화라고 할 수는 없습니다. 구약에서는 거룩하게 구별되어지는 의식적, 외적인 과정이지만, 신약에서는 실제적, 내면적인 변화, 즉 신의 속성이라고 할 수 있는 거룩의 성품에 참예하는 것을 포함하여 예수를 닮아가는 과정까지를 성화라고 말하게 됩니다.

> 이로써 그 보배롭고 지극히 큰 약속을 우리에게 주사 이 약속으로 말미암아 너희로 정욕을 인하여 세상에서 썩어질 것을 피하여 신의 성품에 참예하는 자가 되게 하려 하셨으니 이러므로 너희가 더욱 힘써 너희 믿음에 덕을, 덕에 지식을, 지식에 절제를, 절제에 인내를, 인내에 경건을, 경건에 형제 우애를, 형제 우애에 사랑을 공급하라(벧후 1:4-7)

(6) 성화의 특징

① 성화는 소극적으로 인간의 죄악된 성향을 제거하는 것이고, 적극적으로는 그리스도를 닮아 가는 것을 말합니다(롬 6:11). ② 성화는 인간의 총체적인 영혼과 육체, 그리고 지, 정, 의가 포함된 인간의 전인격에게 영향을 미칩니다. ③ 성화에 이르기 위해서 인간은 죄와의 싸움을 필요로 합니다. 수동적으로 성화가 이루어지는 것을 의미하지 않습니다. ④ 성화는 현세에 완성되지 않지만(요일 1:8), 하나님께서 인정하시는 범위까지 완전에 이를 수 있도록 그것을 목표로 하여야 한다는 것입니다. 우리가 성화에 대해서 중요하게 생각하여야 할 것은, 구원파나 도덕폐기론자들과 같이 "나는 이미 죄로부터 완전히 자유가 되었다"라고 말할 수 없다는 것이고, 또 하나는 행위구원론자

들과 같이 "우리는 스스로의 의지와 행함의 능력으로서 죄를 완전히 극복할 수 있다"고 말할 수 없다는 것입니다.

> 내가 이미 얻었다 함도 아니요 온전히 이루었다 함도 아니라 오직 내가 그리스도 예수께 잡힌바 된 그것을 잡으려고 좇아가노라 빌 3:12

(7) 거듭난 자는 죄를 짓지 않는가?

> 하나님께로서 난 자마다 죄를 짓지 아니하나니 이는 하나님의 씨가 그의 속에 거함이요, 저도 범죄치 못하는 것은 하나님께로서 났음이라 요일 3:9

위 성경본문은 거듭난 자는 죄를 짓지 않는다고 해석되어질 수 있습니다. 그러나 그렇게 해석을 하면, 아래 사도요한이 요일 1:8에서 말한 것과 곧 모순이 되어집니다. 사도바울은 우리가 죄없다하면 스스로를 속이는 것이며 진리가 우리 속에 있지 않다고 말하기 때문입니다. 더욱이 우리가 범죄하지 않으면 하나님을 거짓말하는 자로 만드는 것이라고 말하고 있습니다.

> 만일 우리가 죄 없다하면 스스로 속이고 또 진리가 우리 속에 있지 아니할 것이요. 만일 우리가 우리 죄를 자백하면 저는 미쁘시고 의로우사 우리 죄를 사하시며 모든 불의에서 우리를 깨끗케 하실 것이요. 만일 우리가 범죄하지 아니하였다 하면 하나님을 거짓말 하는 자로 만드는 것이니 또한 그의 말씀이 우리 속에 있지 아니하니라 요일 1:8-10

성경은 우리가 성령의 인도를 받으면서도, 육신의 소욕을 따르지 말라고 도처에서 경고하며 권면하고 있습니다. 만일 거듭난 자가 더 이상 죄를 짓지 않게 된다면 우리는 성령의 인도가 필요하지 않을 것입니다. 성경을 보면, 사도 바울같은 사람도 자신에게 육신의 법, 즉 죄의 법이 있음을 고백하고 있었습니다.

우리 주 예수 그리스도로 말미암아 하나님께 감사하리로다. 그런즉 내 자신이 마음으로는 하나님의 법을, 육신으로는 죄의 법을 섬기노라 롬 7:25

실제로 거듭난 자도 알게 모르게 죄를 짓습니다. 그런데 왜 요일3:9은 하나님께로 난 자마다 죄를 짓지 아니한다고 말하고 있을까요? 과연 거듭난 자는 죄를 짓지 않을까요?

[현대인의성경] 하나님의 자녀들은 계속해서 죄를 짓지 않습니다. 이것은 하나님의 씨가 그 사람 속에 있기 때문입니다. 그는 하나님에게서 태어났으므로 계속 죄를 지을 수가 없는 것입니다.
[NIV] No one who is born of God will continue to sin, because God's seed remains in him; he cannot go on sinning, because he has been born of God.

이러한 번역본에서 우리는 NIV 영어성경과 현대인의 성경의 번역에 주의를 기울일 필요가 있습니다. 즉 "계속하여 죄를 짓지 않는다"continue to sin는 해석인데, 헬라어 언어학자들에 의하면 '포이에오'라는 단어의 문법은 '준수하다, 수행하다, 생산하다' to do to practice라는 뜻으로 '지속적이며 반복적인 행동'을 가르킨다고 합니다. 다시 말하여 성경본문은 "거듭난 자는 같은 죄를 습관적으로 반복하지 않는다"라고 해석된다는 것입니다.

본문은, 사도요한이 하나님의 자녀와 마귀의 자녀를 비교하고 있는 것입니다. 죄를 짓는 자는 마귀에게 속하는 것이며, 형제를 사랑하는 자는 하나님에게 속한 자녀라는 것을 말합니다.

자녀들아 아무도 너희를 미혹하지 못하게 하라. 의를 행하는 자는 그의 의로우심과 같이 의롭고 죄를 짓는 자는 마귀에게 속하나니 마귀는 처음부터 범죄함이라 하나님의 아들이 나타나신 것은 마귀의 일을 멸하려 하심이니라 요일 3:7-8

요한일서 본문을 정리하면 다음과 같습니다.

- 죄를 저지르는 것 – 마귀의 일
- 의를 행하는 것 – 하나님의 일

다시 말하면, 사도요한은 한번 죄를 지었다고 하여 그를 마귀에게 속한 자로 분류를 시키는 것이 아니라, 죄를 저지르게 하는 원인이 마귀의 씨라는 것을 말하는 것이며, 공의의 근원은 하나님의 씨라는 것을 말하는 것입니다. 즉 동일한 죄를 반복하여 저지르는 사람은 결국 하나님에 속한 사람이 될 수 없으며, 마귀에게 속한 사람이 될 수 밖에 없다는 뜻입니다. 한번이라도 죄를 지으면 그는 마귀에 속한 자가 된다는 뜻이 아니라, 성령께서 그 사람 안에 거하신다면, 그는 동일한 죄를 지속적으로 지을 수가 없다는 뜻입니다.

> 자녀들아 너희는 하나님께 속하였고 또 저희를 이기었나니 이는 너희 안에 계신 이가 세상에 있는 이보다 크심이라요일 4:4

사람이 성화에 이른다는 것은 예수 그리스도를 닮아, 그리스도의 장성한 분량에 이르게 되는 것을 말합니다엡 4:13. 그리스도의 장성한 분량은 전인적인 사람을 통해서 나타납니다. 사도 바울은 이러한 사람을 "하나님을 따라 의와 진리와 거룩함으로 지으심을 받은 새 사람"엡 4:24, 또는 "자기를 창조하신 자의 형상을 좇아 지식에까지 새롭게 하심을 입은 자"골 3:10라고 불렀습니다.

13. 영적전쟁과 이원론

영적전쟁

영적전쟁이라는 단어는 성경에 전혀 언급되지 않습니다.

그럼에도 불구하고 이러한 단어는 상당히 자주 사용되고 있는데, 성경에서 영적인 전쟁과 유사한 개념을 찾아본다면 "씨름, 대적, 싸움, 승리, 군사" 등의 단어로서 찾을 수 있을 것입니다.

요즈음 영적전쟁에 대해서 혹간은 이 세상을 하나님과 사탄의 대결구도로 보는 이원론적인 개념으로 주장하는 사람들이 많이 있습니다. 이 세상이 하나님과 사탄의 대결구도, 혹은 선과 악의 대결구도, 혹은 영과 육의 대결구도로 보는 이원론을 주장하는 견해가 한국교회에 만연하고 있습니다. 즉 고난과 질병과 사고, 가난은 모두 마귀에게 온 것이고, 축복, 부와 건강, 행복은 모두 하나님에게로부터 온 것으로 보는 견해입니다. 그러나 이러한 주장은 기독교의 주장이 아니며, 이방적인 사상에서 비롯된 것입니다. 만약 그것이 옳다면 그리스도인들은 모두 건강하여야 하며, 질병이 걸리지 않아야만 하고, 부와 축복과 행복이 보장되어야만 합니다.

이 세상천지와 만물을 창조하신 분은 오직 하나님이시며, 하나님은 천사를 창조하셨으며, 그 천사가 타락하여 마귀사탄이 된 것으로서 마귀사탄은 피조물에 지나지 않습니다. 그들은 종말적으로 멸망을 당할 피조물로서 하나님과 대결을 할 만한 존재가 아닙니다. 특히 베뢰아와 같은 곳에서는 하나님과 사탄의 대결구도를 주장하며, 예수가 마귀를 멸하기 위하여 오셨다고 주장하며, 혹은 인간이 마귀를 멸하는 도구로 창조되었다고 주장하는데, 이러한 주장은 모두 잘못된 비성경적인 주장입니다.

이러한 주장을 하는 사람들은 기독교의 본질적인 교리로서 사탄과의 전쟁, 싸움을 가장 중요한 내용으로 강조하지만, 성경은 우리가 우리의 힘으로 사탄 마귀와 전쟁을 하여 그들을 이기고 그들을 물리쳐야 한다는 내용이 기록되어 있지 않다는 것을 기억하여야 합니다. 그러한 영적전쟁은 성경에 기록되어 있지 않습니다. 성경은 사탄 마귀가 궁극적으로 하나님의 섭리로 인하여 패하게 되어있다고 말하며, 단지 우리는 하나님의 말씀과 예수의 이름을 힘입어서 구원을 받기 위하여 그들의 미혹에 넘어가지 말라고 기록하고 있을 뿐입니다.

더욱이 인간은 영또는 영혼과 육이 연합한 전인적인 존재이며, 영과 육이 분리되어서 서로 대결하며 싸우지 않습니다. 인간은 오직 하나의 인격만을 갖고 있는 전인적이며 총체적인 존재이다. 이러한 이원론적인 주장을 하는 사람들은 영에는 성령이 거하고, 육에는 사탄이 거한다고 주장하며, 혼에는 인격이 거하는데, 사탄과 성령이 서로 인간을 점령하려고 싸운다고 말하는데 주로 이단적인 인간론입니다.

성경에서 말하는 '육'이라는 단어의 대부분은 고깃덩어리의 부분만을 말하는 것이 아니라, '총체적인 인간 자체'를 말하며, 영은 '성령하나님'을 뜻합니다. 즉 하나님이 영이시기 때문에, 우리 인간을 육체로 표현한 것으로서, 사도바울이 "육체의 소욕"과 "성령의 소욕"을 서로 대조시킨 것은 "사람의 뜻"과 "하나님의 뜻"을 의미합니다.

> 만일 너희 속에 하나님의 영이 거하시면 너희가 육신에 있지 아니하고 영에 있나니 누구든지 그리스도의 영이 없으면 그리스도의 사람이 아니라 롬 8:9

성령이 내주하는 거듭난 성도들도 육체 안에 있다. 그러나 성경은 거듭난 성도를 "영에 있다"고 표현합니다. 특히 사도바울은 성령이 거하지 않는 불신자를 "육에 있는 자"라고 말하며, 성령으로 거듭난 자를 '영에 있는 자'라고 말합니다. 특히 살아있는 전인적인 사람을 장소적으로 분리하여, "영에는 하나님이 계시고 육에는 사탄이 거한다"는 주장은 지방교회와 베뢰아, 구원파, 다락방, 변질된 세대주의등의 이단적인 주장입니다. 성령으로 거듭난 자에게 마귀나 귀신은 들어올 수 없습니다.

혹간은 가계저주론등을 가르치며 그 저주를 없애는 방법을 영적전쟁이라고 하는데, 그러한 주장을 하는 사람들은 우리 안에 어떤 과거의 상처나 약점을 '견고한 진' 또는 '쓴 뿌리'라고 칭하여, 그것을 제거하는 내적치유를 영적전쟁이라고 주장하기도 합니다.

혹간은 땅밟기기도, 대적기도, 선포기도등의 방법으로 귀신을 쫓아내거나, 그 저주를 극복하거나 치유하는 것에 영적전쟁이라는 단어를 적용시키기도 합니다. 누구든지 기독교서점에 잠깐 들러 본다면, 이러한 제목의 책들을 수없이 많이 발견할 수 있을 것이며, 이러한 용어를 사용하며 영성운동, 내적치유, 신유축사를 하는 단체나 기도원들은 수없이 많습니다.

그러나 성경을 주의깊게 살펴본다면, 성경은 이러한 것들을 영적전쟁이라고 말하지 않습니다. 성경과 전혀 다른 잘못된 내용이 한국기독교에 범람하고 있습니다. 이것은 귀신축사나 내적치유, 신유축사를 성경적으로 정당화하려는 일부 목사들에게 신학적인 문제가 있기 때문입니다. 특히 우리는 어떤 집회나 어떤 단체나 어느 목사를 통하여 이상한 개념의 영적전쟁에서 승리할 수 있다는 주장 자체가 잘못된 것이라고 말할 수 있습니다. 오직 예수의 이름으로 악한 영을 충분히 대적할 수 있기 때문입니다.

우리는 "씨름, 대적, 싸움, 승리, 군사"등의 단어들이 사용된 성경구절을 찾아보면 몇가지 공통점을 갖고 있음을 알 수 있습니다.

1) 육체적이나 물질적인 싸움이 아니라 영적인 싸움이다.

우리가 싸워야할 대상은 사탄, 마귀, 또는 귀신, 악한 영들이 분명하지만, 그 싸움은 사람의 어떤 부분으로 나누어진 육체적인 싸움이 아니라, 영적인 싸움을 의미하는 것입니다. 혹간은 귀신을 쫓아내어서 질병의 고침, 저주의 극복, 부의 이동등을 포함한 것을 영적싸움이라고 주장하는 사람들이 많은데, 성경은 우리의 싸움은 혈과 육에 대한 싸움이 아니라고 말합니다.

> 우리의 씨름은 혈과 육을 상대하는 것이 아니요 통치자들과 권세들과 이 어둠의 세상 주관자들과 하늘에 있는 악의 영들을 상대함이라 엡 6:12

성경이 말하는 영적싸움은 사람의 육과 혈 또는 물질적인 질병이나 불행, 사고, 가난에 대해 싸우는 것이 아니며, 또 우리 안에 있는 영과 육에 대한 싸움도 아닙니다. 우리의 씨름은 우리와 하늘에 있는 악의 영들과의 영적인 싸움입니다. 그리고 그 영적싸움이라는 것은 질병치료, 마귀축사, 저주극복 등이 아니라, 하나님 아는 것을 대적하여 높아진 것을 무너뜨리는 것으로서 모든 생각을 그리스도에게 복종시키는 우리의 신앙적인 문제에 있는 것입니다. 즉 성경에서 말하는 영적전쟁은 육신의 문제로 싸우는 것이 아니라, 육신에 속한 것도 아니며, 개인적인 성화의 과정을 말합니다.

> 우리가 육신으로 행하나 육신에 따라 싸우지 아니하노니 우리의 싸우는 무기는 육신에 속한 것이 아니요 오직 어떤 견고한 진도 무너뜨리는 하나님의 능력이라. 모든 이론을 무너뜨리며 하나님 아는 것을 대적하여 높아진 것을 다 무너뜨리고 모든 생각을 사로잡아 그리스도에게 복종하게 하니 너희의 복종이 온전하게 될 때에 모든 복종하지 않는 것을 벌하려고 준비하는 중에 있노라 고후 10:3-6

특히 신사도운동의 영향을 받은 사람들은 가난의 영을 쫓아내면 부의 이동이 있게 된다고 주장을 합니다. 이것이 과연 영적인 싸움일까요? 그들은 또 모든 질병을 귀신때문으로 보고 육체의 질병을 고치는 것이 영적인 싸움이라고 봅니다.

또 신사도운동 단체들은 지역귀신을 쫓을 수 있다는 소위 영적도해를 주장하기도 하고, 믿는 자가 종말적으로 '요엘의 군대' 가 되어야 한다고 주장하지만, 요엘서가 말하는 요엘의 군대는 하나님께서 심판의 도구로 사용하는 이방인의 메뚜기를 상징하는 군대로서, 성경이 주는 멧세지는 우리가 요엘의 군대가 되어야 한다는 내용이 아니라, 범죄하고 타락한 이스라엘로 하여금 심판을 당하기 전에 하나님께로 돌아오라는 회개를 촉구하는 내용입니다.

또 혹간은 딤후 2:3-4을 근거로 '예수의 병사' 가 되어 사탄과 싸워야 한다고 주장하지만, 딤후 본문에서 말하는 '병사' 는 마귀와 전쟁을 하는 병사가 되어야 한다는 의미가 아니라, 자기 생활에 얽메이는 것이 없는 조직에 대한 개념을 뜻하며, 병사로 모집한 자가 주님이며 그를 기쁘게 하여야 한다는 것을 말합니다.

> 너는 그리스도 예수의 좋은 병사로 나와 함께 고난을 받으라 병사로 복무하는 자는 자기 생활에 얽매이는 자가 하나도 없나니 이는 병사로 모집한 자를 기쁘게 하려 함이라 딤후 2:3-4

2) 마귀를 대적하는 권세의 근원

물론 우리는 사탄과 악한 영들에게 대적할 수 있습니다. 또 예수의 이름으로 귀신을 쫓을 수도 있습니다. 성경에 기록된 내용을 부정할 수 없습니다. 그러나 우리가 사탄, 마귀나 악한 영들에게 대적할 수 있는 어떤 능력을 우리 스스로 갖게 되는 것이 아니라, 하나님으로부터 그 힘의 능력을 빌리는 것입니다. 성경은 말하기를, 주 안에서 "그 힘의 능력으로 강건하여 지며, 하나님의 전신갑주를 취함"으로서 대적할 수 있다고 말합니다.엡 6:10-13 성경은 전적으로 하나님을 믿음으로서 그 말씀의 공로를 힘입어 승리할 수 있다고 말합니다.

즉 마귀와 전쟁을 하여 그들을 모두 멸절시킬 수 있다는 것이 아니라, 하나님의 말씀으로 마귀의 미혹으로부터 이기는 신앙적인 과정이 곧 영적 전쟁임을 알 수 있습니다.

> 끝으로 너희가 주 안에서와 그 힘의 능력으로 강건하여지고 마귀의 간계를 능히 대적하기 위하여 하나님의 전신 갑주를 입으라. 우리의 씨름은 혈과 육을 상대하는 것이 아니요 통치자들과 권세들과 이 어둠의 세상 주관자들과 하늘에 있는 악의 영들을 상대함이라. 그러므로 하나님의 전신 갑주를 취하라 이는 악한 날에 너희가 능히 대적하고 모든 일을 행한 후에 서기 위함이라. 그런즉 서서 진리로 너희 허리 띠를 띠고 의의 호심경을 붙이고 평안의 복음이 준비한 것으로 신을 신고 모든 것 위에 믿음의 방패를 가지고 이로써 능히 악한 자의 모든 불화살을 소멸하고 구원의 투구와 성령의 검 곧 하나님의 말씀을 가지라 엡6:10-엡6:17

즉 성경을 잘 살펴본다면, 마귀에게 대적한다는 것은 이원론적인 대결구도의 전쟁을 하여 그들을 모두 멸절시키자는 뜻이 아니라, 하나님의 말씀으로 무장된 전신갑주를 입는 것, 또는 하나님께 복종하는 것이며고후10:5-6, 하나님을 가까이 하며 성결한 마음을 갖는 것약4:7-8, 혹은 믿음을 지키는 것벧전5:9등의 신앙적인 과정을 뜻한다는 것을 분명히 알 수 있습니다.

다시 말하면 예수그리스도 보혈의 공로로 인하여, 하나님에 대한 믿음을 지키며 하나님의 말씀에 힘입어, 자기 자신의 구원을 이루어가는 성화적인 과정이 곧 영적인 싸움이며, 그것이 곧 마귀를 대적하는 것이라고 성경은 말하고 있습니다. 즉 하나님의 말씀으로 무장하여 성령의 도움으로 마귀의 미혹에 넘어가지 않고 자신의 구원을 이루는 성화의 과정이 곧 영적싸움에서 승리하는 것을 말합니다.

> 그러나 더욱 큰 은혜를 주시나니 그러므로 일렀으되 하나님이 교만한 자를 물리치시고 겸손한 자에게 은혜를 주신다 하였느니라. 그런즉 너희는 하나님께 복종할지어다 마귀를 대적하라 그리하면 너희를 피하리라 하나님을 가까이하라 그리하면 너희를 가까이하시리라 죄인들아 손을 깨끗이 하라 두 마음을 품은 자들아 마음을 성결하게 하라 약4:6-8

베드로전서 본문에서도 마귀를 대적하는 것은 "근신하고 깨어서, 믿음을 굳건케 하는 것"이라고 말합니다.

> 근신하라 깨어라 너희 대적 마귀가 우는 사자 같이 두루 다니며 삼킬 자를 찾나니 너희는 믿음을 굳건하게 하여 그를 대적하라 이는 세상에 있는 너희 형제들도 동일한 고난을 당하는 줄을 앎이라 벧전 5:8-9

또한 선한 싸움이란 믿음과 착한 양심을 갖는 것이며, 그 믿음과 양심을 버린다면 파선하게 된다고 말하며, 성경은 그 파선의 의미에 대해서 "이미 사탄에게 내 주었다"고 표현을 하는데 그것은 믿음을 지키지 못함으로서 구원에 이르지 못하는 사람을 뜻합니다. 특히 디모데전후서에서는 믿음을 강조하고 있으며. 이것을 사탄의 싸움에서 승리하는 삶이라고 강조하고 있습니다.

> 아들 디모데야 내가 네게 이 교훈으로써 명하노니 전에 너를 지도한 예언을 따라 그것으로 선한 싸움을 싸우며 믿음과 착한 양심을 가지라 어떤 이들은 이 양심을 버렸고 그 믿음에 관하여는 파선하였느니라 그 가운데 후메내오와 알렉산더가 있으니 내

가 사탄에게 내준 것은 그들로 훈계를 받아 신성을 모독하지 못하게 하려 함이라 딤전 1:18-20

3) 성경은 믿음을 지키는 것이 영적싸움이라고 말합니다.

돈을 사랑함이 일만 악의 뿌리가 되나니 이것을 탐내는 자들은 미혹을 받아 믿음에서 떠나 많은 근심으로써 자기를 찔렀도다. 오직 너 하나님의 사람아 이것들을 피하고 의와 경건과 믿음과 사랑과 인내와 온유를 따르며 믿음의 선한 싸움을 싸우라 영생을 취하라 이를 위하여 네가 부르심을 받았고 많은 증인 앞에서 선한 증언을 하였도다 딤전 6:10-12

그러나 성령이 밝히 말씀하시기를 후일에 어떤 사람들이 믿음에서 떠나 미혹하는 영과 귀신의 가르침을 따르리라 하셨으니 자기 양심이 화인을 맞아서 외식함으로 거짓말하는 자들이라 혼인을 금하고 어떤 음식물은 먹지 말라고 할 터이나 음식물은 하나님이 지으신 바니 믿는 자들과 진리를 아는 자들이 감사함으로 받을 것이니라" 딤전 4:1-3

나는 선한 싸움을 싸우고 나의 달려갈 길을 마치고 믿음을 지켰으니 이제 후로는 나를 위하여 의의 면류관이 예비되었으므로 주 곧 의로우신 재판장이 그 날에 내게 주실 것이며 내게만 아니라 주의 나타나심을 사모하는 모든 자에게도니라 딤후 4:7-8

다른 성경과 같이, 디모데 전후서가 말하는 선한 싸움의 정의도 믿음을 지키는 것이며, 다시 말하면 개인의 구원에 대한 성화의 과정을 뜻하는 것을 알 수 있습니다. 그것이 곧 하늘의 악한 영들과의 싸움이며, 로마서 12장2절이 바로 우리가 가져야 할 영적 분별력입니다.

너희는 이 세대를 본받지 말고 오직 마음을 새롭게 함으로 변화를 받아 하나님의 선하시고 기뻐하시고 온전하신 뜻이 무엇인지 분별하도록 하라 롬 12:2

마귀와 귀신이나 악한 영이 없다고 말하거나 그러한 부류들이 우리에게 아무 영향을 줄 수 없다고 하는 무관심도 분명히 비성경적인 주장이지만, 반대로 귀신과 마귀에 대한 관심을 지나치게 강조하여 모든 질병과 가난, 저주, 불행, 사고가 모두 귀신과 악한 영때문이라고 주장하고, 귀신을 쫓아냄으로 이러한 문제가 모두 해결된다고 보는 것은 비성경적입니다. 그러한 주장은 귀신만 쫓으면 모든 문제가 해결되기 때문에 예수그리스도의 십자가의 복음이 불필요한 것이 되고맙니다.

성경적인 예를 들자면, 예수님이 직접 파송하신 칠십문도들이 돌아와서 예수의 이름으로 귀신들이 항복하는 것을 다음과 같이 예수님께 고합니다.

> 칠십 인이 기뻐하며 돌아와 이르되 주여 주의 이름이면 귀신들도 우리에게 항복하더이다 눅10:17

그 때에 예수님의 답변은 다음과 같습니다.

> 그러나 귀신들이 너희에게 항복하는 것으로 기뻐하지 말고 너희 이름이 하늘에 기록된 것으로 기뻐하라 하시니라 눅 10:20

다시 말하여 귀신을 쫓는 권세를 받은 것은 본질적으로 기뻐할 일이 아니며 부수적인 것에 지나지 않습니다. 가장 중요한 것은 우리가 구원을 받음으로 하늘에 이름이 기록되는 것이며 그것이 더욱 중요한 본질적인 것이 될 것입니다. 우리는 귀신과 악한 영에 대적하고 싸워야 합니다. 그러나 그 싸움의 목적은 우리의 구원을 위한 것이며, 그 방법은 하나님의 말씀으로 무장하여 믿음을 지키는 것을 말합니다. 이것이 성경이 말하는 영적전쟁입니다.

4) 거듭난 자에게 사탄이 들어올 수 있는가?

성경은 많은 곳에서 마귀의 미혹을 조심하라고 하거나 경고하라고 말하고 있습니다. 그렇다면 과연 성도들에게 마귀가 들어올 수 있을까요? 우리는 일단 신자信者, 믿는자와 성령에 내주하는 중생된 자를 구별할 필요성을 느

깝니다. 신자信者는 믿음을 잃을 수 있지만, 중생한 자는 믿음을 잃을 수 없습니다. 성령이 내주하는 거듭난 성도들에게 귀신이 들어올 수 없다고 성경은 말하기 때문입니다.

물론 귀신이 사람에게 들어올 수 있다는 주장은 성경적으로 가능하다고 말할 수 있지만, 모든 질병과 불행과 사고가 귀신때문이라고 말할 수 없다는 전제조건이 먼저 제시되어야만 하고, 구체적으로 말할 때에 성령이 내주하는 거듭난 성도에게는 귀신이 들어올 수 없다고 말하여야 합니다.

즉 귀신이 성도의 외부에서 미혹할 수는 있지만, 거듭난 성도에게 들어올 수는 없다고 봅니다. 물론 귀신이 성령이 내주하는 성도를 사로잡는 것은 불가능합니다. 만약 거듭나서 성령이 내주하는 성도들을 귀신혹은 마귀이 들어와서 그를 사로잡을 수 있다면, 하나님이 구원하시기로 작정한 하나님의 자녀의 구원이 취소가 될 수 있다는 결과가 되기 때문입니다. 또 하나님이 성령을 보내주셔서 인도하고 보호하는 이유와 근거가 없어집니다.

> 자녀들아 너희는 하나님께 속하였고 또 저희를 이기었나니 이는 너희 안에 계신 이가 세상에 있는 이보다 크심이라 요일 4:4
> 하나님께로서 난 자마다 범죄치 아니하는 줄을 우리가 아노라 하나님께로서 나신 자가 저를 지키시매 악한 자가 저를 만지지도 못하느니라" 요일 5:18
> 주는 미쁘사 너희를 굳게 하시고 악한 자에게서 지키시리라 살후 3:3

성경은 성령의 구원에 대한 보증, 즉 보호와 인도를 분명히 말하고 있습니다.

> 내가 저희에게 영생을 주노니 영원히 멸망치 아니할 터이요 또 저희를 내 손에서 빼앗을 자가 없느니라. 너희를 주신 내 아버지는 만유보다 크시매 아무도 아버지 손에서 빼앗을 수 없느니라 요 10:28-29
> 아무 일에든지 대적하는 자를 인하여 두려워하지 아니하는 이 일을 듣고자 함이라. 이것이 저희에게는 멸망의 빙거요, 너희에게는 구원의 빙거니 이는 하나님께로부터 난 것이니라" 빌 1:28

> 또 미리 정하신 그들을 또한 부르시고 부르신 그들을 또한 의롭다 하시고 의롭다 하신 그들을 또한 영화롭게 하셨느니라. 그런즉 이 일에 대하여 우리가 무슨 말 하리요 만일 하나님이 우리를 위하시면 누가 우리를 대적하리요. 자기 아들을 아끼지 아니하시고 우리 모든 사람을 위하여 내주신 이가 어찌 그 아들과 함께 모든 것을 우리에게 주시지 아니하겠느냐. 누가 능히 하나님께서 택하신 자들을 고발하리요 의롭다 하신 이는 하나님이시니 누가 정죄하리요 죽으실 뿐 아니라 다시 살아나신 이는 그리스도 예수시니 그는 하나님 우편에 계신 자요 우리를 위하여 간구하시는 자시니라. 누가 우리를 그리스도의 사랑에서 끊으리요 환난이나 곤고나 박해나 기근이나 적신이나 위험이나 칼이랴 롬 8:30-35
>
> 내가 확신하노니 사망이나 생명이나 천사들이나 권세자들이나 현재 일이나 장래 일이나 능력이나 높음이나 깊음이나 다른 어떤 피조물이라도 우리를 우리 주 그리스도 예수 안에 있는 하나님의 사랑에서 끊을 수 없으리라 롬 8:38-39

또한 아래 본문은 거듭난 사람에게 귀신이 들어올 수 없다는 내용이라고 직접적으로 설명할 수는 없지만, 사람이 두 주인을 섬기지 못한다는 것은 곧 성령과 마귀를 동시에 섬기지 못한다는 뜻으로 적용할 수 있습니다.

> 한 사람이 두 주인을 섬기지 못할 것이니 혹 이를 미워하며 저를 사랑하거나 혹 이를 중히 여기며 저를 경히 여김이라 너희가 하나님과 재물을 겸하여 섬기지 못하느니라 마 6:24

그러나 성도들에게 귀신이 들어올 수 있다는 사람들은 다음과 같은 성경적인 근거를 제시합니다.

> 열 둘 중에 하나인 가룟인이라 부르는 유다에게 사단이 들어가니 눅 22:3

과연 유다가 온전히 거듭난 성도라고 말할 수 있을까요? 이것에 대해서는 굳이 설명할 필요가 없다고 보아야 합니다.

> 아나니아라 하는 사람이 그 아내 삽비라로 더불어 소유를 팔아 그 값에서 얼마를 감추매 그 아내도 알더라. 얼마를 가져다가 사도들의 발 앞에 두니 베드로가 가로되 아나니아야 어찌하여 사단이 네 마음에 가득하여 네가 성령을 속이고 땅값 얼마를 감추었느냐, 땅이 그대로 있을 때에는 네 땅이 아니며 판 후에도 네 임의로 할 수가 없더냐 어찌하여 이 일을 네 마음에 두었느냐, 사람에게 거짓말 한 것이 아니요, 하나님께로다. 아나니아가 이 말을 듣고 엎드러져 혼이 떠나니 이 일을 듣는 사람이 다 크게 두려워하더라. 행 5:1-5

비록 성경은 아나니아가 성령을 속였다고 말은 하지만, 아나니아가 진정으로 거듭난 성도였다고 말할 수 없습니다. 이러한 경우가 성경에 있는데, 바로 히브리서 6장 4-6절입니다.

> 한번 비침을 얻고 하늘의 은사를 맛보고 성령에 참예한 바 되고 하나님의 선한 말씀과 내세의 능력을 맛보고 타락한 자들은 다시 새롭게 하여 회개케 할 수 없나니 이는 자기가 하나님의 아들을 다시 십자가에 못 박아 현저히 욕을 보임이라 히 6:4-6

"한번 비침을 얻고, 맛보고, 참예한 바 되고, 능력을 맛보고"라는 표현이 과연 온전히 거듭난 사람을 뜻하는지에 대해서 다양한 견해가 있을 수 있지만, '한번, 맛보고, 참예한 바 되고' 라고 표현할 수 밖에 없는 사람을 온전히 거듭난 사람이라고 말하기는 어려울 것으로 보입니다. 어쨌든 아나니아가 성령을 속였다는 내용만으로 그가 거듭난 사람이라고 말하기는 어렵습니다. 그 이유는 아나니아가 그 자리에서 즉시 심판을 받았기 때문입니다.

> 여호와의 신이 사울에게서 떠나고 여호와의 부리신 악신이 그를 번뇌케 한지라 삼상 16:14

어떤 사람들은 이 성경을 증거로 제시하는 경우도 있는데, 위 성경은 "여호와의 신이 떠났다"는 것과 그 악신이 여호와가 보낸 존재라는 것이므로 해당되지 않습니다. 구약에서는 소수의 제한된 사람들에게 하나님의 필요에 따라 성령을 보내 주셨으며, 신약의 오순절에 이르러서 성령은 모든 만인에게 부어주게 된 것이며, 영원히 내주하게 된 것입니다. 성경은 성령이 거하는 거듭난 성도들에게 사탄 마귀가 들어올 수 있다고 언급하지 않으며, 오히려 '불순종의 아들들 가운데서 거하는 영'이라고 말합니다.

"그 때에 너희가 그 가운데서 행하여 이 세상 풍속을 좇고 공중의 권세 잡은 자를 따랐으니 곧 지금 불순종의 아들들 가운데서 역사하는 영이라" 엡 2:2

사탄, 마귀는 불순종의 아들들 가운데 역사하는 영입니다.

특히 성경에서는 '귀신이 들리다'라고 표현된 단어가 사용되는데, 주로 '다이모니조마이' demon-possessed, 마 4:24, 혹은 '카타뒤나스튜오' dominate, 행 10:38, '데오' bind, tie, 눅 13:16, '에코' hold, 요 8:49 등이 사용되었으며, 귀신에게 사로 잡혀서 소유가 되는 것을 뜻합니다. 즉 귀신의 내적 사역을 뜻하며, 성령이 내주하는 거듭난 성도들에게 해당될 수 없는 단어입니다.

5) 믿는 자는 누구나 귀신을 쫓을 수 있는가?

성경에서 예수님과 제자들은 귀신을 쫓고 병을 치료하며, 능력과 권세를 보여줍니다. 그런데 성경에 기록된 내용을 보면, 예수님이 귀신을 쫓으며 병을 고치는 능력과 권위를 준 사람들은 열두 제자들, 즉 사도들이었음을 알 수 있습니다.

> 예수께서 열두 제자를 불러 모으사 모든 귀신을 제어하며 병을 고치는 능력과 권위를 주시고 하나님의 나라를 전파하며 앓는 자를 고치게 하려고 내보내시며 눅 9:1-2

누가복음 9장 1-2절은 열두제자에게 귀신을 제어하며 병을 고치는 능력과 권위를 주었다고 기록되어 있으며, 그 대상이 열두 제자라고 언급합니다. 또한 성경은 표적과 기사와 능력을 행하는 것을 사도의 표라고 말합니다. 이러한 능력과 권위가 사도와 제자들에게 국한 된 것인지 혹은 모든 믿는 자에게 포함된 것인지에 대해서는 사실 해석이 어렵습니다.

> 사도의 표된 것은 내가 너희 가운데서 모든 참음과 표적과 기사와 능력을 행한 것이라. 고후12:12
>
> 이에 열둘을 세우셨으니 이는 자기와 함께 있게 하시고 또 보내사 전도도 하며, 귀신을 내어쫓는 권세도 있게 하려 하심이러라. 막3:14-15

그러나 보편적으로 믿는 자가 귀신을 쫓을 수 있다는 성경구절이 유일하게 나온 곳이 마가복음 16:17입니다.

> 믿고 세례를 받는 사람은 구원을 얻을 것이요 믿지 않는 사람은 정죄를 받으리라. 믿는 자들에게는 이런 표적이 따르리니 곧 그들이 내 이름으로 귀신을 쫓아내며 새 방언을 말하며 뱀을 집어올리며 무슨 독을 마실지라도 해를 받지 아니하며 병든 사람에게 손을 얹은즉 나으리라 하시더라 막 16:16-18

그러나 우리는 이 성경구절에서 과연 "보편적으로 믿는 자"가 보편적인 대상인지에 대해서는 의문입니다. 그렇다면 믿는 자는 뱀을 집어 올리거나 독을 마셔도 해를 입지 않을까요?

우리는 이 질문에 대해서 쉽게 답변할 수 없을 것입니다. 믿는 사람은 모두 귀신을 쫓을 수 있을까요? 또 믿는 사람이 병든 사람에게 손을 얹으면 모든 환자가 치료될까요? 이것도 오늘날 현실과 다르다고 말할 수 밖에 없으며, 이것은 매우 중요한 일입니다. 실제로 어떤 그리스도인들은 이것을 증명하기 위하여 시도를 하다가 독을 마시거나 또는 뱀에게 물려서 죽은 사람들이 있다고 합니다.

대부분의 사람들은 믿는 사람들이 귀신을 쫓아낼 수 있으며 방언을 말할 수 있다는 것까지는 성경구절을 인용하지만, "뱀을 집거나 독을 마셔도 해를 입지 않는다"는 내용에 대해서 인용하지 않습니다. 초대교회의 은사 중에는 치유에 대한 은사도 있었지만 모든 사람이 다 치유의 은사를 받은 것은 아니며, 모두가 방언의 은사를 받은 것도 아니었고, 은사란 공공체의 유익을 위하여 각 지체에게 나누어주는 선물로서, 지체마다 다른 은사적인 기능이었으며, 그 역할이 각각 다른 것이었습니다. 즉 성경은 "믿는 자들에게 이런 표적이 따른다"고 말했지만, "모든 믿는 자에게 언제나 이런 표적이 따른다"고 말하지 않았습니다.

① 학자들은 이 성경구절이 보편적인 내용이 아니고, 장래의 어떤 특정한 사건의 표적을 의미하는 표현이라고 말합니다.

사도행전 28:3-6에서 바울이 뱀에게 물렸지만 상함이 없었던 사건이 있었으며, 이 사건을 미리 지칭한 것이라고 해석합니다. 또 독을 마셔도 해를 입지 않는다는 내용이 사도요한의 전승Acts of John 20이나 유세비우스의 교회사3, 39, 9에 기록되어 있는데, 유세비우스는 유스투스 바르사바스라는 사람이 독을 마셨는데 아무런 해를 입지 않았다고 기록하고 있습니다.

② 학자들은 믿는 자들의 권능을 강조하기 위한 표현법이라고 말합니다. 예를 들어서 아래 마태복음에서 "믿음이 조금이라도 있으면 누구라도 산을 옮길 수 있다"는 구절은 보편적인 사건을 예로 든 것이 아니라, 믿음을 강조하는 표현이 될 것입니다. 본문은 믿는 자가 정말로 산을 옮길 수 있다는 내용이라고 말할 수 없기 때문입니다.

> 이르시되 너희 믿음이 작은 까닭이니라 진실로 너희에게 이르노니 만일 너희에게 믿음이 겨자씨 한 알 만큼만 있어도 이 산을 명하여 여기서 저기로 옮겨지라 하면 옮겨질 것이요 또 너희가 못할 것이 없으리라 마 17:20

믿는 자들은 누구든지 독을 마셔도 죽지 않으며, 뱀을 만져도 아무 상관이 없을까요? 누구든지 병을 치료할 수 있으며 누구든지 귀신을 쫓아낼 수 있을까요? 이것은 믿는 자들의 표적과 권능, 즉 하나님의 보호하심과 인도하심을 강조하기 위한 표현법이라고 보는 것입니다.

"그들이 내 이름으로 귀신을 쫓아내며"라고 성경은 말하고 있으므로, 우리는 예수의 이름으로 귀신을 쫓아낼 수 있다는 것에는 동의합니다. 다만 귀신을 쫓아낸다는 것이 우리가 귀신과 전쟁을 하여 그들을 모두 멸망시킬 수 있다는 뜻이 아니며, 또한 본문은 모든 믿는 사람들에게 따르는 일반적인 현상이나 권세가 아니라는 것입니다. 예를 들어 예수를 믿는 자가 주님의 이름으로 불치병을 고칠 수 있다고 하는 것은 맞지만, 모든 그리스도인들이 다 불치병을 고칠 수 있는 것은 아닙니다. 만약 모든 믿는 자들이 병을 고칠 수 있다고 한다면, 모든 그리스도인들은 병에 걸려 죽은 사람들이 없어야만 할 것입니다. 더욱이 모든 그리스도인은 어떤 종류의 독을 마셔도 죽지 않고, 뱀에게 물려도 해를 입지 않는다고 말할 수 없음은 당연합니다.

③ 교회를 세우기 위한 초대교회의 한정적인 은사와 능력을 말하지만, 그러나 지금은 중지되었다고 보는 은사중단론이라는 견해가 있습니다. 물론 필자는 은사중단론을 지지하지 않습니다. 그러나 은사는 모든 사람에게 동일하게 주어지는 선물이 아닙니다.

이러한 은사중단론의 주장은 워필드, 크리소스톰, 어거스틴 조나단 에드워즈, 메튜헨리, 헨드릭슨등의 주장이며 현재 일부 보수적인 신학 견해이기도 합니다. 그 근거는 유사한 표현의 기록이 누가복음 10:17-19에 있는데 다음과 같습니다. 즉 주님이 칠십문도에게 한정적으로 부여해 준 권능이라는 것입니다.

> 칠십 인이 기뻐하며 돌아와 이르되 주여 주의 이름이면 귀신들도 우리에게 항복하더이다. 예수께서 이르시되 사탄이 하늘로부터 번개 같이 떨어지는 것을 내가 보았노라. 내가 너희에게 뱀과 전갈을 밟으며 원수의 모든 능력을 제어할 권능을 주었으니 너희를 해칠 자가 결코 없으리라 눅 10:17-19

어쨌든 세가지 견해 중에서 어떤 것이 사실인지 단정할 수 없지만, 개인적으로는 ②번을 신뢰합니다. 그러나 마가복음 본문의 내용은 모든 믿는 사람이 지금도 가질 수 있는 보편적인 능력이 아니라고 볼 때에, 믿는 자가 귀신을 쫓을 수 있느냐는 내용은 현실적으로 보편성이 있다고 단정하기는 어렵습니다.

물론 다락방이나 베뢰아의 주장과 같이, 귀신을 쫓는다는 것이 질병이나 불행, 사고같은 모든 문제가 해결될 수는 없습니다. 예를 들어서, 감기 바이러스에 의한 감기를 귀신을 쫓는다고 하여 그 병이 나아질 수는 없으며, 또 신사도운동의 주장과 같이 사업적인 경영의 실패로 돈을 벌지 못한 것을 '가난의 영' 때문이라고 볼 수도 없습니다.

특히 아래 성경구절들은 예수의 이름으로 귀신을 쫓는다고 하여 그것이 모두 하나님의 뜻이 아니라는 것이 분명합니다. 즉 모두가 귀신을 쫓을 수 있는 것은 아닙니다.

> 나더러 주여 주여 하는 자마다 다 천국에 들어갈 것이 아니요 다만 하늘에 계신 내 아버지의 뜻대로 행하는 자라야 들어가리라 그 날에 많은 사람이 나더러 이르되 주여 주여 우리가 주의 이름으로 선지자 노릇 하며 주의 이름으로 귀신을 쫓아 내며 주의 이름으로 많은 권능을 행하지 아니하였나이까 하리니 그 때에 내가 그들에게 밝히 말하되 내가 너희를 도무지 알지 못하니 불법을 행하는 자들아 내게서 떠나가라 하리라 마 7:21-23
>
> 이에 돌아다니며 마술하는 어떤 유대인들이 시험삼아 악귀 들린 자들에게 주 예수의 이름을 불러 말하되 내가 바울이 전파하는 예수를 의지하여 너희에게 명하노라 하더라. 유대의 한 제사장 스게와의 일곱 아들도 이 일을 행하더니 악귀가 대답하여 이르되 내가 예수도 알고 바울도 알거니와 너희는 누구냐 하며 악귀 들린 사람이 그들에게 뛰어올라 눌러 이기니 그들이 상하여 벗은 몸으로 그 집에서 도망하는지라 행 19:13-16

6) 대적기도, 선포기도가 성경적인가?

일반적으로 '대적'이라는 용어는 "적, 어떤 세력, 힘 따위가 서로 마주 대하여 섬"을 뜻하지만, 위에서 살펴본 것과 같이, 신약성경에서 사탄, 마귀나 귀신, 악한 영에게 대적한다는 것은 구원에 대한 과정으로서, 하나님의 말씀으로 무장하여 미혹에 넘어가지 않는 것 또는 하나님께 순종하고 믿음을 지키는 것이라고 말할 수 있습니다.

특히 '기도'라는 용어는 "하나님과의 인격적인 교제"이며 "하나님께 드리는 간구와 요청"을 뜻합니다. 성경은 대적기도와 선포기도에 대해서 언급하지 않습니다.

또 성경이 말하는 영적싸움이란 "개인의 구원을 위하여 믿음을 지키는 것"이며, 영과 육의 육체적이고 물질적인 싸움을 뜻하지 않습니다. 또한 영적싸움은 세상을 하나님과 사탄의 대결구도의 전쟁을 설정해 놓고, 우리가 그 싸움에 참가하는 것을 뜻하지 않습니다. 물론 하나님은 우리의 질병을 치료하실 수 있는 능력을 가지신 분이며, 귀신을 쫓을 수 있는 분이라는 것은 분명하지만, 성경에서의 영적싸움 특히 대적이라는 의미는 개인의 구원에 대한 성화의 과정을 뜻한다고 보아야 합니다.

최근에는 음란의 영, 불순종의 영, 질병의 영, 가난의 영, 사고의 영, 종교의 영등… 영의 명칭을 구체화시켜 그와 같은 영을 쫓아냄으로서 모든 문제에서 회복될 수 있다는 주장까지 나오고 있습니다. 만약 귀신을 쫓음으로서 우리가 가난으로부터 부를 찾게 되고, 질병으로부터 건강을 회복하며, 육체적인 불행과 사고로부터 축복을 불러올 수 있다면, 그리스도인들은 모두 부를 소유하여야 하며, 모두 질병에 걸리는 일이 없이 건강하여야 하고, 모두 불행과 사고가 없는 축복을 누려야만 합니다. 더욱이 불순종이나 음란등의 범죄가 어떤 영 때문이라면 그 범죄나 타락의 원인은 당사자의 잘못이 아니라 어떤 영이 들어왔기 때문이라는 이상한 결론이 됩니다.

또한 이러한 주장은 예수십자가를 부정하는 다른 복음이 될 수 있습니다. 단지 귀신만 쫓으면 모두 문제가 해결되기 때문입니다. 이러한 주장은 사도들과 초대교회 성도들의 고난과 고통, 순교에 대해서 설명할 수 없게 됩니다.

물론 우리는 사탄과 마귀, 귀신의 미혹에 대적하기 위하여 예수그리스도의 이름으로 믿음을 지킬 수 있도록 성령의 인도하심과 보호하심을 기도로 요청할 수 있으며, 우리의 질병을 치유할 수 있도록 기도할 수 있습니다.

그러나 우리가 마귀를 대적하여야 하는 이유는 그들과의 전쟁에서 그들을 멸망시키고 쫓아냄으로서 우리가 사고나 불행을 막거나 질병을 치료하기 위한 목적이 아니며, 그들을 쫓음으로서 육체적, 물질적인 축복을 받기 위함이 아니며, 그 본질적이며 중요한 목적은 우리의 구원을 위한 것이어야 한다는 기억하여야 합니다.

우리가 마귀를 대적하고 미혹되지 말아야 하는 것은 신앙의 "목적"이 아니라, 신앙을 지키기 위한 하나의 "방법"일 뿐입니다.

또한 대적기도나 선포기도를 함으로서 어떤 효력이 즉각적으로 이루어지는 것은 결코 아닙니다. 그러한 기도는 없으며, 그것을 기도라고 정의할 수도 없으며 기도는 하나님께 드리는 것입니다.

그리스도인이 된다는 것은 우리가 어떤 신비한 초능력이나 권능을 갖는다는 뜻이 아닙니다. 우리의 기도는 하나님께 간구하며 겸손하게 그 응답을 기다리는 소망이라고 말할 수 있을 것입니다.

14. 도덕폐기론

도덕폐기론

> 이런 자를 사단에게 내어주었으니 이는 육신은 멸하고 영은 주 예수의 날에 구원 얻게 하려 함이라 고전 5:5

고전 5:5은 난해한 성경구절에 속합니다.

고린도교회에서 어떤 교인이 아비의 아내를 범하였다는 것을 바울이 알았습니다 고전5:1. 즉 '아비의 아내'라고 하면 어머니가 되는데, 표현으로 보아서는 친모親母는 아니며 계모인 듯 싶습니다. 어찌 되었든 그리스도인이 가족을 범하는 음행을 저지른 것입니다.

구원파를 비롯하여 어떤 사람들은 구원을 받은 사람은 어떤 죄를 지어도 이미 구원을 받았다는 성경적인 근거로 위의 성경본문을 제시합니다. 일단 예수를 믿고 구원을 받은 자는 어머니를 범하는 음행을 저질러도 그 영은 구원을 받는다고 해석을 하는 경우가 있습니다. 그러나 그와 같은 주장은 어떤 죄를 지어도 영은 구원을 받는다는 도덕폐기론이 되어지며, 영과 육의 구원을 분리시키는 이원론적인 구원론이 될 것입니다.

우리는 소위 도덕 무용론無用論을 경계해야만 합니다. 만일 그렇다면 회개할 필요가 없다고 주장하는 구원파와 같은 이단들과 무엇이 다릅니까? 구원을 받은 자는 어떤 짓을 해도 이미 구원을 받았으며, 어떤 죄를 범하여도 상관이 없다고 주장한다면 그것은 도덕무용론이 되고 맙니다. 그러한 주장은 구원에서 피동적인 사람의 입장에서 할 수 있는 말이 아닙니다. 종말적으로 심판은 하나님이 하시는데, 사람이 어떤 죄를 지어도 이미 구원을 받았다고 단언하기 때문입니다.

첫째, 구원을 받은 거듭난 자는 성령의 인도를 받는 자로서 그러 한 패륜적인 범죄를 고의적으로 지을 수가 없습니다.

둘째, 구원을 받은 자는 이미 구원을 받았으므로 어떤 짓을 하여도 아무 상관이 없다는 것은 인간적인 관점에서 할 말이 아닙니다. 구원을 하시는 분은 사람이 아니라 하나님이시기 때문입니다.

셋째, 성경은 어떤 죄를 지어도 상관이 없다고 말하지 않기 때문입니다.

우리는 중대한 실수를 할 수가 있는데, 보편적이며 일반적인 성경구절을 굳이 외면하고, 극소수의 난해한 한 구절만을 받아 들임으로서, 그러한 특수한 경우를 보편적인 교리로 인정하는 경우가 종종 있습니다. 그러나 정통신학적인 견해에서는 "난해한 구절로 의하여 교리를 정할 수 없다"는 원칙이 있으며, 이단들이 주로 난해한 성경구절을 독단적으로 해석하여 교리를 만들게 됩니다.

다음은 여러 가지의 성경번역본입니다.

[공동번역] 그런 자를 사탄에게 내어 주어 그 육체를 멸망시키도록 판결한 것입니다. 그것은 주님의 날에 그의 영혼은 구원을 받도록 하려는 것입니다.

[표준새번역] 그러한 자를 사탄에게 넘겨 주어서, 그 육체는 멸망을 당하고, 그 영은 주님의 날에 구원을 얻게 해야 할 것입니다.

[현대인의성경] 이런 사람을 사탄에게 넘겨 주어 육체는 파멸되더라도 영은 주님이 재림하시는 날에 구원받게 하십시오.

[KJV] To deliver such an one unto Satan for the destruction of the flesh, that the spirit may be saved in the day of the Lord Jesus.

[NIV] hand this man over to Satan, so that the sinful nature may be destroyed and his spirit saved on the day of the Lord.

성경은 구원에 이르게 하는 지혜의 책입니다. 그렇다면 우리는 성경을 통하여 하나님의 구원사를 확인할 수 있어야만 합니다. 하나님이 성경을 기록하게 하고 보존하게 하여 우리에게 전하신 첫째 이유는, 우리에게 하나님의 뜻을 전달하기 위함이 분명합니다.

고전 5:5의 전통적인 성경해석은 다음과 같습니다.
1) 고전 5:5을 교회의 권징에 대한 해석으로 봅니다. 즉 음행을 저지른 교인을 교회에서 축출하라는 것입니다. "사탄에게 내어 준다"는 말의 뜻은 교회에서 추방, 출교를 의미하며, 구체적으로는 성령의 보호를 더 이상 받을 수 없다는 것을 의미합니다. 교회에서 쫓아내는 이유는 스스로 회개하고 반성하여 구원을 받게 된다는 뜻입니다. 그 이유는 2절, 6-8절, 13절에서도 그 사건에 대해서 계속적으로 언급된 바 있기 때문에 매우 타당성있는 해석이라고 보여집니다.

그리하고도 너희가 오히려 교만하여져서 어찌하여 통한히 여기지 아니하고 그 일 행한 자를 너희 중에서 물리치지 아니하였느냐 고전 5:2
너희의 자랑하는 것이 옳지 아니하도다 적은 누룩이 온 덩어리에 퍼지는 것을 알지 못하느냐, 너희는 누룩 없는 자인데 새 덩어리가 되기 위하여 묵은 누룩을 내어버리라 우리의 유월절 양 곧 그리스도께서 희생이 되셨느니라 고전 5:6-7

외인들은 하나님이 판단하시려니와 이 악한 사람은 너희 중에서 내어 쫓으라 고전 5:13

2) 육체를 멸하게 한다는 구절은 육체적인 고통을 의미한다고 해석합니다. 예를 들면 큰 병에 걸렸다거나, 예를 들면 수족을 절단하는 큰 사고를 입든지 하는 육체적인 징계를 당하는 경우를 말한다고 봅니다. '멸하다' 는 단어는 헬라어로 '올레드로스' 인데 '죽는다' 는 뜻 외에 다른 구절에서 그 단어는 '징계하다' 라는 의미로 사용되었기 때문입니다 살후 1:9, 딤전 6:9

즉 음행을 저지른 자가 징계 혹은 벌을 받아서 육체적인 고통을 받고 결국 죽게 되겠지만, 당사자는 하나님께 자신의 행위에 대해서 마침내 회개를 하게 되고, 그러므로 그는 궁극적으로는 구원을 얻을 수 있다는 뜻으로 해석하는 것입니다. 그렇다면 과연 교회를 떠난다고 병이 들거나 사고를 일으킬 수 있을까요? 초대교회는 사도들에 의하여 직접적인 가르침을 받았던 상황이며, 성령의 직접적이며 초자연적인 역사가 있었던 상황이라는 것을 염두에 두어야만 합니다. 실제로 고린도전서 11장에서 사도 바울은, 주의 만찬을 분변치 못하다가 약한 자와 병든 자가 있었고, 심지어는 죽은 자도 있었던 것이며 이러한 것은 주님께 징계를 받은 것이라고 말하고 있습니다.

> 주의 몸을 분변치 못하고 먹고 마시는 자는 자기의 죄를 먹고 마시는 것이니라. 이러므로 너희 중에 약한 자와 병든 자가 많고 잠자는 자도 적지 아니하니, 우리가 우리를 살폈으면 판단을 받지 아니하려니와 우리가 판단을 받는 것은 주께 징계를 받는 것이니 이는 우리로 세상과 함께 죄 정함을 받지 않게 하려 하심이라 고전 11:32

또 다른 견해로는 음행자를 로마정부에 고발하여 육체적인 징벌을 받게 한다는 견해도 있는데, 사단을 로마정부로 비유하였다는 해석입니다. 그 당시 로마법도 가족의 음행은 명백한 범법행위였으며, 이 음행자가 로마당국에 의하여 육체적으로 징벌을 당하게 되면, 그가 회개함으로서 영은 구원을 얻게 하려고 한다는 견해입니다. 구원파는 본문에 대해서 영의 구원과 육의 구원을 분리합니다. 영은 이미 죄사함을 받았고, 구원을 받았다는 것입니다.

고전 5:5 '이런 자를 사탄에게 내주었으니 이는 육신은 멸하고 영은 주 예수의 날에 구원을 받게 하려 함이라' 그런 사람을 사탄에게 내주어 버리면 죽어 버립니다. 그것은 육신은 멸하고 영은 주 예수의 날에 구원을 얻게 하려는 뜻이 있습니다. 그런 죄도 죽는 징계를 말하지만 영원히 멸망받는 것은 아닙니다. 지옥 갈 죄를 사함 받은 것은 완전한 것입니다. 완전히 죄사함을 받은 것입니다. 성경은 사실이다. 권신찬, 기독교복음침례회, 399쪽

"구원을 받은 사람이 사망에 이르는 죄를 짓는 경우가 있다면, 그것은 영혼이 지옥에 가는 죄가 아니라 육신이 사망에 이르는 죄가 있다는 말입니다." 생명의말씀 선교회 홈페이지

3) 바울은 교회의 권징이 이러한 목적으로서 필요하다고 말하고 있다고 봅니다. 즉 첫째 본인 당사자에게 회개할 기회를 주기 위하여 징계를 하는 목적과 둘째, 다른 사람에게 그러한 악행이 전파되지 않게 하기 위하여 제명 혹은 추방을 한다는 것입니다. 이러한 제명과 추방을 육체의 멸망으로 비유한 것으로 봅니다.

'죄많은 육신, 본성' 이 회개함으로서 죄사함을 받게 되면 '영' 으로는 다시 거듭나게 되어 살게 된다는 장래적인 의미주님의 날에로 보는 것입니다. 그래서 NIV는 sinful nature 로 번역하였습니다.

또한 구원은 하나님의 전적인 주권적 사역이시며 오직 하나님의 은혜로 구원을 얻는다는 것을 아무리 강조하여도 지나치지 않음도 우리는 알고 있습니다. 그러나 성경은 예수를 믿고 구원을 받은 자는 어떤 죄를 지어도 무조건 구원을 받는다고 말하지 않으며, 다음과 같이 말하고 있습니다.

주인의 뜻을 알고도 예비치 아니하고 그 뜻대로 행치 아니한 종은 많이 맞을 것이요. 알지 못하고 맞을 일을 행한 종은 적게 맞으리라. 무릇 많이 받은 자에게는 많이 찾을 것이요, 많이 맡은 자에게는 많이 달라 할 것이니라 눅 12:47-48

음행자도 구원을 받는다고 성경은 기록되어 있지 않습니다. 만일 음행자도 구원을 받는다면 그것은 헛된 말로 속이는 것이 된다고 바울은 분명히 말하고 있습니다. 바울은 고린교회에 음행자를 교회에서 쫓아내라고 분노하면서 꾸짖고 있었습니다. 그런데 몇몇 사람들은 바울의 의도와는 달리, 어머니를 범하는 음행을 저질러도 육체는 멸하지만 그 영은 구원을 받는다고 도덕폐기론적인 해석을 하고 있는 것입니다.

> 이제 내가 너희에게 쓴 것은 만일 어떤 형제라 일컫는 자가 음행하거나 탐람하거나 우상 숭배를 하거나 후욕하거나 술 취하거나 토색하거든 사귀지도 말고 그런 자와는 함께 먹지도 말라 함이라 고전 5:11
> 너희도 이것을 정녕히 알거니와 음행하는 자나 더러운 자나 탐하는 자 곧 우상 숭배자는 다 그리스도와 하나님 나라에서 기업을 얻지 못하리니, 누구든지 헛된 말로 너희를 속이지 못하게 하라. 이를 인하여 하나님의 진노가 불순종의 아들들에게 임하나니 그러므로 저희와 함께 참예하는 자 되지 말라 엡 5:5-7

15. 신비주의

기적과 표적을 추구하는 신앙

"나의 일상적인 삶에서 하나님이 나를 위하여 항상 기적을 베풀어주신다"라고 믿는 신앙을 우리는 신비주의라고 정의합니다. 최근 들어 소위 영성운동, 성령집회라는 이름 아래, 은사남용주의, 신사도운동, 빈야드운동 등의 신비주의적인 집회를 하는 교회들이 많이 늘고 있습니다. 이러한 성향의 집회들에 대해 걱정과 우려를 말하는 사람들이 매우 많은 것도 사실입니다. 이들은 쓰러짐, 웃음, 진동, 짐승 소리, 금가루, 입신같은 무질서한 현상을 성령의 역사라고 주장합니다. 그러나 그와 같은 현상은 성령의 역사라고 볼만한 아무 근거도 없으며, 신앙적으로 아무런 유익도 없는 유치하고 불필요한 현상일 뿐이며 타종교와 같은 집회에서도 흔히 발견되는 현상에 지나지 않습니다.

성경에는 '영성'靈性, spirituality이라는 단어가 나오지 않습니다. 교회사적으로 볼 때에 '영성'이라는 용어는 수도사들의 육체를 가학하는 금욕주의나 고행을 뜻하는 능동적인 의미로 사용된 경우가 있었고, 복음주의자들은 '영성'이라는 용어에 대해서 하나님의 사랑과 은혜같은 수동적인 의미로 사용하였습니다. 혹간 '영성'이라는 용어를 육체와 분리시켜서 내면적인 영의 훈련과 잠재력을 개발하는 수단으로 사용하는 이원론적인 잘못된 주장도 있었습니다. 그런데 최근에 이르러서는 일부 신비주의자들에 의해서, 은사남용주의를 뜻하기도 하고, 매우 유치한 표적과 기적을 뜻하는 용어로 전락하기도 하였습니다. 무질서하고 가시적이며 유치한 현상을 영성운동이라고 말할 이유조차 없습니다. 어떤 이들은 소위 영성운동이라고 하는 집회에서 반짝이라고 하는 가짜 금가루가 손바닥에 몇 개 있거나, 안수를 받을 때에 뒤로 쓰러지면 그것이 성령의 임재라고 주장하며 성령을 받은 증거라고 주장합니다.

중요한 것은 우리가 성경적인 관점에서 보면, 기적과 표적을 추구하는 신앙은 구원을 받을 수도 있고, 구원을 받지 못할 수도 있다는 것입니다. 다시 말하자면, 기적과 표적을 추구하는 신앙은 구원을 받지 못할 가능성도 있다는 점입니다. 즉 기적이 일어나면 모두 성령의 역사로 보아야 한다고 생각하는 사람들이 있는데 이 견해도 옳지 못합니다. 성경은 이렇게 말하고 있기 때문입니다.

> 거짓 그리스도들과 거짓 선지자들이 큰 표적과 기사를 보이어 할 수만 있다면 택하신 자들도 미혹하리라마 24:24

물론 성경에는 놀라운 기적과 표적이 있었으며 그러한 사건의 배경에는 항상 하나님의 크신 의도와 목적이 있어왔던 것은 사실입니다. 그러나 기적과 표적만을 추구하는 신앙적인 성향은 결국 신비주의에 지나지 않으며 그러한 것을 신앙의 목표로서 추구하는 것도 옳지 않습니다. 서기관과 바리새인은 예수님께 표적을 보여달라고 요구하였는데, 예수님은 표적을 구하는 자들을 악하고 음란한 세대라고 비난하셨습니다.

> 악하고 음란한 세대가 표적을 구하나, 선지자 요나의 표적밖에는 보일 표적이 없느니라마 12:39

특히 이런 기적과 표적을 보여주면서 헌금을 강요하거나 소위 예언 혹은 계시라고 하는 점을 쳐주든지, 어느 난치병을 병원에 갈 필요가 없다고 하는 교회나 기도원이 있다면 그곳은 이단이라고 보아도 됩니다. 기적과 표적이 나타나는 이단들의 집회는 초신자들에게 충분히 매력적일 수 있습니다. 그래서 기적과 표적을 위주로 행하는 집회는 최근에 많이 늘어나고 있으며, 많은 교인들이 몰려 듭니다. 그러나 이러한 굳건한 반석 위에 서지 못한, 말씀이 결여된 신앙은 그러한 표적과 기적이 더 이상 나타나지 않을 때에 방황하게 됩니다. 예수님의 부활을 눈으로 확인하려는 도마에게 예수님은 이렇게 말씀하십니다.

> 예수께서 가라사대 너는 나를 본 고로 믿느냐 보지 못하고 믿는 자들은 복되도다 하시니라 요 20:29.

과연 "말씀에 근거를 둔 신앙"과 "기적과 표적에 근거를 둔 신앙"은 어떻게 다른가? 말씀에 근거를 둔 굳건한 믿음은 분명히 구원을 받게 되지만, 기적과 표적에 근거를 둔 신앙에 대해서는 앞에서 언급한 바와 같이 구원을 받지 못할 수도 있다고 말할 수 있다는 것에 주의하여야 합니다.

> 그 날에 많은 사람이 나더러 이르되 주여 주여 우리가 주의 이름으로 선지자 노릇하며 주의 이름으로 귀신을 쫓아 내며 주의 이름으로 많은 권능을 행치 아니하였나이까 하리니 마 7:22

'그 날'은 심판의 날을 뜻할 것입니다. 그리고 예수님은 '많은 사람'이라고 말씀하십니다. 또 그들은 많은 권능을 행하였다고 말합니다. 즉 예수의 이름으로 귀신을 쫓고 많은 권능을 행하던 많은 거짓 선지자들에게 예수님은 다음과 같이 말씀하신다는 것입니다.

> 내가 너희를 도무지 알지 못하니 불법을 행하는 자들아 내게서 떠나가라 마 7:23

즉 아무리 예수의 이름으로 귀신을 쫓고 병을 고치며 기적을 행하여도 정작 예수님은 그들에게 불법을 행하는 자들이라고 말씀하실 수가 있다는 것입니다. 표적과 기적은 언제나 성령의 역사만은 아니었다는 증거입니다. 가장 많은 기적과 표적을 보이셨던 예수님과 사도들은 다음과 같이 말합니다.

> 어찌하여 이 세대가 표적을 구하느냐 막 8:12
> 너희는 표적과 기사를 보지 못하면 도무지 믿지 아니하리라 요 4:48
> 유대인은 표적을 구하고 헬라인은 지혜를 찾으나…고전 1:22
> 악한 자의 임함은 사단의 역사를 따라 모든 능력과 표적과 거짓 기적과 불의의 모든 속임으로 멸망하는 자들에게 임하리니 이는 저희가 진리의 사랑을 받지 아니하여 구원함을 얻지 못함이니라 살후 2:9~10

물론 지금도 하나님의 기적과 이적이 없다고 말할 수 없습니다. 필자는 거짓선지자들의 기적과 표적도 예수의 이름으로 행하여진다는 것을 잘 분별하여야 한다는 것입니다. 다시 말하여 우리의 신앙생활에 전혀 유익한 것이 없는 불필요하고 유치한 기적과 표적을 강조하는 곳을 주의하라는 것입니다. 결론적으로 기적과 표적에 의한 신앙은 거짓일 가능성이 있다는 것이며, 그러한 신앙형태를 주님은 비판을 하였다는 것을 우리는 알아야만 합니다.

확실한 것을 택할 것인가 위험하고 불확실한 것을 택할 것인가는 자신의 선택이 되어질 것입니다. 성경은 자주 거짓선지자와 거짓 사도, 거짓 선생과 거짓 그리스도에 대해서 경고하고 있으며, 그들이 기적과 이사를 보이며 미혹한다고 말하고 있습니다. 선지자들이 하나님의 말씀을 이스라엘 공동체에게 직접 전하던 구약 시대에도 거짓 선지자들이 이적과 기사를 보여주었습니다.

> 너희 중에 선지자나 꿈꾸는 자가 일어나서 이적과 기사를 네게 보이고 네게 말하기를 네가 본래 알지 못하던 다른 신들을 우리가 좇아 섬기자 하며 이적과 기사가 그 말대로 이룰지라도 너는 그 선지자나 꿈 꾸는 자의 말을 청종하지 말라 이는 너희 하나님 여호와께서 너희가 마음을 다하고 성품을 다하여 너희 하나님 여호와를 사랑하는 여부를 알려하사 너희를 시험하심이니라 신 13:1~3

과거뿐 아니라 궁극적인 장래에도 거짓 이적이 있을 것이라고 성경은 말하고 있습니다. 요한계시록은 종말적으로도 짐승과 귀신의 영이 거짓 이적을 행함으로 미혹함을 여러번을 반복하여 경고하고 있습니다.

> 저가 먼저 나온 짐승의 모든 권세를 그 앞에서 행하고 땅과 땅에 거하는 자들로 처음 짐승에게 경배하게 하니 곧 죽게 되었던 상처가 나은 자니라. 큰 이적을 행하되 심지어 사람들 앞에서 불이 하늘로부터 땅에 내려 오게 하고 짐승 앞에서 받은바 이적을 행함으로 땅에 거하는 자들을 미혹하며 땅에 거하는 자들에게 이르기를 칼에 상하였다가 살아난 짐승을 위하여 우상을 만들라 하더라 계 13:12~14
> 또 내가 보매 개구리 같은 세 더러운 영이 용의 입과 짐승의 입과 거짓 선지자의 입에서 나오니 저희는 귀신의 영이라 이적을 행하여 온 천하 임금들에게 가서 하나님 곧 전능하신 이의 큰 날에 전쟁을 위하여 그들을 모으더라 계 16:13~14
> 짐승이 잡히고 그 앞에서 이적을 행하던 거짓 선지자도 함께 잡혔으니 이는 짐승의 표를 받고 그의 우상에게 경배하던 자들을 이적으로 미혹하던 자라 이 둘이 산채로 유황불 붙는 못에 던지우고… 계 19:20

16. 쓰러짐과 입신이 성경적인가?
빈야드 운동과 신사도 운동의 집회

쓰러짐, 진동, 입신, 금가루, 금이빨, 웃음등 무질서한 집회가 최근에 많이 있습니다. 이러한 집회를 갖는 사람들은 자신들의 집회가 성령의 역사라고 주장합니다. 물론 성경에서는 예수님의 집회에서도 기적과 표적이 있었지만, 언제나 집회를 할 때마다 기적과 표적이 있었던 것은 아니며, 일상적인 삶과 생활에서, 혹은 길에서도 이러한 기적과 표적이 항상 있었습니다. 더욱이 이러한 무질서한 집회의 형태는 성경에서 전혀 언급하지 않는 내용입니다.

특별한 안수와 쓰러짐을 강조하는 어느 부흥집회에서 목사는 "안수로 성령을 받으면 쓰러지는 역사가 일어난다"고 주장하는 일이 지금도 있습니다. 그러나 성령을 받으면 쓰러진다는 성경구절은 없습니다. 가장 중요한 것은 이러한 쓰러짐이 우리의 신앙에 유익한 점이 하나도 없다는 것입니다. 그러한 행위를 조장하는 사람들은 쓰러짐을 '안식', 혹은 '성령 안에서 쉼'이라고 말하기도 합니다. 성경은 이러한 이상한 형태의 안식에 대해서 전혀 말하지 않습니다.

빈야드운동을 하는 목사들은 그들의 주장을 정당화하기 위해서 적절하지 못한 성경인용을 합니다. 그들은 넘어지는 현상이 은혜 체험의 현상이라고 하면서 에스겔 1:28을 인용합니다. 그러나 에스겔이 엎드린 것은 성령이 임해서 엎드린 것이 아니라 하나님의 위엄 앞에 스스로 엎드린 것입니다. 혹간은 고꾸라지는 현상이 성령의 역사라는 것을 설명하기 위하여 예수를 잡으러 온 군사들요 18:6, 무덤을 지키던 파숫군마 28:4, 귀신이 고꾸라진 것막 9:20을 제시하지만, 이들은 위엄과 권세에 넘어진 것이며, 하나님을 믿던 사람들이 아니었으므로 성령의 역사와는 아무런 상관이 없는 자들이었으므로 성령의 증거와 전혀 무관한 것입니다. 이들은 성령을 받고 쓰러진 것이 아닙니다.

또 거룩한 웃음을 정당화하기 위해 '사라의 웃음'을창 21:6을 인용합니다. 사라의 웃음은 하나님의 약속에 대해 믿지 못하는 가운데 웃은 것이며, 예배를 드리는 가운데 웃는 이상한 현상이라고 말할 수 없습니다. 이런 성경 인용은 자신의 사역이 성경적이라고 말하기 위해 성경을 짜맞추는 것이지 성경의 내용과는 관계가 먼 것입니다. 성경 해석도 성경적인 근거나 신학적 배경도 없는 체험에 근거한 것들입니다. 성경은 오히려 귀신이 사람을 쓰러지게 한 경우는 있습니다.

> 이에 데리고 오니 귀신이 예수를 보고 곧 그 아이로 심히 경련을 일으키게 하는지라 저가 땅에 엎드러져 굴며 거품을 흘리더라 막 9:20

즉, 안식이 아니라 고통을 준 것이며, 오히려 성령의 현상이 아니라, 귀신이 나갈 때에 쓰러진 적은 있습니다.

> 예수께서 꾸짖어 가라사대 잠잠하고 그 사람에게서 나오라 하시니 귀신이 그 사람을 무리 중에 넘어뜨리고 나오되 그 사람은 상하지 아니한지라 눅 4:35

가장 중요한 것은 어떤 그리스도인이 하루에 100번을 쓰러진다고 하여도 그가 구원을 받았다고 말할 수 없다는 것이며, 그가 한번도 안쓰러진다고 하여도 그가 예수를 진정으로 믿는다면 그는 구원을 받는다는 사실입니다.

입신

최근에 집회에서 쓰러짐의 현상을 입신이라고 부르는 곳이 늘어나고 있으며, 어느 교회는 죽지 않고 영혼이 천국과 지옥에 다녀 올 수 있는데 이것이 입신이라고 주장합니다. 성경은 '입신'이라는 단어가 한번도 나오지 않으며, 이러한 용어는 무속적인 신앙에서 나오는 용어입니다.

> 내가 그리스도 안에 있는 한 사람을 아노니 십 사년 전에 그가 세째 하늘에 이끌려 간 자라 그가 몸 안에 있었는지 몸 밖에 있었는지 나는 모르거니와 하나님은 아시느니라 내가 이런 사람을 아노니 그가 몸 안에 있었는지 몸 밖에 있었는지 나는 모르거니와 하나님은 아시느니라 그가 낙원으로 이끌려가서 말할 수 없는 말을 들었으니 사람이 가히 이르지 못할 말이로다. 내가 이런 사람을 위하여 자랑하겠으나 나를 위하여는 약한 것들 외에 자랑치 아니하리라. 내가 만일 자랑하고자 하여도 어리석은 자가 되지 아니할 것은 내가

참말을 함이라 그러나 누가 나를 보는 바와 내게 듣는 바에 지나치게 생각할까 두려워하여 그만 두노라.고후 12:2-6

바울은 낙원에 다녀온 것을 자신의 체험이 아니라 제 삼자의 입장으로 말하고 있습니다. 물론 그 이유에 대해서는 6절에서 설명하고 있는데, 다른 사람이 지나치게 생각할 것이 두려웠기 때문입니다. 갑자기 이 본문을 살펴보고 싶은 생각이 든 이유는 워낙 요즈음 천국과 지옥에 갔다 왔다는 사람들이 많기 때문입니다. 그런데 그러한 사람들의 간증을 듣거나 그 책을 읽어보면 바울과 많은 차이점이 보입니다. 더군다나 이러한 상태를 비기독교적인 용어를 사용하여 입신入神이라고 하여 신비로운 현상으로 조작하는 사람들이 매우 많습니다.

첫째, 바울은 다른 사람들이 지나치게 생각할 것이 염려하여 제삼자의 입장으로 글을 기록하는 반면에, 요즈음 천국과 지옥에 다녀왔다는 사람은 오히려 자랑스럽게 자기 자신의 체험을 말하고 있다는 것입니다. 천국과 지옥을 다녀왔다는 간증을 하는 사람들의 거의 대부분이 비성경적인 주장을 하고 있다는 것입니다.

둘째, 바울은 자신의 낙원을 간 것이 몸 안인지 몸 밖인지를 모르겠다고 말하고 있습니다. 그러나 천국간증을 하는 사람들을 보면, 영혼이 몸에서 이탈되어 영혼만이 갔다고 말합니다. 사도바울은 자신이 몸 안에 있었는지 몸 밖에 있었는지 알 수 없었다고 하는데, 그들은 몸 밖에서 유체이탈이 되었다고 말합니다.

그렇다면 왜 바울은 몸 안인지 몸 밖인지 몰랐을까요? 성경학자들은 이러한 바울의 체험을 그가 실제로 죽었다가 살아난 경우라고 해석하기도 합니다. 고후11장23-25절에서 그는 거의 죽을 뻔했던 많은 체험들을 말하며, 행14:19에서는 돌에 맞아서 죽은 줄로 알고 성 밖으로 내친 적도 있습니다.

그런데 요즈음 큰믿음교회의 변승우목사는, 심지어는 수십번을 습관처럼 아주 쉽게 갔다 왔다는 사람도 있다고 주장하며 자기 딸도 5번을 입신하였다고 주장합니다. 토마스 주남이라는 여자는 17번을 천국에 다녀왔다고 말하지만, 그녀의 주장은 전혀 성경적이지 않습니다.

셋째, 바울은 그러한 체험에 대해서 이야기를 하지 말도록 경고를 받았다고 말합니다. 공동번역을 제외한 표준새번역, 현대인의 성경, 특히 KJV영어성경과 NIV영어성경이 모두 그러한 번역을 하고 있습니다. 바울은 이야기를 하지 말도록 들었다고 하는데, 그들은 모두 성경의 내용과 달리 자유롭게 말을 하고 있을까요?

[공동번역] 그는 낙원으로 붙들려 올라가서 사람의 말로는 표현할 수 없는 이상한 말을 들었습니다.

[표준새번역] 이 사람은 낙원에 이끌려 올라가서, 말로 표현할 수도 없고 사람이 말해서도 안 되는 말씀을 들었습니다.

[현대인의성경] 나는 낙원으로 이끌려 가서 도저히 표현할 수도 없고 또 누구에게도 알려서는 안 되는 말을 들었습니다.

[KJV] How that he was caught up into paradise, and heard unspeakable words, which it is not lawful for a man to utter.

[NIV] was caught up to paradise. He heard inexpressible things, things that man is not permitted to tell.

넷째, 물론 죽은 사람이 다시 살아났다는 경우가 지금도 간혹 있습니다. 그러한 현상에 대해서 의사들은 죽은 지 얼마 되지 않은 사람의 경우에 대해서, 의학적이며 과학적인 가사상태등의 견해를 말하기도 합니다. 분명한 것은 죽은 지 일주일 혹은 한달 정도의 시간이 경과한 후에 사람이 다시 살아난 경우는 한번도 없습니다. 어쨌든 죽었다가 살아난 사람은 모두 그 간증이 다르며, 특히 자신이 갖고 있는 종교적인 관점에서 서로 다른 이야기를 하는 경우도 있으므로 전혀 기준이 없습니다. 그러나 성경은 죽은 사람은 다시 돌아올 수가 없다고 말하고 있습니다.

구름이 사라져 없어짐 같이 음부로 내려가는 자는 다시 올라오지 못할 것이오니 그

> 는 다시 자기 집으로 돌아가지 못하겠고 자기 처소도 다시 그를 알지 못하리이다 욥7:9-10
>
> 그 집은 사망으로, 그 길은 음부로 기울어졌나니 누구든지 그에게로 가는 자는 돌아오지 못하며 또 생명길을 얻지 못하느니라 잠2:17-19
>
> 한번 죽는 것은 사람에게 정하신 것이요 그 후에는 심판이 있으리니 히9:27

다섯째, 영혼이 몸 밖으로 나갔다는 것은 곧 영혼과 육체의 분리이며, 그것은 죽음을 말합니다. 약 2:26에서 영혼없는 몸은 죽은 것이라고 기록하고 있으며, 또 성경은 육신은 땅으로 돌아가지만, 신spirit은 육체와 분리되어 하나님에게로 돌아가게 된다고 성경은 기록하고 있습니다.

> 흙은 여전히 땅으로 돌아가고 신은 그 주신 하나님께로 돌아가기 전에 기억하라 전12:7
> 나의 이 가죽, 이것이 썩은 후에 내가 육체 밖에서 하나님을 보리라 욥19:26

또한 스데반은 죽임을 당하기 직전 "주 예수여 내 영혼을 받으시옵소서"행7:59라고 부르짖었으며, 예수님 자신도 "아버지여 내 영혼을 아버지 손에 부탁하나이다"눅23:46라고 말씀하셨다. 이것은 모두 영spirit이 사후에 육체로부터 분리되어 하나님에게로 가는 것을 뜻합니다. 야이로 회당장의 딸이 죽었을 때에 예수님이 "일어나라"고 하자 "그 영sprit이 돌아와 아이가 곧 일어 나거늘…"눅8:55이라고 기록되어 있으며, 아나니아와 그 아내가 사도들의 발 앞에 팔았던 밭의 값을 속이었을 때에도 "혼soul이 떠나갔다"행 5:5. 5:10고 성경은 기록하고 있습니다.

다시 말하여 영혼이 몸을 빠져 나갔다고 하면 그 몸은 죽은 시체가 되며, 성경은 단 한번도 사람이 죽지 않고 영혼과 몸이 분리된 경우를 한번도 말하지 않습니다. 바울의 경우도 그가 몸 안에 있는지 몸 밖에 있는지 알지 못한다고 말하며, 성경은 그것을 입신이라고 부르지 않습니다. 더욱이 성경은 바울도 몸 밖으로 떠나는 것을 죽음이라고 분명히 기록하고 있다는 것입니다.

우리가 담대하여 원하는 바는 차라리 몸을 떠나 주와 함께 거하는 그것이라 그런즉 우리는 거하든지 떠나든지 주를 기쁘시게 하는 자 되기를 힘쓰노라. 이는 우리가 다 반드시 그리스도의 심판대 앞에 드러나 각각 선악간에 그 몸으로 행한 것을 따라 받으려 함이라 고후5:8-10

그러나 만일 육신으로 사는 이것이 내 일의 열매일진대 무엇을 가릴는지 나는 알지 못하노라. 내가 그 두 사이에 끼였으니 떠나서 그리스도와 함께 있을 욕망을 가진 이것이 더욱 좋으나, 그러나 내가 육신에 거하는 것이 너희를 위하여 더 유익하리라 빌 1:22-24

요즈음 천국과 지옥에 대한 간증을 하는 사람들이 많습니다, 특히 신사도 운동과 관련된 목사, 전도자들이 그러한 주장을 많이 하는데, 토마스 주남과 큰믿음교회를 비롯한 몇 명의 천국 지옥 간증자들이 그러한 주장을 많이 하며, 이재록 목사는 천국에 대한 계시를 받았다고 주장합니다. 그러나 그들의 공통점은 성경에 전혀 없는 자기들 임의대로 천국을 황당하게 묘사한다는 것입니다.

특히 시한부종말론을 주장하는 자들도 있고, 전혀 비성경적인 주장을 하면서, 자신을 신령한 존재로 표현한다는 것입니다.

가장 비성경적인 주장을 하는 사람이 큰믿음교회 변승우목사인데, 그의 주장을 살펴보면 영이 몸을 떠나서 천국과 지옥에 다녀오는 것을 입신이라고 정의합니다.

> 천국은 모두 가고 싶어 합니다. 그러나 아무도 지금 가고 싶어 하지는 않습니다. 그런데 어떤 사람들은 살아있을 때 이곳을 방문합니다. 그것은 일부 사람들에게 허락되는 하나님의 특별한 은총인데 이것을 가리켜 바로 '입신'이라고 부르는 것입니다. 입신은 성령의 감동을 받아 내 영이 몸을 떠나서 천사나 예수님의 인도로 천국 혹은 지옥에 다녀오는 경험입니다. 이것이 입신입니다. 변승우, 특별히 예언을 하려고 하라, p.301

17. 성령충만과 성령내주

성령충만과 성령내주

성경에서는 성령내주, 성령세례, 성령충만등의 용어가 각각 언급되어집니다. 과연 이러한 용어의 차이점이 무엇일까요?

과연 기독교인들이 성령을 반복적으로 받을 수가 있을까요? 분명히 성령의 내주는 반복적인 일이 아니며, 또한 성경은 성령세례와 성령내주를 동일한 의미로 봅니다.

> 우리가 유대인이나 헬라인이나 종이나 자유자나 다 한 성령으로 세례를 받아 한 몸이 되었고 또 다 한 성령을 마시게 하셨느니라. 고전 12:13

그러나 성경에서는 성령의 충만에 대해서는 분명히 반복적으로 언급하고 있습니다. 즉 단회적인 성령세례와 성령내주와는 달리, 성령충만은 지속적이며 반복적임을 의미합니다. 성경의 기록을 살펴보면 성령충만이 반복적인 사건이라는 것을 알 수 있습니다.

> 저희가 다 성령의 충만함을 받고 성령이 말하게 하심을 따라 다른 방언으로 말하기를 시작하니라 행2:4

사도행전 2:4를 보면 제자들과 그와 함께 있던 자들이 모두 다 성령이 충만하였다고 기록되어 있습니다. 물론 모든 제자들과 베드로도 함께 성령의 충만함을 받았을 것은 당연할 것입니다. 후에 베드로는 산헤드린 공회 앞에서 다시 한번 "성령이 충만하여 말했다"고 성경은 기록하고 있습니다.

> 이에 베드로가 성령이 충만하여 가로되 백성의 관원과 장로들아⋯ 행4:8
>
> 그리고 얼마 후, 베드로와 다른 제자들이 함께 기도하였는데 기도 후에 다시 성령의 충만함을 받았다고 되어있습니다. 행4:31
>
> 빌기를 다하매 모인 곳이 진동하더니 무리가 다 성령이 충만하여 담대히 하나님의

> 말씀을 전하니라행4:31

즉 성경적으로 보면 성령충만은 분명히 지속적이고 반복적인 사건이라는 점입니다. 또 다른 경우를 보겠습니다. 스데반은 지혜와 성령이 충만한 사람이었지만행6:3-5, 그가 돌에 맞으면서 순교할 때에는 더욱 큰 능력으로 성령의 충만함을 받았다행7:55고 성경은 기록하고 있습니다.

> 온 무리가 이 말을 기뻐하여 믿음과 성령이 충만한 사람 스데반과 또 빌립과 브로고로와 니가노르와 디몬과 바메나와 유대교에 입교한 안디옥 사람 니골라를 택하여 행6:5

이미 믿음과 성령이 충만했던 스데반은 그가 돌에 맞아 순교할 때에 다시 성령이 충만하게 되어 주님을 봅니다.

> 스데반이 성령이 충만하여 하늘을 우러러 주목하여… 행7:55

성령충만은 성령내주나 성령세례가 아니라, 어떤 특별한 사역을 위하여 특별한 능력을 받는 현상을 의미하든지, 혹은 개인에게 나타나는 성령의 어떤 상태를 의미한다고 보아야 합니다. 그것은 우리가 말하는 성령세례, 즉 성령의 내주와는 다르다고 이해되어야 합니다. 만약 성령충만이 성령세례와 동일하여 단회적이라고 한다면, 예수님도 눅 4:1의 사건에서 성령을 처음 받은 것이 되어버리기 때문입니다.

> 예수께서 성령의 충만함을 입어 요단강에서 돌아오사 눅4:1

우리 안에 거하는 성령의 내주는 단회적이지만, 성령충만은 반복적이며, 그것은 곧 그리스도인의 영적인 상태가 지속적으로 나타나는 현상을 의미합니다.

신앙의 과정에서 그리스도인들은 어떤 체험이나 계기를 통하여 큰 변화나 성장을 맞기도 합니다. 즉 어떤 동기가 그를 영적으로 성숙하게 만드는 계기가 되는 것인데, 이러한 영적 체험의 상태 혹은 그와 같은 특징은 반복적이며 지속적으로 나타나기도 하는데 이를 성령의 충만함이라고 말할 수 있습니다. 어떤 사람들은 이러한 상태를 제 2의 체험 혹은 제 3의 체험이라고 부르기도 하는데, 물론 그러한 개인적이며 주관적인 체험은 각자 다를 수 있겠지만, 그러나 누구나 반드시 체험하여야만 하는 특별한 사건이나 구원의 과정으로 부각시킬 필요는 없다고 봅니다.

굳이 예를 들자면, 성령충만을 이해하기 쉽게 표현한다면, 유리잔에 물을 붓는 것으로 비유할 수는 없을 것 같습니다. 한번 가득 채워진 물은 더 이상 채울 수가 없기 때문입니다. 헬라어 '플레도'는 'to fill, to filled'로 번역됩니다. 즉 성령충만에 대해서 적합한 비유라고 말할 수는 없지만, 풍선 안의 공기로 비유하면 이해가 쉬워질 것입니다. 공기가 채워진 풍선은 더 공기가 가득 채워질 수 있기 때문입니다. 우리는 이미 성령을 받았지만, 더욱 성령의 충만함을 받을 수 있습니다. 부어주시는 성령이 가득 차서 넘치는 상태, 영적인 체험의 상태가 극대화한 상태, 그것이 곧 성령충만이라고 이해하면 됩니다.

이미 언급하였듯이 성령세례는 성령충만과 다릅니다.

바울은 "우리가 다 한 성령으로 세례를 받아 한 몸이 되었으니…."고전12:13 라고 말하였는데, 그 말의 의미가 계속 반복적으로 성령세례를 받아야 한다는 것이 아니라, 성령 세례를 받았으므로 이미 한 몸이 되었다는 것을 의미합니다.

> 요한은 물로 세례를 베풀었으나 너희는 몇날이 못되어 성령으로 세례를 받으리라 행 1:5

이 성경구절은 오순절과 직접적인 관련이 있음을 증거하며, 다음 성경구절은 오순절 사건이 성령세례임을 설명하고 있습니다.

> 내가 말을 시작할 때에 성령이 저희에게 임하시기를 처음 우리에게 하신 것과 같이 하는지라. 내가 주의 말씀에 요한은 물로 세례를 주었으니 너희는 성령으로 세례 받으리라 하신 것이 생각났도다.행 11:15-16

이 성경구절은 오순절 사건이 곧 성령세례이었음을 의미합니다. 성경본문은 베드로가 고넬료에게 세례를 줄 때에, 성령이 임하던 사건을 언급하는 것인데, 그것을 "처음 우리에게 하신 것과 같이"라고 설명한 구절에 주목하여야 합니다. 즉 베드로는 오순절의 성령이 임하던 사건과 고넬료에게 성령이 임하는 사건을 동일한 사건으로 인정한 것이며, 그것을 동일한 성령세례라고 설명하고 있는 것입니다. 세례요한은 물로 세례를 주며, 예수님은 성령으로 세례를 준다는 그 말씀을 이 사건고넬료에게 성령이 임하는 사건과 오순절과 연관지어 생각하고 있는 것입니다. 다시 말하자면 베드로는 오순절 사도들과 제자들에게 성령이 임한 사건과 함께 고넬료에게 성령이 임하였던 사건을 성령세례라고 언급하고 있는 것입니다.

그렇다면 우리는 성령의 임함이 과연 오순절 이전에는 없었는가? 하는 의문점이 생깁니다. 요 20:22에서는 부활하신 예수님이 제자들에게 숨을 내쉬면서 "성령을 받으라"고 하셨던 일이 있었습니다. 또 베드로가 "주는 그리스도시오 살아계신 하나님의 아들이시니이다"마16:16이라고 고백하였을 때에, 예수님은 "이를 네게 알게 한 이는 혈육이 아니요 하늘에 계신 내 아버지시니라"마16:17라고 말씀하셨습니다. 사실 이것에 대해서 신학적인 견해와 해석은 다양합니다.

그렇다면 오순절의 성령이 임하심은 무슨 의미일까요?

오순절은 옛 언약과 새 언약의 성령사역의 전환점이 되어지므로서 중요한 의미를 갖습니다. 오순절의 성령강림은 분명히 개인을 위한 성령체험이 아니라, 만인을 위한 체험이었습니다.

물론 구약에서도 성령의 임함과 거듭남은 있었습니다. 다만 구약에서는 소수의 선택된 사람에게만 성령이 임하였던 것입니다. 즉 구약에서 성령의 임함은 선택적이었고 제한적이었으며 임시적이었습니다. 그러나 구약에서는 오순절과 같은 이러한 성령의 전환점을 예언하여 왔으며, 이것이 구약과 다른 점은 1 모든 육체에게 쏟아 부어준 성령 2 성도들의 안에 영원히 거하는 성령을 뜻합니다. 렘31:31-33, 겔36:26-27, 욜2:28-29

> 이는 곧 선지자 요엘로 말씀하신 것이니 일렀으되, 하나님이 가라사대 말세에 내가 내 영으로 모든 육체에게 부어주리니 너희의 자녀들은 예언할 것이요. 너희의 젊은이들은 환상을 보고 너희의 늙은이들은 꿈을 꾸리라행2:16-17

구약에서는 선지자, 왕, 사사들에게 성령이 임하였으며, 또한 하나님의 일을 하는데 특별한 능력이 필요한 소수의 사람들에게 성령이 임하였던 적이 분명히 있었습니다. 아마 오순절 사건이 구약과 다른 점은, 선택된 소수이고 제한적이 아닌 '만인'에게 영원토록 거하게 되는 성령내주와 성령충만이 동시에 체험되는 계기의 전환점이었을 것입니다. 그래서 모세는 국한된 선지자가 아니라 모든 하나님의 백성들에게 그 신을 주어 다 선지자가 되게 하기를 원하였을 것입니다.

> 여호와께서 그 신을 그 모든 백성에게 주사 다 선지자 되게 하시기를 원하노라민11:29

어느 교회에서는 성령세례의 증거를 방언과 같은 가시적인 형태로만 증거하는 곳도 있으며, 한편 보수적인 교회에서는 그러한 은사가 중단되었다고 가르치기도 합니다. 물론 은사중지론과 은가지속론은 어느 것이 옳은가를 판단하기에 앞서 다양한 견해로 보아야 할 것입니다. 그러나 성령체험이 언제나 반드시 가시적인 방언의 형태로 오는 것만은 아닙니다. 성경은 성령체험이 반드시 방언의 형태만으로 나타나지 않는다고 말합니다. 성령의 은사는 공동체의 유익을 주기 위하여 다양한 형태의 은사로 주어진다고 기록되어 있으며,고전12:7-10 성령께서 각 사람에게 나누어 주는 은사는 다양합니다. 고전12:11

물론 기독교인이 모두 성령세례를 받은 것은 아닙니다. 그러나 그가 진정한 믿음을 가진 기독교인이라면 방언의 은사와 같은 가시적인 은사가 나타나지 않았더라도 지혜, 지식, 믿음, 영들 분별함등 가시적이 아닌 은사를 받을 수도 있고 그는 성령세례를 받은 것입니다.

성경은 예수를 믿음으로 성령을 받는다고 기록하고 있으며, 그렇기에 예수를 진심으로 믿는 사람들은 그 안에 성령이 내주하고 있습니다. 베드로는 백부장과 그 일행에게 임한 성령을 "우리가 예수를 믿을 때에 주신 것과 같은 선물"이라고 말하고 있습니다.

> 내가 말을 시작할 때에 성령이 저희에게 임하시기를 처음 우리에게 하신 것과 같이 하는지라. 내가 주의 말씀에 요한은 물로 세례 주었으나 너희는 성령으로 세례 받으리라 하신 것이 생각났노라. 그런즉 하나님이 우리가 주 예수 그리스도를 믿을 때에 주신 것과 같은 선물을 저희에게도 주셨으니 내가 누구관대 하나님을 능히 막겠느냐 하더라 행 11:15-17

또 당연히 성령세례의 경우나 성령충만의 경우에 방언과 같은 가시적인 은사는 나타날 수가 있지만 그러한 현상만을 추구한다면 잘못된 은사남용주의와 신비주의로 치우칠 가능성도 있습니다. 우리가 알아야할 것은 가시적으로 나타나는 성령충만이 구원의 조건이 되는 것은 아닙니다. 성령의 가장 중요한 기능과 역할은 개인을 구원으로 인도하고 보증하는 것이며, 특히 성령의 기능을 신비한 초능력을 주는 것으로 오해하는 생각은 신비주의가 됩니다.

> 너희가 회개하여 각각 예수 그리스도의 이름으로 세례를 받고 죄사함을 얻으라, 그리하면 성령을 선물로 받으리니 행2:38
> 그의 계명들을 지키는 자는 주 안에 거하고 주는 저 안에 거하시나니 우리에게 주신 성령으로 말미암아 그가 우리 안에 거하시는 줄을 우리가 아느니라 요일3:24
> 그 안에서 너희도 진리의 말씀 곧 너희의 구원의 복음을 듣고 그 안에서 또한 믿어 약속의 성령으로 인치심을 받았으니 엡1:13

우리가 회개하고 예수를 믿으면 성령을 선물로 받으며, 진리의 복음을 듣고 믿는 자들에게 성령을 주시고 인치심을 주십니다.

> 너희가 다 믿음으로 말미암아 그리스도 예수 안에서 하나님의 아들이 되었으니 갈3:16
> 누구든지 예수를 믿는 모든 사람에게 하나님은 구원을 주시며 그 차별은 없습니다. 곧 예수 그리스도를 믿음으로 말미암아 모든 믿는 자에게 미치는 하나님의 의니 차별이 없느니라 롬3:22

18. 다원주의

다원주의

요즈음에 들어서 다원주의라는 것이 상당히 부각되고 있습니다.

미국과 유럽에서 신학을 공부하고 온 젊은 목사들이 신학대학에서 교편을 잡으면서 자신이 공부하였던 자유주의 신학을 퍼뜨리기 시작한 것입니다.

최근에는 유명한 대형교회 목사 한분이 불교 강연회에 초청되어 "불교에는 불교의 구원 메시지가 있고 기독교에는 기독교의 구원의 메시지가 있다"는 식의 주장을 함으로서 큰 문제가 된 적도 있습니다. 최근에는 절에서 백팔배를 하는 목사도 종종 있고, 삼보일배에 참여하는 목사들도 있습니다.

혹간 다원주의를 극소수 신학자 일부가 주장한 정도로만 알고 있으며, 어떤 사람들은 극소수의 색다른 견해로만 가볍게 생각하는 경우도 있는데, 그것은 다원주의의 빙산의 일각일 뿐입니다. 이젠 인터넷에서도 심심치 않게 다원주의가 등장하며 또 혼합주의 물론 사이비 이단이지만 까지 등장합니다.

다원주의에 대해서 간단히 설명하면 근본적인 구원의 길이 많다는 것입니다. 마치 정상에 오르는 등산길이 여러 가지인 것처럼 구원의 길이 매우 많다는 이야기이며 곧 타종교에도 구원이 있다는 것입니다. 또한 혼합주의는 이것도 간단히 요약하면, 여러 가지 종교적인 교리를 혼합시키자는 이야기입니다.

종교적인 유형을 분류하여 보면 다음과 같습니다.
1) 배타주의
2) 유일주의
3) 포괄주의
4) 다원주의
5) 혼합주의

배타주의란 주로 일부 유대교와 이스람교가 이에 해당되는데, 이스람교들은 한 손에는 코란을 한 손에는 칼을 들고 선택을 강요하였던 적이 있었습니다. 물론 극소수이지만 과격한 기독교인들이 절에 가서 불상에 돌을 던지던 일도 있었습니다.

최소한 기독교는 유일주의이어야 할 것입니다. 십계명에도 "나외에는 다른 신들을 네게 있게 말지니라"출 20:3라고 규정하고 있으며, "내가 곧 길이요 진리요 생명이니 나로 말미암지 않고는 아버지께로 올 자가 없느니라."요 14:6라고 말씀하고 있기 때문입니다. 또 사도 베드로는 "천하인간에 구원을 얻을 만한 다른 이름을 준 적이 없음이니라"행 4:12라고 하였습니다.

최근의 카톨릭은 포괄주의를 선포하였습니다. 물론 시대 풍조의 흐름에 적당하게 타협한 것입니다. 그러나 포괄주의는 상대적인 입장표면일 뿐이며, 실제로 타종교와 함께 공유할 수 있는 진리란 불가능한 것입니다. 카톨릭은 다른 종교에도 진리의 길이 있다고 공식적인 주장을 합니다.

다원주의라는 용어가 어느 정도 체계화가 된 것은 힉J. Hick부터라고 말할 수 있습니다. 그의 사상은 신新중심주의라고도 불리우는데, 간단히 말하자면 그가 말하는 신앙의 중심은 더 이상 그리스도 중심이 되어서는 안된다는 것입니다.

그와 같은 학문적 사상을 "코페르니쿠스적인 전환에 의한 신新중심주의"라고 부릅니다. 파격적인 주장이지만, 오히려 그것을 신선하게 수용하는 사람들이 있는 것이 문제입니다. 그러나 이러한 주장은 기독교의 근본을 부정하는 견해로서, 성경적인 근거를 일체 부정합니다.

물론 그 이전에도 틸리히같은 사람도 있었고세속주의, 고가르텐이라는 사람의 주장역사주의도 있었으며, 슐라이에르마허나 트릴취라고 하는 사람들범신론주의도 있었지만 체계적인 다원주의는 위에 말한 힉으로 볼 수 있습니다. 힉의 사상을 아주 쉽게 말하자면 신神을 어떤 '이미지' 나 '산물' 의 개념으로 간주하는 것입니다. 힉은 예수가 자신을 신의 아들이라고 지칭하지 않았으며, 인자라고 지칭해왔다고 하며 예수는 하나님의 아들이 아니며 단지 유대인의 전통에 의하여 신의 아들이라는 이미지에서 발전한 은유적인 존재라고 설명을 합니다.

힉은 결국 예수의 신성과 성육신론을 배척하며, 특이한 점은 그는 '선재하는 부다의 수육' 과 '불교적 성육신' 으로 비유하고 있으며, 즉 그의 종교적 유형은 혼합주의에 가깝습니다. 즉 모든 종교적 표현은 수평적이며 상대적인 것이라는 견해이며, 재미있는 것은 이 다원주의도 여러 가지 다양한 양상을 보인다는 것입니다.

이에 더 발전되어진 다원주의론자가 콥J. B. Cobb인데 이는 거의 혼합주의자라고 보아야 합니다. 그는 힉의 '신의 이미지' 를 발전시켜 "하나님은 단지 존재뿐이다"라고 하며 "하나님은 실체성을 결하고 있다"라고 주장합니다. 그는 하나님도 부처와 함께 충만하게 되면 "무無"의 경지에 이르며 그것을 "하나님의 부처화"라고 불러야 한다고 주장합니다. 그는 하나님이 부처화되어야 하듯 구원도 일반화가 되어야 하며 우리의 미래는 "그리스도의 열반의 실현"이 되어야 한다고 주장합니다. 그는 기독교가 무엇인가에 집착하여 매달려 있다고 비판하며 참된 신앙이란 자유롭게 방관하는 것이라고 주장합니다.

혼합주의를 강조하는 대표적인 다원주의자는 파니카R.Panikkar입니다. 그는 브라만과 하나님은 동일하다고 주장합니다. 그는 힌두교와 기독교를 완전히 혼합시킴으로 그리스도는 하나님의 여러 아들 중에 하나라고 함으로서 그리스도란 브라만을 실현시킨 보통사람을 말하며 따라서 많은 사람들이 그리스도가 될 수 있다고 주장합니다. 그는 예수가 하나님이라는 것을 예수가 브라만이라는 개념과 같은 것으로 받아들이고 있습니다.

세계 2차대전 후 포스터모더니즘 운동이 전 세계로 확대되면서 초현실주의, 무정부주의적 경향, 예술의 자율, 합리주의의 성향등이 들어오면서 기독교에도 급진적 자유주의적 학문성향이 들어오고 카톨릭의 정치와 시대 조류를 따르려는 성향이 영향을 미치게 됨으로 우리나라에도 다원주의가 들어오게 됩니다.

즉 다원주의는 성경이라는 범위를 벗어나 오직 인간의 인식에 의한 주체와 대상을 그 근거로 삼는 것이라고 할수 있습니다. 즉 기독교적인 진리의 기준이 모호해지는 경향입니다. 포스트모더니즘은 탈규정, 탈규범, 탈경건에서부터 출발되어 지며, 특히 젊은 신학도들에게는 흥미를 끌게 됩니다.

우리나라의 다원주의의 형태는 타종교에도 구원의 길이 있음을 주장합니다. 나아가서 기독교도 동일한 종교 중에 하나라고 보는 것입니다. 그것은 오직 예수라는 개념을 버리고 하나님을 정상으로 보는 개념의 믿음으로의 양보를 말하며, 소위 '코페르니쿠스에 의한 전환'에 의하여 예수의 절대적 가치를 상실케하고 상대적 가치도 인정하자는 것입니다.

그러나 기독교라는 종교는 신神중심적인 신앙입니다. 인간적인 생각에서의 철학적인 관점이 될 수는 없는 것입니다. 철학은 바뀌어질 수 있지만 신앙은 절대적인 것입니다. 또한 기독교는 성경이라는 기록된 말씀을 객관적인 진리의 기준으로 봅니다. 다원주의는 반기독교적인 사상이라고 말할 수 밖에 없는 것이며, 기독교를 뿌리째 흔드는 매우 위험한 것입니다. 그들에게 이 말이 매우 불쾌하겠지만 다원주의는 신앙이 아닙니다. 결과적으로 그러한 사상은 성경을 부정하고, 하나님을 부정하는 것이기 때문입니다.

한마디로 말하자면 그리스도가 아니라도 구원이 있다는 것이 다원주의인데, 그들은 모든 종교를 모든 길이며 동등한 방법으로 보는 것입니다. 그러나 그 사상이 바로 가장 비성경적인 것이라는 것을 그들은 인식하지 않습니다.

19세기의 자유주의는 역사적인 예수에 대한 의문점에서 출발하였으며, 20세기의 다원주의는 너무 많은 그리스도와 로고스의 존재를 인정하였으며 다양한 구원의 길을 인정함으로서 혼란과 상대주의를 초래하였습니다. 그러나 이들 다원주의자들의 신학적 논리는 통일성이 있거나 일관된 것이 아니라는 점이며, 이들끼리도 신학적인 차이는 크게 구별되어집니다.

다만 기독교의 유일성과 성경의 진리성을 반대하고 부정하는 점만이 공통점인데, 이들 다원주의는 불신과 무신앙에서 비롯되어진다고 볼 수 있습니다. 실제로 이단과 사이비들, 특히 통일교나 영생교등이 이 다원주의 신학을 많이 인용하고, 호응하고 있다는 것은 슬픈 일입니다.

성경은 일관되게 다원주의와 혼합주의에 대해 이야기를 하지 않고 있습니다. 사도행전 4장 12절의 "다른 이로서는 구원을 얻을 수 없나니 천하인간에게 구원을 얻을만한 다른 이름을 우리에게 주신 일이 없느니라"라고 말하고 있기 때문입니다.

어느 다원주의자는 그리스도를 우상화하지 말라는 주장도 하고 있습니다. 그들은 그들 나름대로의 이성이 신앙보다 우선되며 그들의 주장이 성경보다 권위가 있다는 교만을 가지고 있습니다. 그들은 자신들의 머리 속으로 하나님을 임의로 만들고 있으며, 성경적인 기준은 아예 찾을 수 없습니다.

우리나라 신학대학에 다원주의를 표방하는 교수들이 있는 것은 사실입니다. 진보적 신학대학의 일부 신학생들은 이러한 교수들과 일부 신학자의 영향을 받아 왔습니다. 그러나 신학은 개인의 사상과 학문을 추종하는 것이 아니라, 성경을 근거로 하는 학문이 되어야만 하며, 성경은 유일주의를 말하고 있음이 명백합니다. 그들은 그 신학자의 사상이 신앙보다 우선하고 있으며 이러한 파격적인 논리에 쉽게 젖어들고 있습니다. 그러나 다원주의란 믿음을 배제한 학문적인 입장일 뿐인 것을 알아야만 합니다. 그들은 이단들과 동일하게 부분적인 성경 몇구절만을 그들의 이론에 적합한 것으로 맞추고 있을 뿐입니다.

중요한 것은 그들 다원주의 교수들에게 신학을 배운 젊은 신학도들이 졸업을 하고 후에 목회를 시작했을 때이며, 그러한 사상이 과연 성도들에게 강한 거부감으로 나타날 때 어떻게 할 것인지를 생각해 보아야 합니다. 그들은 목회를 시작할 때에야 비로소 분명함을 알게 될 것입니다. 유럽에서 자유주의 신학이 신학적인 주류로 성행하였을 때에, 교회에서 젊은 사람을 거의 찾아 볼 수가 없었다는 결과를 우리는 눈여겨 보아야만 할 것입니다.

우리는 이와 같이 다원주의와 혼합주의를 부르짖는 젊은 신학생에게 장차 교회를 맡길 수 없습니다. 우리의 교회에 브라만의 사상과 부처의 사상을 가지고 들어 올수 없음을 그들은 분명히 알게 될 것입니다. 많은 다원주의자와 혼합주의자는 모든 종교가 구원에 도달할 수 있다고 주장하면서, 그 구원의 개념과 방법과 내용에 대하여는 아무런 설명을 하고 있지 않습니다. 그들은 타종교들이 어떻게 하나가 되며 어떻게 타협을 찾아야만 할 것인지에 대해서는 침묵을 지킵니다.

아브라함이 이삭을 바쳤듯이 이스람교에서는 아브라함이 이즈마엘을 바친 것으로 기록하고 있습니다. 기독교에서는 예수가 하나님이지만, 이스람교와 유대교에서는 예수는 선지자일 뿐입니다. 이것을 어떻게 타협시키며 혼합할 지에 대하여는 그 대안을 제시하지 못합니다. 그들은 종교의 대중성과 보편적인 구원의 가능성에 대하여만 강조함으로 이들이 일으키는 많은 모순점과 문제점은 외면하고 있습니다. 다원주의와 이단들의 관계에 대해서도 그들은 침묵만 지키고 있습니다.

어떻게 보면 진리는 평범하고 진부한 것이라고 볼 수 있습니다. 파격적이고 극단적인 주장은 언제나 호기심을 끌게 됩니다. 물론 신학은 여러 각도에서 다양하게 조명되어져야 한다는 것은 인정할 수 있습니다. 예를 들어 의사는 치료법만을 배우는 것이 아니라, 병이 발생하는 원인까지도 배워야만 합니다. 올바른 신학은 다양한 신학을 그 학문적인 한도 내에서 포용할 수 있어야만 합니다. 그러나 우리의 믿는 자의 목표는 하나님이어야 하며 최종권위는 하나님이어야 합니다. 그 과정은 언제나 예수님이어야 합니다.

우리가 하나님과 예수님을 알 수 있는 객관적인 기준은 오직 성경밖에 없습니다. 그리고 기록된 성경이 말하는 것은 결코 다원주의가 아니고 그 반대라는 것을 우리는 알아야만 합니다.

기독교는 반드시 성경이 전제되어야만 논리가 성립됩니다.

예수님은 "나는 길이요 진리요 생명이니 나로 말미암지 않고는 하나님 아버지께로 올 자가 없느니라"고 말씀하셨습니다. 성경에서 하나님 외에 다른 신을 믿고, 다른 신을 섬기면서 구원을 얻은 사건이 단 한 번도 없었습니다.

그들의 사상은 불교에서도 이스람교에서도 힌두교에서도 환영을 받을 수 없는 종교계의 고아일 뿐입니다. 이스라엘 백성들은 모세가 없는 사이에 금송아지를 만들고 그 신이 애굽 땅에서 인도해낸 신이라고 하였습니다. 하나님은 그러한 혼합주의마저 용납하지 않으셨던 것입니다. 하나님은 이들을 '목이 곧은 백성'이라 하셨으며 그 날 삼천명이 죽게 됩니다.

하나님은 질투하시는 하나님이십니다.

제8장. 교회론과 이단

또 내가 네게 이르노니 너는 베드로라 내가 이 반석 위에 내 교회를 세우리니 음부의 권세가 이기지 못하리라 마16:18

1. 교회

교회의 개념

신약에서 교회라는 단어는 헬라어로 '에클레시아'로서, '에크'…로부터라는 단어와 '클레오' 부르다는 단어가 합성된 것입니다.

즉 문자적으로는 "…로부터 밖으로 불러내는 것"을 교회라고 말하는데, 이것은 깊은 의미가 담겨져 있습니다. 즉 교회란 성경적인 개념으로 보면 "세상으로부터 부름을 받은 선택된 무리들의 모임"을 가르킵니다. 즉 성도들의 모임을 곧 교회, 에클레시아라고 합니다. 다시 말하여, 원래 에클레시아는 유형적이고 건물적인 교회가 아니라, 모임 즉 회중을 의미합니다.

또한 교회를 가르키는 영어 Church는 헬라어 '퀴리아코스'에서 유래되었으며 '주에 속하다'는 뜻입니다. 또 구약에서 교회란 용어는 '카알'이라고 표현되는데, 이 용어는 '불러 모으다'라는 '회중의 모임'을 뜻하는 말입니다.

행7:38에서는 '광야교회'라는 용어가 기록되어 있습니다.

> 시내산에서 말하던 그 천사와 및 우리 조상들과 함께 광야교회에클레시아에 있었고, 또 생명의 도를 받아 우리에게 주던 자가 이 사람이라 행 7:38

즉 하나님께서 "애굽으로부터 광야로 불러내신 이스라엘"을 누가는 '광야교회'라고 표현하고 있는 것이며, 이스라엘의 광야생활은 곧 신약에서 교회를 예표하고 있는 것입니다.

그렇다면 교회는 곧 구원을 받은 사람들의 공동체라고 말할 수 있을까요? 물론 주님이 머리가 되는 유기체적인 천상의 무형교회는 구원을 받는 사람들의 공동체라고 말할 수 있습니다. 그러나 지상에 있는 유형적인 교회는 구원을 받는 사람과 구원을 받지 못하는 사람들이 함께 공존합니다. 즉 지상에 있는 유형적인 교회는 오류를 범할 수 있다는 것입니다.

마찬가지로 애굽으로부터 광야로 불러냄을 받은 이스라엘은 모두 구원을 받았나요? 그들 중에서는 소수만이 가나안땅으로 들어갈 수가 있었습니다. 정확하게 말하면 단 두 명만이 가나안땅으로 들어갔을 뿐입니다. 간혹 어떤 사람들은 이 구약의 사건을 비유로 신약의 교회에서도 극소수만이 구원을 받는다고 주장을 하는 것을 볼 수 있는데, 구약의 사건에서 신약과 반드시 모든 비유가 일치하는 것은 아닙니다. 이것은 큰 착각이며, 만일 구약에서 단 두 명만이 구원을 받는 것으로 해석한다면 모세는 구원을 받지 못한 것이 되고 맙니다.

다시 말하여 광야교회는 신약의 교회를 예표하고 상징하는 것이 분명하며, 가나안땅은 구원을 예표하고 상징하는 것이 분명하다고 할지라도 그 '숫자' 자체까지도 동일하게 상징하는 것이라고 말할 수는 없습니다.

신약의 사복음서에서는 마태만이 유일하게 '에클레시아'라는 용어를 사용하고 있는데, 특히 베드로가 예수님을 "살아계신 하나님의 아들"이라고 고백하였을 때에마 16:16, 예수님은 그 반석 위에 교회를 세우겠다고 말씀하십니다.

즉 교회란 예수를 그리스도요 살아계신 하나님의 아들이라고 고백하는 사람들의 유기체적인 공동체가 되는 것입니다.

예수의 교회의 관계는 다음과 같습니다.

(1) 교회는 주님이 머리가 되는 공동체입니다.

그는 몸인 교회의 머리라 그가 근본이요 죽은 자들 가운데서 먼저 나신 자니 이는 친히 만물의 으뜸이 되려 하심이요골 1:18

또 만물을 그 발 아래 복종하게 하시고 그를 만물 위에 교회의 머리로 주셨느니라. 교회는 그의 몸이니 만물 안에서 만물을 충만케 하시는 자의 충만이니라엡 1:22-23

(2) 교회는 주님의 몸이 되며, 우리는 그 몸의 지체가 됩니다.

내가 이제 너희를 위하여 받는 괴로움을 기뻐하고 그리스도의 남은 고난을 그의 몸 된 교회를 위하여 내 육체에 채우노라골 1:24

우리는 그 몸의 지체임이니라엡 5:30

(3) 교회는 예수 그리스도의 아내가 됩니다

요즈음 많은 이단들이 교주의 여자를 신부라고 주장합니다. 하나님의 교회가 장길자를 그렇게 불렀고, 통일교 문선명이 그 부인 한학자와의 결혼을 어린양의 혼인잔치라고 불렀습니다. 또 교주 자신을 어린양이라고 부른 경우도 있었습니다. 그러나 주님과 혼인잔치를 하는 어린양의 신부는 바로 교회, 즉 성도를 말합니다.

또 신사도운동을 하는 곳에서 자신들이 종말적으로 그리스도의 신부가 된다고 하며 이것을 '신부운동'이라고 표현하기도 합니다

그러면 과연 성경에서 아내가 성도 혹은 교회로 비유된 적이 있는지 살펴보겠습니다. 에베소서에서 바울은 그리스도를 "남자"로 교회를 "아내"로 비유하여, 남편과 아내의 관계를 예수그리스도와 교회의 관계로 비유하여 설명하였습니다.

아내들이여 자기 남편에게 복종하기를 주께 하듯 하라 이는 남편이 아내의 머리 됨이 그리스도께서 교회의 머리 됨과 같음이니 그가 친히 몸의 구주시니라. 그러나 교회가 그리스도에게 하듯 아내들도 범사에 그 남편에게 복종할지니 남편들아 아내 사랑하기를 그리스도께서 교회를 사랑하시고 위하여 자신을 주심 같이 하라엡 5:22-25

> 이러므로 사람이 부모를 떠나 그 아내와 합하여 그 둘이 한 육체가 될지니, 이 비밀이 크도다 내가 그리스도와 교회에 대하여 말하노라 엡 5:31

또 바울은 고린도교인들에게 성도들을 처녀로, 남편을 그리스도라고 비유한 적이 있습니다

> 내가 하나님의 열심으로 너희를 위하여 열심 내노니, 내가 너희를 정결한 처녀로 한 남편인 그리스도께 드리려고 중매함이로다 고후 11:2

또한 구약에서도 하나님을 남편, 이스라엘을 신부로 비유하는 예도 얼마든지 있습니다.

> 이는 너를 지으신 자는 네 남편이시라 그 이름은 만군의 여호와시며 네 구속자는 이스라엘의 거룩한 자시라 온 세상의 하나님이라 칭함을 받으실 것이며 사 54:5
> 마치 청년이 처녀와 결혼함 같이 네 아들들이 너를 취하겠고 신랑이 신부를 기뻐함 같이 네 하나님이 너를 기뻐하시리라 사 62:5

또 계시록에서도 어린양과 혼인잔치를 하는 성도들이 신부로 비유되어 있습니다.

> 우리가 즐거워하고 크게 기뻐하여 그에게 영광을 돌리세. 어린 양의 혼인 기약이 이르렀고 그 아내가 예비하였으니 그에게 허락하사 빛나고 깨끗한 세마포를 입게 하셨은즉 이 세마포는 성도들의 옳은 행실이로다 하더라 계 19:7-8

어린양의 아내가 입은 깨끗한 세마포는 '성도들의 옳은 행실'이라고 성경은 말합니다. 즉 예수님이 어린양의 아내에게 세마포를 입도록 허락하였다는 내용은 아내가 곧 성도들이라는 증거가 됩니다. 또 어린양의 신부는 반드시 성도이어야만 합니다. 이것은 구속사적인 관점에서 아주 중요한 내용입

니다. 다시 말하여 성도들의 구원 자체를 혼인으로 비유한 것이기 때문입니다. 앞에서 언급한 것처럼 구약에서도 하나님은 남편으로, 이스라엘은 신부로 비유되었는데, 즉 종말적인 구원을 신랑되시는 예수와 그 신부가 되는 성도의 혼인잔치로 비유하였기 때문입니다. 그래서 배교나 변절을 성경은 간음과 음행이라고 표현한 것입니다.

(4) 교회는 주님이 모퉁이 돌이 되십니다

> 너희는 사도들과 선지자들의 터 위에 세우심을 입은 자라, 그리스도 예수께서 친히 모퉁이 돌이 되셨느니라. 그의 안에서 건물마다 서로 연결하여 주 안에서 성전이 되어가고 너희도 성령 안에서 하나님의 거하실 처소가 되기 위하여 예수 안에서 함께 지어져 가느니라엡 2:20-22

모퉁이 돌은 '아크로고니아'로서, 코너에 있는 기초석을 말합니다. 이 기초석은 이사야서를 반영하고 있습니다.

> 그러므로 주 여호와께서 가라사대 보라 내가 한 돌을 시온에 두어 기초를 삼았노니 곧 시험한 돌이요 귀하고 견고한 기초 돌이라 그것을 믿는 자는 급절하게 되지 아니하리로다사 28:16

2. 예배

예배란 무엇인가?

예배란 헬라어로 '프로스퀴네오' worship라고 합니다.

그 정확한 개념은 '존경을 나타내다' 혹은 '최상의 가치를 돌리다'라는 뜻입니다. 즉 우리가 하나님께 예배를 드린다는 것은 하나님께 존경을 나타내는 경건과 의식을 뜻하며, 최상의 가치를 하나님께 돌리다는 것을 의미합니다.

요한복음 4장을 보면, 사마리아 수가라는 곳의 우물가에서 예수님은 사마리아 여인과 다음과 같은 대화가 기록되어 있습니다.

> 우리 조상들은 이 산에서 예배하였는데, 당신들의 말은 예배할 곳이 예루살렘에 있다 하더이다요 4:20

사마리아사람들은 예배의 장소를 그리심산에서 드려야만 하는 것으로 알았고, 이스라엘 사람들은 오직 예루살렘에 있는 성전에서만 예배를 드려야 하는 것으로 알았으므로, 여인은 예수님께 예배의 장소에 대해서 질문한 것입니다.

우리는 예수님과 여인의 대화를 얼핏 보면, 여인과 예수님이 서로 동문서답을 하는 것처럼 보입니다. 여인은 예수님께 '예배의 장소'에 대해서 말하고 있는데, 예수님은 '예배의 방법'에 대해서 말씀하고 계시는 것입니다.

> 아버지께 참으로 예배하는 자들은 신령과 진정으로 예배할 때가 오나니, 곧 이때라. 아버지께서는 이렇게 자기에게 예배하는 자들을 찾으시느니라. 하나님은 영이시니 예배하는 자가 신령과 진정으로 예배할지니라요 4:23-24

사미리아 여인은 하나님이 축복하신 그리심 산이 옳은가신11:29 혹은 선택한 장소, 예루살렘이 옳은가신12:5에 대해서 예수님께 물었습니다. 그러나 예수님은 장소에 대해서 전혀 답변을 하지 않으시고 오직 예배를 드리는 방법에 대해서 말씀하십니다.

'신령과 진정'이란 말은 'in spirit and in truth'라고 영어로 번역이 되었는데, '성령 안에서 그리고 진리 안에서' 예배하라는 뜻입니다. 그러한 예배를 드릴 때, 하나님아버지께서는 예배자를 찾으신다는 것입니다. 즉 예배의 장소가 중요한 문제가 아니라, 예배의 방법이 중요한 문제라는 뜻입니다.

오늘날도 많은 사람들이 하나님께 드리는 진정과 신령의 예배가 무엇인지를 모르고 있으며, 또한 많은 사람들은 예배란 것에 대하여 장소적인 오해를 하고 있습니다. 과연 교회라고 하는 장소에서 드리는 예배만 예배일까요?

예배는 장소가 본질이 아니라, 그 방법이 본질이 되는 것입니다. 우리가 신령과 진정으로 드릴 때에 하나님은 예배를 드리는 사람을 찾아 오십니다.

예배란 하나님께 영광을 돌리는 모든 것을 말합니다.

하나님은 구약에서 참 예배의 실상이 오기 전까지, 우리에게 그림자적인 예표로서 예배의 모형과 패턴을 주셨습니다. 다시 말하여 구약의 성전예배는 우리가 어떻게 예배할 것인가를 말하여 주지는 않습니다. 사마리아 여인이 예수그리스를 만났을 때에 그 여인이 예수님이 누구인가를 알았더라면, 이젠 신령과 진정의 참 예배를 드릴 때가 되었다는 주님의 말씀을 이해하여야만 했습니다.

우리는 더 이상 성전이라고 불리는 건물에서만 예배를 드리는 것이 아니라, 우리의 모든 삶이 곧 예배의 터전이 되어야 합니다. 우리는 주일에만 예배를 드리는 것이 아니라, 언제 어디서나 하나님께 가치를 돌리는 삶 자체가 되어야만 합니다.

우리의 몸이 곧 성전이기에, 우리의 예배도 곧 우리의 전인적인 몸의 삶 전체가 예배의 장_章이 되어야 합니다.

> 그러므로 형제들아 내가 하나님의 모든 자비하심으로 너희를 권하노니 너희 몸을 하나님이 기뻐하시는 거룩한 산 제사로 드리라 이는 너희의 드릴 영적 예배니라롬 12:1

롬12:1-5에서 언급되는 '영적 예배' 란 무엇일까요?

일반적으로 생각하듯, 경건적이며 의식적儀式的인 것을 포함하는 행위가 예배일까요? 언어적으로 살펴보면 '영적' 이란 말은 헬라어 '로기코스' 라는 말인데 '합리적인, 논리적인, 이성적인' 이라는 뜻에서 유래되었으며, 영어로는 'Reasonable'이란 말로 사용됩니다. 롬12:1의 본문에서 '예배' 란 헬라어로 '라트레이아' 라는 단어인데 이것은 조금 의미를 달리 해서 '봉사'to serve라는 뜻을 가지고 있습니다.

그래서 킹제임스영어성경은 직역하여 reasonable service라고 번역하였고, NIV 영어성경은 의역하여 spiritual act of worship 이라고 번역하였습니다.

예배란 '이성적 봉사'를 가르킵니다.

즉 헬라어적인 '영적 예배'란 성도들의 합리적인 봉사 생활을 의미하는 것으로서, 전 인격을 다한 희생을 말하는 것입니다. 그래서 바울은 "너희 몸을 하나님이 기뻐하시는 거룩한 산 제사로 드리라"롬 12:1고 권면 합니다.

혹간 어떤 사람은 이렇게 질문을 할 수 있습니다.

우리가 교회에 모여서 예배드리는 것을 예배라 하지 않는다면, 우리가 흔히 말하는 의식儀式적인 예배의 필요가 없다는 소위 예배무용론을 말하는 것일까요? 물론 우리가 드리는 교회에서의 주일 예배가 예배가 아니라고 말하는 것은 결코 아니며, 예배를 드리지 말라고 하는 것은 더욱 아닙니다. 초대교회부터 성도들은 정해진 날주일에 모여 예배를 드려왔으며, 공예배란 중요한 것으로서 기독교인은 주일에 함께 모여 반드시 예배를 드려야만 합니다. 단지 예배란 개념은 주일에 교회에서 드리는 개념에서 더욱 확장 내지는 연장되어져야만 한다는 것입니다. 즉 예배란 그리스도인의 삶 자체를 포괄하는 광범위한 개념이라는 것이며 성전이 곧 우리의 몸이기 때문에, 우리가 드리는 예배가 형식적이고 의식적인 예배에 그쳐서는 안된다는 것입니다.

사무엘은 사울왕에게 "순종이 제사보다 낫다"삼상 15:22고 꾸짖었으며, 사무엘 선지자는 성경을 통하여 오늘 우리에게도 같은 말로 꾸짖고 있습니다. 하나님은 구약에서도 그 제사의 형식과 외면적인 형태를 보시는 것이 아니라, 그 내면적인 자세와 마음을 보시고 계셨습니다.

> 하나님의 구하시는 제사는 상한 심령이라, 하나님이여 상하고 통회하는 마음을 주께서 멸시치 아니하시리라시 51:17

오늘날 우리가 드리는 예배가 형식적이고 장소적이며 외면적인 의식으로만 행해진다면, 하나님은 그 예배자를 찾지 아니하실 것이 분명합니다.

> 너는 하나님의 전에 들어갈 때에 네 발을 삼갈지어다 가까이 하여 말씀을 듣는 것이 우매자의 제사드리는 것보다 나으니 저희는 악을 행하면서도 깨닫지 못함이니라전

문제는 만인제사장을 잘못 이해하여, 일부 형제교회나 지방교회와 같이 목사제도와 신학체제 자체를 부정하는 주장이 되면 안됩니다. 만인제사장이라는 것은 목사제도 자체를 부정하는 것이 아니라, 가톨릭과 같이 목회자들이 구약의 제사장이 된다는 것을 비판하는 것이기 때문입니다.

가톨릭의 미사

우리가 교회에서 주일에 드리는 '예배' worship를 가톨릭에서는 '미사' mass라고 합니다. 왜 우리의 예배와 그 명칭이 다를까요? 그리고 과연 명칭만이 다를 뿐인가요? 이 차이점을 공부하는 것은 아주 중요합니다.

가톨릭에서 '미사' 라는 교회 용어는 라틴어에서 유래된 것으로서 그 의미는 "보내다, 파견하다"라는 뜻으로서, 이 말은 원래 로마제국 시대에 법정에서 재판이 끝났다는 것을 선언할 때라고 하는 라틴어 "Ite missa est"라고 하는 '끝났음' 을 알리는 말에 근거합니다. 그러나 이 용어는 5세기부터 예수 그리스도의 십자가상 제사를 재현하며 가톨릭 교회의 유일한 만찬 제사를 지칭하는 말로 통용되어 왔습니다. 즉 미사는 '제사' 를 뜻합니다. 즉 우리가 드리는 예배와 가톨릭의 미사는 그 성격이 전혀 다른 것입니다. 가톨릭의 미사와 우리가 드리는 예배는 다음과 같은 점에서 다릅니다.

첫째, 가톨릭의 미사는 신부가 제사장이 되는 제사적인 의식으로 예수 그리스도의 십자가 희생제사를 다시 재현합니다. 그러나 우리 개신교에서는 만인제사장을 주장하며 예배란 제사가 아니라, 하나님께 드리는 최상의 가치로서 신령과 진정으로 드리는 영적 교류가 됩니다.

둘째, 카톨릭의 미사는 매주 성찬식을 갖는데, 카톨릭에서는 화체설을 주장합니다. 즉 떡과 포도주가 실제로 예수님의 살과 피로 변화한다고 믿습니다. 그러나 개신교에서는 상징설, 기념설 혹은 영적임재설을 주장하므로서, 떡과 포도주를 실제적인 예수님의 살과 피가 된다고 믿지는 않습니다.

셋째, 카톨릭에서는 성찬식이라는 의식을 통하여 죄사함을 받는다고 믿습니다. 그러나 개신교에서는 성찬식은 은혜의 수단이기는 하지만, 오직 믿음으로서만 속죄를 받습니다.

예수님이 돌아가실 때에 성소의 휘장이 반으로 갈라졌습니다 마27:51, 막15:38, 눅23:45. 구약에서는 오직 제사장만이 성소에 들어갈 수 있었는데, 예수의 십자가 사건 이후에는 누구든지 참마음과 온전한 믿음이 있다면 하나님 앞으로 직접 나아갈 수 있다는 것을 의미합니다. 그것에 대해서 히브리서 기자는 이렇게 기록하였습니다.

> 또 저희 죄와 저희 불법을 내가 다시 기억지 아니하리라 하셨으니, 이것을 사하셨은즉 다시 죄를 위하여 제사드릴 것이 없느니라. 그러므로 형제들아 우리가 예수의 피를 힘입어 성소에 들어갈 담력을 얻었나니, 그 길은 우리를 위하여 휘장 가운데로 열어 놓으신 새롭고 산 길이요, 휘장은 곧 저의 육체니라. 또 하나님의 집 다스리는 큰 제사장이 계시매 우리가 마음에 뿌림을 받아 양심의 악을 깨닫고 몸을 맑은 물로 씻었으니 참 마음과 온전한 믿음으로 하나님께 나아가자 히 10:17-22

또한 성경은 다음과 같이 말하고 있습니다.

> 저가 저 대제사장들이 먼저 자기 죄를 위하고 다음에 백성의 죄를 위하여 날마다 제사 드리는 것과 같이 할 필요가 없으니 이는 저가 단번에 자기를 드려 이루셨음이라 히 7:27

예수님의 십자가 희생제사는 이미 2000년 전에 하나님께 드려진 제사이며, 예수님은 "다 이루셨다"라고 말씀하셨습니다. 예수님의 십자가 속죄제사를 하나님은 온전히 받으셨기 때문에, 그 효과는 영원히 지속됩니다.

가톨릭의 주장과 같이, 떡과 포도주가 실제로 예수님의 살과 피가 되어진다면, 또한 그 제사가 예수님 십자가의 반복된 희생제사의 재현이라고 한다면, 이것은 비성경적인 주장이 되어지며 또한 중대한 잘못이 되어진다고 말할 수 있습니다. 예수의 희생제사는 반복적인 것이 아니며, 단번에 드려진 것이기 때문입니다.

다음은 미사가 제사라고 주장하는 가톨릭의 공식적인 입장입니다.

> 정의: 미사는 예수 그리스도의 십자가상 제사를 새롭게 하고 죽음에서 영원한 삶으로의 빠스카 신비의 재현이며, 예수 그리스도의 말씀을 따라 그분의 몸과 피를 우리 인간에게 주신 최후만찬의 기념으로, 우리 인간의 구원을 위하여 그리스도 자신을 제물로 하느님께 바치는 신약성서의 성찬을 재현하는 것이다. 또 예수 그리스도의 수난과 죽음, 부활을 기념하며 그의 몸과 피를 받아 모시는 성찬의 잔치를 베푸는 미사는 교회 공동체가 바치는 흠숭의 극치이며, 하느님께 대한 완전한 찬미와 제사, 속죄, 은혜를 구하는 제사이기에 그리스도교 신자 생활의 중심이며 원동력이 된다. 미사를 통해 우리는 하느님께 대한 최고의 흠숭을 드리고 우리가 범한 죄에 대한 용서를 받고 우리를 구원하시려는 주님의 은혜에 감사드리며, 필요한 은혜를 받게 된다. 결국 미사는 우리를 위해 죽으시고 부활하시어, 이룩한 그리스도의 구원사업을 오늘에 현존하게 하며 기념하기 위한 거룩한 제사인 것이다. 가톨릭 S성당 홈페이지

왜 가톨릭은 아직도 제사라고 할까요? 미사를 집전하는 신부들이 제사장이기 때문입니다. 가톨릭의 신부들은 예수그리스도를 대신하여 교인들의 죄를 사하여 줄 수 있는 제사장이기 때문입니다. 가톨릭의 칠성사는 모두 사제가 교인을 위하여 죄를 사하여주는 의식으로 연결이 됩니다. 이것은 만인제사장을 부정하는 비성경적인 제도입니다.

3 성찬과 세례

성찬

'성찬'이라는 단어는 고전 11:20에서 언급됩니다. 한글개역성경은 '주의

만찬' 헬:데이프논이라고 번역하였는데, 물론 이 성찬의 목적과 유래, 그리고 의도는 유월절 제자들과의 최후의 만찬에서 명백하게 표현되고 있습니다.

성찬이라는 단어는 라틴어에서 온 것으로, 헬라어 유카리스티아eucharistia에서 유래됩니다. 그 원래의 의미는 "감사하게 생각하다, 감사를 드리다"는 뜻인데, 주 예수께서 최후의 만찬 때 떡을 떼어 제자들에게 주기 전에 '감사하셨다' giving thanks는 것에 관련되어 있습니다.

성찬식은 세례와 함께 개신교에서는 두 가지의 은혜의 수단인 성례로 간주됩니다. 세례가 기독교의 입문과 관계되며 일회성이라면, 성찬은 그리스도와 보다 밀접한 관계를 갖게 하여 교인의 신앙을 강화하는 은혜의 수단이며, 반복적으로 시행합니다. 일 년에 몇 번을 시행하는 교회도 있고, 한 달에 한 번씩 시행하는 교회도 있으며, 최근에는 가톨릭과 같이 매주 하여야 한다는 주장도 있습니다. 초대교회 문헌을 보면 주일 예배마다 떡을 떼었다고 기록하며, 고전 11:25의 "마실 때 마다"는 whenever할 때마다 혹은 as often as자주로 번역됩니다.

특히 성찬은 예수 그리스도께서 직접 제정하신 규례로서 중요한 가치를 갖습니다.

> 내가 너희에게 전한 것은 주께 받은 것이니 곧 주 예수께서 잡히시던 밤에 떡을 가지사 축사하시고 떼어 가라사대 받아 먹으라, 이것은 너희를 위하여 찢는 내 몸이니 나를 기억하면서 이것을 행하라 하시고, 식후에 또한 이와 같이 잔을 가지시고 가라사대 이 잔은 내 피로 세운 새 언약이니 너희가 마실 때마다 나를 기억하면서 이것을 행하라. 고전 11:23-25

성찬은 과연 어떤 의미가 있을까요? 떡은 그의 살을, 포도즙은 그의 피를 상징하는 것입니다.

첫째로, 성찬은 예수 그리스도의 죽으심을 표시합니다.

> 너희가 이 떡을 먹으며 이 잔을 마실 때마다 주의 죽으심을 오실 때까지 전하는 것

이니라고전 11:26

둘째로, 성찬은 예수 그리스도의 속죄의 은혜에 참여함을 표시하고 확증합니다.

성찬은 그리스도의 몸과 피에 참여함입니다.고전 10:16 주의 떡이나 잔을 합당치 않게 받으면 주의 몸과 피를 범하는 죄가 있다고 말합니다.고전 11:27 인자의 살을 먹지 아니하고 인자의 피를 마시지 아니하면 너희 속에 생명이 없다고 말합니다.요 6:53

셋째로, 성찬은 성도 상호 간의 연합과 교제를 표시하고 확증합니다.

> 떡이 하나요 많은 우리가 한 몸이니 이는 우리가 다 한 떡에 참여함이라고전10:17

개신교의 교회사 중에서, 성찬에서의 예수 그리스도의 임재臨在, presence에 대한 여러 가지 견해들이 있었습니다.

> 그들이 먹을 때에 예수께서 떡을 가지사 축복하시고 떼어 제자들에게 주시며 이르시되 받아서 먹으라 이것은 내 몸이니라. 또 잔을 가지사 감사 기도 하시고 그들에게 주시며 이르시되 너희가 다 이것을 마시라. 이것은 죄 사함을 얻게 하려고 많은 사람을 위하여 흘리는 바 나의 피 곧 언약의 피니라마 26:26~28

이 말씀이 문자적 의미인가, 아니면 상징적 의미인가에 대해서 많은 견해가 분분하였던 것입니다. 그러나 "이것은 내 몸이니라"라는 말씀은 "이것은 내 몸으로 변한다"라는 뜻은 결코 아닐 것입니다. 또 다른 곳에서는 "나를 기념하라"고 언급하고 있습니다.

> 또 떡을 가져 사례하시고 떼어 저희에게 주시며 가라사대 이것은 너희를 위하여 주는 내 몸이라 너희가 이를 행하여 나를 기념하라 하시고눅 22:19
>
> 축사하시고 떼어 가라사대 이것은 너희를 위하는 내 몸이니 이것을 행하여 나를 기

념하라 하시고 식후에 또한 이와 같이 잔을 가지시고 가라사대 이 잔은 내 피로 세운 새 언약이니 이것을 행하여 마실 때마다 나를 기념하라 하셨으니고전 11:24-25

또한 고전 10:16-17은 그 떡이 실제로 예수의 살로 변하거나, 그 포도주가 실제로 예수의 피로 변화하는 것이 아니라, 그 포도주와 떡을 나눔으로 인하여 '참예함'이라고 말하고 있습니다.

가톨릭 교회는 떡과 포도즙의 실체들이 미사 때에 신부의 선언으로 떡과 포도주가 예수그리스도의 몸과 피로 변화한다는 소위 '화체설'化體說을 주장하였습니다. 이 견해는 9세기 초에 정식으로 제안되고 1215년 제4 라테란 회의에서 정식으로 채택되었습니다. 그래서 가톨릭에 있어서 성찬식은 성례일뿐만 아니라, 예수님의 살과 피의 희생제사를 다시 반복 재현시키는 '제사'가 됩니다. 그러나 성경은 예수의 희생제사가 단 한번에 이루어진 것이라고 말하고 있습니다.

종교개혁 때, 성찬에서의 예수 그리스도의 함께하심에 대하여 의견이 셋으로 나뉘었으며, 성찬에 관한 문제는 종교개혁자들에게 매우 중요한 이슈가 되었습니다.

첫째로, 루터는 성찬의 떡과 포도즙 안에in, 그것들 곁에along with, 그리고 그것들 밑에under 예수 그리스도의 인격과 임재가 실제로 함께 있다는 소위 '공재설'共在說을 주장하였습니다.

둘째로, 쯔빙글리는 떡과 포도즙이 단지 상징물 혹은 기념물에 불과하다는 상징설을 주장했습니다. 성찬을 '기념하라'고 하는 단어는 누가복음 22:19과 고전11:24-25에 언급되어집니다. 그는 성만찬이 영적인 진리나 축복들을 비유적으로 제시하거나 의미하는 단순한 표징이나 상징에 불과하다고 주장하고 있지만, 그러나 성찬식의 의의와 가치를 부정하는 것은 결코 아니었습니다.

셋째로, 칼빈은 성찬의 떡과 포도즙 안에 예수 그리스도께서 실제로, 그러나 물질적이 아니라 영적으로 함께 계신다는 소위 '영적 임재설'을 주장하였습니다. 이것이 장로교회의 표준적 견해가 됩니다.

감리교의 웨슬레목사는 캘빈의 영적 임재설과 가깝고 또 쯔빙글리의 기념설과도 가까운 중간적인 절충설이라고 보여지는데, 그것은 캘빈의 신학에 가깝다기 보다는 오히려 영국 성공회적인 개념과 가깝다고 보아야 할 것입니다. 웨슬레목사는 성례를 하나님의 은혜의 역사와 표적sign과 인증seal으로 보았으며 동시에 그리스도의 영적임재를 만날 수 있다고 말합니다.

> 그리스도는 그의 약속하신대로 나를 거기성찬에서 만나신다. 그러므로 나는 그가 그의 약속을 이행하시어 나를 이런 방법으로 만나시고 측복하실 것을 기대한다. 우리가 성찬의 그리스도를 높이나, 그 물질을 높이는 것은 아닌 이상, 이것들을 높인다는 것은 우상일 뿐이다Sermons 12 Vol 1, 253, 254. 웨슬레조직신학 302쪽

일곱 가지의 성례를 주장하는 가톨릭과 달리 우리 개신교는 세례와 성찬식 두 가지만을 성례식으로 보며, 우리는 은혜의 수단에는 성례식과 말씀의 두 가지가 있다고 봅니다. 다만 말씀과 성례식의 차이점은 다음의 세 가지로 설명합니다.

1. 말씀은 절대적으로 필요하나, 성례는 그것을 강화할 수 있다.
2. 말씀은 신앙을 일으키고 강화시키지만, 성례는 강화시킬 뿐이다.
3. 말씀은 온 인류를 대상으로 전파하지만, 성례는 언약 가운데 있는 사람에게만 시행된다.루이스벌콥, 기독교신학개론

세례(침례)

> 또 그 안에서 너희가 손으로 하지 아니한 할례를 받았으니 곧 육적 몸을 벗는 것이요 그리스도의 할례이니라. 너희가 세례로 그리스도와 함께 장사한 바 되고 또 죽은 자들 가운데서 그를 일으키신 하나님의 역사를 믿음으로 말미암아 그 안에서 함께 일으키심을 받았느니라 골 2:11-12

세례 혹은 침례는 어디에서 유래되었을까요?

첫째, 구약의 할례에서 유래되었다고 성경은 말합니다. 신약에 들어서서 세례 혹은 침례의 의미는 손으로 받은 육적인 할례가 아닌 영적인 개념으로 재해석되어지며, 그리스도의 할례를 의미한다고 바울은 말하고 있습니다. 그런데 지금도 세례냐 침례냐는 논쟁을 일으키는 사람들이 있으니, 그러한 것은 마치 손으로 받는 형식적이며 육체적인 할례에 대해서 논하는 것과 마찬가지가 되어집니다. 세례를 받으면 안되고 침례만 받아야 한다는 사람들은, 마치 할례를 어떤 외면적인 형식이나 의식으로 받아야만 구원을 얻을 수 있다는 율법주의자와 같습니다. 이제 실체이신 그리스도가 오신 이후, 더 이상 의식이나 형식이 중요한 것이 아니라, 그 내면적인 중심, 즉 '믿음'이 중요한 것이 되어집니다.

> 그러므로 우리가 그의 죽으심과 합하여 세례를 받음으로 그와 함께 장사되었나니 이는 아버지의 영광으로 말미암아 그리스도를 죽은 자 가운데서 살리심과 같이 우리로 또한 새 생명 가운데서 행하게 하려 함이니라 롬 6:4. 참고, 골 2:12

둘째 의미는 '그리스도와 함께 장사되는 것'이므로 물에 잠기는 것이 곧 땅에 묻히는 것을 죽음을 상징한다고 봅니다. 그러나 세례의 의미는 침례의 의미와 더불어 또 다른 한 가지의 의미가 있습니다.

> 우리를 구원하시되 우리의 행한 바 의로운 행위로 말미암지 아니하고 오직 그의 긍휼하심을 좇아 중생의 씻음과 성령의 새롭게 하심으로 하셨나니… 딛 3:5

즉 구약에서 할례라는 의식이 세례침례라는 표징의 개념으로 재해석 되었듯이, 구약의 제사에서 짐승의 피를 뿌림으로 정결케 하는 의식, 즉 죄씻음이 곧 세례라는 의식으로 재해석되었다는 견해가 있는 것입니다. 벧전 1:2 즉 물을 뿌리는 의식이 죄를 깨끗히 하며 정결케 한다는 것입니다. 그래서 세례 요한은 "회개하고 세례를 받으라"고 하였습니다.

세례침례는 교회라는 공동체에 입문하기 위한 하나의 의식이 되므로 죄를 씻는다는 의식적인 절차가 되어진다고 볼 수 있습니다. 물론 세례나 침례 자체가 곧 구원의 표징이 되는 것도 아니며, 곧 내면적인 실제적 죄씻음의 정결이나 그리스도와 함께 장사되어짐을 곧 인정받는다고 말할 수는 없습니다. 그것은 세례침례를 받았다고 하여 내면적인 참그리스도인이 되었다고 할 수 없기 때문입니다.

예수님도 요한에게 세례를 받았는데, 과연 예수님이 구원의 표징이나, 죄씻음이나, 장사한 바 되는 의미로 세례를 받았을까요? 예수님은 죄가 없으신 분이었습니다. 예수님은 "의를 이루기 위하여" 세례를 받으신 것입니다. 무엇보다도 세례나 침례는 완전한 것이 아닙니다. 물로 받는 세례보다 성령으로 받는 세례를 받아야만 하기 때문입니다.

바울은 세례침례란 여러 지체들을 한 몸으로 연결시켜주는 것이라고 설명하였으며, 그것은 공동체에 입문한다는 의식적 의미가 강합니다.고전 12:13

베드로는 세례에 대하여 죄사함을 받음으로서 성령을 선물로 받기위하여 필요한 것이라고 설명하였습니다다행 2:38. 다시 말하자면 성경이 말하는 것은, 세례인가 침례인가 하는 형식적이며 의식적인 면이 아니라…. 그 내면적인 마음가짐이 중요하다는 것을 말하고 있습니다.

> 이는 곧 물로 씻어 말씀으로 깨끗하게 하사 거룩하게 하시고엡 5:26 washing of water
> 우리가 마음에 뿌림을 받아 양심의 악을 깨닫고 몸을 맑은 물로 씻었으나 참마음과 온전한 믿음으로 하나님께 나아가라히 10:22 washed with pure water
> 너는 이같이 하여 그들을 정결케 하여 곧 속죄의 물로 그들에게 뿌리고민 8:7 정결케 하는 물을 그에게 뿌리지 아니하므로 깨끗케 되지 못하고민 19:13

세례요한은 자신은 물로 세례를 주지만 예수께서는 불과 성령으로 세례를 줄 것이라고 말하였습니다. 즉 성령세례라고 하는 것은 "중생의 씻음과 성령의 새롭게 하심"딛 3:5을 의미합니다.

우리 조상들이 다 구름 아래 있고 바다 가운데로 지나며 모세에게 속하여 다 구름과

> 바다에서 세례를 받고…고전 10:1-2

'모세에게 속하는'라는 말이 뜻하는 것은 곧 같은 공동체적 연합을 뜻한다고 보며, 그것을 '세례'라고 바울은 표현한 것입니다.

물론 세례침례는 불필요한 형식으로만 간과할 수는 없습니다. 모든 족속에게 세례를 주라는 말씀은 예수님이 당부하신 지상명령이기 때문입니다마 28:19. 세례침례는 그리스도인이라고 하는 공동체적인 입문의 의식으로서 반드시 받아야만 합니다.

가톨릭의 칠성사

가톨릭은 7가지 성사성례를 갖고 있으며, 개신교는 세례와 성찬식 두가지만 인정합니다. 가톨릭이 인정하는 7성사는 세례, 성체성찬, 신품성품, 고백고해, 견진, 혼인, 종부병자성사입니다.

그런데 이러한 가톨릭의 7성사는 죄를 사하여주는 의식과 밀접한 관련을 갖고 있는데 이것에 대해 살펴보겠습니다.

첫째 고백성사라는 것이 있습니다.

고해성사라고도 하는데 신부에게 가서 자기의 죄를 고백하는 것을 말하며, 가톨릭교회에 교리에 의하면 세례에 의해서 원죄가 사해진다고 하며, 성찬식을 통하거나, 또 이런 고해성사를 통해서 자범죄가 사해진다고 기록되어있습니다. 가톨릭의 교리를 보면, 대죄는 반드시 고해를 해야만 용서를 받는다고 기록되어 있습니다.

가톨릭교회는 죄에 대해서 대죄와 소죄로 구별하는데, 구원에 치명적인 영향을 미치는 죄를 대죄라고 하고, 소죄는 조금 정도가 가벼운 죄를 말합니다. 예를 들면 살인, 간음, 거짓말, 도둑질, 미사불참 이런 것들은 대죄에 해당되는데, 이런 대죄를 행한 사람들은 반드시 신부에게 가서 고해를 해야 한다는 것입니다. 그러나 그 기준은 사실 애매모호합니다.

지금도 이러한 대죄는 반드시 고해를 해야만 한다고 가톨릭은 가르칩니다. 즉 반드시 신부를 통하여 죄에 대한 용서를 받아야 합니다. 그리고 신심이 깊을수록 고해성사를 안 할 수가 없습니다. 고해성사를 통해서 죄 문제가 해결되지 않으면 죄사함을 받지 못하게 되며, 결국 당사자는 구원에 치명적인 문제가 일어나게 되기 때문에, 공식적으로 반드시 고해성사를 하여야만 가르치고 있습니다

즉 가톨릭교회는 사제를 통해서만이 죄가 용서된다는 것이 아주 중요한 교리가 됩니다. 세례를 통해 사제가 원죄를 사하고, 고해성사를 통하여 신부가 대죄를 사하는 것이 됩니다. 또 미사를 드리며 성찬을 할 때, 떡을 받아먹는 순간이 죄가 용서되는 순간이 되어지는 것입니다. 비록 신부가 "성부와 성자와 성령의 이름으로 죄를 사하노라"고 대리적인 선언을 한다고 하여도, 신부를 통하여 고해성사를 하지 않으면 죄는 용서받지 못하며, 신부의 "네 죄를 사하노라" 라고 말할 때에 비로소 그 죄가 용서를 받게 되는 것으로, 제사장의 의무를 합니다.

그러나 종교개혁 이후부터 지금까지 가톨릭교회는 면죄부를 취소한 적이 없습니다. 중세 때 가톨릭이 면죄부를 팔아서 종교개혁의 원인이 되었는데, 물론 지금은 외면적으로는 가톨릭교회가 면죄부를 더 이상 팔지는 않고 있습니다.

단 면죄부란 말은 원래 '보상' 혹은 '대사' Indulgence라고 하는데, 그것은 고해성사를 하고 신부가 죄의 대가로 무엇인가를 해야한다고 하는 일종의 보상적인 행위를 가르킵니다. 예를 들어 가벼운 죄라면 사도신경을 천번 암송하라는 보상이 주어지기도 하지만, 연로하고 돈이 많은 사람이라면 사회단체에 기증을 하라는 보상이 주어지기도 하기 때문에 면죄부와 동일한 내용이 됩니다. 연옥에 대한 개념도 그대로입니다.

아래는 가톨릭의 홈페이지에 있는 공식적인 교리입니다.

> 대사大赦, Indulge: 환자가 수술을 했어도 상처에 따르는 고통을 치루듯이 우리 영신에도 죄사함을 받았지만 그에 해당하는 보속補贖을 치워야 한다. 이 보속은 극기, 기도, 희생으로 할 수 있으나, 교회가 공식으로 베푸는 대사를 받으면 그에 해당되는 만큼의 보속이 면제된다. 다시 말하면, 우리가 범죄했을 때 고백

성사로 죄의 사함을 받았어도 보속을 해야 하는데 예수님의 공로와 성인 성녀의 공로로 보속의 일부, 혹은 전부를 면제해 주는 은사恩赦를 대사라고 한다. 보속잠벌, 暫罰의 전부를 없애준 것을 전대사, 그 일부를 없애주는 은사를 한대사限大赦라 한다. 예를 들어, 전대사全大赦는 카톨릭 기도서에 있는 대사를 얻기 위한 기도를 미사 영성체 후 바치고, 교황의 뜻대로 주모경, 영광송을 바치면 얻을 수 있다. 예를 들어, 한대사 중에 70일 대사라면 이는 초대교회에서 범죄한 자에게 공적으로 정해준 보속기간이었는데, 그들이 공적으로 70일간 보속했던 것에 해당하는 만큼 감면받는 은혜를 말한다. 대사는 죽은 자를 위해서 양도할 수 있고 1일 1회에 한한다. 만일 세상에서 보속을 다하지 못했을 때에는 연옥에서 해야 한다.

또 칠성사 중에는 견진성사나 종부성사등이 있는데, 이러한 것도 사제를 통하여 성령의 능력이 주입되거나, 죄를 용서한다는 의식과 직접적인 관련이 있습니다.

이와 같이 가톨릭은 죄사함의 핵심이 성사제도에 있는데, 이러한 성사가 모두 죄의 용서와 밀접한 관계가 있으며 그리고 이러한 죄를 용서하는 제도가 사제들에 의해 행하여지고 있다는 것입니다. 즉 가톨릭교회 이론에 의하면, 사제와 신부가 없으면 참된 의미에서의 구원의 확실한 보증이 없게 됩니다. 마치 제사장을 통하여 제물을 드림으로서 죄사함을 받는 구약의 제사제도와 동일한 것입니다. 그러나 성경은 다음과 같이 말하고 있습니다.

> 만일 우리가 우리 죄를 자백하면 저는 미쁘시고 의로우사 우리 죄를 사하시며 모든 불의에서 우리를 깨끗케 하실 것이요…요일 1:9

예수님이 돌아가시실 때에 성소의 휘장이 찢어졌습니다.
이것은 평신도가 모두 만인제사장이라는 의미를 말합니다. 예수의 피를 힘입어 우리는 성소에 들어갈 담력을 얻은 것이므로, 하나님 앞에 직접 나아갈 수가 있는 것입니다. 히10:19-22

이것은 구약시대와 달리 신약시대에 이르러 매우 중요한 일이 되어집니다. 예수님의 희생으로 우리는 만인제사장이 되었으며 하나님 앞에 직접 나아갈 수가 있으며 이것이 바로 진정한 복음의 의미가 되는 것입니다.

> 저가 저 대제사장들이 먼저 자기 죄를 위하고 다음에 백성의 죄를 위하여 날마다 제사드리는 것과 같이 할 필요가 없으니, 이는 저가 단번에 자기를 드려 이루셨음이니라 히 7:27

4. 안식일을 지켜야 하는가?

1) 안식일

안식일을 지키는 교회는 안식교, 안상홍의 증인하나님의 교회, 엘리아선교회 박명호등이 있으며 유대인들도 안식일을 지킵니다. 특히 안식교와 하나님의 교회는 "기독교인들은 십계명을 지켜야 한다"는 미명 아래 제 4계명인 안식일을 지켜야만 한다고 주장하며 기독교인들에게 접근합니다.

그렇다면 성경적인 안식일이란 어떤 날일까요?

과연 안식일을 어떻게 해야만 성경에 기록된 그대로 지키는 것일까요? 안식일은 예배를 드리기 위한 날이 아닙니다. 십계명중 4계명을 잘 보면, 그 계명은 "아무 일도 하지말고 쉬어야만 한다"는 것이며 "육축도, 종도, 손님까지도 일을 하면 안된다"는 것입니다.

> 안식일을 기억하여 거룩히 지키라. 엿새 동안은 힘써 네 모든 일을 행할 것이나 제 칠일은 너의 하나님 여호와의 안식일인즉 너나 네 아들이나 네 딸이나 네 남종이나 네 여종이나 네 육축이나 네 문안에 유하는 객이라도 아무 일도 하지 말라. 이는 엿새 동안에 나 여호와가 하늘과 땅과 바다와 그 가운데 모든 것을 만들고 제 칠일에 쉬었음이라 그러므로 나 여호와가 안식일을 복되게 하여 그 날을 거룩하게 하였느니라 출 20:8-12

2) 성경적인 안식일이란 무엇인가?

- 아들, 딸, 여종, 남종, 객, 육축까지 아무 일도 하지 못하는 날 출 20:10
- 처소에서조차 나오지 못하는 날출 16:29
- 불도 피울 수 없는 날출 35:3
- 스스로 괴롭게 하는 속죄의 날레 23:32
- 장사를 할 수 없는 날느 10:31
- 성문을 닫으므로 성문 밖에 나갈 수 없음느 13:19
- 오락을 하지 못함사 58:13
- 짐을 지지 못하는 날렘 17:21-22
- 정해진 거리를 갈 수 없는 날행 1:12

가장 극적인 사항은 "안식일을 범하는 자를 죽여야 한다"출31:15는 구절로, 이러한 끔찍한 일들이 안식일을 성경대로 지키는 것이라는 사실을 안다면 과연 누가 성경대로 안식일을 지킬 수 있겠습니까?

> 엿새 동안은 일할 것이나 제 칠일은 큰 안식일이니 여호와께 거룩한 것이라 무릇 안식일에 일하는 자를 반드시 죽일지니라 출 31:15

즉 성경대로 안식일을 지킨다는 것은 현재 교회를 다닐 수도 없는 것입니다. 안식일에는 처소에서 나오지도 못하였으며, 먼 거리를 갈 수도 없고, 짐을 들지도 못하며, 불도 피우지 못하므로 밥을 먹을 수도 없었습니다. 일을 하지 말고 쉬어야 하니 교회 봉사도 하기 어렵고, 무엇보다 안식일 범한 자를 반드시 죽여야 한다는 것을 어떻게 지켜야만 할까요? 즉 안식일에 날짜를 맞추어 예배를 드려야 한다는 것은 매우 불편한 일임과 동시에, 안식일에 예배를 드려야한다는 것은 신구약 성경전체를 찾아 보아도 단 한구절도 없습니다.

왜 안식교나 하나님의 교회는 "아무 일도 하지 말라"는 날에 예배를 드려야 한다고 주장을 하는지 참으로 의아합니다. 안식교는 안식일에 예배를 드려야 한다는 근거로 다음 성경을 제시하고 있습니다.

> 엿새 동안은 일할 것이요 일곱째 날은 쉴 안식일이니 성회라. 너희는 무슨 일이든지 하지 말라 이는 너희 거하는 각처에서 지킬 여호와의 안식일이니라 레 23:3

위 성경본문만을 부분적으로 인용하면 정말로 일곱째 날 안식일은 성회를 드리는 날로만 해석되어집니다. 그러나 이러한 성경인용은 가장 위험한 부분적인 성경인용의 한 예가 되어집니다. 앞뒤의 본문을 보면 이들의 성경인용은 부분적이며 엉터리라는 것이 밝혀집니다.

> 이스라엘 자손에게 고하여 이르라 너희가 공포하여 성회를 삼을 여호와의 절기는 이러하니라. 엿새 동안은 일할 것이요 일곱째 날은 쉴 안식일이니 성회라. 너희는 무슨 일이든지 하지 말라 이는 너희 거하는 각처에서 지킬 여호와의 안식일이니라. 기한에 미쳐 너희가 공포하여 성회로 삼을 여호와의 절기는 이러하니라. 정월 십사일 저녁은 여호와의 유월절이요, 이 달 십오일은 여호와의 무교절이니 칠일 동안 너희는 무교병을 먹을 것이요 레 23:2-6

이 성경본문은 일곱째 날 안식일을 가르키는 것이 아니라, 일년에 한번 있는 절기안식일(무교절기)을 가르킵니다. 안식교는 원래 안식절기는 폐하여졌으므로 지키지 않지만, 일곱째 날 안식일은 폐하여지지 않았다고 공식주장을 합니다. 안상홍의 증인은 무교절기인 유월절과 다른 절기도 지켜야 한다고 주장합니다.

그런데 재미있는 것은 안식교에서는 절기안식일에 대한 성경본문을 앞뒤를 짜르고, 부분적으로만 인용하여 안식일에 성회를 모이라고 성경에 기록되어있다고 주장하는 것입니다. 그 다음 성경본문을 보면 더욱 재미있는 사실이 기록되어 있습니다.

> 그 첫날에는 너희가 성회로 모이고 아무 노동도 하지 말며, 너희는 칠일 동안 여호와께 화제를 드릴 것이요, 제 칠일에도 성회로 모이고 아무 노동도 하지 말지니라 레 23:7-8

일곱째 날만 성회로 모이는 것이 아니라, 첫날에도 성회로 모이라는 구절입니다.

안식일은 예배를 드리는 날이 아니며, 아무 일도 하지 않고 쉬는 날입니다. 그들은 19세기에 들어서서 갑자기 예배를 드리는 주일을 유대력으로 금요일 일몰부터 토요일 일몰까지 지켜야 한다고 주장하고 있습니다. 더욱이 하나님의 교회는 유대교와 같이 금요일 일몰부터 안식일을 지키는 것이 아니라 토요일을 안식일로 지키고 있습니다.

3) 예수와 사도들이 안식일을 지켰다?

안식교회와 하나님의 교회에서는 예수님과 바울도 안식일을 지켰다고 주장합니다. 그들은 예수님과 바울이 "규례대로 안식일에 회당에 들어갔다"눅4:16. 행17:2는 성경구절을 제시합니다. 즉 예수님과 바울도 율법과 규례대로 안식일이면 회당에 감으로서 안식일과 율법을 지켰다는 것입니다. 이 주장을 초신자들이 얼핏 들으면 미혹되기 쉽습니다.

성경본문에서 '규례' 헬라어: 에토는 '전례, 습관, 관습' 이라는 해석이 올바른 번역입니다. 다시 말하여, 예수님과 바울이 안식일을 지킨 것이 아니라, 습관이나 관습, 혹은 전례대로 회당에 들어갔다는 뜻입니다. 다시 말하여 예수와 사도들이 안식일에 회당에 간 이유는 '유대인들의 전도' 때문이며, 그 회당에 그리스도인이 예배를 드리던 경우는 성경에 단 한 번도 없었으며, 오직 유대인들이 있었을 뿐입니다.

안식일에 아무 일도 하면 안되었기 때문에, 유대인들은 회당에 나가서 성경을 강론하였습니다. 즉 많은 유대인들을 동시에 만나기 위하여서는 안식일에 회당에 가는 것이 가장 좋은 방법이었으며, 전도하기가 가장 쉬운 곳이었습니다. 예수님이나 바울의 경우, 안식일에 회당에 가는 것은 늘 해오던 습관적인 전도사역이었던 것입니다.

성경에서 그 '에토' 라는 단어가 어떻게 사용되었는가를 보겠습니다. 마태복음 27:15를 보면, "명절이 되면 죄수 하나를 놓아주는 전례에토가 있었다"고 기록하고 있습니다. 안식교의 주장대로라면 본디오 빌라도마저 유대인의 율법을 지켰던 것이 되고 맙니다. 유월절과 같은 명절이 되면 죄수를 풀어주는 관습이 있었던 것입니다. 또 사도행전17:2에서는 바울이 '자기의 규례대로' 안식일에 회당에 들어갔다고 기록되어 있습니다. 만일 '에토'라는 단어가 율법의 규례를 말한다면, 바울은 '자기 자신의 율법대로' 안식일에 회당에 들어간 것이 되고 맙니다.

> 바울이 자기의 규례에토대로 저희에게로 들어가서 세 안식일에 성경을 가지고 강론하며 행 17:2

또한, 마가복음10:1에서도 예수님은 모여드는 무리들을 위하여 "다시 전례에토대로 무리를 가르치셨다"고 되어 있는데, 이것은 예수님이 전부터 자주 모여드는 무리들을 가르치셨던 전례대로 가르치셨음을 성경을 통하여 알 수가 있습니다. 즉 '에토'라고 하는 헬라어는 율법을 말하는 것이 아니라, 전례나 습관, 관습등을 의미한다는 것을 알 수 있습니다.

바울이 자기의 규례대로 안식일에 회당에 들어간 것은 유대인들을 전도하기 위함이었으며, 실제로 행18:4를 보면 '안식일마다' 회당에서 강론하며 유대인과 헬라인을 권면하였다고 성경은 기록하고 있습니다.

회당헬라어: 쉬나고게은 바벨론 포로기에 시작되었던 곳으로 율법을 가르치는 곳이지만, 성전을 대신 하는 예배의 장소개념이 결코 아닙니다. 그곳은 사법적인 형벌을 위한 곳마10:17으로 사용되기도 하였으며, 작은 집회를 갖는 작은 시골의 새마을회관과 같은 구심적인 장소개념이었습니다.

그 당시 기독교인들이 유대인의 회당에서 기독교적인 예배를 드린 적이 없습니다. 또 예배란 십자가 사건 이후성전의 휘장이 찢겨난 사건 이후부터 기독교인에 의하여 드려진 것입니다. 즉 유대인들이 제사나 예배를 드리기 위하여 안식일에 회당에 모인 것이 아니라, 안식일에는 아무 일도 하지 않고 쉬어야만 하기 때문에, 자연스럽게 회당에 모여서 구약성경을 강론하거나 공부하였던 것입니다.

예수님과 바울은 늘상 해오던 전례대로 안식일이 되면 회당을 찾았는데,

유대인들을 많이 만날 수 있기 때문이며, 그들과 함께 성경을 강론하면서 자연스럽게 선교와 전도를 할 수 있었으므로 회당을 찾은 것입니다. 목수와 어부였던 예수와 제자들이 회당에서 유대인들에게 예배시간에 설교를 할 입장이 아니라는 것은 누구든지 상식적으로 알 것입니다.

4) 신약적인 안식일의 재조명

예수님은 안식일에 선을 행하는 것이 가하다고 말씀하셨는데마12:12, 이러한 예수님의 가르침은 성경대로 안식일을 지키는 유대인들에게 파격적인 가르침이 됩니다. 왜냐하면 안식일은 아무 일도 하지 않고 쉬어야만 하기 때문입니다.

또 예수님은 안식일은 사람을 위한 것이라고 재해석하시는데 이것도 유대인들에게는 파격적인 가르침이 됩니다. 그 이유는 유대인들은 안식일을 반드시 지켜야만 하며, 안식일을 범하는 사람은 죽여야 한다고 알기 때문이었습니다.

> 또 가라사대 안식일은 사람을 위하여 있는 것이요 사람이 안식일을 위하여 있는 것이 아니니, 이러므로 인자는 안식일에도 주인이니라 막 2:27-28

즉 안식일이란 "아무 것도 하지 않고 쉬는 날"의 구약성경의 문자적인 개념이 아니라는 것입니다. 특별히 예수님이 안식일의 주인이라는 것은 매우 의미심장한 것이 되어집니다. 하나님은 일곱째 날에 창조를 마치시고 안식에 들어가셨다고 성경은 말하고 있습니다.

> 하나님의 지으시던 일이 일곱째 날이 이를 때에 마치니 그 지으시던 일이 다하므로 일곱째 날에 안식하시니라 창 2:2

그런데 예수님은 참으로 놀라운 말씀을 하십니다.

> 아버지께서 이제까지 일하시니 나도 일한다 요 5:17

여섯 번째 날에 하나님은 사람을 창조하셨습니다. 그리고 하나님은 창조 사역을 멈추시고 일곱째 날에 안식에 들어가셨다고 성경은 말합니다. 그런데 예수님은 아버지께서 아직도 일하고 계신다고 말합니다. 신약성경의 히브리서에서 그러한 사실을 명백하게 입증하여 주는데, 히브리서에는 참 안식은 궁극적이며 종말적인 개념으로서, 아직 지나지 않았다고 말하고 있습니다. 히브리서 기자는 "그런즉 안식할 때가 하나님 백성에게 남아 있도다" 히4:9라고 기록하였으며 "안식에 들어가기를 힘쓸지니라" 히4:11라고 말하고 있습니다. 히브리서 본문은 다음과 같습니다.

> 제 칠일에 관하여는 어디 이렇게 일렀으되 하나님은 제 칠일에 그의 모든 일을 쉬셨다 하였으며 또 다시 거기 저희가 내 안식에 들어오지 못하리라 하였으니 그러면 거기 들어갈 자들이 남아 있거니와 복음 전함을 먼저 받은 자들은 순종치 아니함을 인하여 들어가지 못하였으므로 오랜 후에 다윗의 글에 다시 어느 날을 정하여 오늘날이라고 미리 이같이 일렀으되 오늘날 너희가 그의 음성을 듣거든 너희 마음을 강퍅케 말라 하였나니 만일 여호수아가 저희에게 안식을 주었더면 그 후에 다른 날을 말씀하지 아니하셨으리라. 그런즉 안식할 때가 하나님의 백성에게 남아 있도다. 이미 그의 안식에 들어간 자는 하나님이 자기 일을 쉬심과 같이 자기 일을 쉬느니라. 그러므로 우리가 저 안식에 들어가기를 힘쓸지니 이는 누구든지 저 순종치 아니하는 본에 빠지지 않게 하려 함이라 히 4:4-11

즉 신약에서 안식일의 참 의미는 미래적이며 종말적인 참 안식으로 재조명 되어집니다. 그래서 예수님은 안식일의 주인이 되십니다. 일곱째 날을 유대인들의 유대력으로 지켜서, 그 날짜에 성경에 언급조차 없는 예배를 드리는 것이 안식일을 지키는 것이라고 생각하는 사람들이 있다면, 젖을 먹는 어린아이와 같은 신앙, 율법적이며 문자적인 해석이 될 것입니다.

안식일의 주인이 되시는 예수님은 "수고하고 무거운 짐진 자들아 다 내게로 오라, 내가 너희를 쉬게 하리라" 마11:28라고 말씀하셨던 것입니다. 안식일은 사람을 위한 날입니다. 구약성경의 안식일은 종말적이고 궁극적인 참 안식의 그림자이며, 예표가 되는 것입니다. 그래서 바울은 다음과 같이 말합니다.

> 우리를 거스리고 우리를 대적하는 의문에 쓴 증서를 도말하시고 제하여 버리사 십자가에 못박으시고 정사와 권세를 벗어버려 밝히 드러내시고 십자가로 승리하셨느니라. 그러므로 먹고 마시는 것과 절기나 월삭이나 안식일을 인하여 누구든지 너희를 폄론하지 못하게 하라. 이것들은 장래 일의 그림자이나 몸은 그리스도의 것이니라 골 2:14-17

신약에 와서 안식일이란 문자적이며 숫자적인 일곱째 날을 의미하지 않습니다. 모든 구약의 명절은 신약에서 실체이신 그리스도를 예표하는 장래일의 그림자가 되며 몸의 실체는 예수 그리스도입니다.

예를 들면 구약의 유월절은 어린양이신 예수님을 예표합니다. 즉 유월절은 장래의 그림자였으며, 예수님이 그 몸의 실체가 됩니다. 양의 피를 문설주와 인방에 바른 집은 하나님의 진노를 건너 뛰게pass-over 되었습니다. 신약에서 예수의 피는 하나님의 심판을 pass-over 시키는 실체가 됩니다.

또 오순절칠칠절, 맥추절도 장래의 그림자였으며, 신약에서 오순절은 성령의 강림과 성령의 열매맺음을 성취하는 것이었습니다. 또 안식일은 예수님을 예표하는 그림자였고, 안식은 바로 예수 안에서의 구원을 상징합니다.

> 율법 안에서 의롭다함을 얻으려 하는 너희는 그리스도에게서 끊어지고 은혜에서 떨어진 자로다 갈 5:4

칼빈은 안식일에 대해서 다음과 같이 말하였습니다.

> 제 4계명에는 모형적typical 요소들이 있다. 캘빈은 안식일 계명을 '예표'figure라고 부른 초대 교부들에게 동의했다. 그 분예수 자신이 진리이며, 그 분예수의 임재로 모든 모형들이 사라진다. 예수가 몸체이며, 예수의 출현으로 그림자는 뒤로 제쳐진다. 예수는 감히 말하건데, 안식일의 참된 성취이시다.

구약의 안식일은 그리스도를 통하여 주어진 안식을 예표합니다. 하나님의 구원사역을 통하여 신약의 그리스도인들은 종말적으로 안식을 누리게 될 것입니다. 그러므로 구약 안식일의 의미는 예수 그리스도의 구원 사역을 통하여 성취되었다고 말할 수 있습니다. 그러나 아직도 최종적인 안식은 아직 남아 있습니다. 히 4:9

5) 지금도 안식일을 지켜야 하는가?

갈라디아교회에는 유대교에서 개종한 기독교인들이 있었습니다. 그들은 믿음뿐 아니라, 할례를 행하여야만 하며, 유대인의 날과 달과 절기를 지켜야만 한다고 주장하는 혼합율법주의자들이었습니다. 오늘도 그러한 혼합율법주의자를 "갈라디안"이라고 부릅니다. 바울은 갈라디아의 교회의 유대주의자들에게 다음과 같이 탄식하였습니다.

> 너희가 날과 달과 절기와 해를 삼가 지키니 내가 너희를 위하여 수고한 것이 헛될까 두려워 하노라 갈 4:10-11

만약 안식일을 지키는 일이 구원에 중요한 일이었다면 신약성경은 몇번이라도 안식일을 지키라고 강조했었을 것입니다. 그러나 신약성경은 단 한마디도 안식일을 지키라는 구절이 없다는 사실이며 오히려 안식일을 지키지 말라는 구절이 있을 뿐입니다.

이와 달리, 주일은 안식일과 달리 예배를 위한 날입니다. 초대교회 교인들이 주님이 부활하신 날을 기념하여 공식예배일로 지정한 것입니다. 물론 우리는 수요예배나 금요예배 혹은 새벽예배도 드립니다. 시간적인 여유만 있다면 매일 예배를 드려도 좋습니다.

그러나 특히 안식교는 일요일에 예배를 드리면 구원을 잃는다고 말하며 짐승의 표를 받는 것이라고 주장하고 있고, 안식일을 지켜야만 하나님의 인을 받으며 남는 자손이 된다고 주장을 합니다. 그들에게 있어서 안식일 준수는 구원과 멸망의 조건이 되어진다는 것에 그들의 이단성이 드러나는 것입니다. 그 이유는 구원이 오직 믿음만으로 부족하다는 것이 되어지기 때문입니다.

만약 안식일 날짜 지키기와 십계명이 그렇게 중요한 것이라면 유대인들은 구원을 받았어야만 합니다. 안식일과 유월절의 날짜를 그렇게 잘 지킨 유대인들도 예수를 믿지 않으면 구원을 받지 못합니다. 더군다나 살인과 간음과 도둑질을 한 어떠한 죄인도 진정으로 회개하고 예수를 영접하고 믿으면 구원을 받는다는 사실은, 십계명이나 안식일이 구원과 멸망의 조건이 아니라는 것을 증거합니다.

6) 초대교회는 안식일을 지켰는가?

안식교와 하나님의 교회는 초대교회에서는 모두 안식일을 지켰는데, 콘스탄틴황제 이후부터 안식일이 주일로 바뀌게 되었다고 주장을 합니다. 그러나 초대교회의 역사에 대해서는 기록된 문헌이 남아 있음으로 인하여, 그 문헌을 참고할 수 있는데, 그 문서를 보면 안식교와 안증회의 주장은 사실이 아니라는 것을 곧 알 수 있습니다.

이그나시우스의 편지

이그나시우스는 안디옥의 감독이었으며 속사도 교부로 불려졌습니다. 그는 죽음에 임박하여 각 교회에 7개의 서신을 보내었습니다. 그는 트라쟌 황제 통치시기인 AD98-117년 사이에 순교를 당하였는데, 그 중에서 '마그네시아인들에게' To the magnsians 이라는 서신을 보면 다음과 같습니다.

> 잘못된 가르침이나 오래된 이야기로 인해 미혹을 당하지 않도록 하십시오. 우리가 아직 유대주의의 관심을 계속 지킨다면 우리가 은혜를 받지 못했음을 드러내는 것이 될 것입니다. 옛 관심에 따라 살던 사람들이 이제는 새로운 소망에 이르게 되었습니다. 그들은 이제 안식일을 지키지 않고 주의 날에 의해 살게 되었습니다. 그 날에 그들의 생명과 우리의 생명이 빛을 발하게 되었습니다. 나쁜 누룩을 피하십시오…. The Christianity of Ignatius of Antioch, 1935, 5page: 초대교회의 형성,

성광문화사 66쪽

"이제 안식일을 지키지 않고…."라는 구절이 뜻하는 것이 무엇입니까? 안식교는 이그나시우스가 말한 '주의 날'이 계시록1:14의 '주의 날'과 다르다고 굳이 변명합니다. 위 본문에서 이그나시우스가 말한 내용에서, 안식일을 더 이상 지키지 않는다는 내용이 명백하기 때문입니다. 또한 주님이 일요일에 부활하셨다는 것이 명백하기 때문입니다. 그렇다면 초대교회에서 말하는 '주의 날'은 어떤 날을 말합니까? 분명히 안식일이 아니며, 어떤 날인지 아래 초대교회 문헌들을 보면 저절로 밝혀집니다.

12사도의 교훈

12사도의 교훈은 그 유명한 "디다케"라고 불려지는 것입니다. 그것은 속사도들의 작품이며, 1세기 말 혹은 2세기 초에 수리아 지방의 초대교회의 교리문답과 교회규범을 한데 묶어 놓은 문서로서 초대교회를 연구하는 귀중한 문헌이 되고 있습니다.

> '주의 날'은 특별한 날이므로 '주의 날' 마다 함께 모여 떡을 떼며 감사를 돌릴 것입니다. 먼저 죄를 고백함으로서 제사를 깨끗하게 드려야 합니다. 이웃과 불의한 사람은 화목할 때까지 여기에 참석하지 말 것입니다. 기독교 고전전집 1권, 초기 기독교교부 171-179, 초대교회의 형성, 성광문화사 77-78쪽

이미 이그나시우스의 서신에서 안식일을 지키지 말고 '주의 날'을 지키자는 내용이 있음을 우리는 확인하고 있습니다. 그 날이 분명히 안식일이 아니라는 것도 확인이 됩니다. 그런데 그 '주의 날'에 함께 모여 떡을 뗀다는 내용이 있습니다.

바나바의 편지

주후 70-130년 사이에 기록된 것으로 추정된 바나바의 서신은 반유대주

의적 입장을 말하는 내용입니다.. 그 편지 15장에는 이렇게 기록되어 있는데. 히브리서의 내용과 같이 안식일을 종말적으로 해석하고 있었습니다.

> 그때에 가서야만 우리는 참으로 쉴 수 있고, 그 날을 거룩하게 지킬 수 있다. 의롭다함을 받은 후에 그리고 약속을 받은 후에만 참으로 안식할 수 있다. 여덟째 날은 새로운 세계의 시작인 바 천년왕국의 안식 후에 마지막 영광을 바라본다.
> 바나바서신 15장

안식일을 문자적으로 해석하지 않고 있으며, 또 여덟째 날을 언급하고 있습니다.
여덟째 날이 첫 번째 날과 같은 요일이라는 사실은 말할 필요가 없습니다.

순교자 저스틴

> 이 음식을 성찬이라고 부릅니다. 그런데 이 성찬을 아무나 취할 수 없고, 오직 우리가 가르치는 것이 참되다고 믿는 사람들…. 거룩하게 된 그 음식물은 바로 성육하신 예수님의 살이요, 피이기 때문입니다. 이와 같은 예식 후에 우리는 항상 이와 같은 것들을 서로 기억하도록 합니다. 더 많이 가진 사람들은 부족한 사람들을 돕습니다. 그리고 우리는 항상 모입니다. 우리가 받은 모든 것을 인하여 우리는 인류의 주께 그의 아들 예수 그리스도의 성령을 통하여 송축을 올립니다. 그리고 '일요일이라고 부르는 날마다' 도시에 사는 사람이나 시골에 사는 사람이나 한 곳에 모입니다. 그리고 사도들의 글이나 선지자들의 글을 시간이 허락하는대로 오래 읽습니다. 독경자가 읽기를 마칠 때에 사회자는 강론을 통해서 그 고상한 교훈들을 모방하도록 권면합니다. 그 다음에 우리는 모두 함께 일어서서 기도를 올립니다. 그리고 이미 위에서 말한대로 기도가 끝나면 빵과 물 탄 술을 가져오고, 그리고 사회자가 높이 들고 그 거룩해진 음식물을 나누어 주어 모두 받게 하고 참석하지 못한 사람들에게는 집사들이 가져다 줍니다…. 쇼트웰의 순교자저스틴의 성서강해, L.C.C. 66절 286page, 저스틴의 제1변증서

저스틴은 아예 '일요일이라고 부르는 날'에 성찬을 나누었다고 기록하고 있습니다. 또 일요일에 '빵과 물 탄 술'을 나누었다는 기록까지 있습니다.

이러한 역사와 년륜이 오래된 문헌적인 증거들이 19-20세기의 안식교나 21세기의 안중회의 교리를 대비하기 위하여 조작된 것이라고 본다면 그 사람에게 문제가 있을 것입니다. 과연 초대교회에서 말한 '주의 날'이 언제였을까요?

제롬

제롬도 그리스도인들이 일요일에 예배를 드리는 사실을 다음과 같이 언급하였습니다.

> 이교도들이 이 날을 태양의 날이라고 부른다면, 우리도 그 호칭을 기꺼이 받아들인다. 왜냐하면 세상의 빛이 나타나시고 공의의 아들이 다시 살아나신 날이 바로 이 날이기 때문이다. Jerome, In die dominica Paschae Homilia, CCL 78. 성경의 27가지 미스테리, 생명의 말씀사, 261쪽

이레니우스의 주해서

초대교회의 어느 교부는 이레니우스의 저술에 대해서 주해서를 썼는데, 그 글에서 다음과 같이 일요일 예배에 대해 언급하고 있습니다.

> 일요일에는 무릎을 꿇지 않는 관습은 부활을 상징하는 것이다. 부활을 통해 우리는 그리스도의 은혜로 말미암아 죄와 사망으로부터의 자유하게 되었다. 리옹의 감독인 순교자 이레니우스가 부활절에 관해라는 논문에서 밝혔듯이, 이 관습은 사도 시대부터 생겼다. 여기서 그는 오순절에도 무릎을 꿇지 않았던 사실을 언급한다. 오순절에는 주의 날과 같은 의의가 담겨 있기 때문이다. Iranaeus, Fragments from Lost Writtings of Irenaeus-Ante-Nicene Fathers

일요일 휴업령

하나님의 교회는 초대교회는 안식일에 예배를 드렸는데. 콘스탄틴황제가 일요일에 예배를 드리라고 강제로 바꾸었다고 말합니다.

그러나 그것은 사실이 아닙니다. 초대교회는 이미 일요일에 예배를 드리고 있었으며, 콘스탄틴황제는 321년 일요일을 휴일로 하는 칙령을 내렸을 뿐이며, 안식일을 일요일로 바꾸지 않았습니다. 이런 교회사에 대한 문제는 가까운 기독교 서점에서 교회사 서적을 확인하면 곧 밝혀질 것입니다.

> 콘스탄틴 치하에서 기독교의 공인은 몇 가지 즉각적인 변화를 가져왔다. 콘스탄틴은 일요일이 로마의 다른 공휴일과 비슷한 공휴일이 되도록 칙령을 내렸다. 이로써 예배는 폭넓게 발전할 수 있었고 교회에는 더 많은 회중이 모일 수 있었다. 생명의말씀사, 교회사핸드북 144쪽.
>
> 이 칙령을 주의깊게 살펴보면, 일요일을 새로운 예배일로 소개하는 것이 아님을 알 수 있다. 오히려 이 칙령은 일요일 휴무법의 초기사례를 보여주는 것뿐이며 일요일을 휴무일로 채택하고자 했던 기독교국가들의 법률과 유사하다. 예배일을 토요일에서 일요일로 변경시킨다는 언급은 전혀 없다. 수백만의 로마 그리스도인이 초기기독교 시대부터 한 주간의 첫째날인 일요일에 예배를 드리고 있었던 점을 참작한 콘스탄티누스 황제가 일요일 휴무법을 만들었을 뿐이다. 성경의 27가지 미스테리, 생명의 말씀사, 258쪽
>
> 321년 교회들에게 유산을 물려 받을 수 있도록 허락하였고, 그로써 합법적인 법인 자격을 부여하였다. 태양의 날일요일이자, 기독교의 첫날을 휴일로 정하고 그 날은 노동을 금하는 법령을 제정하였다. 기독교회사, 크리스챤다이제스트, 149-150쪽

다시 말하여, 콘스탄틴이 안식일을 일요일로 바꾸어 예배일을 변경시킨 것은 결코 아닙니다. 콘스탄틴황제는 교회에게 각종 혜택을 주었고, 그 혜택의 일부로서 이미 예배를 드리던 일요일을 편리하게 하도록 휴일로 정하여 준 것입니다.

기독교의 예배일인 주일은 기독교회의 초기부터 성수되었다. 그것은 안식일주

간의 일곱째 날을 지키는 유대교로부터의 이탈이었다. 한 주간의 첫날로 옮긴 것은 예수께서 부활하신 날을 주마다 상기하기 위해서였다. 4세기초 콘스탄틴의 시대까지는 주일일요일이 공휴일로 지켜지지 못했다. 그 때까지 그리스도인들은 주일의 이른 아침이나 늦은 시간에 예배모임을 가졌다.생명의 말씀사, 라이온사, 교회사 핸드북 9쪽.

5. 평신도성도

평신도(平信徒, layman, laity)

'평신도'란 말은 헬라어 '라오스' laos:백성에서 유래되었습니다.

'라오스'는 본래적인 의미로서는 '무리, 백성, 국가'를 뜻하지만, '하나님의 백성'을 뜻하며, 특히 교회의 직분적인 용어로서는 성직자와 대비되는 일반 성도들을 나타내게 되었습니다. 교회사에서는 2세기경부터 성직자와 평신도가 구분된 것으로 문헌에서 나타납니다.

클레멘스가 고린도에 편지를 보냈는데, 그 기록에 평신도, 집사, 장로라는 직책이 구별되어 있었으며, 초대교회 때에는 장로와 집사를 목회자로 간주했으며, 일반 교인을 평신도라고 한 것으로 보입니다.

이후 가톨릭의 시대에서는 성직자의 권한이 강조되고, 반면에 평신도의 권한은 점차 축소되어, 중세에는 가르침을 받고 헌금을 내는 의무만 강조되었습니다. 가톨릭에서의 교회란 조직은 평신도가 제외되며, 주교, 대주교, 교황과 일반 사제들의 구성원으로 되어있으며, 평신도는 간접적으로 소속되어 있을 뿐입니다.

그러나 우리 개신교에서도 평신도와 목회자를 구별하지만, 단지 직책상으로 구별할 뿐입니다. 직책적으로 구별할 때에도, 가톨릭과 달리, 평신도는 교회에 직접적으로 소속되어있으며 구성원이 되어집니다. 또 개신교에서의 교회라는 개념은 가톨릭과 같이 가시적可視的이며 유형적인 조직이 아니라, 비가시적非可視的이고 무형적인 개념으로서의 교회를 말하며, 주님이 머리가 되시며, 주님이 몸이 되시는 유기체적인 조직을 의미합니다.

중요한 것은 목사란 제사장의 개념이 결코 아니라는 것입니다. 간혹 목회자가 제사장이며 예수그리스도 혹은 하나님의 대리자라는 생각을 하는 소수 목회자들이 있는 것 같습니다. 그러나 그러한 생각은 명백히 잘못된 것입니다.

루터의 종교개혁 이후부터 교회 안에서는 평신도의 지위가 향상되었습니다. 그것은 루터가 주장한 '만인제사장직'에 근거합니다. 즉 모든 신자는 제사장이 되어 하나님에게 직접 죄를 고백하고 기도하며 만날 수 있다는 것입니다. 마태복음 27:51은 예수님의 십자가 사건 직후에 성소휘장이 위로부터 아래로 둘로 갈라졌다고 기록을 합니다. 성소의 휘장은 성전내부의 성소와 제사장만이 일년에 한번 들어갈 수 있는 지성소의 사이의 휘장을 말합니다.

> 또 둘째 휘장 뒤에 있는 장막을 지성소라 일컫나니 히 9:3

이 사건은 예수님의 단번에 드려진 온전한 희생으로 말미암아, 성전에서의 제사같은 종교적인 의식이 없어졌고 모든 성도들이 제사장이 되어 하나님 앞에 직접 나아갈 수 있음을 상징합니다. 휘장은 예수님의 육체를 예표합니다.

> 그 길은 우리를 위하여 휘장 가운데로 열어 놓으신 새롭고 산 길이요 휘장은 곧 저의 육체니라 히10:20

구약에서는 오직 제사장만이 일년에 한번 지성소에 들어갑니다. 제사장만이 제사를 드리는 사람의 죄를 대신하여 희생제물을 하나님께 바치는 것입니다. 이 휘장이 찢어졌다는 것은 이제 누구든지 제사장이 된다는 것을 의미합니다. 신약성경은 성도를 제사장이라고 언급하는데벧전2:5, 9. 계1:6, 5:10, 20:6 그것은 다음 출19:5-6의 구약말씀에 대한 성취라고 할 수 있습니다.

> 세계가 다 내게 속하였나니 너희가 내 말을 잘 듣고 내 언약을 지키면 너희는 열국

중에서 내 소유가 되겠고 너희가 내게 대하여 제사장 나라가 되며 거룩한 백성이 되리라 너는 이 말을 이스라엘 자손에게 고할지니라 출19:5-6

일반적으로 개신교프로테스탄트교회에서 '평신도'라는 용어는 계급으로서의 직책이 아니라, 봉사하는 기능적인 면에서 목회자와 구분하기 위하여 언급될 뿐이며, 그러나 로마가톨릭교회와 동방정교회는 평신도와 성직자의 구분이 개신교에 비해 엄격하며, 물론 이러한 직분적인 의미로 볼 때에는 평신도라는 용어는 성도와 혼동되어지기도 합니다. 그러나 엄격하게 말하면 목사도 성도입니다. '성도'라는 단어는 헬라어로는 '하기오스' 거룩한 자이며, 히브리어로는 '하시딤' 신실하며 헌신하는 자들, 혹은 '케도쉽' 거룩하게 구별되는 자으로 "부르심을 입은 자"들을 뜻합니다.

> 고린도에 있는 하나님의 교회 곧 그리스도 예수 안에서 거룩하여지고 성도라 부르심을 입은 자들과 또 각처에서 우리의 주 곧 저희와 우리의 주 되신 예수 그리스도의 이름을 부르는 모든 자들에게 고전1:2
> 로마에 있어 하나님의 사랑하심을 입고 성도로 부르심을 입은 모든 자에게 하나님 우리 아버지와 주 예수 그리스도로 좇아 은혜와 평강이 있기를 원하노라 롬1:7

즉 위의 성경구절들이 '성도'의 정의가 되어진다고 할 수 있습니다. 즉 "그리스도 예수 안에서 거룩하여지고 부르심을 받은 사람들"을 가르킵니다. 즉 교회의 구성원을 모두 '성도'라고 부르며, 나아가서는 그리스도인이 모두 성도입니다.

거룩이라는 용례는 '하나님께 속한'이라는 개념이며 '구별되다'를 의미입니다. 거룩이란 말은 영어로 'Holly'입니다. 히브리어 '카도쉬', 헬라어 '하기오스'는 원래 '자르다, 구별하다'는 뜻을 갖고 있으며, 하나님께 속하였다는 것은 곧 세상과 구별된다는 것을 뜻합니다. 성경, 성가, 성전, 성령, 성부, 성령….이 모든 '성'聖의 개념은 '거룩'이라는 뜻이며, 이 말의 뜻은 '구별되다'는 뜻입니다. 성경은 일반 책과 구별된 책이며, 성가는 일반 노래와 구별되는 구별된 책인 것입니다. 이 단어들의 용례는 '하나님께 속한 것' 이란 개념에 사용되어집니다. 신약에서도 성도가 하나님의 성전이라고 불리워진 것은 성도가 하나님의 부르심을 받은 거룩하게 구별되어지는 자들로서 성령 하나님이 거하시는 곳이기 때문입니다.

최근에 특히 평신도의 참여문제가 많이 강조되고 또 논의되고 있습니다. 교회의 개혁은 평신도가 이루어야한다고 말합니다. 또 '평신도 신학' 이라는 용어까지 등장하는데, 그동안 신학은 교수와 신학자들 위주로 이루어졌지만, 평신도를 위한, 평신도의 눈높이의 신학이 되어야만 실제 신앙에 도움을 준다는 뜻입니다. 즉 개인적인 학문연구를 위한 특수하고 난해한 논리적인 학문이 아니라, 현실적인 신앙에 도움이 되는 교회에서 필요한 신학을 평신도신학이라고 부르는 것입니다. 즉 교회와 분리되는 신학이 아니라, 교회와 일치되는 신학을 말합니다. 그래서 교회의 주도세력은 평신도 중심이어야만 한다고 합니다. 좋은 견해이며 요즈음은 평신도 목회하는 용어까지 등장합니다.

그러나 가장 문제점은 목회자와 평신도가 서로 다른 시각을 갖고 있는 경우가 있다는 것입니다. 그것으로 인하여 교회가 분열되는 것은 정말 가슴 아픈 일입니다. 무엇보다도 하나님께서는 교회가 분열하는 것을 원하지 않음이 분명합니다.

최근에는 사회와 문화, 정치와 경제등 전반적인 문제가 양극화되어있으며 이원화되어 대립되어지고 있으며, 기독교도 예외는 아닙니다. 즉 개혁적인 목회자와 보수적인 평신도, 또 보수적인 목회자와 개혁적인 평신도의 서로 다른 시각의 차이점이 최근의 교회의 당면한 문제점으로 지적 되어집니다.

평신도가 교회를 개혁하는 것은 바람직하지만, 그러한 분리적, 구별적인 의미로서 평신도의 권리와 목회자의 권리를 각각 주장하는 것은 결코 바람직한 일이 아니라고 보여집니다. 엄밀하게 목회자나 평신도는 모두 성도로서, 주님이 머리가 되는 교회의 같은 지체가 되어진다는 것을 아는 것이 중요합니다. 그러므로 함께 합력하여 나아가는 자세가 가장 필요한 것입니다.

우리가 알거니와 하나님을 사랑하는 자 곧 그 뜻대로 부르심을 입은 자들에게는 모든 것이 합력하여 선을 이루느니라 롬8:28

성령께서 각 지체에게 은사를 주시는 이유는 공동체의 유익을 위함이며, 그런즉 각양 각색의 은사를 각 사람에게 나누어 주십니다. 교회의 모든 지체는 공동체의 유익을 위한 은사를 가진 성도들로 구성되어지는 것입니다. 목사도 직분이며, 은사로서 교회의 지체가 됩니다. 물론 우리는 말씀으로 양육하고 교회를 대표하고 치리하는 목회자를 존경하고 순종하여야 합니다.

목회자를 제사장으로 간주하는 제도는 잘못이지만, 굳이 목회자 제도 자체를 부정할 필요는 없습니다. 갈라디아서 6:6은 "가르침을 받는 자는 말씀을 가르치는 자와 모든 좋은 것을 함께 하라"고 말하고 있는데, '함께 하다'는 헬라어로 '코이노네오'로서 '나누다 교통하다, 교제하다' 는 뜻입니다.

6. 목사

목사 (牧師, pastor, minister)

사도와 선지자등의 창설 직분들과 달리, 사도 시대 이후 주님 재림 때까지 신약교회에 항상 있도록 주어진 직분恒存職은 목사교사, 장로, 집사등이라고 봅니다. 성경은 목사교사와 장로, 그리고 집사의 직분에 대해서 언급하고 있습니다.

특별히 성경적으로 보면, 목사는 넓게는 감독 혹은 장로에 포함되며, 그 중에서 특히 '교사' 혹은 '가르치는 장로' 라고 봅니다.

> 그가 혹은 사도로, 혹은 선지자로, 혹은 복음 전하는 자로, 혹은 목사와 교사로 주셨으니

에베소서 4:11을 보면 '목사포이멘, 목자, shepherd와 교사디다스칼로스' 가 언급되는데, 헬라어 원문 성경에서는 하나의 정관사 뒤에 목사와 교사라는 두 단

어가 연속으로 나오므로, the pasters and teachers 한 직분을 가리킨다고 보는 견해가 있는데 상당히 일리가 있다고 봅니다. 즉 목사와 교사를 두 개의 직분으로 각각 구별하는 것이 아니라, 같은 직분을 두가지의 이름으로 불렀다고 보는 견해로, 문법적으로 보면 타당성이 있습니다. 다시 말하여 목사란 교사를 가르킨다는 것입니다.

그러나 포이멘Shepherd이라는 단어는 성경 다른 곳에서 주로 "양을 치는 목자"라는 의미로 사용되었으며, 실제로 양을 치는 목자에게도 사용되었고, 때로는 양으로 비유되는 목자, 즉 예수님에게도 이 단어가 사용되었습니다. 예를 들면 예수님은 "나는 선한 목자라"요10:11로 표현하였으며, 히브리서13:20은 "양의 큰 목자이신 우리 주 예수"라고 표현합니다.

물론 목사라는 단어가 구체적인 직분으로 표시되는 곳은 성경에서 에베소서 4:11 오직 한 곳 뿐입니다. 실제로 이 본문에서는 목사라는 직분은 교사라는 의미로 사용되었다고 보여집니다. 그러나 목사라는 직분은 성경에 없으므로 폐하여야 하는 직분이라고 말하는 주장은 결코 옳은 주장이라고 볼 수 없습니다. 이러한 주장은 형제교회, 지방교회등에서 영향을 받은 곳입니다. 그들은 성령이 충만하다고 생각하는 사람이 아무나 설교를 할 수 있다고 하지만, 역사적으로 보면 형제교회brethen church는 잘못된 교리로 인하여 많은 분열을 해왔던 것을 알 수 있습니다.

에베소 교회에서 바울이 행한 연설 중에는 "목자로 행하다" 혹은 "목사로 행하다"poimaino는 동사가 장로들에게 적용된 적이 있습니다. "하나님의 교회를 치게 하셨느니라"행20:28에서 "치게 하셨느니라"라는 단어가 '포이마이노' 라고 사용되었습니다. 그리고 '감독자' 라는 단어가 사용되었는데, 예수님은 감독자로 하여금 양 떼를 위하여 교회를 치게 하셨다고 언급하고 있습니다.

바울은 에베소 교회들의 장로들을 청하여 불러 모았다행20:17고 성경은 기록합니다. 바울은 그들 장로에게 감독자를 선출하여 양으로 비유되는 성도들을 치라고 부탁하였던 것입니다. 그런데 '양 떼' 나 '교회를 치라' 는 단어는 모두 포이멘, 목사와 같은 어원을 갖는 단어입니다. 성경에서 '포이멘' 이란 단어는 '양을 치는 목자'에 주로 사용되어졌습니다. 특히 주님이 베드로에게 "내 양을 치라"고 세 번 부탁하는 요21장15-17장의 단어도 '포이마이노'라는 단어가 사용되었습니다.

일반적으로 장로교회는 장로정치라고 하는데, 교회 목사는 장로 중 한 사람으로 간주되어 집니다. 또 감리교회는 장로정치와 거의 동일한데, 목사 중에서 감독을 한 사람을 선출합니다.

즉 감독을 목사로 간주하는가 혹은 목사를 장로로 간주하는가가 장로교회와 감리교회가 조금 다른데, 어쨋든 이러한 것들은 비성경적이라고 볼 이유는 없습니다.

목사의 임무는 앞에 언급한 성경적인 설명이 말하듯이, 하나님의 진리의 말씀을 전파하며, 교인들을 가르치는 교사적인 직분과 함께, 교회를 대표하고 치리하는 직분을 갖게 됩니다. 이것은 지교회의 담임목사가 가지는 임무이기도 합니다. 당회가 있는 교회의 담임목사는 또한 장로들과 함께 교인들을 보살피며 감독하며 다스리게 됩니다. 설교와 목회는 목사에게 위탁된 전문적 일이며 따라서 목사는 당연히 신학교육을 받지만, 행정적 치리는 장로와 함께 행하여야 합니다. 또한 이러한 일은 비성경적인 것이 아닙니다.

주의 종이 직분인가?

진주초대교회 전태식목사와 같은 목사는 아바드성경을 통하여 목사를 '주의 종'이라고 비유하여 주의 종을 대적하면 저주를 받고 주의 종을 대접하면 축복을 받는다고 주장하며, 주의 종을 구약의 선지자와 제사장과 동일시하는데 이러한 주장은 교회론에서 심각한 이단성이 있는 주장입니다.

많은 목사들이 자신을 '주의 종'이라고 부릅니다. 그러나 주의 종은 평신도와 차별된 높은 직분을 뜻하는 것이 아닙니다. 다시 말하여 목사가 자신을 '주의 종'이라고 부르는 것은 자기를 낮추는 겸손의 호칭이며, 자신을 평신도와 차별하려고 하는 생각에서 사용하였다면 큰 착각이라는 것을 알아야 합니다.

그리스도인들은 종이 아니라 자녀가 됩니다. 종과 자녀에서 누가 더 높습니까? 하나님의 자녀는 기업을 이어받는 후사이며, 예수를 믿는 성도들은 하나님의 자녀가 됩니다.

> 너희는 다시 무서워하는 종의 영을 받지 아니하였고 양자의 영을 받았으므로 아바 아버지라 부르짖느니라. 성령이 친히 우리 영으로 더불어 우리가 하나님의 자녀인 것을 증거하시나니 자녀이면 또한 후사 곧 하나님의 후사요 그리스도와 함께 한 후사니 우리가 그와 함께 영광을 받기 위하여 고난도 함께 받아야 될 것이니라 롬 8:15-17
>
> 내가 또 말하노니 유업을 이을 자가 모든 것의 주인이나 어렸을 동안에는 종과 다름이 없어서 그 아버지의 정한 때까지 후견인과 청지기 아래 있나니 이와 같이 우리도 어렸을 때에 이 세상 초등 학문 아래 있어서 종노릇 하였더니 때가 차매 하나님이 그 아들을 보내사 여자에게서 나게 하시고 율법 아래 나게 하신 것은 율법 아래 있는 자들을 속량하시고 우리로 아들의 명분을 얻게 하려 하심이라 너희가 아들인 고로 하나님이 그 아들의 영을 우리 마음 가운데 보내사 아바 아버지라 부르게 하셨느니라 그러므로 네가 이 후로는 종이 아니요 아들이니 아들이면 하나님으로 말미암아 유업을 이을 자니라 갈 4:1-7

오늘날 목사가 자신을 '주의 종'이라고 자신을 낮추어 부르는 것을 자신을 높이는 직분으로 오해하면 안됩니다. 성경에서 예수를 '주의 종'이라고 할 때행 3:13와, 다윗을 '주의 종'으로 부를 때에는 '파이스'son라는 단어가 사용되었지만행 4:25, 사도들이 자신을 '주의 종'이라고 할 때에는 '둘로스' servant라는 단어롬1:1로 구별되어 사용되었습니다. 주의 종이라는 단어는 스스로를 주님의 노예로서 살아가겠다는 낮춤과 헌신의 표현입니다.

목사는 기름부음을 받은 사람인가?

기름부음을 받은 직분은 구약에서 제사장, 왕, 선지자였습니다. 간혹 목사들이 기름부음을 받은 자를 대적하지 말라는 것을 목사에게 비유하는데 다음 성경구절을 인용합니다.

> 자기 사람들에게 이르되 내가 손을 들어 여호와의 기름 부음을 받은 내 주를 치는
> 것은 여호와의 금하시는 것이니 그는 여호와의 기름 부음을 받은 자가 됨이니라 하
> 고 다윗이 이 말로 자기 사람들을 금하여 사울을 해하지 못하게 하니라 사울이 일어
> 나 굴에서 나가 자기 길을 가니라 삼상 24:6-7
>
> 다윗이 저에게 이르되 네가 어찌하여 손을 들어 여호와의 기름 부음 받은 자 죽이기
> 를 두려워하지 아니하였느냐 하고 소년 중 하나를 불러 이르되 가까이 가서 저를 죽
> 이라 하매 그가 치매 곧 죽으니라 다윗이 저에게 이르기를 네 피가 네 머리로 돌아
> 갈지어다 네 입이 네게 대하여 증거하기를 내가 여호와의 기름 부음 받은 자를 죽였
> 노라 함이니라 삼하 1:14-16

구약에서 기름 부음을 받은 자는 왕과 제사장과 선지자였습니다. 다시 말하여 목사가 기름부음을 받았다고 주장하며 평신도의 신분과 차별화하는 생각은 목사를 왕, 제사장, 선지자과 같다고 주장하는 것이 됩니다. 성경은 성령이 내주하는 것을 기름부음이라고 말하고 있으며, 우리는 모두 기름부음을 받은 자들입니다.

> 우리를 너희와 함께 그리스도 안에서 견고케 하시고 우리에게 기름을 부으신 이는
> 하나님이시니 저가 또한 우리에게 인치시고 보증으로 성령을 우리 마음에 주셨느니
> 라 고후 1:21-22
>
> 너희는 거룩하신 자에게서 기름 부음을 받고 모든 것을 아느니라 요일 2:20
>
> 너희는 주께 받은바 기름 부음이 너희 안에 거하나니 아무도 너희를 가르칠 필요가
> 없고 오직 그의 기름 부음이 모든 것을 너희에게 가르치며 또 참되고 거짓이 없으니
> 너희를 가르치신 그대로 주 안에 거하라 요일 2:27

물론 부분적이지만, 우리 성도도 선지자이며, 제사장이며, 왕이 됩니다. 성령의 기름부음을 받은 우리는 하나님의 구원의 말씀을 땅끝까지 전해야 하며, 신자나 불신자들에게 하나님의 말씀을 전할 때에 우리는 선지자적인 임무를 완수하는 것이 되어집니다.

또한, 사도 베드로는 우리를 "왕같은 제사장"벧전2:9이라고 하였으며, "신령한 제사를 드릴 거룩한 제사장"벧전2:5이 된다고 하였습니다. 더욱이 우리도 그리스도 안에서 하늘에 앉도록 일으키셨고엡2:6, 이기는 성도에게는 보좌에 앉게 해주신다계3:21고 약속하셨습니다. 또 사도 바울은 고린도 교인들에게 "성도가 세상을 판단하게 되는 것을 알지 못하느냐"고전6:2-3고 말하였습니다. 또 사도 요한은 성도들이 세세토록 왕노릇하게 된다고 하였던 것입니다.계22:5

신약의 목사는 하나님과 교인들 중간에 서 있는 제사장일까요? 혹은 하나님의 대리인일까요? 신약 시대에는 모든 성도가 제사장이며, 모든 성도의 헌신과 순종의 삶이 하나님께 대한 제사가 됩니다. 물론 우리는 말씀을 가르치며 교회를 대표하는 목사를 존경하고 따르며 순종하여야만 합니다.

> 가르침을 받는 자는 말씀을 가르치는 자와 모든 좋은 것을 함께 하라 갈6:6
> 잘 다스리는 장로들을 배나 존경할 자로 알되 말씀과 가르침에 수고하는 이들을 더할 것이니라 딤전5:17

평신도의 입장에서 이러한 비판은 상당히 어렵습니다. 그러나 목사를 성도와 차별하여 왕과 제사장, 선지자와 같은 신령한 직분으로 생각하거나 하나님과 평신도 사이의 중보자, 대리자라고 생각하는 주장이 잘못된 것이라는 내용일 뿐, 우리가 목사를 존경하며, 말씀에 순종하며 그의 가르침을 따르는 것은 당연합니다.

7. 사도

사도의 직분

가톨릭은 자신들의 교황을 통하여 사도성이 계승되어 왔다고 주장하며, 몰몬교는 그들 교회의 지도자들을 사도라고 부릅니다.

또 무료성경학원의 이만희는 자신을 사도요한이라고 부르며, 지방교회에서는 워치만 니와 위트니스 리를 사도라고 부릅니다. 최근에는 신사도운동이라는 곳에서 목사들이 스스로를 사도라고 부릅니다. 과연 성경에서 사도란 무엇을 말하는지 살펴보겠습니다,

> 그가 혹은 사도로, 혹은 선지자로, 혹은 복음 전하는 자로, 혹은 목사와 교사로 주셨으니 엡4:11

일차적으로 사도란 용어는 초대교회의 직분들 중 첫번째의 그리고 가장 중요한 직분을 말합니다. '사도' 아포스톨로스라는 말의 뜻은 '보냄을 받은 자'라는 일반적인 뜻이지만, 신약성경에서는 특히 열두 제자와 바울에게는 제한적으로 직분의 의미로 사용되었습니다. 그리고 아무나 사도라는 명칭을 사용하지 않았다는 점에서 주님이 직접 임명하신 중요한 직분이었다고 할 수 있습니다.

> 밝으매 그 제자들을 부르사 그 중에서 열둘을 택하여 사도라 칭하셨으니 눅6:13
> 제비 뽑아 맛디아를 얻으니 저가 열한 사도의 수에 가입하니 행1:26
> 예수 그리스도의 종 바울은 사도로 부르심을 받아 하나님의 복음을 위하여 택정함을 입었으니 롬1:1

사도란 거의 12명의 예수님의 제자에게만 사용되었던 단어입니다. 단지 예외적으로, 신약 원어 성경에서 사도행전 14:4, 14에 '바나바'에게도 '사도'라는 명칭이 사용되었던 적이 있었습니다 두 사도. 그리고 예수님의 아우인 야고보 고전15:7, 갈1:19도 사도라고 불리워졌음을 암시하고 있는데, 그 직분이 바나바와 야고보 개인에게 직접적으로 사용된 것이 아니라, 다른 사도와 함께 있을 때에 사용되었다는 점에서 그들이 사도라고 불리웠는지에 대해서는 확실하게 단정할 수는 없다고 봅니다.

> 두 사도 바나바와 바울이 듣고 옷을 찢고 무리 가운데 뛰어 들어 가서 소리질러 행

14:14

주의 형제 야고보 외에 다른 사도들을 보지 못하였노라갈1:19

다시 말하면, 성경적인 예수 그리스도의 '사도'의 자격과 특징은 원칙적으로 다음과 같이 요약될 수 있습니다.

첫째, 사도는 예수께서 직접 불러 세우시고 보내신 자로서 예수님께서 직접 임명한 직분입니다.

> 또 산에 오르사 자기의 원하는 자들을 부르시니 나아온지라. 이에 열둘을 세우셨으니 이는 자기와 함께 있게 하시고 또 보내사 전도도 하며막3:13-14
> 사람들에게서 난 것도 아니요 사람으로 말미암은 것도 아니요 오직 예수 그리스도와 및 죽은 자 가운데서 그리스도를 살리신 하나님 아버지로 말미암아 사도된 바울은… 갈1:1
> 주께서 가라사대 이 사람바울은 내 이름을 이방인과 임금들과 이스라엘 자손들 앞에 전하기 위하여 택한 나의 그릇이라행9:15

바울은 자기의 사도성이 의심을 받자, 자신이 주님을 직접 만났음을 주장합니다. 그 이유는 사도란 예수에게 직접 임명되고 직접 보내심을 받은 자격이어야만 하기 때문입니다.

> 내가 사도가 아니냐? 자유자가 아니냐? 예수 우리 주를 보지 못하였느냐?고전9:1
> 그 후에 야고보에게 보이셨으며 그 후에 모든 사도에게와 맨 나중에 만삭되지 못하여 난 자 같은 내게도 보이셨느니라. 나는 사도 중에 지극히 작은 자라 내가 하나님의 교회를 핍박하였으므로 사도라 칭함을 받기에 감당치 못할 자로라고전15:7-9

또 초대교회에서는 유다 대신에 맛디아를 사도로 보충하게 됩니다. 이 때에도 사도라는 직분은 예수를 직접 목격하고 예수와 함께 사역을 하였던 사람이어야만 했습니다. 즉 사도의 조건으로 "요한의 세례부터 승천할 때까지" 다른 사도들과 예수님과 함께 사역을 하였던 사람을 기준으로 뽑았던 것입니다.

> 요한의 세례로부터 우리 가운데서 올리워 가신 날까지 주 예수께서 우리 가운데 출입하실 때에 항상 우리와 함께 다니던 사람 중에 하나를 세워 우리로 더불어 예수의 부활하심을 증거할 사람이 되게 하여야 하리라행1:21-22

둘째, 사도는 예수께서 직접 기적을 행할 능력을 주신 자이었습니다.

> 이에 열둘을 세우셨으니 이는 자기와 함께 있게 하시고 또 보내사 전도도 하며, 귀신을 내어쫓는 권세도 있게 하려 하심이러라막3:14-15
> 사도의 표된 것은 내가 너희 가운데서 모든 참음과 표적과 기사와 능력을 행한 것이라고후12:12

이러한 사도의 특징에도 불구하고, 오늘날 가톨릭의 로마교회는 사도직이 교황으로 계승된다고 봅니다. 그러나 사도라는 직분이 계승되어진다는 어떠한 성경적인 증거도 없습니다. 즉 사도라는 명칭은 극히 제한적이며, 신약에서도 열 두 사도와 바울과 바나바, 혹은 주의 동생 야고보 외에는 사도라고 불려진 외에는 구체적인 호칭이 없어왔다는 사실입니다. 우리는 또 교회 역사상 대단히 중요했던 초대교회의 지도자들도 결코 사도라고 불려진 적은 없었다는 것을 주의하여야 합니다.

> 너희는 사도들과 선지자들의 터 위에 세우심을 입은 자라, 그리스도 예수께서 친히 모퉁이 돌이 되셨느니라엡2:20

본문은 그리스도인들이 "사도와 선지자들의 터 위에 세워졌다"는 것으로서, 사도와 선지자의 직분이 계속적으로 계승되지 않았다는 것을 의미합니다. 다시 말하여 그리스도가 모퉁이돌이 되시며, 사도와 선지자들이 닦아 놓은 터 위에 교회가 세워진 것입니다. 만약 사도와 선지자라는 직분이 지속적인 직분이었다면, 그 터기초 위에 세워졌다고 말할 수 없을 것입니다. 특히 우리는 항상 어떤 이단이라고 불리는 종교적인 교주나 지도자들이 사도, 선지자로 불리우는 것을 알 수가 있습니다. 또한 계시록 2장2절은 자칭 사도와 거짓 사도가 존재하였음을 말하고 있습니다.

> 내가 네 행위와 수고와 네 인내를 알고 또 악한 자들을 용납지 아니한 것과 자칭 사도라 하되 아닌 자들을 시험하여 그 거짓된 것을 네가 드러낸 것과… 계2:2

8 성령과 교사

성령과 교사

성령은 하나님을 믿고 거듭난 성도들에게 내주하여 그를 가르치고 인도하시고 보호하십니다. 그렇다면 성령의 가르침과 인간교사의 가르침의 상관관계는 무엇일까요?

많은 사람들이 성령의 가르침과 계시를 받았다고 말하면서 정작 비성경적인 주장을 하고 있습니다. 성령의 가르침과 인간교사의 상관관계에 대해서 다음과 같은 네 가지의 잘못된 견해가 있다고 봅니다. 즉 우리는 다음과 같은 견해에 대해서 유의하여야만 합니다.

1) 성령이 인간교사를 배제하신다는 견해
2) 성령이 인간의 노력을 대신 하신다는 견해
3) 성령이 교육에 보충설명을 하신다는 견해
4) 성령이 전혀 불필요하다는 견해

주관적인 신비주의자들은 인간교사를 부정하고 오직 성령으로만 직접적인 가르침을 받아야만 한다고 주장하거나 직접계시만을 주장하기도 합니다. 일부 극소수의 어느 목사들은 설교준비를 하지 않아도 성령께서 설교할 것과 가르칠 것을 미리 일러 주신다고 주장하기도 하며, 어느 교사들은 스스로 공부를 하지 않아도 성령께서 다 가르칠 것을 알려 주시므로 노력할 필요가 전혀 없다고 하는데, 이는 잘못된 생각입니다. 이런 목사들이 있다면 자신을 부끄럽게 생각하고, 성도들에게 설교할 것과 가르칠 것을 최선을 다하여 열심히 준비하시기 바랍니다. 아마 이러한 사람들은 자신을 신령한 존재로 부각시키려고 하는 목적이 있는 것 같습니다.

성령의 가르침이란 인간의 노력을 전혀 배제하여도 저절로 이루어진다는 것이 아니기 때문입니다. 만일 그러한 논리라면성령이 직접 가르쳐 준다면, 교사뿐 아니라 사도의 직분도 필요없으며, 목사의 설교도 필요없으며, 성경도 신학도 전혀 필요없게 될 것입니다.

만일 성령께서 직접적으로 가르치며, 인간교사가 필요없다고 한다면 성경과 모순이 됩니다. 성경에서 보면, 초대교회는 성령의 은사로써 인간교사를 사용하였음을 알 수가 있기 때문입니다.고전12:28, 14:19, 롬12:7, 엡4:11

초대교회에서 교사디다스칼로스라는 직분은 다른 직분자와 명백히 구분되는 중요한 직책이었습니다. 바울도 자신이 반포자와 사도와 교사로 세우심을 입었다고 말하고 있습니다.

> "내가 이 복음을 위하여 반포자와 사도와 교사로 세우심을 입었노라"딤후1:11

즉 성령께서는 교사의 은사를 주심으로서, 주님의 진리를 가르치고 전하기 위하여 인간교사를 도구로서 사용하시는 것입니다. 이러한 성령의 은사는 그리스도의 몸이신 교회에 덕을 세우도록 주어지는 것이며고전14:12 공동체의 유익을 가져오기 위함입니다고전12:7. 우리는 그리스도의 지상명령에서도 "가르쳐 지키게 하라"마28:20는 주님의 당부를 볼 수 있습니다.

물론 성령의 인도하심이 전혀 필요없으며, 인간교사의 자의적인 노력만이 필요하다고 하면 그는 기독교인이 아닐 것입니다. 만일 그러한 논리라고 한다면, 기독교는 인간의 의지와 힘으로 구원을 이루는 자력적인 종교가 될 것이며, 하나님의 값없는 은혜와 주권적인 구원사역을 부정하는 종교가 되고 맙니다.

또 성령께서 각주脚註 혹은 보충설명을 달아주신다는 것도 잘못된 생각인데, 예를 들어 어느 사람이 자의적으로 이단성이 있거나 비성경적인 주장을 할 때에도, 성령께서 각주를 달아주신다고 생각하는 것은 상식이하의 견해가 될 것입니다.

즉 다른 사람을 가르치며 하나님의 말씀을 진리로 인도하는 교사들은 성령의 인도하심을 하나님께 기도하며 최선을 다하여 공부하고 미리 준비하여야 합니다.

아볼로는 학문이 많고 일찍 주의 도를 배운 사람이었으나, 그는 요한의 세례만 알던 사람이었다고 성경은 말합니다.

> 그가 일찍 주의 도를 배워 열심히 예수에 관한 것을 자세히 말하며 가르치나 요한의 세례만 알 따름이라. 그가 회당에서 담대히 말하기를 시작하거늘, 브리스길라와 아굴라가 듣고 데려다가 하나님의 도를 더 자세히 풀어 이르더라 행18:24-26

그가 브리스길라와 아굴라에게 성경을 자세히 풀어 배움을 받고나서부터, 공중 앞에서 성경으로 유대인들을 이기게 되었고 예수를 그리스도라고 증거하게 되었던 것입니다 행18:26-28. 아볼로는 초대교회의 성경교사였으며 지도자였습니다. 훗날 바울은 아볼로에게 고린도교회를 다시 방문해달라고 권유하기도 합니다 고전16:12. 바울은 아볼로를 이렇게 평가합니다.

> 나는 심었고 아볼로는 물을 주었으되 오직 하나님은 자라나게 하셨나니 고전3:6

자라나게 하시는 분은 오직 하나님이시지만, 인간교사의 노력과 가르침을 전혀 배제한 것도 아니라, 인간교사의 노력과 하나님의 역사하심이 함께 동참되는 동역을 말하는 것입니다. 바울은 아볼로나 자신의 노력이 아무 것도 아니지만, 그러나 아볼로와 자신이 모두 하나님의 동역자임을 말하였습니다 고전3:9. 그러한 아볼로는 브리스길라와 아굴라에게 성경의 가르침을 자세히 배운 후에야 그도 역시 성경교사가 되었던 것입니다. 행18:24-28

몸되신 그리스도를 위하여 그 각각 지체가 되는 우리들이 서로 연합함으로서 은사가 활용되어지면고전12:12-28, 우리는 더욱 큰 은사를 사모하게 되며 주께서는 제일 좋은 길을 우리에게 보여주시는 것입니다.고전12:31 가르치는 일은 명백한 성령의 은사였으며롬12:7, 고전14:6, 26 특별히 지혜의 말씀과 지식의 말씀은 가장 우선적인 기능의 은사로 간주되었습니다고전12:8

디모데는 "저희가 또 다른 사람을 가르칠 수 있으리라"딤후2:2라고 말했으며, 히브리서 기자는 "너희가 다시 하나님의 말씀의 초보가 무엇인지 누구에게 가르침을 받아야 할 것이니…"히5:12이라고 기록하였습니다.

안디옥 교회에서는 스데반의 순교로 흩어진 무명의 그리스도인들에 의하여 복음이 전파되어 교회가 세워졌는데 바나바와 바울이 일년간을 교회에 머물면서 가르쳤을 때에야 비로소 그들이 그리스도인이라고 일컬음을 받게 되었다고 기록되어 있습니다.행11:26

> 바나바가 사울을 찾으러 다소에 가서 만나매 안디옥에 데리고 와서 둘이 교회에 일년간 모여 있어 큰 무리를 가르쳤고 제자들이 안디옥에서 비로소 그리스도인이라 일컬음을 받게 되었더라 행11:25-26

바울은 "너희 안에 행하시는 이는 하나님이시니…"빌2:13이라고 하였으며, "이를 위하여 나도 내 속에서 능력으로 역사하는 이의 역사를 따라 힘을 다하여 수고하노라"골1:29라고 하였습니다. 즉 성령의 가르침과 성경말씀은 불가분의 관계를 갖습니다. 그 이유는 성경이 곧 성령의 감동으로 기록되었기 때문입니다.

> 모든 성경은 하나님의 감동으로 된 것으로 교훈과 책망과 바르게 함과 의로 교육하기에 유익하니딤후3:16

또 베드로는 영감의 역사에 있어서 성령이 어떤 방법을 사용했는가에 대해서 설명하고 있습니다.

> 예언은 언제든지 사람의 뜻으로 낸 것이 아니요, 오직 성령의 감동하심을 입은 사람들이 하나님께 받아 말한 것임이니라 벧후1:21

즉 성경 66권은 성령의 감동으로 기록된 책이므로, 그것을 이해하기 위해서는 성령의 조명照明이 필요합니다. 성령이 내주하지 않는 비기독교인의 경우, 성령께서 그들의 머리와 마음의 눈을 뜨고 조명하시지 않으므로 인하여 그들은 성경을 이해하려고 하지 않습니다.

조명照明이란 무엇을 말할까요? 조명이란 "인간의 두뇌와 마음에 역사하셔서 인간으로 하여금 이미 계시된 하나님의 진리를 이해할 수 있도록 하는 성령의 역사"라고 정의할 수 있습니다. 시편기자는 하나님께 눈을 열어 달라고 간구하였습니다.

> 내 눈을 열어서 주의 법의 기이한 것을 보게 하소서 시119:18

엠마오로 가는 두 제자에게 나타나셨을 때에도 주님은 두 제자의 마음을 열어 성경말씀을 깨닫게 하셨습니다.

"이에 저희 마음을 열어 성경을 깨닫게 하시고" 눅24:25

또 바울은 에베소 교인들의 마음 눈이 밝아지기를 기도하였습니다. 엡1:17-19

> 우리 주 예수 그리스도의 하나님, 영광의 아버지께서 지혜와 계시의 정신을 너희에게 주사 하나님을 알게 하시고 너희 마음 눈을 밝히사 그의 부르심의 소망이 무엇이며 성도 안에서 그 기업의 영광의 풍성이 무엇이며 그의 힘의 강력으로 역사하심을 따라 믿는 우리에게 베푸신 능력의 지극히 크심이 어떤 것을 너희로 알게 하시기를 구하노라 엡1:17-19

또 바울이 안식일에 기도처를 찾다가 강가에서 만난 여인들에게 말씀을 전하였을 때에, 특별히 주님께서 자주장사 루디아의 마음을 열어 주셨다고 기록하고 있습니다.

"두아디라성의 자주 장사로서 하나님을 공경하는 루디아라 하는 한 여자가 들었는데, 주께서 그 마음을 열어 바울의 말을 청종하게 하신지라"행16:14

어떤 사람들은 자신들의 성경적인 무능력이나 결함을 감추고 위장하기 위하여, 자신의 주장이 성령으로부터 직접적인 가르침을 받았다고 주장하기도 하며, 다른 사람들의 주의를 끌기 위한 우월적이며 신비주의적인 생각으로 이러한 주장을 하기도 합니다.

9. 은사

성령의 은사와 표적

성령을 가시적可視的으로 받기 위해, 혹은 성령이 내 안에 있는지 없는지를 알지 못해 방황하는 성도들이 의외로 적지 않습니다. 왜 나는 방언의 은사나 통역의 은사, 예언의 은사, 신유의 은사를 받지 못하는가? 특별히 그러한 신령한 은사를 받게 해달라고 간구하는 성도들이 있으며, 심지어는 방언의 은사를 받아야만 성령이 내주하는 증거라고 가르치는 교회가 있는 것도 사실입니다. 물론 성령의 은사는 가시적으로나 표적적으로 나타날 수도 있다고 보지만, 그러나 은사는 항상 어떤 기적과 표적과 같은 가시적인 현상으로만 나타나는 것이 아니라는 것입니다.

물론 방언의 은사도 당연히 성령의 은사지만, 성령의 은사란 공동체인 교회의 유익을 위하여 매우 다양한 여러가지 형태로서 각 지체인 성도들에게 주어진다는 사실을 알아야만 합니다.

은사는 여러 가지나 성령은 같고, 직임은 여러 가지나 주는 같으며 또 역사는 여러 가지나 모든 것을 모든 사람 가운데 역사하시는 하나님은 같으니 각 사람에게 성령의 나타남을 주심은 유익하게 하려 하심이라. 어떤 이에게 성령으로 말미암아 지혜의 말씀을, 어떤 이에게는 같은 성령을 따라 지식의 말씀을, 다른 이에게는 같은 성령을 따라 지식의 말씀을, 다른 이에게는 같은 성령으로 믿음을, 어떤 이에게는 한 성령으로 병 고치는 은사를, 어떤 이에게는 능력 행함을, 어떤 이에게는 예언함을, 어떤 이에게는 영들 분별함을, 다른 이에게는 각종 방언 말함을, 어떤 이에게는 방언들 통역함을 주시나니, 이 모든 일은 같은 한 성령이 행하사 그 뜻대로 각 사람에게 나눠 주시느니라 고전12:4-11

때로는 부흥회같은 소위 뜨거운 집회에 가야만 성령을 받는 것으로 알고 있는 사람들도 적지 않으며, 언제나 안수같은 행위나 의식등을 통하여 성령을 반복적으로 받는 것으로 아는 사람들도 있는데, 그와 같은 생각은 마침내 신비주의 신앙으로 빠지게 되기도 합니다. 그러나 다른 교회보다 더 병을 잘 고쳐야만 하며, 귀신을 다른 교회보다 잘 쫓아내고, 방언을 비롯한 은사가 보편화 되어있으며, 그러한 가시적인 표적만을 행하는 교회를 찾아 다니며 방황하는 사람들이 있는가 하면, 마치 용한 무당을 찾듯이 어느 교회의 목사가 그러한 능력이 많은가를 비교하는 그러한 성도들도 없지 않습니다.

너희가 회개하여 각각 예수 그리스도의 이름으로 세례를 받고 죄사함을 얻으라. 그리하면 성령을 선물로 받으리니 행2:38

성경에서의 기적과 표적은 하나님이 멧세지를 전하려는 효과적인 방법이었으며, 또한 그 멧신저에게 권위를 부여하기 위한 증거로서 사용되어져 왔습니다. 기적과 이적은 그 사건 자체가 중요한 것이 아니라, 중요한 멧세지를 강조하기 위한 일련의 방법과 수단으로 행하여져 왔습니다. 특히 예수님이 행하신 일련의 기적들에 대해서 성경은 "그들이 믿기 위함"이었다고 기록하고 있습니다.

바울에게 성령이 임하였을 때에 방언같은 표적의 은사가 있었다고 성경은 말하지 않습니다. 행9:17-20 그는 눈의 비늘을 벗고 며칠을 음식을 먹으며 강건하여 지고 난 후, 회당에서 예수가 하나님의 아들임을 전파하였다고 성경을 말하고 있습니다.

은사란 헬라어 '카리스마'로 하나님이 주시는 은혜의 선물을 말합니다.

은사란 두 가지의 개념을 갖습니다. 하나는 값없이 주시는 하나님의 구원의 선물, 즉 구원 자체를 말하며, 또 하나는 교회라는 공동체를 위하여 쓰도록 주시는 하나님이 부여하신 것을 영적은사를 의미합니다.

> 죄의 삯은 사망이요, 하나님의 은사카리스마는 그리스도 예수 우리 주 안에 있는 영생이니라 롬 6:23

롬 6:23의 '은사' 카리스마는 하나님의 값없는 영생의 선물을 말합니다. 또 '은사'의 다른 의미는 각 지체에게 주님의 몸을 세우도록 선물로 주신 것인데, 영적은사란 "유익을 위해 주시는 성령님의 나타남"고전 12:7이며, 공동체인 교회에 덕을 세우기 위함입니다.고전 14:5, 14:26

성경이 말하는 은사는 각 지체에게 주는 여러가지 형태 중에 하나일 뿐입니다.고전 12:4-6 성경은 분명히 각각의 지체에게 나타내주는 각양의 은사를 말하고 있습니다. 그러나 어느 교회는 모두 방언의 은사를 받았다고 하는 곳도 있습니다. 어느 목사가 안수를 통하여 방언을 줄 수 있다고 하는 곳도 있습니다. 어느 교회는 방언을 혀를 굴리는 연습에 의하여 받는다고 합니다.할렐루야를 하루에 1000번씩 암송하라고 하는 교회도 있습니다 그러나 은사는 연습에 의하여 나타나는 것이 아니며, 사람이 주는 것도 아니며, 성령이 주시는 선물입니다.

이와 같이 모두 동일한 은사가 모든 사람에게 동일하게 나타나는 형태로 볼 수는 없습니다. 지혜의 말씀도 은사이며, 지식의 말씀도 은사가 되며12:8 능력 행함도, 예언함도 은사이며, 영들 분별함도 은사이며 방언, 통역, 병고침등 은사는 많습니다.

믿음, 사랑, 소망도 더욱 큰 은사이며 가르침도 은사입니다. 찬송시도 은사가 되며고전 14:26 어느 학자는 성경에 나타난 은사만도 수십가지가 넘는다고도 말합니다. 은사는 교회라는 공동체의 유익과 덕을 세우기 위해 각 지체에게 나누어 주시는 성령의 선물이며 능력입니다.

> 방언을 말하는 자는 자기의 덕을 세우고 예언하는 자는 교회의 덕을 세우나니 나는 너희가 다 방언 말하기를 원하나 특별히 예언하기를 원하노라 방언을 말하는 자가 만일 교회의 덕을 세우기 위하여 통역하지 아니하면 예언하는 자만 못하니라 고전 14:4-5

교회에 덕을 세우지 못하는 은사는 유익하지 못한 은사입니다. 주님이 몸이 되시는 교회라는 공동체의 덕과 유익을 위하여 각 지체에게 나누어 주는 선물이 곧 은사이기 때문입니다.

> 이 모든 일은 같은 한 성령이 행하사 그의 뜻대로 각 사람에게 나누어 주시는 것이니라. 몸은 하나인데 많은 지체가 있고 몸의 지체가 많으나 한 몸임과 같이 그리스도도 그러하니라 고전 12:11-12

하나님의 백성에게 아무 유익이 없는 예언을 하는 자는 미혹에 지나지 않으며 그를 여호와하나님이 치겠다고 하십니다.

> 나 여호와가 말하노라 보라 거짓 몽사를 예언하여 이르며 거짓과 헛된 자만으로 내 백성을 미혹하게 하는 자를 내가 치리라 내가 그들을 보내지 아니하였으며 명하지 아니하였나니 그들이 이 백성에게 아무 유익이 없느니라 여호와의 말이니라 렘 23:32

특히 고린도전서 12-14장은 고린도교회에서 행하여지는 은사의 남용에 대해 바울이 그것을 핀잔하며 경고하는 내용이라는 것을 알아야만 합니다. 방언의 은사란 헬라어 '랄레인 헤테라이스 글로싸이스'이며 그 의미는 "다른 방언으로 다른 언어로 말하기"입니다. 오순절 성령의 강림하여 처음 나타난 방언의 은사는 실제 사용되는 다른 지역의 언어를 말하는 외국어의 형태였습니다. 행 2:4-11 그러나 고린도전서에서의 방언에 대해서 바울은 "사람의 방언과 천사의 말"고전 13:1이라고 하였고 "사람에게 하는 말이 아니라 하나님께 하는 말로 알아듣는 자가 없다"고전 14:2라고 하였습니다. 다른 지역의 방언은 사람들이 알아 들을 수가 있었다는 점에서 볼 때에, 방언을 두 가지의 형태로 추측합니다.

방언은 오순절 이후 사도행전에서 세례를 받고 믿음을 가진 표적으로 기록되어진 것은 사실이지만, 그러나 성경에서 세례를 받고 믿음을 가진 경우에 반드시 방언이 나타난 것은 아닙니다. 아마 고린도교회에서는 은사의 남용이 많았으며, 특히 방언의 은사에 대해서 많은 편견이 있었으므로, 바울은 구체적으로 올바른 은사를 알리고 싶었던 것으로 보입니다.

방언이 시끄러운 꽹과리의 소리가 될 수도 있음을13:1 바울은 경고하고 있으며, 생명이 없는 거문고의 소리가 될 수도 있으며, 분명한 소리를 내지 못하는 나팔소리로 비유하며 주의를 주고 있습니다.14:7-8 특히 뜻도 알지도 못하는 방언은 야만이 되고 만다고 비유하고 있고14:11 방언의 기도는 마음이 열매를 맺지 못한다고 주의를 주고 있습니다.14:15

일만 마디 방언보다 다섯 마디 가르침이 더 나은 것이라고 하는데14:19 그것은 방언의 은사보다 가르침의 은사가 더욱 중요한 것임을 말하는 의미이며, 가르침, 즉 교사의 은사는 공동체의 유익을 위하여 더욱 중요하다는 뜻이 됩니다.

바울은 더욱 혹독한 비판을 하는데, "무식한 자들이나 믿지 아니한 자들이 너희를 미쳤다고 하지 않겠느냐"고 반문하고 있으며14:23 방언의 은사는 부분적인 것이며 폐하여질 수도 있으니14:8 더욱 큰 은사를 사모하라고 말하고 있습니다.12:31

또한 바울은 교회 내에서는 방언은 두세 사람이 순서를 갖고 하여야 하며, 통역자가 없을 때에는 교회에서 잠잠하라고 말하였으며14:28, 모든 것을 적당하게 하라고 충고를 하고 있습니다.14:27. 40 과연 오늘날 교회 안에서 성경의 가르침과 같은 방언이 지켜지고 있을까요?

물론 바울은 남들보다 더 방언의 은사를 잘 말할 수가 있었음에도 불구하고14:18 바울의 방언에 대한 설명은 신랄한 혹평에 가깝다는 것을 알아야만 합니다.

> 다 병 고치는 은사를 가진 자겠느냐? 다 방언을 말하는 자겠느냐? 다 통역하는 자 겠느냐? 고전 12:30

기적과 이사와 표적만을 지향하는 신앙적 형태를 우리는 '이적적 신앙The faith of Miracles'이라고 부릅니다. 만일 "나를 위하여 하나님께서 일상적으로 이러한 기적을 행하신다"고 믿는다면 어떤 의미로서 그는 이적적 신앙을 갖고 있다고 볼 수 있습니다.

분명한 것은 하나님이 어떠한 개인의 사적인 이익만을 위하여 이적을 행하신 적이 없으며, 어느 특정한 개인을 위하여 독단적인 초능력과 권세를 준 적은 없습니다. 특히 예언의 은사에 대해서 개인의 장래에 대한 점을 쳐주는 능력으로 해석하는 사람들이 있는데, 성경은 개인의 장래에 대해서 점을 쳐주는 것을 금지하고 있습니다.

> 그 선지자들이 허탄한 묵시를 보며 거짓 것을 점쳤으니 내 손이 그들을 쳐서 내 백성의 공회에 들어 오지 못하게 하며 이스라엘 족속의 호적에도 기록되지 못하게 하며 이스라엘 땅에도 들어가지 못하게 하리니 너희가 나를 여호와인 줄 알리라 겔 13:9
> 여호와께서 내게 이르시되 선지자들이 내 이름으로 거짓 예언을 하도다 나는 그들을 보내지 아니하였고 그들에게 명하거나 이르지 아니하였거늘 그들이 거짓 계시와 복술과 허탄한 것과 자기 마음의 속임으로 너희에게 예언하도다 렘 14:14

예언을 뜻하는 히브리어 '나비, 호제, 로에'라는 단어는 선지자라는 뜻으로서, "하나님이 보여주신다"는 의미를 갖으며, 하나님의 어떤 일을 행하려는 목적이나 새로운 멧세지를 전달하기 위한 취지로서, 그 신빙성을 추가시키기 위한 방편으로 사용되었습니다.

사도행전의 오순절의 방언은 모든 사람들의 이목과 관심을 집중하게 함으로서 많은 사람들이 기독교에 입문하는 결과를 초래하였음을 알아야 합니다. 구약에서도 하나님의 존재자체가 도전을 받음으로 많은 사람들에게 의심을 받을 때에 하나님은 선지자들을 통하여 일련의 기적과 표적을 나타나도록 하여 주셨습니다.

오순절 다락방에서 성령이 임하고 각 지방의 방언이 터진 것은 그것을 듣는 사람들이 기이하게 여김으로서 교회로 부르심의 목적이었으며, 실제로 베드로가 설교를 마친 후에 그날 모인 사람들 3000명이 세례를 받음으로 초대교회의 시작을 가져왔습니다.

또 예수님이 귀신을 쫓고 병을 고친 것은 그분이 하나님의 아들임을 알게 함으로서 제자들과 그 주변사람들에게 믿음을 갖게끔 하려는 목적이었습니다. 언제나 예수님은 병고침 후 "너희 믿음이 너를 구원하였다"는 것을 늘 강조하여 오셨습니다.

또 성령님은 "구원받는 사람을 날마다 더 하게 하시느니라"행 2:47는 말씀처럼 믿는 사람들이 점점 많아지게 하시는 분입니다. 물론 초대교회와 같은 기적과 표적이 지금도 나타나지 않는다고 하여 성령이 역사하지 않는 교회라는 평가를 내릴 수는 없습니다.

사도바울은 은사를 남용하였던 고린도교회에 대해서 이렇게 말하였습니다. 우리는 방언보다 더욱 좋은 은사를 사모하여야 합니다.

> 너희는 더욱 큰 은사를 사모하라. 내가 또한 제일 좋은 길을 너희에게 보이리라 고전 12:31
>
> 사랑은 언제까지 떨어지지 아니하나 예언도 폐하고 방언도 그치고 지식도 폐하리라. 우리가 부분적으로 알고 부분적으로 예언하니, 온전한 것이 올 때에는 부분적으로 하던 것이 폐하리라 고전13:8-10

제9장. 종말론과 이단

이것들을 증언하신 이가 이르시되 내가 진실로 속히 오리라 하시거늘 아멘 주 예수여 오시옵소서. 계22:20

1. 하나님나라

하나님나라

하나님 나라, 천국, 하늘나라, 영어로는 Kingdom of God, 혹은 Kingdom of heaven으로 번역되는데, 하나님나라라고 하는 개념은 매우 오랫동안 전해오고 발전되어진 개념이었으며, 본래 하나님나라라는 단어는 하나님의 통치영역을 의미하는 개념이었습니다.

구약에서는 하나님 나라가 이스라엘과 동일시 되어지는데, 하나님이 이스라엘을 직접 선민으로 택하시고 그들을 직접 통치하시는 신정통치국가였습니다. 즉 여호와는 만유의 주이시며 온 우주를 창조하신 분이지만, 구약에서의 하나님의 나라는 이스라엘의 영역 안에서 하나님이 택하신 그의 백성들을 보호하고 인도해 주시는 여호와의 통치영역적인 개념이었던 것입니다. 그래서 하나님이 선택하신 이스라엘 백성들은 이방민족들과 교제나 혼인을 할 수 없었으며, 땅을 얻기 위한 영역적 전쟁은 곧 왕국의 세력을 확장하는 수단이었고, 나아가서는 생명을 유지하는 것과 동일시 되었던 것입니다.

구약에서 아주 흥미있는 경우가 있습니다.

문둥병에서 고침을 받은 수리아의 군대장관 나아만은 자신의 나라에 가서도 여호와께 예배를 드릴 수 있도록 이스라엘의 흙을 노새 두 마리에 실어가기를 엘리사에게 요청합니다왕하 5:17-18. 그 이유는 하나님 나라와 이스라엘의 영토가 동일시되는 개념이기 때문입니다. 또한 이스라엘의 하나님은 언약궤 안에 계시는 하나님이었으며, 그들의 장막에 계시는 분이었으며, 나아가서는 그들의 성전에 계시는 하나님이셨으며, 이스라엘 백성들의 나라가 곧 하나님 나라의 실체와 동일시 되어져 왔던 것입니다.

그러나 이스라엘 백성들이 포로로 잡혀가고, 디아스포라를 거치면서 그들이 여러 지역에 흩어져서 살게 되어짐으로서, 그들의 하나님 나라의 개념은 점차 지리적 영역이나 정치적 실체의 개념에서 벗어나게 됩니다. 즉 제한된 개념에서부터 보다 넓은 영역적이며 통치적인 개념이 됩니다.

포로기 이후의 이스라엘은 오랫동안 종전의 영광을 회복할 수가 없었고, 유대인들은 결국 하나님 나라에 대한 정치적 현실에 대하여 큰 갈등과 긴장을 가지지 않을 수가 없었습니다. 이후 하나님의 나라라는 용어적 개념은 지상의 영역적인 개념에서 벗어나 충성된 성도들의 내면적인 믿음 안에 내재하는 하나님으로 간주되며, 마지막 때와 연관되어지는 종말적이며 심판적이며 영적인 개념으로 변화하게 된 것입니다. 하나님나라는 유대인으로부터 이방인으로 대상이 바뀌어 구분된 관점에서 마지막 때 인류를 심판하시는 역사의 정점에서의 새로운 왕국으로 출현하게 될 것입니다.

유대인들은 메시야의 출현을 그들의 압제와 구속에서 해방시켜줌으로서 정치적이며 새로운 왕국을 건설하는 인물로써 기다리고 있었기에, 세례요한마저도 예수님이 정치적인 메시야임을 확인하고 싶었던 것입니다.

> 예수께 여짜오되 오실 그이가 당신이오니이까 우리가 다른 이를 기다리오리이까?마 11:3

예수님은 제자들에게 다음과 같은 말씀을 하십니다.

> 세례 요한의 때부터 지금까지 천국은 침노를 당하나니 침노하는 자는 빼앗느니라마11:12

성경에서 하나님 나라는 세 가지의 개념으로 정의되어지기 시작하는데 이것은 하나님나라의 실체를 이해하는 데에 있어서 아주 중요합니다. 중요한 것은 어느 한가지의 개념만을 하나님나라의 뜻으로 단정하는 것은 옳지 못하다는 것입니다. 또한 하나님나라가 뜻하는 개념은 진행적인 의미를 포함합니다.

(1) 하나님이 직접 다스리시는 실체적인 신정통치의 왕국.
(2) 예수 그리스도를 믿는 개인적인 성도로 구성되며 확장되어가는 내면적이며 영적인 의미
(3) 종말적이며 궁극적인 구원의 장소적인 거처

그래서 새로운 하나님 나라의 개념은 아주 작은 겨자씨가 새가 깃드는 큰 나무로 성장되는 것에 비유되었으며마13:31 가루 서말에 넣어 크게 부풀어지는 누룩에 비유되었으며마13:33, 그것은 진행적이며 점진적으로 확대되어져 가는 영역적인 개념이 분명합니다. 또한 밭에 뿌려진 씨앗에 비유되어짐으로서막4:3-20 선택적이 될 것입니다.

또한 예수님의 도래와 함께 영역적이고 내면적인 개념의 하나님 나라는 계속 진행되며 확장되어지게 될 것입니다. 뜻이 하늘에서 이루어진 것처럼 땅에서도 이루어지게 될 것입니다.

세례 요한은 예수 그리스도의 오심을 가르켜 천국이 가까이 왔으니 회개하라고 하였고, 예수 그리스도의 도래와 함께 하나님의 나라를 동일시하였으며마3:2 예수께서는 하나님의 능력이 나타난 것과 그 나라가 임재한 것을 동일하게 말씀하셨습니다. 마12:28

> 그러나 내가 하나님의 성령을 힘입어 귀신을 쫓아내는 것이면 하나님의 나라가 이미 너희에게 임하였느니라. 마12:28, 눅11:20

바울도 하나님 나라에 대하여 내면적이고 영적인 개념으로 강조하였습니다. 하나님 나라는 "성령 안에서의 평강과 희락"이라고 설명하였습니다롬14:17. 또한 예수님 역시 하나님 나라는 볼 수 없으며, 믿는 성도들 안에 있다고 말씀하시므로서눅17:20-21 내면적이며 영적인 실체의 개념으로도 설명하

였습니다.

> 하나님의 나라는 볼 수 있게 임하는 것이 아니요 또 여기 있다 저기 있다고도 못하리니 하나님의 나라는 너희 안에 있느니라눅17:20-21

또한 사도 베드로와 사도 요한도 성도들을 곧 그의 나라와 동일한 개념으로 간주합니다벧전2:9, 계1:6, 5:10

> 그러나 너희는 택하신 족속이요 왕 같은 제사장들이요 거룩한 나라요 벧전 2:9
> 그 아버지 하나님을 위하여 우리를 나라와 제사장으로 삼으신…. 계1:6

그러나 하나님나라가 영적이고 내면적인 영적 실체의 개념만 있는 것이 아니며, 무엇보다도 중요한 것은 우리는 하나님 나라의 궁극적이며 종말적인 장소적인 개념을 전혀 배제할 수 없다는 것입니다. 예수님은 "내 나라는 이 세상에 속한 것이 아니다"라고 하셨으며요18:36 그 나라는 미래적이며 장래적인 의미로 비유하셨으며눅19:11 이하 또한 종말적으로 주님과 만나게 되는 장소로 설명하기도 하였습니다.마26:29 불의한 자는 궁극적으로 하나님의 나라를 유업으로 받을 수 없다고전6:9, 15:4, 갈5:21, 엡5:5고 하였으며, 그 나라는 마침내 세상 나라를 포함하여 지배하는 그리스도의 나라가 되어 세세토록 그리스도가 왕노릇을 하게 되어질 것입니다계11:15. 그 나라는 궁극적으로 오직 홀로 하나님만이 높힘을 받게 될 것이며사2:11 그 분이 몸소 세상을 통치하게 될 것이며사11:9 구원을 받은 우리가 주님과 영원히 거할 처소가 될 것입니다.

> 내 아버지 집에 거할 곳이 많도다 그렇지 않으면 너희에게 일렀으리라. 내가 너희를 위하여 처소를 예비하러 가노니 요14:12

주님이 직접 가르쳐 준 기도문은 그 나라가 임할 것을 간구하며 하나님의 뜻이 땅에서도 이루어 질 것을 기도하라고 말씀하십니다. 요한은 물과 성령으로 거듭난 자만이 하나님 나라를 볼 수 있다고 하였으며요3:3,5, 또한 믿는 자들은 먼저 그의 나라와 의를 구하라고 하셨습니다마6:33. 또한 성도들은 하늘의 시민권을 갖고 있는 자들입니다.

변화산에서 예수님은 택하신 몇몇 제자들에게 하나님 나라가 권능으로 임하는 것을 볼 수 있도록 허락하시며막9:1 그 변화산에서 보여준 사건은 상상적인 허상이 아니라, 실제적인 사건이었습니다. 성경은 변화산 사건을 통하여 "죽기 전에 하나님나라를 볼 수 있다"고 말씀하셨으며, 그 말씀은 죽어야만 하나님나라를 볼 수 있다는 뜻이기도 합니다. 변화산에서 예수는 죽었던 모세와 엘리야가 대화를 나눕니다.

또한 예수님은 지혜로운 서기관에게 그가 하나님 나라에 멀지 않았음으로 설명하시며막12:34 분명히 어떠한 부류의 사람들은 선택적으로 하나님 나라에 들어가지 못하여, 슬피 울며 이를 갈게 된다고 하였습니다.눅13:28

그러한 말씀의 의미는 하나님 나라가 종말적이고 궁극적인 장소의 실체라는 것을 시사하여 줍니다.

> 내가 밤 이상 중에 보았는데 인자같은 이가 하늘 구름을 타고 와서 옛적부터 항상 계신 자에게 나아가 그 앞에 인도되매 그에게 권세와 영광과 나라를 주고 모든 백성과 나라들과 각 방언하는 자로 그를 섬기게 하셨으니 그 권세는 영원한 권세라 옮기지 아니할 것이요 그 나라는 폐하지 아니 할 것이라. 단7:13-14

즉 예수를 믿는 자발적인 개인들로 구성되어지는 하나님 나라는 내적이며 영적인 실체로써 점점 그 영역을 넓히게 되어질 것이며, 마침내 종말적으로 예수 그리스도의 재림과 함께 선택적이며 심판적으로 완성되어지며, 그 뜻이 하늘에서 이루어진 것처럼 땅에서도 이루어짐으로서, 현실적인 세상나라를 모두 포괄하게 될 것이며, 그 나라는 그리스도가 왕이 되는 세세토록 영원히 폐하여지지 않는 나라가 될 것입니다. 그 나라는 예수와 함께 이미 임한 나라이며, 또한 진행적이며, 그 나라는 영적이기도 하며 실제적이기도 하며, 그 나라는 현재적이기도 하며 궁극적이기도 하며, 그 나라는 통치적 영역적이기도 하며, 공간적이며 시간적인 개념을 갖고 있습니다.

교회도 하나님 나라의 일부입니다. 그렇다고 하여 하나님 나라가 곧 교회는 될 수가 없습니다. 물론 믿는 성도도 하나님 나라의 일부이며, 그렇다고 하여 하나님 나라가 곧 성도가 될 수는 없습니다. 물론 우리가 사후에 가는 곳, 역시 하나님 나라입니다. 그러나 사후에 가는 곳만이 하나님의 나라는 아닙니다. 하나님 나라는 하늘에서 뜻이 이루어진 것처럼 땅에서도 이루어지게 될 것이며, 또한 새 예루살렘성은 하늘에서 내려오게 될 것입니다.

시간적으로 볼 때에도, 과거에도 하나님의 나라는 온전히 존재하였습니다. 현재에도 하나님의 나라는 그 영역을 확장시키면서 진행하고 있으며, 종말적인 미래에 하나님의 나라는 예수님의 재림과 함께 완성되어 나타나게 될 것입니다. 성경에서 하나님나라는 지속적으로 진행 중이었습니다.

> 또 내가 새 하늘과 새 땅을 보니 처음 하늘과 처음 땅이 없어졌고 바다도 다시 있지 않더라, 또 내가 보매 거룩한 성 새 예루살렘이 하나님께로부터 하늘에서 내려오니 그 예비한 것이 신부가 남편을 위하여 단장한 것 같더라계21:1-2

2. 천국과 하나님나라가 다른가?

천국과 하나님 나라

극단적인 세대주의자들예를 들면, 지방교회, 말씀보존학회, 구원파 일부은 하나님 나라와 천국을 다르게 봅니다. 그러나 천국과 하나님 나라가 다르다고 볼 이유가 없습니다. 성경에서 마태와 마가, 누가는 서로 같은 내용의 구절에 단지 천국과 하나님 나라라는 단어를 호환하여 사용하였기 때문입니다. 천국과 하나님 나라가 같다고 하는 사람들은 아래 성경구절들이 어떻게 다른지를 구체적으로 설명할 수 있어야 합니다.

> 막 1:15 -가라사대 때가 찼고 하나님 나라가 가까왔으니 회개하고 복음을 믿으라 하

시더라

마 4:17 –이 때부터 예수께서 비로소 전파하여 가라사대 회개하라 천국이 가까왔느니라 하시더라

마 4:23 –예수께서 온 갈릴리에 두루 다니사 저희 회당에서 가르치시며 천국 복음을 전파하시며 백성 중에 모든 병과 모든 약한 것을 고치시니

눅 9:11 –무리가 알고 따라왔거늘 예수께서 저희를 영접하사 하나님 나라의 일을 이야기하시며 병 고칠 자들은 고치시더라

마 5:3 –심령이 가난한 자는 복이 있나니 천국이 저희 것임이요

눅 6:20 –예수께서 눈을 들어 제자들을 보시고 가라사대 가난한 자는 복이 있나니 하나님의 나라가 너희 것임이요

마 8:11 –또 너희에게 이르노니 동서로부터 많은 사람이 이르러 아브라함과 이삭과 야곱과 함께 천국에 앉으려니와

눅 13:28 –너희가 아브라함과 이삭과 야곱과 모든 선지자는 하나님 나라에 있고 오직 너희는 밖에 쫓겨난 것을 볼 때에 거기서 슬피 울며 이를 갊이 있으리라

마 10:7 –가면서 전파하여 말하되 천국이 가까왔다 하고

눅 10:9 –거기 있는 병자들을 고치고 또 말하기를 하나님의 나라가 너희에게 가까이 왔다 하라

마 11:11 –내가 진실로 너희에게 말하노니 여자가 낳은 자 중에 세례 요한보다 큰 이가 일어남이 없도다 그러나 천국에서는 극히 작은 자라도 저보다 크니라

눅 7:28 –내가 너희에게 말하노니 여자가 낳은 자 중에 요한보다 큰 이가 없도다 그러나 하나님의 나라에서는 극히 작은 자라도 저보다 크니라 하시니

마 11:12 –세례 요한의 때부터 지금까지 천국은 침노를 당하나니 침노하는 자는 빼앗느니라

눅 16:16 –율법과 선지자는 요한의 때까지요 그 후부터는 하나님 나라의 복음이 전파되어 사람마다 그리로 침입하느니라

마 13:11 –대답하여 가라사대 천국의 비밀을 아는 것이 너희에게는 허락되었으나 저희에게는 아니 되었나니

막 4:11 –이르시되 하나님 나라의 비밀을 너희에게는 주었으나 외인에게는 모든 것을

비유로 하나니

눅 8:10 -가라사대 하나님 나라의 비밀을 아는 것이 너희에게는 허락되었으나 다른 사람에게는 비유로 하나니 이는 저희로 보아도 보지 못하고 들어도 깨닫지 못하게 하려 함이니라

마 13:24 -예수께서 그들 앞에 또 비유를 베풀어 가라사대 천국은 좋은 씨를 제 밭에 뿌린 사람과 같으니

막 4:26 -또 가라사대 하나님의 나라는 사람이 씨를 땅에 뿌림과 같으니

마 18:3 -가라사대 진실로 너희에게 이르노니 너희가 돌이켜 어린아이들과 같이 되지 아니하면 결단코 천국에 들어가지 못하리라

막 10:15 -내가 진실로 너희에게 이르노니 누구든지 하나님의 나라를 어린아이와 같이 받들지 않는 자는 결단코 들어가지 못하리라 하시고

마 19:23 -예수께서 제자들에게 이르시되 내가 진실로 너희에게 이르노니 부자는 천국에 들어가기가 어려우니라

막 10:23 -예수께서 둘러보시고 제자들에게 이르시되 재물이 있는 자는 하나님의 나라에 들어가기가 심히 어렵도다 하시니

수많은 구절이 그 병행구절에서 하나님나라와 천국을 단지 용어만 바꾸어 호환하고 있다는 것은 그 의미가 다르지 않다는 것을 말하여 줍니다. 특히 마태복음에서는 같은 구절에서 천국과 하나님나라를 동시에 언급하면서 동일한 뜻으로 기록하고 있습니다.

예수께서 제자들에게 이르시되 내가 진실로 너희에게 이르노니 부자는 천국에 들어가기가 어려우니라, 다시 너희에게 말하노니 약대가 바늘귀로 들어가는 것이 부자가 하나님의 나라에 들어가는 것보다 쉬우니라 마9:23-24

과연 천국과 하나님 나라가 다른 뜻일까요?

마태는 주로 천국바실레이아 우라노스, Kingdom of Heaven이라는 용어를 사용하였으며, 또 마가와 누가는 주로 하나님 나라바실레이아 호 데오스, Kingdom of God

이라는 용어를 사용하였습니다. 그러나 마태, 마가, 누가, 요한을 비롯하여, 모든 성경기자들은 하늘우라노스, Heaven라는 단어를 사용하고 있습니다.

3. 낙원

낙원은 무엇인가?

낙원은 죽은 자들 중 의로운 자들의 영혼이 예수님의 재림까지 시한적으로 머무는 영적인 개념의 장소를 말합니다. 물론 낙원도 천국이며 하나님나라입니다. 낙원과 천국을 다른 곳으로 볼 이유는 없습니다.

에덴동산은 곧 낙원입니다. 그 에덴동산에서 추방된 사건을 실낙원失樂園이라고 하였습니다. '에덴'이라는 단어는 '기쁨'이라는 뜻이며 에덴동산은 한문으로 풀이하면 기쁨의 동산 곧 낙원樂園이 됩니다. 낙원은 히브리어 '파르데스' 헬라어로 '파라데이소스'이며, 그 문자적인 의미는 곧 '정원, 공원'을 의미합니다. 파라다이스라는 단어는 고대 페르샤의 어원을 가지며 원래 '울타리로 둘러쌓인 정원'을 말합니다.

그렇다면 낙원이란 가톨릭이 주장하는 중간 장소적인 개념과 같을까요? 정확히 표현하자면, 현재 낙원은 사후영혼이 가는 영적 개념으로서, 어떤 물질적이고 장소적인 의미가 아니라 상태적인 개념이라고 보는 것이 맞을 것입니다. 낙원이 지구 상 어느 장소나 지역에 실존하는 것은 아니기 때문입니다. 무엇보다도 낙원은 가톨릭이 말하는 연옥의 개념과는 전혀 다릅니다. 무엇보다도 그곳은 부자와 나사로의 경우에서 보듯이, 다시 돌이킬 수 있는 회개의 기회가 없기 때문입니다.

낙원파라다이스은 구체적으로 신약에 세 번이 언급됩니다.

> 예수께서 이르시되 내가 진실로 네게 이르노니 오늘 네가 나와 함께 낙원에 있으리라 하시니라 눅 23:43
>
> 그가 낙원으로 이끌려가서 말할 수 없는 말을 들었으니 사람이 가히 이르지 못할 말이로다" 고후 12:4

> 귀 있는 자는 성령이 교회들에게 하시는 말씀을 들을지어다 이기는 그에게는 내가 하나님의 낙원에 있는 생명나무의 과실을 주어 먹게 하리라 계 2:7

이 낙원에 대한 용어적인 개념을 정통신학에서는 다음과 같이 설명합니다.

> 또한 낙원은 의로운 자가 죽은 후에 사는 거처로 간주되었다. 부자와 나사로의 이야기에서 볼 수 있듯이 낙원과 반대되는 곳은 악인들이 죽은 후에 가는 음부 스올/하데스로 간주되어 있다. 예수님과 함께 처형을 당하는 강도 가운데 한 사람이 예수님의 나라가 임할 때에 자기를 기억해 달라고 예수께 요청하였다. 그 때 예수께서는 그 날 그 강도가 예수님과 함께 낙원에 있을 것이라고 대답하셨다.
> 아가페성경사전 241쪽

즉 낙원은 죽은 자의 영혼이 거하는 영적인 개념의 장소이며, 그 영혼들이 예수의 재림 후에 신체적인 부활을 하게 되면, 새 하늘과 새 땅으로 변화된 예루살렘 도성에서 영원히 거하게 될 것입니다. 이 개념이 가장 잘 묘사된 것이 부자와 나사로에 대한 성경구절일 것입니다. 물론 낙원과 천국은 각각 분리되어 구별되는 다른 개념은 아닙니다.

> 이 비유에 나오는 사후생활에 관한 유일하게 확실한 사실은 사후생활이 있다는 것이 사실이라는 점이다. 그러나 적어도 사후생활에 관하여 되돌이킬 수 없이 좋은 가능성과 바꾸어질 수 없이 악한 가능성이 있다는 점을 분명하게 덧붙혀 말해야 한다. 도널드거스리, New Testament Theology 820 쪽

즉 정통 개신교는 분명히 세상 끝날 때에 예수님 재림시, 심판이 있을 것이라고 믿습니다. 성경 역시 그렇게 기록하고 있습니다. 그러나 십자가의 강도에게 예수님은 "오늘 네가 나와 함께 낙원에 있으리라"고 하셨습니다. 십자가 강도는 '당신의 나라에 임할 때'에 나를 생각하소서라고 하였는데, 예

수님은 '오늘' 네가 나와 함께 낙원에 있으리라고 하셨습니다.

우리 개신교에서는 낙원을 죽은 자의 영혼이 최후의 심판까지 대기하는 중간 상태의 개념으로 보고 있으며, 그러나 최종심판에 영향을 주는 회개의 기회가 없습니다. 가톨릭은 연옥이라는 중간개념을 설명하며 연옥은 영세를 받았으나 공덕이 부족하여 천국에 미치지 못하는 자들이 소정의 정화기간이 되면 천국으로 옮기는 곳으로 믿으며, 이것은 본인과 친지와 가족의 기도와 간구도 영향을 미친다고 하여 중세의 면죄부 사건을 일으키는 부작용을 낳기도 하였습니다. 물론 이러한 주장은 성경적인 근거가 없습니다.

물론 천국의 포괄적인 의미는 현재적이며 진행적이며 확대되어지며, 종말적으로 완성되어지며 그 통치영역을 더욱 확장하며 진행될 것입니다. 영역적이며 개념적인 하나님의 나라는 하나님의 통치가 미치는 모든 영역적인 의미를 포괄한다고 봅니다. 그러나 중요한 것은 우리가 종말적인 개념의 장소로 생각하는 곳도 물론 천국입니다. 천국에 대한 현재적이고 내면적인 의미만을 강조함으로 인하여, 종말적이며 궁극적인 개념을 부정하는 것은 비성경적입니다. 궁극적으로 천국은 예수님 재림하실 때에 새 하늘과 새 땅으로 완성되어질 것입니다.

성경의 변화산 사건에 대해서 복음서들은 다음과 같이 언급합니다.
- 마 16:28 죽기 전에 예수님이 왕권을 가지고 오는 것을 볼 자가 있다
- 막 9:1 죽기 전에 하나님 나라가 권능으로 임하는 것을 볼 자가 있다
- 눅 9:27 죽기 전에 하나님 나라를 볼 자가 있다.

모세와 엘리야는 이 지상에 있는 사람들이 아니라 '낙원'에 있는 사람들입니다. 예수님은 그 제자들에게 모세와 엘리야와 이야기를 하는 것을 보여 주었고, 죽어야만 볼 수 있는 하나님 나라와 예수님의 왕국을 죽기 전에 보여주었으며 죽기 전에 미리 주님이 왕권을 갖고 오는 것을 보여 주었던 것입니다.

부자와 나사로의 이야기에서도 예수님은 "이제 저는 여기서 위로를 받는다"눅 16:25 라고 했는데, 여기서 아브라함은 부자가 가기를 아주 갈망하는 아주 안락한 곳에서 – 분명히 지옥불이 타오르는 곳이 아닌 – 의식을 가지고 거하고 있는 것으로 묘사되었다. 이 사건은 그리스도의 부활 전이기 때문에 나사로도 구약의 성도와 같이 취급되어야 한다는 것을 명심해야 한다. 그러므로 구약시대의 신자들도 죽은 후에 바로 천국에 들어가서 하나님과의 교제를 즐겼다고 보는 것이 옳은 듯하다. 웨인그루뎀의 조직신학, 중, 520쪽

"대다수의 사람들은 천당을 이 세상에서도 누리고, 또한 미래에도 영원히 있게 될 하나의 상태로 생각 한다. 그러나 성경은 천당이 하나의 장소임을 확실하게 가르쳐 주고 있다. 그것은 거할 곳이 많은 아버지의 집인 것이다. 신자들은 그 안에 있고 불신자들은 그 밖에 있게 될 것이다. 의인들은 천국을 유업으로 받을 뿐 아니라, 새 하늘과 새 땅을 받게 될 것이다."루이스 벌콥, 기독교 신학개론, 379쪽

물론 천당이란 단어는 성경에 없습니다. 그러나 우리가 죽어서 가는 궁극적이며 종말적인 천국도 하나의 장소적 개념이라고 보아서 천당이라고 부르는 것이며, 실제로 천국의 장소적인 개념을 뜻하는 성경구절은 매우 많습니다.

저희가 이제는 더 나은 본향을 사모하니 곧 하늘에 있는 것이라 그러므로 하나님이 저희 하나님이라 일컬음 받으심을 부끄러워 아니하시고 저희를 위하여 한 성을 예비하셨느니라히11:16

또 내가 들으니 하늘에서 음성이 나서 가로되 기록하라. 지금 이후로 주 안에서 죽는 자들은 복이 있도다 하시매, 성령이 가라사대 그러하다. 저희 수고를 그치고 쉬리니, 이는 저희의 행한 일이 따름이라 하시더라 계14:13

주께서 나를 모든 악한 일에서 건져내시고 또 그의 천국에 들어가도록 구원하시리니 그에게 영광이 세세 무궁토록 있을지어다. 아멘 딤후4:13

그 때에 의인들은 자기 아버지 나라에서 해와 같이 빛나리라 귀있는 자는 들으라 마13:43

흙은 여전히 땅으로 돌아가고 신은 그 주신 하나님께로 돌아가기 전에 기억하라 전

12:7

오늘 네가 나와 함께 낙원에 있으리라. 눅23:43

그러나 너희가 이른 곳은 시온 산과 살아계신 하나님의 도성인 하늘의 예루살렘과 천만천사와 하늘에 기록된 장자들의 총회와 교회와 만민의 심판자이신 하나님과 및 온전케 된 의인들의 영들과 새 언약의 중보이신 예수와 및 아벨의 피보다 더 낫게 말하는 뿌린 피니라. 히12:23-24

그러나 만일 육신으로 사는 이것이 내 일의 열매일진대 무엇을 가릴는지 나는 알지 못하노라. 내가 그 두 사이에 끼였으니 떠나서 그리스도와 함께 있을 욕망을 가진 이 것이 더욱 좋으나, 그러나 내가 육신에 거하는 것이 너희를 위하여 더 유익하리라 빌 1:22-24

우리가 담대하여 원하는 바는 차라리 몸을 떠나 주와 함께 거하는 그것이라 그런즉 우리는 거하든지 떠나든지 주를 기쁘시게 하는 자 되기를 힘쓰노라. 이는 우리가 다 반드시 그리스도의 심판대 앞에 드러나 각각 선악간에 그 몸으로 행한 것을 따라 받 으려 함이라. 고후5:8-10

성도의 죽는 것을 여호와께서 귀중히 보시는도다 시116:15

다섯째 인을 떼실 때에 내가 보니 하나님의 말씀과 저희의 가진 증거를 인하여 죽임 을 당한 영혼들이 제단 아래 있어"계6:9

또 내가 보좌들을 보니 거기 앉은 자들이 있어 심판하는 권세를 받았더라. 또 내가 보니 예수의 증거와 하나님의 말씀을 인하여 목 베임을 받은 자의 영혼들과 또 짐 승과 그의 우상에게 경배하지도 아니하고 이마와 손에 그의 표를 받지도 아니한 자 들이 살아서 그리스도로 더불어 천 년 동안 왕 노릇 하니"계20:4

무엇보다도 예수님이 다음과 같이 직접 말씀하셨습니다.

내 아버지 집에 거할 곳이 많도다 그렇지 않으면 너희에게 일렀으리라 내가 너희를 위하여 처소를 예비하러 가노니, 가서 너희를 위하여 처소를 예비하면 내가 다시 와 서 너희를 내게로 영접하여 나 있는 곳에 너희도 있게 하리라. 내가 가는 곳에 그 길 을 너희가 알리라. 도마가 가로되 주여 어디로 가시는지 우리가 알지 못하거늘 그 길

· 제9장. 종말론과 이단 · 421

을 어찌 알겠삽나이까, 예수께서 가라사대 내가 곧 길이요 진리요 생명이니 나로 말미암지 않고는 아버지께로 올 자가 없느니라 요14:2-6

중요한 점은 천국과 낙원에 대해서 성경이 언급하지 않는 것까지 자의적이며 간증하는 사람들이 많다는 것입니다. 즉 천국과 지옥에 다녀왔다는 개인적인 주장이 너무 범람하고 있습니다. 성경은 오히려 죽은 사람은 다시 돌아올 수가 없다고 말합니다.

구름이 사라져 없어짐 같이 음부로 내려가는 자는 다시 올라오지 못할 것이오니 그는 다시 자기 집으로 돌아가지 못하겠고 자기 처소도 다시 그를 알지 못하리이다 욥 7:9-10.

한번 죽는 것은 사람에게 정하신 것이요 그 후에는 심판이 있으리니 히9:27

천국과 지옥을 다녀왔다고 하는 어떤 사람은 이 세상에서 쌓은 공로에 의하여 천국에서 받는 저택의 평수가 달라진다고 합니다.

내 아버지 집에 거할 곳이 많도다 그렇지 않으면 너희에게 일렀으리라 내가 너희를 위하여 처소를 예비하러 가노니 요 14:2

그러나 그러한 주장은 요한 복음 14:2의 "거할 곳"에 대해서 "mansion"이라고 킹제임스가 잘못 번역하였기 때문입니다

[KJV] In my Father's house are many mansions: if [it were] not [so], I would have told you. I go to prepare a place for you.

'거할 곳' 이란 말의 헬라어는 '모나이' 로 '메노' 라는 동사에서 유래된 말로서 '머물다, 거주하다, 쉬다' 라는 뜻을 가집니다.

4. 사후영혼의 세계

사후영혼의 세계

과연 사후死後 세계에서 영혼의 의식적인 활동이 없을까?

기독교에서는 살아 생전에 육체와 영혼은 전인적全人的으로 분리되지 않지만, 사후死後 인간은 육체와 영혼이 분리되며, 육체는 흙으로 돌아가지만 영혼은 하나님 곁에서 의식적인 활동을 한다고 봅니다. 그곳을 우리는 낙원이라고 부르며, 그러나 가톨릭에서 말하는 사후영혼이 가는 중간 장소의 개념과는 다릅니다.

그러나 소위 영혼수면설이라는 주장도 있는데, 특히 안식교나 여호와의 증인같은 곳은 사후死後 영혼은 의식적인 활동을 하지 않으며 수면을 하는 것같이 무덤에 머문다고 주장하며, 그곳을 음부라고 합니다. 즉 안식교와 여호와의 증인은 고통받는 음부는 없으며, 누구든지 사후死後에 가는 무덤이 음부이며, 부활까지 무의식상태로 머물게 된다고 주장합니다.

물론 성경에서는 어떤 구절에는 "죽은 자는 도모계획이 없다"든지, "잠을 잔다"는 표현이 있습니다. 예를 들면 "그 호흡이 끊어지면 흙으로 돌아가서 당일에 그 도모가 소멸하리로다"시146:4를 들 수 있는데, 그러나 그것은 사후 영혼의 입장에서 말하는 것이 아니라, 인간의 자각적인 측면에서 말할 때에 죽은 시체는 당연히 도모계획이 없으며 의식이 없다고 말할 수 있으므로, 사후 영혼의 무의식을 말하는 성경적인 근거가 되지 못합니다. 더욱이 그러한 기록이 부분적으로 있다고 하여 그것을 성경 전체가 말하는 것으로 간주할 수 없다고 봅니다.

또 죽은 자에게 잠을 잔다고 표현하는 것은 지금도 세계 어느 나라의 언어에서도 사용되는 공통적인 문학적인 표현기법이라고 말할 수 있습니다. 죽은 자의 모습은 마치 잠을 자는 것과 비슷하기 때문에, 문학적인 표현으로 죽음의 상태를 "잠을 잔다"고 설명할 수 있을 것입니다. 더군다나 잠을 잔다고 성경에 표현되어 있다고 하여, 그것이 안식교가 말하는 사후영혼의 무의식상태를 의미하여 주는 것은 결코 아닙니다. 그리고 필자는 이미 앞 장 '낙원'에 대한 글에서 자세히 설명한 바와 같이 성경에서는 많은 구절에서 사후

死後 의식적인 영혼에 대해서 설명하였습니다. 물론 영혼의 사후세계와 의식적 활동이 존재한다는 성경적인 증거는 그 외에도 얼마든지 있습니다.

예를 들면, 야고보서 2장 26절에는 "영혼없는 몸이 죽은 것같이…."라는 기록이 있습니다. 다시 말해서, 죽은 시체는 영혼이 없는 것이며 이것은 사후에는 영혼이 시체와 함께 무의식상태로서 함께 존재한다는 안식교의 교리와 다릅니다.

또한 부활하신 예수님을 보고 두려워하는 제자들에게 예수님은 "영은 살과 뼈가 없으되…."라고 말씀하셨습니다.눅 24:39 물론 그 말씀의 의미는 예수님 자신의 부활체가 영혼이 아닌 신체적이라는 것을 제자들에게 알리기 위하여 "만져보라"고 하셨던 것이지만, 만일 영혼의 존재가 실제로 없다면, 예수님이 "영은 살과 뼈가 없다"고 말씀하실 이유가 없는 것입니다. 만일 영혼의 세계가 실제로 존재하지 않는다면, 예수님은 "영혼은 살과 뼈가 없다"라고 할 것이 아니라 "영혼은 존재하지 않는다"라고 하여야 합니다.

또한 스데반은 죽임을 당하기 직전 "주 예수여 내 영혼을 받으시옵소서"행 7:59라고 부르짖었으며, 예수님 자신도 "아버지여 내 영혼을 아버지 손에 부탁하나이다"눅 23:46라고 말씀하셨습니다.

만일 여호와의 증인과 안식교의 주장과 같이 영혼의 사후세계가 없고, 사후 영혼이 무의식 상태로 무덤에 머물게 된다면, 어떻게 예수님이 영혼을 하나님 아버지께 받아달라고 말하며, 스데반은 주님께 내 영혼을 받아달라고 부탁할 수가 있었겠습니까?

곡식과 물건이 풍족한 부자의 영혼을 도로 찾아간다는 누가복음12:20 역시 하나님께서 그 영혼을 취하여 가신다는 것을 말하고 있습니다. 사람은 살아있을 때에 영혼과 육체가 분리되지 않지만, 죽으면 영혼은 육체를 떠나간다는 것을 말해줍니다. 영혼은 무의식상태로 사체와 함께 있는 것이 아니라 하나님에게로 돌아갑니다.

또 야이로 회당장의 딸이 죽었을 때에 예수님이 "일어나라"고 하자 "그 영이 돌아와 아이가 곧 일어 나거늘…."눅8:55이라고 기록되어 있으며, 아나니아와 그 아내가 사도들의 발 앞에 팔았던 밭의 값을 속이었을 때에도 "혼이 떠나갔다"행5:5, 5:10고 성경은 기록하고 있습니다.

또 다윗은 그의 어린 아이가 죽자 아래와 같이 말하는데, 그것은 사후에 다윗이 어느 곳에 간다는 것을 암시하고 있는 증거가 됩니다.

나는 저에게로 가려니와 저는 내게로 돌아오지 아니하리라 삼하12:23

이상과 같이 영혼의 사후의식적인 활동은 성경적으로 충분히 증거가 됩니다. 더 구체적인 설명이 필요가 없지만 중요한 몇가지를 더 살펴 보겠습니다.

1) 십자가 강도

예수께서 이르시되 내가 진실로 네게 이르노니 오늘 네가 나와 함께 낙원에 있으리라 하시니라 눅 23:43

안식교회나 여호와의 증인의 교리를 따르자면, 십자가의 강도는 그 영혼이 그 시체와 함께 무의적인 수면을 취하고 있어야만 합니다. 안식교의 교리대로라면, 예수님이 강도에게 말씀하신 낙원이 곧 의식없는 무덤음부이 되어집니다. 이에 대하여 필자와 토론한 적이 있는 어느 안식교의 목사는, 헬라어 원문에는 콤마가 없으며, 그 성경구절은 "내가 오늘 진실로 네게 이르노니…."라고 해석하여야 한다고 주장하였습니다. 즉 세계 각국의 모든 번역성경이 잘못된 번역을 하였다는 주장이 됩니다. 물론 안식교의 주장대로 번역된 성경은 세계 모든 성경을 찾아 보아도 단 한 권도 없습니다. 다시 말하자면 안식교의 교리는 성경에 근거한 것이 아니라, 이미 만들어진 안식교 교리의 틀에 성경을 짜맞추고 있다는 증거가 됩니다.

[공동번역] 예수께서는 오늘 네가 정녕 나와 함께 낙원에 들어 가게 될 것이다 하고 대답하셨다.

[표준새번역] 예수께서 그에게 말씀하셨다. "내가 진정으로 네게 말한다. 너는 오늘 나와 함께 낙원에 있을 것이다."
[현대인의성경] 예수님은 그에게 "내가 분명히 말하지만 오늘 네가 나와 함께 낙원에 있게 될 것이다" 하고 말씀하셨다.

[KJV] And Jesus said unto him, Verily I say unto thee, To day shalt thou be with me in paradise.
[NIV] Jesus answered him, "I tell you the truth, today you will be with me in paradise."

즉 당대의 언어전문가들이 번역한 세계 각국의 모든 번역성경이 잘못된 번역을 하였다는 주장인데, 안식교가 이렇게 밖에 말할 수 없다는 것은 곧 안식교는 성경과 다르다는 것을 스스로 자백하는 것입니다. 중요한 것은, 안식교 교리는 번역된 성경을 근거로 한 것이 아니라는 것이 스스로 증명됩니다. 그렇다면 안식교교리는 어떤 성경을 근거로 만들어진 교리입니까? 안식교는 성경원본을 갖고 있는지요? 안식교가 기존 성경을 무시하면서까지 엘렌화잇의 주장을 무조건 추종한다는 움직이지 못하는 증거가 됩니다. 안식교인들이 성경을 잘못 번역되었다고 주장하는 까닭은 엘렌화잇이 아래와 같이 말하였기 때문입니다. 그들은 모든 현존하는 세계의 성경이 다 틀렸지만, 엘렌화잇의 주장은 무조건 옳다고 스스로 생각하기 때문에, 그러한 교리를 채택할 수 밖에 없는 것입니다.

> 예수여 당신의 나라에 임하실 때에 나를 생각하소서하니, 예수께서 이르시되 내가 진실로 오늘 네게 이르노니, 네가 나와 함께 낙원에 있으리라엘렌화잇의 살아남는 이들, 시조사 201쪽

엘렌화잇의 주장은 다음과 같은 이유로 잘못된 것입니다.
① 강도는 예수님께 "예수여 당신의 나라에 임하실 때에 나를 생각하소서"라고 간구하였습니다. 즉 '당신의 나라에 임할 때에….' 라는 미래의 불확실

한 시간적 부사구를 사용하고 있었습니다. 이에 예수님은 불확실한 장래를 말하는 '나라에 임할 때'가 아니라, 바로 '오늘' 그 강도가 낙원에 있게 됨을 말씀하신 것입니다.

② 예수님이 직접 말씀하신 성경구절 중에서 "내가 오늘 말하노니….."라는 구절은 단 하나도 없다는 것입니다. 이 세상에 어느 사람이든지 "내가 말한다"는 구절에 대해 "오늘 내가 말한다"라고 말하는 사람은 없으며, 그러한 말투는 내용도 문맥자체도 매우 이상한 것입니다. 즉 현재 말을 하는 사람으로서, 말을 언제 하겠다는 시간을 나타내는 부사구는 전혀 필요하지 않습니다.

③ 눅23:43과 매우 유사한 문맥을 예로 들 수 있는데….
마26:34 "내가 진실로 네게 이르노니, 오늘 밤 닭 울기 전에 네가 세번 나를 부인하리라."라는 구절을 만일 "내가 닭이 울기 전에 진실로 네게 오늘밤 이르노니…."라고 시간을 나타내는 부사구로 옮기는 해석도 옳다고 우기는 것과 같습니다. 예수님이 오늘밤에 말하셨습니까? 아니면 닭이 오늘밤에 울었습니까?

④ 역대 이래로 성경번역본은 가장 뛰어난 언어학자와 신학자들이 번역해 온 것입니다. 안식교회는 성경원본을 가진 것도 아닌데도 불구하고, 모든 번역본의 성경이 다 틀렸다고 하여야만 하는 이상한 해석을 하고 있으며, 그 이유는 엘렌화잇의 견해를 옳다고 지지하기 때문인 것입니다.

엘렌화잇이 그러한 주장을 할 당시에도 성경은 지금과 동일하게 번역되어 있었습니다. 번역성경이 잘못 번역되었다는 것을 전제로 하여야만 안식교의 교리가 인정되어진다면 안식교의 교리는 잘못된 것이 분명합니다.

2) 부자와 나사로

나사로와 부자의 경우에 있어서는 안식교회는 그것은 단지 실제로 있지 않은 이방종교의 설화라고 주장하며, 정말로 음부와 낙원이 있는 것은 아니고 예수님이 하신 비유일 뿐이라고 주장합니다.

그렇다면 예수님은 실제로는 없는 이방종교의 설화를 말씀하셨다는 이야기가 됩니다. 성경을 교리에 짜맞추기도 모자라는지, 이제는 예수님의 말씀마저 왜곡, 변질시키는 안식교회는 과연 그들의 주장대로 "성경대로"의 교회인지 의심스럽습니다.

서양의 신데렐라와 우리나라의 콩쥐팥쥐가 유사한 내용을 담고 있듯이, 고대 이집트의 민간전승의 유사한 설화가 있기는 있습니다.

이집트의 설화는 유대교 진영에서 전승되어 전해지고 있는데, 그 내용은 다음과 같습니다. 죽은 다음에 많은 사람이 참석한 호화스러운 장례식을 치른 부자 "세리 바르 마얀"과 죽은 다음에 장례식에 참여한 사람도 없었던 가난한 학자의 이야기가 이집트의 설화입니다. 설령 예수님이 흔히 떠도는 설화적 이야기에 자신의 독특한 의미를 전달하였다고 가정을 하더라도, 그것이 실제적인 사후의 사건과 전혀 관계가 없다면 그 말씀을 전하려고 하는 예수님의 의도가 맹목적이었다고는 볼 수밖에 없는 것입니다. 또 앞에서 언급하였듯이 사후 영혼에 대한 많은 성경적인 근거와 일치하고 있습니다.

더군다나 부자와 나사로의 이야기와 그 이집트의 설화는 큰 차이점이 있습니다. '나사로' 라는 헬라어의 이름은 "하나님이 도우신다"는 뜻으로 이집트의 설화와 다릅니다. 또한 이 이야기의 결론이 되는 내용인 '회개' 30절에 대한 이야기가 언급되어지며, 성경으로 일컬어지는 '모세와 선지자' 31절라는 단어가 등장한다는 것이 중요한 내용입니다. 즉 살아 생전의 '회개' 와 모세와 선지자로 표현되는 '성경말씀' 을 사후세계의 음부와 '아브라함의 품' 이라 불리는 천국으로 분류되는 조건으로 예수님은 말씀하셨습니다.

이 부자와 나사로의 성경본문을 통하여 예수님이 말하고자 하는 의도는, 사후세계의 존재를 분명히 말하고 있다는 것이며, 그 기준은 모세와 선지자라고 표현된 성경을 읽고 회개하여야 한다는 것이며, 그리고 사후세계에서는 결코 돌이킬 수가 없다는 것을 강조하고자 함입니다.

성경의 표현을 보면, 거지는 죽어서 천사들에게 받들려 아브라함의 품에 들어가고, 부자는 음부의 고통을 당하고 있습니다.22절

그렇다면 안식교회의 교리와 같이 죽은 자의 영혼은 그 사체와 함께 무의

식적으로 존재하지 않으며 사후에도 의식적인 활동을 한다는 결론이 되어질 것입니다.

3) 사후영혼의 세계를 부정하는 안식교의 황당한 주장
① 안식교에서는 "범죄하는 영혼이 죽으리라"라는 에스겔18:4을 인용하며, 성경에서 범죄하는 영혼이 벌을 받지 않고 죽는다고 기록이 되어있다고 주장을 합니다. 그야말로 성경을 부분적으로만 인용하여 짜깁기를 하는 수법입니다.

그 에스겔 본문은 앞뒤로 보면 다음과 같습니다.

> 너희가 이스라엘 땅에 대한 속담에 이르기를 아비가 신 포도를 먹었으므로 아들의 이가 시다고 함은 어찜이뇨, 나 주 여호와가 말하노라 내가 나의 삶을 두고 맹세하노니 너희가 이스라엘 가운데서 다시는 이 속담을 쓰지 못하게 되리라. 모든 영혼이 다 내게 속한지라 아비의 영혼이 내게 속함같이 아들의 영혼도 내게 속하였나니 범죄하는 그 영혼이 죽으리라 겔18:2-4

본문은 사후영혼의 존재나 사후영혼의 사망을 말하는 성경구절이 아닙니다. 성경에서 '영혼'이라는 단어는 많은 부분에서 총체적인 인간 자체를 뜻합니다. 본문은 "아비가 신포도를 먹으면 아들의 이가 시다"고 하는 유대 속담을 반박하여, 본인의 죄는 본인에게만 해당된다고 말하는 것입니다.

다시 말하면 에스겔 본문은 아비의 죄는 아비만 죽고 본인의 죄로는 본인만 죽는다는 것을 말합니다. 즉 에스겔 본문이 말하는 영혼은 '사후영혼'이 아니라 '개인적인 사람'을 말하는 것입니다. '영혼'이라는 단어는 성경에서 대부분이 '전인적인 사람'을 의미하는 경우가 상당히 많습니다.

성경을 앞뒤로 문맥을 파악하여 읽어야 합니다…. 안식교는 에스겔 본문을 "범죄하는 개인은 죽는다"로 해석하지 않고, "범죄하는 사후영혼은 죽는다"라고 이상한 해석을 하고 있는 셈이 됩니다.

② 예수님은 십자가 강도에게 "오늘 네가 나와 함께 낙원에 있으리라"고

하셨습니다. 성경대로 믿는 우리에게는 예수님의 친히 하신 말씀대로 십자가 강도는 그날 예수님과 낙원에 함께 있었을 것을 당연히 믿습니다.

5. 부활

1) 죽은 자의 부활이 없는가?

오늘날 자유주의 신학의 영향을 받은 사람들이 부활을 부정하는 경우가 있으며, 많은 이단과 사이비들도 부활을 부정하는 자들이 있으며, 또한 부활에 대해서 성경의 내용과 전혀 다른 의미로서 자의적인 해석을 하기도 합니다.

특히 많은 이단들이 이 부활을 실제적인 부활이 아니라 영적인 의미의 부활로 해석하기도 하며, 거듭남과 같은 의미를 부활이라고 주장하는 사람들도 있습니다. 그러나 성경은 분명하게 죽은 자의 신체적인 부활에 대해서 말하고 있습니다.

다시 말하여 성경을 신앙의 표준으로 간주하는 사람이라면, 죽은 자의 부활은 분명히 있음을 믿어야만 하며, 부활은 그리스도인의 소망이 됩니다.

> 그리스도께서 죽은 자 가운데서 다시 살아나셨다 전파되었거늘 너희 중에서 어떤 이들은 어찌하여 죽은 자 가운데서 부활이 없다 하느냐, 만일 죽은 자의 부활이 없으면 그리스도도 다시 살지 못하셨으리라 고전 15:12-14

무엇보다도 예수님의 부활을 직접 목격한 주님의 제자인 사도들이 예수의 부활을 증거하고 있습니다. 만일 주님의 부활이 없었다면, 사도들은 목숨을 걸고 부활을 전하지 않았을 것입니다.

> 사도들이 큰 권능으로 주 예수의 부활을 증거하니 무리가 큰 은혜를 얻어 행 4:33
> 사도들이 백성에게 말할 때에 제사장들과 성전 맡은 자와 사두개인들이 이르러 백성을 가르침과 예수를 들어 죽은 자 가운데서 부활하는 도 전함을 싫어하여 저희를 잡

으매 날이 이미 저문 고로 이튿날까지 가두었으나… 행 4:1-3

사도들은 온갖 핍박과 고난을 당하면서도 부활을 전하였던 것입니다. 특히 혹간은 '부활'에 대해서 그 의미를 '영적인 거듭남'으로 축소해석하기도 합니다. 특히 이만희의 신천지는 부활을 예수의 영이 이만희에게 임하는 것이라고 주장하며, 여호와의 증인은 신체적인 부활을 부정하고 영적 부활을 주장합니다.

특히 지방교회는 사람이 하나님이 되는 신인합일을 부활이라고 주장하기도 합니다. 삼위하나님을 양태론으로 주장하여 한 인격, 한 실제로 주장하는 위트니스 리는 사람과 하나님이 한 인격, 한 실제가 될 수 있다고 주장하며, 사람이 하나님이 되는 것을 부활이라고 해석합니다. 물론 성경적인 근거는 전혀 없습니다.

또 안식교는 예수를 미가엘 천사장이라고 주장하며, 모세가 예수보다 먼저 부활했다고 주장하기도 합니다.

> 천사와 더불어 모세를 매장하신 미가엘 즉 그리스도는 그가 잠깐동안 무덤에 있은 후에 하늘에서 내려오사 그를 부활시켜 하늘로 데려 가셨다. 엘렌화잇, 살아남는 이들, 157쪽
>
> 모세는 죽었으나 미가엘이 내려와 그의 육체가 썩기 전에 그를 다시 살렸다. 사단이 그의 시체를 자기의 것이라고 주장하면서 붙잡으려고 하였으나 미가엘이 모세를 부활하게 하여 하늘로 데려 가셨다. 엘렌화잇, 같은 책, 186쪽

이러한 주장은 성경과 부딪히는 것은 당연합니다. 성경과 달라도 안식교는 엘렌화잇의 주장을 성경보다 더 권위가 있다고 해석을 하는 것입니다. 만일 예수가 부활의 첫열매가 아니라 모세가 첫 부활이었다면 다음 성경구절들은 모두 오류와 모순이 되어버리며, 우리의 부활은 예수의 부활을 본받는 것이 아니라 모세의 부활을 본받게 되어집니다.

> 그러나 각기 차례대로 되리니 먼저는 첫열매인 그리스도요 다음에는 그리스도 강림하실 때에 그에게 붙은 자요 고전 15:23
>
> 그는 몸인 교회의 머리라 그는 근본이요 죽은 자들 가운데서 먼저 나신 자니 이는 친히 만물의 으뜸이 되려 하심이요 골 1:18
>
> 곧 그리스도가 고난을 받으실 것과 죽은 자들 가운데서 먼저 다시 살아나사 이스라엘과 이방인들에게 빛을 선전하시리라함이니라 하니라. 행 26:23
>
> 그러나 이제 그리스도께서 죽은 자 가운데서 다시 살아 잠자는 자들의 첫열매가 되셨도다. 고전 15:20

또 몰몬교는 죽은 사람이 부활하면 천사가 된다고 주장하기도 합니다. 당연히 비성경적인 내용이며, 몰몬교는 요셉스미스에게 천사로 나타난 모로나이라는 자가 주후 400년경에 죽었던 몰몬의 아들 모로나이로서 1800년대에 다시 부활하여 천사가 되었다고 주장합니다. 물론 성경에는 죽어서 천사가 된 사람에 대한 기록이 전혀 없습니다. 성경에는 예수님과 제자들이 죽은 사람을 다시 살린 경우가 있습니다. 그러나 성경적인 부활은 단순히 죽었다가 살아나는 것을 말하지 않으며, 부활이란 종말적으로 예수의 재림시에 이루어지는 성도의 소망이며 궁극적인 장래의 사건으로 다시 죽지 않는 영생을 말합니다.

> 진리에 관하여는 저희가 그릇되었도다. 부활이 이미 지나갔다 하므로 어떤 사람들의 믿음을 무너뜨리느니라 딤후 2:18

또 예수님은 이렇게 말씀하셨는데 부활은 마지막 날에 영생을 조건으로 다시 사는 것을 말합니다.

> 나를 보내신 이의 뜻을 행하려 함이니라 나를 보내신 이의 뜻은 내게 주신 자 중에 내가 하나도 잃어버리지 아니하고 마지막 날에 다시 살리는 이것이니라. 내 아버지의 뜻은 아들을 보고 믿는 자마다 영생을 얻는 이것이니 마지막 날에 내가 이를 다시

살리리라 하시니라 요 6:39-40

부활은 예수님의 재림 때에 이루어집니다.

주께서 호령과 천사장의 소리와 하나님의 나팔로 친히 하늘로 좇아 강림하시리니 그리스도 안에서 죽은 자들이 먼저 일어나고살전 4:16

부활은 엄연한 사실이며, 우리가 바라는 것이 다만 이생뿐이면 우리의 믿음도 헛되고 잠자고 있는 모든 믿음의 선조들도 다 망한 것이 되어진다고 바울은 말하고 있습니다.

그리스도께서 다시 사신 것이 없으면 너희의 믿음도 헛되고 너희가 여전히 죄 가운데 있을 것이요. 또한 그리스도 안에서 잠자는 자도 망하였으리니 만일 그리스도 안에서 우리의 바라는 것이 다만 이생 뿐이면 모든 사람 가운데 우리가 더욱 불쌍한 자리라. 그러나 이제 그리스도께서 죽은 자 가운데서 다시 살아 잠자는 자들의 첫열매가 되셨도다. 사망이 사람으로 말미암았으니 죽은 자의 부활도 사람으로 말미암는도다고전 15:17-21

예수님 당시에도 사두개인파들은 부활이 없다고 주장하였는데마22:23, 막 12:18 그들은 대제사장과 예루살렘 귀족들의 계층이었습니다. 특히 세례요한은 그들에게 독사의 자식이라고 비판하였습니다마3:7 그들은 예수님의 제자들이 예수의 부활을 전하는 것을 아주 싫어하였으며, 이들은 성문화된 모세의 율법만을 인정하였습니다. 그 결과로, 부활도, 천사도, 영도, 일체의 존재를 인정치 않았습니다막 12:18, 눅 20:27, 행 23:8.

또한 미래에 있어서의 보응도 부정하고, 영혼은 육체와 함께 죽음을 말하고, 의지의 자유를 주장하여 율법을 지키고 행함으로 구원을 얻는다고 주장하였고, 하나님의 섭리를 믿는 일은 거의 없었던 것으로 설명됩니다.

이러한 입장에서 그들은 예수에 대해서도 반대하였습니다. 그들은 예수에게 와서, 때로는 하늘로서 오는 표적을 보이기를 청하고마 16:1-4, 부활에 대해 고의적인 난문難問을 제출하여 시험하려고도 하였습니다마 22:23-33. 예수님도 이들을 비난하셨으며마 16:6,11 특히 이들에게 지옥의 판결에 대해서 나무라셨습니다마 22:23-39

2) 불신자도 부활한다.

그러나 우리 믿는 자들의 마지막 소망은 부활입니다.

바울은 무엇보다도 부활을 강조하고 있습니다. 그런데 우리가 알아야 할 것은 성도들뿐 아니라 심지어 불신자들도 부활한다는 사실입니다.

> 저희의 기다리는바 하나님께 향한 소망을 나도 가졌으니 곧 의인과 악인의 부활이 있으리라 함이라행 24:15
> 저희는 영벌에, 의인들은 영생에 들어가리라 하시니라 마25:46
> 선한 일을 행한 자는 생명의 부활로, 악한 일을 행한 자는 심판의 부활로 나오리라요 5:29

다만 성도들은 부활하여 영생을 살지만, 악인들도 부활하여 심판을 받으며 영원한 벌을 받는다는 것이 성경의 기록입니다.

3) 구약에서의 부활

신약뿐 아니라 구약에서도 부활에 대해서 기록되어 있는데, 구체적인 기록을 살펴 보면…

> 주의 죽은 자들은 살아나고 우리의 시체들은 일어나리이다. 티끌에 거하는 자들아 너희는 깨어 노래하라. 주의 이슬은 빛난 이슬이니 땅이 죽은 자를 내어 놓으리로다 사 26:19

특히 다니엘 12장2절에서는 다음과 같이 기록되어 있습니다.

땅의 티끌 가운데서 자는 자 중에 많이 깨어 영생을 얻는 자들도 있겠고 수욕을 받아서 무궁히 부끄러움을 입을 자도 있을 것이며 단 12:2

구약의 욥도 종말시의 내세신앙과 부활신앙을 갖고 있었습니다. 그는 자신이 죽고 자신의 육체, 가죽이 썩은 후에도 하나님을 보게 되리라고 하였습니다.

내가 알기에는 나의 구속자가 살아 계시니 후일에 그가 땅 위에 서실 것이라. 나의 이 가죽, 이것이 썩은 후에 내가 육체 밖에서 하나님을 보리라 욥 19:25-26

신약성경은 부활에 관한 기록이 너무 많으므로 일일이 열거할 수 없을 정도이며, 구약에도 부활을 의미하는 구절은 생각보다 많습니다.

주의 죽은 자들은 살아나고 우리의 시체들은 일어나리이다. 티끌에 거하는 자들아 너희는 깨어 노래하라 주의 이슬은 빛난 이슬이니 땅이 죽은 자를 내어 놓으리로다 사 26:19

내 백성들아 내가 너희 무덤을 열고 너희로 거기서 나오게 한즉 너희가 나를 여호와인 줄 알리라 겔 37:13

특히 신약에서는 예수님 자신이 직접 "나는 부활이요 생명이니 나를 믿는 자는 죽어도 살겠고 살아서 나를 믿는 자는 영원히 죽지 아니하리라" 요 11:25 라고 말씀하셨습니다. 특히 바울의 고린도전서 15장은 부활의 장으로 유명합니다. 또 신약에서는 마르다는 부활을 믿었으며, 아브라함도 부활을 믿었습니다.

마르다가 가로되 마지막 날 부활에는 다시 살 줄을 내가 아나이다 요 11:24

아브라함은 시험을 받을 때에 믿음으로 이삭을 드렸으니 저는 약속을 받은 자로되 그 독생자를 드렸느니라. 저에게 이미 말씀하시기를 네 자손이라 칭할 자는 이삭으로 말미암으리라 하셨으니, 저가 하나님이 능히 죽은 자 가운데서 다시 살리실 줄로 생각한지라히 11:17-19

주님의 말씀을 믿는 사람들이라면 부활에 대해서 더 이상 증거가 필요하지 않을 것입니다.

4) 장래의 부활체의 형태

그렇다면 우리의 부활체는 어떤 모습일까요?

여호와의 증인, 양태론을 주장하는 이단들, 신천지의 이만희, 정명석 그리고 자신들의 교주를 재림예수이며 교주가 성령으로 왔다고 주장하는 사이비집단들은 모두 부활이 '영의 부활'이라고 주장합니다. 특히 양태론을 주장하는 이단들은 하나님이 직접 예수로 오시고, 예수가 직접 성령으로 오셨다는 것을 주장하므로, 성령이 곧 예수와 동일한 인격적 존재이어야만 합니다. 즉 양태론자들은 예수가 오순절에 성령으로 이미 오셨다고 주장하여야만 하는데, 그렇게 되면 종말적인 예수의 재림을 부정할 수 밖에 없게 됩니다.

성경에 의하면 부활은 영의 부활이 아니라, 그 몸은 신령한 몸고전15:44이요, 썩지 않는 몸이며15:53, 영광스러운 몸15:43일 것이라고 기록되어있습니다. 물론 우리는 우리의 부활체가 어떤 형태가 될지, 또 얼굴과 얼굴을 대하여 볼 수 있는 하나님의 본질의 모습이 어떨지, 영광의 몸이 어떤 모습인지 우리는 구체적으로는 알 수가 없기 때문에 우리가 임의로 상상하고 단정할 수는 없을 것입니다. 다만 성경에서 우리는 "썩지 않을 신령한 몸으로 다시 살고, 흙에 속한 자의 형상이 아니라 하늘에 속한 자의 형상을 입게 된다"고 기록되어 있습니다.고전 15:42-49

또한 빌립보서3:21에서는 "우리의 낮은 몸을 자기 영광의 몸의 형체와 같이 변케 하신다"고 기록되어있습니다. 즉 예수님의 부활체가 우리의 부활체가 되는 것입니다. 다시 말하여 자신이 재림예수라고 주장하는 사람들은 가짜입니다. 그들이 재림예수라면 첫째로 죽으면 안됩니다.

우리의 궁극적인 부활체가 어떤 모습일지 우리는 구체적으로는 모르지만, 성경으로 보면, 우리의 부활은 새로운 형상의 몸을 입는 신체적이라는 것은 확실하며 그 육체는 신령하고 영광된 육체이므로 썩지 않을 것입니다.

부활하신 예수님은 두려워하는 제자들에게 나타나시어 "영은 살과 뼈가 없으되 너희 보는 바와 같이 나는 있느니라"눅24:39고 하셨습니다. 즉 예수님의 부활체는 영적이 아니라 살과 뼈가 있는 신체적이었다는 것을 알 수가 있습니다. 예수님은 살과 뼈가 있었기 때문입니다. 예수님은 부활하시어 제자들과 음식을 함께 먹으셨으며, 또한 예수님은 잠겨있는 공간에 나타나시기도 하셨고, 하늘로 승천하시기도 하셨습니다. 또 제자들은 예수님의 얼굴을 인식할 수 없었다는 것은 그 부활체가 신체적이지만, 살아있을 당시의 그 육체가 아니라, 새로운 몸이라는 것은 암시하여 줍니다.

늙어서 질병과 고통을 가진 사람이 그 육체를 그대로 갖고 영생을 한다는 것은 고난이 될 것이며, 장애자나 불구자가 그 몸을 그대로 갖고 영생한다면 그것은 악몽이 될 것입니다. 성경에 의하면, 부활 시에 우리가 갖게 되는 영생의 몸은 하늘에 속한 몸이며, 썩지 않을 신령한 몸이며, 영광의 몸이 되어질 것입니다.

부활의 첫열매이시며 죽은 자 가운데 먼저 나신 자이신 예수님의 부활체가 살과 뼈가 있는 신체적이셨기 때문에 우리의 부활체도 신체적이 될 것이며, 다음의 성경구절은 우리에게 영혼만이 구원을 얻는 것이 아니라, 전인적인 몸이 부활한다는 것을 말하고 있습니다.

> 예수를 죽은 자 가운데서 살리신 이의 영이 너희 안에 거하시면 그리스도 예수를 죽은 자 가운데서 살리신 이가 너희 안에 거하시는 그의 영으로 말미암아 너희 죽을 몸도 살리시리라롬 8:11
> 이뿐 아니라 또한 우리 곧 성령의 처음 익은 열매를 받은 우리까지도 속으로 탄식하여 양자 될 것 곧 우리 몸의 구속을 기다리느니라롬 8:23

우리의 부활체가 어떤 모습일지를 우리는 구체적으로 알 수 없습니다. 다만 우리는 성경에서 기록된 예수님의 부활을 통하여 어느 정도 파악할 수 있습니다. 어떤 이단들은 고전15:50만을 인용하여, 혈과 육은 하나님나라를 유업으로 받지 못하기 때문에 부활이 육체적이 될 수 없다고 주장합니다.

> 형제들아 내가 이것을 말하노니 혈과 육은 하나님 나라를 유업으로 받을 수 없고 또한 썩은 것은 썩지 아니한 것을 유업으로 받지 못하느니라 고전 15:50

그러나 위와 같은 성경인용은 부분적인 인용으로 전혀 다른 뜻으로 설명하기 위한 오류입니다. 우리의 부활은 현재의 혈과 육이 아니라 신령한 몸, 썩지 않는 몸으로의 부활이라고 성경은 말하고 있기 때문입니다.

> 죽은 자의 부활도 이와 같으니 썩을 것으로 심고 썩지 아니할 것으로 다시 살며 욕된 것으로 심고 영광스러운 것으로 다시 살며 약한 것으로 심고 강한 것으로 다시 살며 육의 몸으로 심고 신령한 몸으로 다시 사나니 육의 몸이 있은즉 또 신령한 몸이 있느니라 고전 15:42-44

어쨌든 우리의 부활체는 썩지 않을 것이며, 영광스러운 것으로 살게 되며, 강한 것으로 살게 되며, 또 신령한 몸이 될 것입니다.

> 찬송하리로다 우리 주 예수 그리스도의 아버지 하나님이 그 많으신 긍휼대로 예수 그리스도의 죽은 자 가운데서 부활하심으로 말미암아 우리를 거듭나게 하사 산 소망이 있게 하시며 썩지 않고 더럽지 않고 쇠하지 아니하는 기업을 잇게 하시나니 곧 너희를 위하여 하늘에 간직하신 것이라 벧전 1:3-4

6. 지옥은 있는가?

지옥

자유진보적인 신학자같이 지옥이 없다고 주장하는 사람들도 있지만, 여호와의 증인이나 안식교는 구약에서의 음부는 히브리어 '스올'로서, 불신자나 신자나 누구나 죽으면 가는 '무덤'이라는 장소를 말한다고 주장합니다. 즉 그들이 말하는 지옥은 고통받는 지옥이 아니라는 것이며, 그들은 고통받는 지옥이 없다고 주장합니다.

물론 히브리어 '스올'이라는 단어는 단순히 '죽음의 거처'라는 의미를 갖고 있을 수 있습니다. 그러나 성경에서는 '악인들의 고통받는 지옥'을 의미하기도 합니다.

첫째, 부자와 나사로에서 부자가 고통받는 음부에 대한 성경적인 기록이 있습니다.

부자와 나사로에서 언급되는 음부는 헬라어 '하데스'로 구약에서 말하는 '스올'과 그 개념이 동일하며, 다음과 같은 성경의 기록을 찾아 볼 수가 있습니다.

> 미리 보는 고로 그리스도의 부활하심을 말하되 저가 음부하데스에 버림이 되지 않고 육신이 썩음을 당하지 아니하시리라 하더니 행 2:31

이 '음부'의 헬라어 단어는 '하데스'입니다.

그런데 이 사도행전 2장 31절은 구약의 시편을 인용한 것으로 시편 16장 10절을 인용한 것입니다.

> 이는 내 영혼을 음부스올에 버리지 아니하시며 주의 거룩한 자로 썩지 않게 하실 것임이니이다 시 16:10

즉 누구나 죽어서 가는 무덤이 '스올'이라는 여호와의 증인이나 안식교가 주장과 달리, 구약의 히브리어 '스올'은 신약에서 헬라어로 '하데스'로 번역되어졌으며, 주의 거룩한 자를 음부에 버리지 말아달라고 기도하고 있는 것을 알 수 있습니다. 만일 음부가 누구든지 죽어서 가는 곳이라면, 시편기자는 자기 영혼을 음부에 버리지 말라달라고 기도할 필요가 없을 것입니다, 또한 부자와 나사로에서 말하는 '고통이 있는 음부' 인 '하데스' 는 구약의 '스올' 과 같습니다.

> 저가 음부에서 고통 중에 눈을 들어 멀리 아브라함과 그의 품에 있는 나사로를 보고
> 눅 16:23

이 부자와 나사로의 이야기에서 음부도 '하데스' 입니다. 이것을 개역성경은 '음부' 로 번역하였는데, KJV와 NIV 영어성경은 모두 이것을 hell이라고 번역하였고, 공동번역은 '죽음의 세계' 라고 번역하였습니다. 즉 고통을 받는 곳입니다.

안식교와 여호와의 증인은 이 부자와 나사로가 단지 설화적인 비유라고 주장하는데, 이 비유는 예수님이 직접 말씀하신 것으로, 예수님이 실제와 다른 죽음의 세계를 설화로서 말씀하셨다고 볼 이유가 전혀 없습니다. 부자와 나사로는 이집트의 설화와 그 내용이 전혀 다릅니다. 이집트의 설화는 단순히 부자와 가난한 자를 대비하고 있을 뿐입니다. 또 고통받는 음부가 실제로는 없는데도 불구하고, 예수님이 이러한 비유를 하였다는 주장은 설득력이 없습니다. '나사로' 란 단어는 "하나님이 도우시다" 라는 뜻이며, '아브라함과 천사' 에 대한 언급, 또 성경말씀으로 비유되는 '모세와 선지자' 와 같은 표현은 이방인의 설화라고 말할 수 없습니다. 특히 이 부자와 나사로의 가장 중요한 교훈은 "사후세계는 다시 돌이킬 수가 없다" 는 교훈이며, "살아 생전에 미리 모세와 선지자로 표현된 성경말씀을 믿으라" 는 것이 예수님께서 우리에게 전달하는 것임이 분명하기 때문입니다.

그렇다면 이 부자와 나사로 외에 '하데스' 란 용어가 사용된 다른 구절은 없을까요? '하데스' 는 다른 구절에서도 사용되고 있었는데, '고통의 음부' 를 의미하는 "행위대로 심판을 받는 불못"이라고 성경에서 설명되어 있습니다.

> 바다가 그 가운데서 죽은 자들을 내어 주고 또 사망과 음부하데스도 그 가운데서 죽

은 자들을 내어 주매 각 사람이 자기의 행위대로 심판을 받고 사망과 음부도 불못에 던지우니 이것은 둘째 사망 곧 불못이라 계 20:13-14

즉 구약의 히브리어 '스올'은 헬라어 '하데스'로 번역되어지며, 그 개념은 고통을 받는 음부라는 뜻으로 사용되었다는 것이 분명합니다.

누구든지 생명책에 기록되지 못한 자는 불못에 던지우더라 계20:15

그렇다면 과연 안식교나 여호와의 증인과 같이 '스올'이라는 구약의 음부가 악인이 가는 장소가 아니라, 누구든지 사후에 가는 무덤을 가르키는 것일까요? 구약성경은 그렇게 말하고 있지 않으며, 시편 9장의 구절은 악인이 음부로 간다고 말하고 있습니다.

악인이 음부스올로 돌아감이여 하나님을 잊어버린 모든 열방이 그리 하리로다 시 9:17

또 부자와 나사로의 경우와 아주 유사한 경우를 말한 구약의 구절도 있습니다.

아침에 일찌기 일어나 독주를 따라가며 밤이 깊도록 머물러 포도주에 취하는 그들은 화 있을진저 그들이 연회에는 수금과 비파와 소고와 저와 포도주를 갖추었어도 여호와의 행하심을 관심치 아니하며 그의 손으로 하신 일을 생각지 아니하는도다. 이러므로 나의 백성이 무지함을 인하여 사로잡힐 것이요 그 귀한 자는 주릴 것이요 무리는 목마를 것이며 음부스올가 그 욕망을 크게 내어 한량없이 그 입을 벌린즉 그들의 호화로움과 그들의 많은 무리와 그들의 떠드는 것과 그 중에서 연락하는 자가 거기 빠질 것이라 사 5:11-14

여호와의 행하심을 관심치 아니하는 귀한 자는 주리게 되며, 무리는 목마르게 될 것이라는 표현은 그들이 가야할 곳은 음부라는 장소적인 개념을 말하고 있는 것입니다. 물론 이 단어는 '스올' 입니다.

> 지혜로운 자는 위로 향한 생명 길로 말미암음으로 그 아래 있는 음부스올를 떠나게 되느니라 잠 15:24

이 구절도 매우 구체적인 음부의 개념을 설명하여 주는데, 잠언에서의 지혜로운 자는 하나님을 신뢰하는 자를 말하므로, 음부를 떠나 위로 향한 생명 길로 가게 된다는 것을 말하여 줍니다. 물론 이 음부도 '스올' 이며, 특히 '떠나다' 라는 뜻의 동사는 '쑤르' 이며 이 단어는 '피하다. 외면하다' 라는 뜻입니다. 즉 지혜로운 자는 음부를 피하여 위로 향한 생명길로 간다는 뜻이 됩니다.

> 내가 하늘에 올라갈지라도 거기 계시며 음부에 내 자리를 펼지라도 거기 계시나이다 시 139:8

본문은 음부이든 하늘이든 하나님의 통치영역이며 하나님의 편재를 말하는 내용이지만, 이 구절 역시 하늘로 올라갈 수도 있고, 음부에 자리를 펼 수도 있음을 선택적이며, 다른 장소적인 개념으로 말하고 있습니다. 시편기자는 하나님이 나를 받아주신다면 영혼이 음부의 권세에서 구속되어진다고 말하고 있었던 것은 음부가 모든 사람이 죽어서 가는 무덤이 아니라는 증거가 됩니다.

> 하나님은 나를 영접하시리니 이러므로 내 영혼을 음부의 권세에서 구속하시리로다 시 49:15

물론 성경에서는 음부라는 단어가 단순히 죽어서 가는 곳이라는 의미로 사용되었다고 생각되어지는 몇구절이 있습니다. 예를 들면 창세기37:5에서 야곱이 아들 요셉이 죽었다는 연락을 받고 "음부에 내려 가겠다"고 하는 성경구절입니다. 그러나 그러한 몇구절은 보편적이 아닙니다. 요셉이 짐승에게 찢겨 죽었다는 연락을 받은 야곱은 그 애통한 심정이 극한상황이었을 것이기 때문에 "내가 지옥에 내려 가겠다"고 표현한 것으로 해석될 수 있습니다. 구약에서 환란과 재앙, 질병은 곧 죄로 간주되었으며 하나님의 심판을 받은 것으로 간주되었기 때문에, 요셉이 짐승에게 찢겨 죽었다는 연락을 받은 것은 곧 요셉이 심판을 받았다는 의미가 되기 때문입니다.

또 마5:22 "지옥 불", 마23:33 "지옥의 판결" 등에서 사용되는 지옥은 헬라어 '게헨나'인데 이 단어가 언급하는 고통받는 장소적인 표현은 제법 많습니다. 물론 이 단어가 게힌놈 혹은 힌놈의 골짜기를 유래하는 구약의 장소적인 어원을 말하지만, 그것은 단지 단어적인 어원과 유래일 뿐이며, 이 단어는 분명 죽어서 가는 장소적인 개념이며, 심판적인 개념으로 사용되었음을 부인하기는 어려우며, 사후장소가 여러 곳이라고 말할 이유가 없기 때문에 하데스와 게헨나가 각각 다른 장소라고 말하기는 더욱 어렵습니다. 특히 이 단어는 예수님이 직접 말씀하시며 가르키시는 구절에서 주로 나타나기 때문에 무시되어질 이유가 없습니다.

신약에서는 유일하게 '지옥'이 다른 헬라어 단어로 사용된 예가 있는데 아래와 같습니다.

> 하나님이 범죄한 천사들을 용서치 아니하시고 지옥에 던져 어두운 구덩이에 두어 심판 때까지 지키게 하셨으며 벧후 2:4

이 단어는 헬라어 '탈타로오'로서 "지옥에 던지다"는 동사입니다. 단지, 이곳은 사단과 마귀들이 심판의 날까지 가두어지는 무저갱을 가르키지만, 고대 헬라인들에게 이 단어는 '악인들의 사후거처'라는 단어로 사용되어 왔다고 언어학자들은 말합니다.

다음은 신약에서의 지옥에 관한 성경말씀입니다. 실제로는 지옥이 없는데 성경이 이렇게 말하고 있다고 해석하는 것이 정상적인 성경해석이 되지 않습니다.

마태복음 5:22   지옥불
마태복음 5:29   지옥에 던지우는 것이 유익하며
마태복음 5:30   지옥에 던지우지 않는 것이
마태복음 18:9   지옥불에 던지우는 것보다
마태복음 23:15 지옥자식이 되게 하는도다
마가복음 9:43   지옥 꺼지지 않는 불
마가복음 9:45   지옥에 던지우는 것보다 나으니라
마가복음 9:47   지옥에 던지우는 것보다 나으니라
누가복음 12:5   지옥에 던져넣는 권세 있는 그를 두려워하라
야고보서 3:6   그 사르는 것이 지옥불에서 나느니라
베드로후서 2:4 지옥에 던져 어두운 구덩이에 두어
마태복음 3:12   꺼지지 않는 불
마가복음 9:43   지옥 꺼지지 않는 불에
마가복음 9:48   거기는 구더기도 죽지 않고 불도 꺼지지 아니하느니라
누가복음 3:17   꺼지지 않는 불에 태우시리라
누가복음 16:22 부자와 나사로
디모데후서 3:1 말세에 고통하는 때가 이르러서
마태복음 25:41 영영한 불
요한계시록 14:1 고난의 연기가 세세토록
마태복음 25:46 악인은 영벌에 의인은 영생에 들어가리라
마태복음 13:42 풀무불에서 이를 갈며13:50

어떻게 이렇게 쉽게 찾을 수 있는 많은 구절을 상징적이라고 말할 수 있으며 지옥이 없다고 단정할 수 있을까요? 만일 그 개념이 상징적이며 현실적으로 없는 곳이라면, 이렇게 많은 성경구절에 대해서 설명할 수 있을까요? 안식교와 여호와의 증인들이 주장하듯이 그들이 성경적이라고 한다면, 지옥을 인정하여야만 할 것이 분명합니다.

정통교회의 올바른 교리라 함은 성경적인 내용을 기준으로 하는 교리를

말합니다. 성경적인 내용을 달리 해석하여야 한다고 하면서, 자신들의 교리와 다른 성경은 짜깁기로 해석하려는 교리는 바로 이단교리입니다.

예를 들어 영원히 고통받는 지옥이 성경에 한두군데만 언급되었거나 불확실한 비유라면 혹시 달리 해석할 수도 있다고 할 수도 있습니다. 그러나 아래와 같이 많은 성경구절이 있음에도 불구하고, 그것을 모두 달리 해석하여야 한다면, 그것은 자기교리를 위하여 성경 자체의 기록을 부정하는 행위가 되어 버릴 것이므로 그 교리는 비성경적인 교리가 됩니다.

> 저희는 영벌에, 의인들은 영생에 들어가리라 하시니라 마25:46

영생이 영원한 삶이라는 것을 믿는다면, 영벌은 영원한 벌임을 믿어야만 할 것입니다. 안식교는 영생은 영원한 생인데, 영벌은 소멸되는 벌이라고 주장합니다. 영생은 영원한 삶이라는 것을 안식교나 여호와의 증인들도 믿으면서, 왜 영벌은 영원한 벌이 아니라고 주장하는지요? 영생과 영벌은 '영원'이라는 동일한 단어가 사용되었습니다.

> 한번 죽는 것은 사람에게 정하신 것이요 그 후에는 심판이 있으리니 히9:27
> 세례들과 안수와 죽은 자의 부활과 영원한 심판에 관한 교훈의 터를 다시 닦지 말고 완전한데 나아갈지니라 히 6:2

영원한 심판에 대한 교훈은 다시 닦으면 안되는 기독교의 기초적인 교훈입니다. 또한 악인들은 풀무불에 던져서 울며 이를 갈게 될 것이라고 성경은 말하고 있습니다.

> 세상 끝에도 이러하리라 천사들이 와서 의인 중에서 악인을 갈라내어 풀무 불에 던져 넣으리니 거기서 울며 이를 갊이 있으리라 마13:49-50
> 주께서 경건한 자는 시험에서 건지시고 불의한 자는 형벌 아래 두어 심판날까지 지키시며 벧후2:9

> 소돔과 고모라와 그 이웃 도시들도 저희와 같은 모양으로 간음을 행하며 다른 색을 따라 가다가 영원한 불의 형벌을 받음으로 거울이 되었느니라 유 1:7
>
> 내가 진실로 너희에게 이르노니 심판날에 소돔과 고모라 땅이 그 성보다 견디기 쉬우리라 마 10:15
>
> 육체를 따라 더러운 정욕 가운데서 행하며 주관하는 이를 멸시하는 자들에게 특별히 형벌하실 줄을 아시느니라 벧후 2:10
>
> 저가 음부에서 고통 중에 눈을 들어 멀리 아브라함과 그의 품에 있는 나사로를 보고 불러 가로되 아버지 아브라함이여 나를 긍휼히 여기사 나사로를 보내어 그 손가락 끝에 물을 찍어 내 혀를 서늘하게 하소서 내가 이 불꽃 가운데서 고민하나이다 눅 16:23-24
>
> 사망과 음부도 불못에 던지우니 이것은 둘째 사망 곧 불못이라. 누구든지 생명책에 기록되지 못한 자는 불못에 던지우더라 계 20:14-15

고통받는 곳의 불은 구더기도 죽지 않습니다. 어느 안식교인은 영혼이 고통받는 지옥에 구더기가 있느냐고 비아냥을 말하였는데, 그 성경구절은 실제로 구더기가 있다는 뜻이 아니라, 구더기도 죽지 않고 불이 꺼지지 않는다는 문학적인 강조적 표현법입니다. 즉 고통만을 당하지만 타지 않는 불이라는 것을 비유한 것입니다.

> 거기는 구더기도 죽지 않고 불도 꺼지지 아니하느니라. 사람마다 불로서 소금 치듯 함을 받으리라 막 9:48-49

구더기도 죽지 않는다는 것은 이사야서에서 인용하여 온 것으로 벌레도 죽지 않으며 불이 꺼지지 않는다는 것을 의미합니다.

> 그들이 나가서 내게 패역한 자들의 시체들을 볼 것이라 그 벌레가 죽지 아니하며 그 불이 꺼지지 아니하여 모든 혈육에게 가증함이 되리라 사 66:24
>
> 오직 무서운 마음으로 심판을 기다리는 것과 대적하는 자를 소멸할 맹렬한 불만 있

으리라. 모세의 법을 폐한 자도 두 세 증인을 인하여 불쌍히 여김을 받지 못하고 죽었거든 하물며 하나님 아들을 밟고 자기를 거룩하게 한 언약의 피를 부정한 것으로 여기고 은혜의 성령을 욕되게 하는 자의 당연히 받을 형벌이 얼마나 더 중하겠느냐 너희는 생각하라 히 10:27-29

이제 하늘과 땅은 그 동일한 말씀으로 불사르기 위하여 간수하신 바 되어 경건치 아니한 사람들의 심판과 멸망의 날까지 보존하여 두신 것이니라 벧후 3:7

나는 너희에게 이르노니 형제에게 노하는 자마다 심판을 받게 되고 형제를 대하여 라가라 하는 자는 공회에 잡히게 되고 미련한 놈이라 하는 자는 지옥 불에 들어가게 되리라 마 5:22

알곡은 곡간에 들이고 쭉정이는 불에 태웁니다. 그 쭉정이를 태우는 불은 곧 꺼질 것입니다. 그러나 성경은 꺼지지 않는 불이라고 기록하고 있습니다.

> 손에 키를 들고 자기의 타작 마당을 정하게 하사 알곡은 모아 곡간에 들이고 쭉정이는 꺼지지 않는 불에 태우시리라 마 3:12, 눅 3:17

지옥의 꺼지지 않는 불과 영원한 심판에 대한 성경구절은 너무나도 많습니다. 물론 아래 본문도 지옥의 영원한 심판을 강조를 하기위한 문학적인 표현법입니다. 두 손을 찍거나 두 눈을 뺀다고 하여 지옥 형벌이 실제로 면제되는 것은 아니기 때문입니다. 그러나 그러한 끔찍한 강조적인 표현을 굳이 사용하는 이유는 무엇일까요? 그것은 지옥의 고통이 두 손을 찍거나 두 눈을 빼는 것보다 더욱 고통스럽다는 것을 뜻하기 때문입니다.

> 만일 네 손이 너를 범죄케 하거든 찍어 버리라 불구자로 영생에 들어가는 것이 두 손을 가지고 지옥 꺼지지 않는 불에 들어가는 것보다 나으니라 막 9:43, 마 18:9등

과연 지옥이 없는데도 예수님이 이렇게 말씀하셨을까요?

> 뱀들아 독사의 새끼들아 너희가 어떻게 지옥의 판결을 피하겠느냐? 마 23:33

7 하나님의 인과 짐승의 표

하나님의 인과 짐승의 표

안식교는 하나님의 인이 안식일을 지키는 것이며, 짐승의 표는 주일을 지키는 것이라고 주장합니다.

또 극단적인 세대주의라고하는 사람들이 즘승의 표 666에 대해서 바코드, 은행카드, 컴퓨터, 베리칩이라고 주장하며, 666을 거부하여야만 하며, 그것을 받으면 지옥에 간다고 주장합니다.

성경을 잘 살펴보면 인침에 대해 두 가지 유형이 나타납니다. 첫째는 하나님의 인이고 둘째는 짐승의 인입니다. 유대인들은 기르는 가축에 소유자의 이름을 낙인했습니다. 그것은 방목되는 육축에 대해서 그 소유자를 구별하기 위함입니다. 즉 인침이라는 것에 대해서는 이마에 하나님의 인을 받은 사람은 하나님의 소유, 짐승의 인을 받은 사람은 짐승의 소유를 의미하는 상징적인 표현임을 알 수 있습니다.

짐승의 표를 받은 것을 베리칩이나 바코드라고 해석을 해야 한다고 주장하는 사람은 동일한 원리를 적용시켜서 하나님의 인을 받은 자녀도 어떤 베리칩이나 바코드를 이마에 받는 것이라고 해석하여야만 할 것입니다.

> 너는 또 그것을 네 손목에 매어 기호를 삼으며 네 미간에 붙여 표를 삼고 신 6:8.

유대인들은 이 구절을 문자적으로 받아들여 실제로 하나님의 말씀을 양피지에 기록하여 손목과 이마에 표로 붙이고 다녔습니다. 그것을 '경문갑'이라고 불렀는데, 외식적인 유대인의 풍습입니다. 과연 성경구절을 이마나 손에 붙이고 다니면 구원을 받을까요? 아닙니다. 성경구절이 실제적으로 삶에 적용이 되어야만 하는 것이지, 이마나 손에 달고 다니라는 것은 아닙니다.

즉 하나님의 인을 받는다는 것은 성령을 받은 것을 의미합니다. 그렇다면 짐승의 인을 받는다는 것은 사탄의 영, 미혹의 영을 받은 것을 의미합니다. 아래 성경은 하나님의 인과 짐승의 인에 대해 말씀하는 구절들입니다. 이마에 성령의 인치심의 표를 받는다는 것은 실제로 사람의 이마에 낙인이 찍히는, 문자적인 의미가 아님을 알 수 있습니다.

> 그 안에서 너희도 진리의 말씀 곧 너희의 구원의 복음을 듣고 그 안에서 또한 믿어 약속의 성령으로 인치심을 받았으니 엡 1:13
> 가로되 우리가 우리 하나님의 종들의 이마에 인치기까지 땅이나 바다나 나무나 해하지 말라 하더라. 내가 인 맞은 자의 수를 들으니 이스라엘 자손의 각 지파 중에서 인 맞은 자들이 십 사만 사천이니 계 7:3~4
> 저희에게 이르시되 땅의 풀이나 푸른 것이나 각종 수목은 해하지 말고 오직 이마에 하나님의 인 맞지 아니한 사람들만 해하라 하시더라 계 9:4
> 또 내가 보좌들을 보니 거기 앉은 자들이 있어 심판하는 권세를 받았더라 또 내가 보니 예수의 증거와 하나님의 말씀을 인하여 목 베임을 받은 자의 영혼들과 또 짐승과 그의 우상에게 경배하지도 아니하고 이마와 손에 그의 표를 받지도 아니한 자들이 살아서 그리스도로 더불어 천년 동안 왕 노릇하니 계 20:4
> 그의 얼굴을 볼 터이요 그의 이름도 저희 이마에 있으리라 계 22:4
> 또 내가 보니 보라 어린 양이 시온산에 섰고 그와 함께 십 사만 사천이 섰는데 그 이마에 어린 양의 이름과 그 아버지의 이름을 쓴 것이 있도다 계 14:1

예수를 믿고 성령을 받으면 이마에 예수라는 이름. 혹은 아버지의 이름이 낙인됩니까? 어느 누구나 그런 뜻이 아니라고 답변할 것입니다. 위 구절들은 이마에 낙인이나 도장으로 인침을 받은 사람이 곧 하나님의 소유를 상징하는 의미로써, 성령의 보증을 인치심, 즉 하나님의 자녀가 되는 상징적인 표현을 한 것이라고 보는 것이 당연한 해석입니다.

그렇다면 아래 이마에 받는 짐승의 표는 실제로 받는 표로 해석이 됩니까?

> 또 다른 천사 곧 세째가 그 뒤를 따라 큰 음성으로 가로되 만일 누구든지 짐승과 그의 우상에게 경배하고 이마에나 손에 표를 받으면 계 14:9
> 저가 모든 자 곧 작은 자나 큰 자나 부자나 빈궁한 자나 자유한 자나 종들로 그 오른손에나 이마에 표를 받게 하고 누구든지 이 표를 가진 자 외에는 매매를 못하게 하니 이 표는 곧 짐승의 이름이나 그 이름의 수라 계 13:16-17
> 그 이마에 이름이 기록되었으니 비밀이라, 큰 바벨론이라, 땅의 음녀들과 가증한 것들의 어미라 하였더라 계 17:5
> 짐승이 잡히고 그 앞에서 이적을 행하던 거짓 선지자도 함께 잡혔으니 이는 짐승의 표를 받고 그의 우상에게 경배하던 자들을 이적으로 미혹하던 자라 이 둘이 산채로 유황불 붙는 못에 던지우고 계 19:20

만일 어떤 사람이나 단체가 짐승의 인을 받는다는 것을 실제 문자적으로 해석하여 어떤 베리칩이나 바코드같은 것으로 해석한다면, 동일한 원칙으로 하나님의 인을 받았다는 것도 어떤 물질이나 형식적인 표라고 해석하여야만 됩니다. 그러나 성령의 인치심이 '하나님을 믿는 자녀로서 성령의 소유'를 뜻한다고 해석이 된다면, 짐승의 표도 역시 '짐승을 숭배하는 영의 소유'를 상징한다고 보아야 합니다. 누가 보아도 성령의 인치심은 도장이나 표가 아니며, 성령의 인도와 보장을 뜻합니다.

> 하나님의 성령을 근심하게 하지 말라 그 안에서 너희가 구속의 날까지 인치심을 받았느니라 엡 4:30
> 그 안에서 너희도 진리의 말씀 곧 너희의 구원의 복음을 듣고 그 안에서 또한 믿어 약속의 성령으로 인치심을 받았으니 엡 1:13

현재 베리칩의 시작은 고가의 애완견이나 치매에 걸린 노인들, 성범죄를 한 사람들의 행방을 추적하기 위한 방법으로 사용되고 있습니다. 최근에는 고혈압, 심장병등 중대한 질환에 걸린 사람의 상태를 수시로 파악하기 위한 원격장치로도 사용된다고 합니다. 그것은 신앙과 불신앙과는 아무 상관이 없습니다.

　십여년 전만 해도 컴퓨터가 666이라는 견해가 난무했던 것을 기억하시기 바랍니다. 매매를 못하게 한다는 내용으로 인하여 바코드라고 하는 주장도 있었고, 은행카드라고 하는 주장도 있었습니다. 실제로 대형교회의 유명한 목사들을 포함하여 많은 사람들이 이러한 주장을 하였는데 요즈음은 이런 주장을 거의 하지 않습니다. 어느 대형교회 목사는 유럽연합 본부의 지하에 있는 컴퓨터가 666이라고 했고, 세대주의자와 구원파뿐 아니라 정통교회의 목사들조차 유럽연합이 10개국이 되면 그것이 다니엘서와 계시록의 '열 뿔'이라고 해석하는 목사들이 적지 않았습니다. 구체적으로 적그리스도가 누구라고 하는 주장이 난무하였습니다. 요한계시록 16장 12절의 동방이 어느 나라라는 구체적인 주장까지 하였습니다.

　예수를 믿고 거듭난 사람이 은행카드를 사용하거나 바코드가 찍힌 물건을 사면 구원을 잃는다고 생각하십니까? 아직도 그 표를 실제적이며 문자적인 표로 해석하는 사람이 있습니까? 그 당시에 과연 그러한 주장을 하던 목사들은 컴퓨터를 사용하지 않고 있으며, 은행신용카드를 사용하지 않고 있으며 바코드가 있는 물건은 구매하지 않는지요? 그러한 생각은 성경적인 생각이 아닙니다.

　성경 66권이 말하는 구원과 멸망의 핵심적인 멧세지는 '신앙'과 '불신앙'입니다. 또한 이것이(신앙과 불신앙이), 기독교의 가장 중요한 본질적인 멧세지라는 것을 누구도 부인하지 못합니다. 어떤 형식이나 물질적인 표를 받지 말라고 경고하는 것이 아니라, 오직 예수를 믿는 신앙을 강조하고 있을 뿐입니다.

　또한 예수님의 십자가 대속은 구원에서 완전한 것입니다. 우리가 예수를 믿으면 우리는 충분히 구원을 받습니다. 우리가 예수를 믿어도 이마나 손에 어떤 표를 받거나, 생체칩을 받는 결과로 구원을 잃게 된다면, 그것은 예수의 십자가를 불완전한 것으로 만드는 일이 됩니다. 즉 예수를 믿으면 우리는 충분히 구원을 받습니다. 그것이 복음입니다. 우리가 경계하여야 할 것은 어떤 물질적인 표시가 아니라 다른 복음을 통한 사단의 미혹일 뿐입니다.

내가 저희에게 영생을 주노니 영원히 멸망치 아니할 터이요 또 저희를 내 손에서 빼앗을 자가 없느니라 저희를 주신 내 아버지는 만유보다 크시매 아무도 아버지 손에서 빼앗을 수 없느니라 요 10:28-29

666의 보편적인 해석

- **666은 이 계시록을 기록할 당시의 어떤 특정한 이름을 의미합니다.**

첫 번째로 그 숫자는 네로황제를 의미한다고 봅니다. 네로황제라는 단어는 "네론카이사르"인데, 유대인들은 알파벳에 고유한 번호를 정하여 그 알파벳을 숫자로 합산하였습니다. 이 헬라어를 히브리어로 음역하여 숫자로 표시하면 666이 된다고 합니다. 또 어느 소수사본에는 666이란 숫자가 616으로 되어 있는데, 그것은 네로황제라는 라틴어를 히브리어로 음역하면 그 합이 616이 되기 때문이라고 전해집니다. 또 로마제국을 의미하는 '라테이노스' 알파벳의 합도 666이 된다고 하는데, 일차적인 의미로서는 이러한 견해가 가장 일반적인 견해라고 알려져 있습니다. 유대인들은 글자를 숫자로 환산하는 일을 자주 사용하였기 때문입니다.

계시록 13장17절은 "그 수는 짐승의 이름이니 그 이름의 수"라고 언급되어 있습니다. 그렇다면 사도요한이 "짐승의 이름"이라고 표현한 것을 "이름의 수"라고 하였음을 볼 때에 그것이 무엇인지를 이해하는 것이 일차적인 해석이 되어질 것입니다. 아마 사도요한의 입장에서는 기독교인 형제들을 학살하고 맹수에게 잡혀 먹게 하는 네로황제와 로마 제국이 일차적으로는 "짐승 같은 존재"로 보였을 것이 분명합니다.

- **성경에서 7 이란 숫자는 완전을 의미합니다.**

그러므로 666은 7진법의 하나 모자라는 불완전한 숫자를 상징합니다. 이 의견 역시 일반적인 견해라고 알려져 있습니다.

'예수'라는 단어를 헬라어로 합산해 보면 888이 된다고 합니다. 모든 수가 7진법을 하나 넘고 있습니다. 그러나 666은 그 반대로 모든 수가 7에 미달되고 있음으로 대조가 됩니다. 즉 이 수는 어떤 개인이 아니라 영원히 하나님의 의에 부족한 사람들을 가리키는 것 같습니다. 즉 불신자나 반기독교인을 상징한다는 것입니다. 본문의 숫자가 특정한 한 개인이 아니라, 예수를 믿지 않는 보통 사람들을 가리킨다고 생각하면, 이 해석은 더욱 합리성을 띄고 있습니다. 이렇게 본다면 요한은 우리에게 중생치 못한 사람은 항상 악하다는 사실을 말해 주고 있는 것일 수도 있습니다. 이러한 사람들은 범사마다 짐승의 표가 붙어있다고 말할 수 있습니다.

즉 그리스도가 부정하는 세상은 불가항력적으로 사단의 지배아래 있는 것이며, 우리는 예수를 믿기 전에는 "본질상 진노의 자녀"였던 것입니다.엡2:3

• 144,000

대부분의 이단교회들이 계시록의 144,000명을 자신들의 교회에서 구원을 받은 숫자라고 주장하며, 반대로 이러한 주장을 하는 자들은 바로 이단이라고 말하여도 전혀 무리가 아닙니다.

(1) 구원이란 지상에 있는 어떤 유형적인 교회의 교인 숫자가 아니라, 오직 하나님의 주권적인 사역이며 하나님의 값없는 은혜로서 얻는 개인적인 구원이라는 것을 잊으면 안됩니다. 누군가가 인위적으로 만든 조직을 12지파라고 하거나, 자신들의 교회에서 144,000명이라고 말하는 주장은 명백한 이단집단의 주장이 되어집니다.

(2) 12지파, 144,000명은 상징적인 숫자로 보아야 합니다

> 내가 인 맞은 자의 수를 들으니 이스라엘 자손의 각 지파 중에서 인 맞은 자들이 십사만 사천이니…. 계 7:4

① 열두지파란 구약에서 구원을 받은 사람들을 뜻하는 상징적인 의미라고 봅니다. 왜냐하면 계시록의 열두지파는 이스라엘의 실제 열두지파와 차이가 있기 때문입니다. 첫째, 열두지파에서 단지파가 빠지며, 둘째, 원래 요셉지파에 므낫세와 에브라임이 포함되는데신33:17, 계시록의 열두지파는 요셉과 므낫세가 분리되어 나타나고 있으며, 에브라임은 없습니다. 셋째, 신33에는 시므온지파가 빠져 있는데 그 이유는 나중에 유다지파에 흡수되기 때문입니다.수19:1-9, 삿1:3 그러나 계시록의 열두지파는 시므온지파와 유다지파가 분리되어 있습니다. 학자들에 의하면 계시록의 열두지파는 유대인들이

말하는 열두지파와도 다르며, 구약의 성경기록과 동일하게 기록된 적이 없는 열두지파 명단이라고 말합니다.

② 신약시대에서 구약의 열두지파는 유명무실하여 지는데, 이스라엘의 사회적이며 총체적이고 기본적인 단위를 의미할 때에만 열두지파라는 단어를 사용하게 됩니다. '12'라는 숫자의 의미는 이스라엘 사회에 내재하는 사회적이며 역사적인 실체를 가르키며, 상징적인 의로서 다양한 사회적 단위를 의미합니다. 구약에서는 여호와를 믿는 신앙적 결속력이 이 이스라엘의 지파들을 하나로 결속시키는 요소가 되어 왔던 것입니다. 그래서 사도들도 열두명이 되어야만 했던 것이며, 가룟유다가 빠진 열두사도는 곧 보충되어져야만 했던 것입니다.

③ 12라는 숫자를 다시 12로 곱하여 144가 된다는 의미는, 구약의 열두 민족과 신약의 열두 사도들을 상징하는 "어느 누구나"라는 보편성을 말하며, 12,000 스다디온이 의미 또한 12 숫자에 1000 이라는 많은 개념의 숫자를 곱한다는 의미를 파악하여야 할 것입니다. 아래 성경구절이 그런 의미를 반영하고 있습니다.

> 크고 높은 성곽이 있고 열 두 문이 있는데 문에 열 두 천사가 있고 그 문들 위에 이름을 썼으니 이스라엘 자손 열 두 지파의 이름들이라. 동편에 세 문, 북편에 세 문, 남편에 세 문, 서편에 세 문이니 그 성에 성곽은 열 두 기초석이 있고 그 위에 어린 양의 십 이 사도의 열 두 이름이 있더라 내게 말하는 자가 그 성과 그 문들과 성곽을 척량하려고 금 갈대를 가졌더라. 그 성은 네모가 반듯하여 장광이 같은지라 그 갈대로 그 성을 척량하니 일만 이천 스다디온이요 장과 광과 고가 같더라. 그 성곽을 척량하매 일백 사십 사 규빗이니 사람의 척량 곧 천사의 척량이라 계 21:12-17

④ 또한 셀 수 없는 숫자가 어린양 앞에 서있다고 말하는데… 십사만사천명은 계14장에서 다시 언급되어지는데, 이 모습은 계7:9과 다른 모습이라고 말할 수 없습니다. 그 숫자는 모두 어린 양 앞에 서있는 숫자이기 때문입니다. 동일한 사건이 사도바울에게 두 개의 환상을 통하여 보여주었다고 해석

됩니다.

> 각 나라와 족속과 백성과 방언에서 아무라도 능히 셀 수 없는 큰 무리가 흰 옷을 입고 손에 종려가지를 들고 보좌 앞과 어린 양 앞에 서서 계 7:9
> 또 내가 보니 보라 어린 양이 시온산에 섰고 그와 함께 십 사만 사천이 섰는데 그 이마에 어린 양의 이름과 그 아버지의 이름을 쓴 것이 있도다계 14:1

8. 요엘의 성취에 대한 잘못된 주장

요엘의 성취가 오순절에 부분적으로 이루어졌는가?

신사도운동을 하는 목사들 중에서는 요엘의 성취가 오순절에 부분적으로 이루어졌다고 주장을 하면서, 종말적으로 오순절과 같은 성령 대부흥이 자신들을 통하여 일어나게 될 것이라고 주장합니다. 그들은 그것을 대부흥, 대추수라고 하는데, 그들 중에는 그러한 운동을 '늦은비운동'이라고 부르기도 하며, 그들의 현상적인 집회를 그러한 운동의 일부분으로 표현합니다. 실제로 윌리엄 브래넘이라는 사람이 '늦은비 운동'이라고 하는 단체를 시작했던 적이 있었으며 최근의 신사도운동과 매우 유사한 단체로 알려져 있었습니다. 신사도운동은 자신들의 주장을 성경에 짜맞추기 위하여 억지 해석을 하며, 자신들을 사도라고 부르며, 그들이 예언을 말하며 직통계시를 받는 것처럼 주장하는데, 큰믿음교회 변승우목사도 예외는 아닙니다.

> 요엘의 예언은 이중적입니다. 요엘의 예언은 오순절에 이루어졌습니다. 그러나 그 날 부분적으로만 이루어졌습니다. 그 증거로 요엘은 만민에게 성령을 부어 주실 것이라고 했는데 그날에는 단지 15개국 사람들에게만 성령이 부어졌습니다. 따라서 앞으로 실제로 만민에게 성령이 부어질 날이 올 것입니다. 즉 오순절을 능가하는 더 큰 성령의 부어주심이 있게 될 것입니다. 그러면 그 날은 언제일까요? 그 날은 교회사의 중간이 아니라 마지막에 있게 될 것입니다 변승우, 대부흥이 오고 있다, 240~241쪽

큰믿음교회의 변승우목사는 요엘의 예언이 오순절에 부분적으로만 이루어졌다고 주장합니다. 그 증거로 오순절 성령부음의 사건이 1 15개국 사람들에게만 부어주었다는 것과 2 마지막에 있게 될 것이라고 주장하는 것입니다. 성경본문을 살펴 보겠습니다.

> 이는 곧 선지자 요엘로 말씀하신 것이니 일렀으되 하나님이 가라사대 말세에 내가 내 영으로 모든 육체에게 부어 주리니 너희의 자녀들은 예언할 것이요 너희의 젊은이들은 환상을 보고 너희의 늙은이들은 꿈을 꾸리라 그 때에 내가 내 영으로 내 남종과 여종들에게 부어 주리니 저희가 예언할 것이요. 또 내가 위로 하늘에서는 기사와 아래로 땅에서는 징조를 베풀리니 곧 피와 불과 연기로다. 주의 크고 영화로운 날이 이르기 전에 해가 변하여 어두워지고 달이 변하여 피가 되리라. 누구든지 주의 이름을 부르는 자는 구원을 얻으리라 하였느니라 행 2:16-21

(1) 행 2:16에서는 오순절의 성령부음 사건을 요엘 선지자의 성취라고 분명히 말하고 있습니다.

> [개역성경] 이는 곧 선지자 요엘로 말씀하신 것이니 일렀으되
> [공동번역] 이것은 예언자 요엘이 예언한 대로 된 것입니다.
> [표준새번역] 이 일은, 하나님께서 예언자 요엘을 시켜서 말씀하신 대로 된 것입니다.
> [현대인의성경] 이 일에 대해서 예언자 요엘은 이렇게 예언했습니다.

즉 오순절 성령강림은 요엘 선지자를 통하여 예언된 것이 이미 이루어진 것입니다. 변승우목사는 요엘의 성취가 다 이루어진 것이 아니고 부분적으로만 이루어진 것이라고 주장하는데, 어느 성경에도 부분적으로 이루어진 것이라는 내용은 단 하나도 기록되어 있지 않습니다.

> 사도와 같이 모이사 저희에게 분부하여 가라사대 예루살렘을 떠나지 말고 내게 들은 바 아버지의 약속하신 것을 기다리라. 요한은 물로 세례를 베풀었으나 너희는 몇 날

> 이 못되어 성령으로 세례를 받으리라 하셨느니라 행 1:4-5

오순절에 성령을 부어준 사건은 사도행전 1:4-5에서 아버지가 예수께 약속한 사건이었으며 사도행전 2:33에서 그것을 다시 한번 재확인하고 있습니다.

> 하나님이 오른손으로 예수를 높이시매 그가 약속하신 성령을 아버지께 받아서 너희 보고 듣는 이것을 부어 주셨느니라 행 2:33

즉 오순절 사건은 하나님이 요엘 선지자에게 이미 말씀하셨던 것의 성취이며, 하나님이 예수님에게 약속하셨던 그 성령이었습니다. 이것을 신사도운동 목사들과 변승우 목사는 부분적으로 이루어진 것이라고 말하는 것입니다.

(2) 변승우목사는 그 예언이 부분적으로 이루어진 증거가 15개 국가에게만 해당된다고 주장하고 있습니다.

> 우리는 바대인과 메대인과 엘람인과 또 메소보다미아, 유대와 가바도기아, 본도와 아시아, 브루기아와 밤빌리아, 애굽과 및 구레네에 가까운 리비야 여러 지방에 사는 사람들과 로마로부터 온 나그네 곧 유대인과 유대교에 들어온 사람들과 그레데인과 아라비아인들이라 우리가 다 우리의 각 방언으로 하나님의 큰 일을 말함을 듣는도다 하고… 행 2:9-11

아마 변목사는 문자적인 지명만을 일일히 손가락으로 숫자를 세어서 15개국이라고 하였던 것 같은데, 물론 그 지역 숫자도 정확한 15개국이 아니며, 그것에 대한 기록은 여러 지역의 명칭을 실제적인 예로서 열거한 것입니다.

> 그 때에 경건한 유대인이 천하 각국으로부터 와서 예루살렘에 우거하더니 이 소리가 나매 큰 무리가 모여 각각 자기의 방언으로 제자들의 말하는 것을 듣고 소동하여 행 2:5-6

성경은 15개국이 아니라, 천하각국이라고 말하고 있으며, 각각 자기의 방언으로 말하였다고 기록하고 있습니다. '천하각국' 이라는 헬라어 본문은 변목사에게 헬라어 사전이 있다면 "하늘 아래의 모든 국가"every nation under heaven라는 것을 확인하기 바랍니다.

구약에서는 하나님이 택하신 소수의 사람에게만 성령을 주었으며, 임시적이었습니다. 이러한 제한적인 성령을 오순절 이후 예수를 믿는 모든 사람에게 부어준다는 것이며 그 성령이 영원히 함께 거하실 것입니다.

(3) 말세에 : 변승우목사는 '말세에' 라는 단어가 있으므로 이 요엘의 예언은 종말적으로 이루어진다고 생각한 모양입니다. 그래서 오순절 사건이 부분적으로만 이루어졌으며 교회사 중간이 아니라 종말에 이루어진다고 주장하는 것 같습니다.

이 '말세에' 라는 단어는 '에스카토스' 라는 단어가 사용되었습니다. 그 단어는 '끝, 마지막' 이라는 뜻도 있지만, 현재 시간을 기준으로 '나중, 뒤' 라는 의미도 있습니다. 아래 성경의 구절은, '에스카토스' 라는 단어가 "나중" 이라는 의미로 사용되었던 성경적인 증거입니다.

> 이에 가서 저보다 더 악한 귀신 일곱을 데리고 들어가서 거하니 그 사람의 나중에스카토스 형편이 전보다 더욱 심하게 되느니라 이 악한 세대가 또한 이렇게 되리라 마 12:45
> 그러나 먼저 된 자로서 나중에스카토스 되고 나중 된 자로서 먼저 될 자가 많으니라 마 19:30

또 '에스카토스' 는 마지막 종말적인 말세가 아니라, 신약 전체의 시대를 말하기도 합니다. 이러한 경우는 얼마든지 성경에서 찾아 볼 수가 있습니다.

> 이 모든 날 마지막에스카토스에 아들로 우리에게 말씀하셨으니 이 아들을 만유의 후

> 사로 세우시고 또 저로 말미암아 모든 세계를 지으셨느니라 히 1:2
> 그는 창세 전부터 미리 알리신 바 된 자나 이 말세에스카토스에 너희를 위하여 나타내신 바 되었으니 벧전 1:20

변목사가 이러한 황당한 성경해석을 하는 이유는 큰믿음교회에서 말세의 예언적 성취가 있다는 것을 말하기 위함입니다.

신학자 조지래드는 예언적 생략법Fore-shortening이라는 견해를 다음과 같이 설명합니다

> 선지자들은 연대에는 관심이 없었고 미래는 언제나 임박한 것으로 보았다. 특히 구약의 선지자들은 가까운 미래와 먼 미래를 섞어 한 캔버스에 그렸다. 성경의 예언들은 삼차원이 아니라 이차원이며 높이와 넓이에는 별로 관심이 없었고 먼 사건도 임박이라는 투명함을 통하여 보았다. 초대교인들이 주님의 재림에 대한 기대로 산 것은 사실이지만, 모든 세대의 사람들이 종말을 기대하며 사는 것을 가능케 만드는 것이 성경적 예언의 본질인 것도 사실이다

성경에서는 예수의 초림부터 재림까지의 시간을 종종 '말세'로 표현하는데, 이 상당한 간격의 시간을 성경은 하나의 캠퍼스로 섞어 함께 설명을 하게 됩니다. 즉 요엘선지자는 성령이 임하는 사건과 심판, 재림을 한 신약시대로 표현하였으며 요엘2:28에서는 '그 후에'라는 단어로 사용되었지만, 구약에서도 '말일'이라는 단어는 특정한 종말의 시간만을 뜻하지는 않습니다.

> 이제 내가 말일에 네 백성의 당할 일을 네게 깨닫게 하러 왔노라 대저 이 이상은 오래 후의 일이니라 단 10:14
> 말일에 여호와의 전의 산이 모든 산 꼭대기에 굳게 설 것이요 모든 작은 산 위에 뛰어나리니 만방이 그리로 모여 들 것이라 사 2:2

결국 신사도운동 목사들은 자신들을 통하여 대부흥이 일어날 것이 성경에

예언되어있다는 것이며, 그러한 엉터리 해석은 이단들이 자신들의 교회를 성경에 예언된 것으로 주장하며, 계시를 받았다고 하는 것과 조금도 다름이 없습니다.

> 여러분, 주의 권능의 날이 다가오고 있습니다. 그러므로 그 날을 사모하고 준비해야 합니다. 권능의 날은 요엘이 말한 대로 성령을 물 붓듯이 부어주시는 날입니다 변승우, 대부흥이 오고 있다, 242쪽.
> "저는 그날이 전 세계적으로 다가오고 있고, 우리 큰믿음교회에 다가오고 있다고 생각합니다. 제가 그렇게 생각하는 이유가 있습니다. 요엘의 예언을 보면 먼저 꿈과 환상과 예언이 언급되었습니다. 그 다음에 기사와 징조 즉 불과 연기기둥이 언급됩니다. 현재 우리 교회에는 꿈과 환상과 예언의 기름부음이 풍성하게 임하고 있습니다. 이것은 제가 한 것이 아니고 하나님이 행하고 계신 일입니다. 제가 믿기로 하나님은 여기서 멈추지 않으실 것입니다. 하나님은 계속 일하실 것입니다. 하나님이 행하실 그 다음단계는 바로 표적과 기사와 이적입니다. 우리는 이미 치유의 기적이 점점 더 증가하는 것을 보고 있습니다. 그러므로 우리는 실로 주의 권능의 날이 우리 교회에 심히 가까이 와 있음을 깨달아야 합니다" 변승우, 대부흥이 오고 있다, 242-243쪽.

(4) 늦은 비와 이른 비

신사도운동을 하는 사람들은 요엘서의 이른 비와 늦은 비를 성령강림이라고 주장합니다. 즉 이른 비가 오순절의 사건이었고 늦은 비는 종말적으로 다시 오는 자신들을 통한 대부흥, 즉 예언된 성령강림이라는 것입니다. 그러나 이들의 주장은 전혀 근거가 없으며 이단들과 다름이 없는 해석입니다.

> 시온의 자녀들아 너희는 너희 하나님 여호와로 인하여 기뻐하며 즐거워할지어다 그가 너희를 위하여 비를 내리시되 이른 비를 너희에게 적당하게 주시리니 이른 비와 늦은 비가 전과 같을 것이라 욜 2:23

요엘서 전체를 성령강림으로 비유해석할 어떤 근거도 없습니다. 더욱이 위 본문은 계절에 따라 적절하게 내려주시는 하나님의 은혜를 뜻하는 내용으로서, 구체적으로는 신실한 이스라엘 백성들에 대한 하나님의 은혜를 뜻합니다. 신사도운동의 성경해석은 자신들의 주장을 짜맞추기 위한 억지 해석이며, 다른 번역 성경은 오히려 이른 비를 가을비로, 늦은 비를 봄비로 해석하고 있습니다. 그 이유는 이스라엘에서는 곡식에 대한 추수가 유월절부터 50일간칠칠절, 오순절에 이루어지기 때문입니다

히브리어 성경사전을 참고하시면 '늦은 비'를 뜻하는 '말코쉬' 라는 히브리어는 3-4월에 내리는 봄비를 뜻하는 단어이며 '이른 비'를 뜻하는 '모레' 라는 히브리어는 10-11월에 내리는 가을비 혹은 겨울비를 뜻합니다. 성경으로 볼 때에는 유대 지역에서는 오히려 늦은 비가 오순절 즈음에 내리는 봄비를 뜻합니다.

[공동번역] 시온의 자녀들아, 야훼 너희 하느님께 감사하여 기뻐 뛰어라. 너희 하느님께서 가을비를 흠뻑 주시고 겨울비도 내려 주시고 봄비도 전처럼 내려 주시리니,

[표준새번역] 시온에 사는 사람들아, 주 너희의 하나님과 더불어 기뻐하고 즐거워하여라. 주께서 너희를 변호하여 가을비로 내리셨다. 비를 흡족하게 내려주셨으니 옛날처럼 가을비와 봄비를 내려주셨다.

[NIV] Be glad, O people of Zion, rejoice in the LORD your God, for he has given you the autumn rains in righteousness. He sends you abundant showers, both autumn and spring rains, as before.

9. 천년왕국

천년왕국

성경은 요한계시록 외에 천년왕국에 대해서 침묵하고 있습니다.

또 신약성경의 종말론에서 사실상 천년왕국이라는 단어가 말하는 의미는 장래에 대한 불확실한 내용으로서, 반드시 우리의 생애 안에 있게 될 사건이

라고 말할 수가 없기 때문에 그다지 중요한 것이 아니라고 보여집니다. 또한 천년왕국에 대한 견해는 성경이 구체적으로 언급하지 않기 때문에 상당히 난해한 것입니다. 학자들은 예수 그리스도의 천년왕국이 그의 재림 전에 있을 것인지, 혹은 그의 재림 후에 있을 것인지에 대해서 다양한 견해를 피력하고 있습니다.

현재의 대부분의 장로교회와 감리교회등의 일반적인 견해는 무천년론이라고 말할 수 있고, 과거의 한국교회의 전통적 견해는 역사적 전천년설이었습니다. 그러나 이 문제는 개인에 따라 무천년설, 후천년설, 역사적 전천년설 중 하나를 선택할 수 있고, 다른 견해를 취하는 자들에 대해 포용적, 허용적이어야만 한다는 것이 중요합니다. 즉 배타적인 견해를 가진다는 것이 잘못이 될 수도 있습니다. 다시 말하여 천년왕국에 대하여 어떤 특정한 견해만이 진리라고 말할 수는 없다는 것을 유의하여야만 합니다. 또한 천년왕국에 대한 견해가 다르다고 구원을 받지 못한다고 말할 수는 없을 것입니다.

즉 천년왕국에 대한 학설은 다양하다고 볼 수 있습니다. 그러나 일반적으로 세대주의적인 전천년론이라고 부르는 견해에 대해서는 다소 비판적인 견해를 갖고 있습니다. 특히 극단적으로 치우치는 세대주의에 대해서 관심을 갖고 비판하는 추세라고 말할 수 있습니다. 물론 그 밖의 이단과 사이비들의 주장에 대해서는, 다양한 견해로서 설명할 필요와 가치가 없을 것입니다.

천년왕국millennium의 문제는 요한계시록 20:1-10에 대한 해석의 문제입니다.

또 내가 보매 천사가 무저갱 열쇠와 큰 쇠사슬을 그 손에 가지고 하늘로서 내려와서 용을 잡으니 곧 옛 뱀이요 마귀요 사단이라 잡아 일천년 동안 결박하여 무저갱에 던져 잠그고 그 위에 인봉하여 천년이 차도록 다시는 만국을 미혹하지 못하게 하였다가 그 후에는 반드시 잠간 놓이리라. 또 내가 보좌들을 보니 거기 앉은 자들이 있어 심판하는 권세를 받았더라. 또 내가 보니 예수의 증거와 하나님의 말씀을 인하여 목 베임을 받은 자의 영혼들과 또 짐승과 그의 우상에게 경배하지도 아니하고 이마와 손에 그의 표를 받지도 아니한 자들이 살아서 그리스도로 더불어 천년 동안 왕노

> 룻하니 그 나머지 죽은 자들은 그 천년이 차기까지 살지 못하더라. 이는 첫째 부활이라.계 20:1-10

이 본문의 구절 문자적으로 성취될 것인가, 아니면 상징적으로 볼 것인가? 천년이라는 시간은 정확한 문자적인 개념인가, 혹은 상징적인가? 또 그것이 시간적으로 요한계시록 19장에 이어지는 어떤 사건을 보이는가, 아니면 시간적 전후관계가 없는 독립적 어떤 사건 혹은 사실에 대한 묘사인가? 또한 본문 계시록의 내용과 신약성경 다른 부분들, 특히 복음서들와 바울서신들의 구절들과 어떻게 조화시킬 수 있겠는가?

이러한 천년왕국에 대한 다양한 견해들로부터 크게 무천년설, 후천년설, 세대주의적 전천년설, 역사적 전천년설 등 네 가지로 나뉘어지게 되는데 천년왕국이 예수의 재림 전에 있을 것인가, 혹은 재림 후에 있을 것인가, 아니면 천년왕국은 상징적인 것인가에 의한 논리적인 견해입니다. 물론 이 기본적인 4가지 외에서 변형된 견해들이 상당히 많으므로 혼란을 주고 있습니다.

1. 무천년설無千年說, Amillennialism

무천년설은 문자적이며 숫자적인 천년왕국을 부정하고, 요한계시록 20장의 천년왕국은 신약교회 시대에 대한 상징이라고 봅니다. 이것은 어거스틴, 루터, 칼빈, 카이퍼, 바빙크, 벌코프 등이 가졌던 견해이었습니다.

무천년설은 그 단어가 의미하듯이 천년왕국 자체를 부정하는 것은 아닙니다. 즉 천년이 없다는 것이 아니라, 숫자적인 천년을 실제 숫자가 아니라 상징적으로 해석하여야 한다는 것입니다. 그리스도의 재림, 죽은 자의 부활, 최후 심판의 시간을 모두 시간적으로 일치하는 것으로 보며, 현재의 하나님의 영적인 나라는 바로 그리스도의 영원한 나라로 직접 넘어간다고 주장합니다. 물론 무천년설은 획일적이 아니며, 무천년설 안에서도 다양한 견해가 포함되어집니다. 원래 무천년설은 전천년설의 오류를 반박하고 비판하면서 생긴 이론으로서 다양한 견해를 포함하기도 합니다.

무천년론의 일반적인 특징은 그리스도의 재림이 곧 최종상태의 시작이며, 부활과 심판과 아울러 영생이 있게 된다는 것입니다.

무천년설의 근거로 제시되고 주장되는 바는 크게 두 가지입니다.

첫째는 계시록20:1-6 이외의 신약성경의 다른 곳에서는 천년왕국에 대해서 언급되어 있지 않다는 점입니다. 그리고 그 구절 자체도 상당히 애매모호하고 분명하지 않으며, 그 천년이라는 시간을 현재의 교회시대로 해석하여 이해할 수 있다는 것입니다.

둘째는 성경이 전체적으로 의인과 악인의 부활과 심판을 동시에 일어날 것으로 생각하는 것입니다. 그것에 관한 성경구절들은 다음과 같습니다:

> 선한 일을 행한 자는 생명의 부활로, 악한 일을 행한 자는 심판의 부활로 나오리라. 요 5:29
>
> 땅의 티끌 가운데서 자는 자 중에 많이 깨어 영생을 얻겠고 어떤 이들은 수욕을 받아서 무궁히 부끄러움을 입을 것이며. 단 12:2
>
> 그런즉 가라지를 거두어 불에 사르는 것같이 세상 끝에도 그러하리라. 인자가 그 천사들을 보내리니 저희가 그 나라에서 모든 넘어지게 하는 것과 또 불법을 행하는 자들을 거두어 내어 풀무불에 던져 넣으리니 거기서 울며 이를 갊이 있으리라. 그 때에 의인들은 자기 아버지 나라에서 해와 같이 빛나리라. 마 13:40-43

마25장 열 처녀의 비유, 양과 염소의 비유등도 무천년설을 지지한다고 봅니다.

2. 후천년설 後千年說, Postmillennialism

후천년설은 주님의 재림이 천년왕국 후에 온다는 견해입니다. 후천년설은 교회시대 이후에 천년왕국이 있을 것으로 봅니다. 이 견해는 찰스 핫지, 윌리암 쉐드, 로버트 댑니, 워필드, 스트롱등이 가졌던 견해이었습니다. 감리교의 요한 웨슬레에 대해서는 후천년설이었다는 주장과 역사적전천년설이었다는 두가지 견해가 있는데, 후대의 평가로서 단정하기 힘듭니다. 또한 웨슬레는 현재적인 의미로서의 하나님 나라를 강조하였다고 보는 견해도 있습니다.

장로교회 혹은 감리교회등 일반교회는 대부분 무천년설 혹은 후천년설을 취하였는데, 물론 현재는 후천년설을 지지하는 사람들이 적은 편입니다.

후천년설의 근거로 제시되고 주장되는 바는 무천년설의 제시된 근거들을 포함합니다. 그리고 후천년설은 요한계시록 본문의 '사탄의 결박'을 좀더 적절히 해석합니다. 그것이 무천년설과 다른 점입니다. 즉 후천년론에서 천년왕국은 신약교회시대 전체가 아니고 신약교회 시대 후기에 복음이 꽃피고 기독교 정신이 온 세계에 큰 영향을 미칠 시대가 있다는 것을 상징한다고 봅니다.

3. 전천년설 Premillennialism

전前천년설Premillennialism에는 전천년설과 세대주의 전천년설이 있는데, 세대주의 전천년설은 공중재림과 지상재림을 각각 다른 사건으로 구별하고 그 사이에 7년 대환란이 있고, 천년왕국 후에 지상재림이 있게 된다는 주장입니다.

그와 달리 역사적 전천년설은 공중재림과 지상재림을 구별하지 않으며, 재림 후에 천년왕국이 있게 된다는 주장으로서, 최후의 전쟁이 있고 그 후에 심판이 있게 된다는 것입니다. 이 전천년론의 특징은 주님의 재림에 있으며, 재림 후에 천년왕국이 있게 된다는 것입니다.

1) 세대주의 전천년설

특히 세대주의적 전천년설은 천년왕국을 유대인들의 천년왕국, 즉 구약적 성격의 천년왕국의 연장으로 봅니다. 이 견해에 의하면, 구약성경 중에서 특히 이사야서 65:20, 25와 에스겔 40~48장; 45:17; 46:3, 13의 이스라엘 회복 예언들이 문자적으로 성취되는 것이 천년왕국이라고 하며, 거기에서는 예루살렘에 성전이 재건再建되고 짐승 제사들과 구약 절기들이 회복된다고 합니다. 즉 이스라엘과 교회가 구원의 대상으로 서로 분리되며 이스라엘의 회복을 중요한 징조로 보게 됩니다.

존 다비, 스코필드, 화인버그, 체이퍼등 세대주의자들이 이 견해를 가집니다.

세대주의적 전천년설의 근거로는, 첫째로, 요한계시록 19, 20장을 시간 순서로 보아서 그리스도의 재림 이후에 문자 그대로 천년왕국이 있을 것이라는 것과, 둘째로, 천년왕국의 성격은 이스라엘의 회복에 대한 구약의 예언들의 문자적 성취일 것이라는 것입니다. 세대주의의 특징은 성경해석에 있어서 문자적 해석을 고집하는 것이지만, 그들의 해석은 서로 다르며 특히 계시록이나 다니엘서와 같은 묵시적인 내용에 대해서 오히려 자의적이며 풍유적인 해석을 합니다. 이러한 세대주의에 대해서 우리가 주의를 요하는 이유는 세대주의에서 치우치는 주장, 소위 극단적 세대주의, 변질된 세대주의가 잘못된 시한부종말론을 주장하게 됨으로서 많은 이단적인 주장을 양산해 냈기 때문입니다

특히 계시록을 상징적이며 자의적으로 해석하여 열뿔이 유럽연합이고, 동방의 군대가 어느 나라의 군대를 뜻하며, 666은 무엇을 상징하고, 적그리스도는 누구를 상징한다는 유치한 자의적인 세대주의적 종말론은 언급할 가치도 없는 잘못된 주장입니다. 문제가 되는 것은 우리나라의 대형교회의 목사를 비롯하여 몇몇 목사들이 이러한 주장을 하였다는 것입니다.

2) 역사적 전천년설

역사적 전천년설은 주님의 재림을 천년왕국 전에 있을 것이라고 보는 점에서는 세대주의적 전천년설과 같으나, 천년왕국을 신약적 성격의 나라로 봅니다. 물론 예수의 재림은 세대주의와 달리 한번이라고 주장합니다. 이 견해는 초대교회에 저스틴, 이레니우스, 터툴리안 등의 교부들이 가졌던 견해이었기 때문에 역사적 전천년설이라고 불리웁니다. 근대에 벵겔, 랑게, 알포드등이 이 견해를 취하였습니다.

10. 이단적인 종말론

궁극적인 미래의 사건에 대한 연구를 우리는 종말론eschatology이라고 부릅니다. 이 단어는 "마지막"이라는 뜻을 가진 헬라어 exchotos에서 유래한 것입니다. 오늘날 가장 이단이 성행하는 부분이 바로 종말론입니다. 많은 사람들이 잘못된 종말론에 미혹되어 정신적, 물질적인 피해를 받고 있습니다. 그래서 특별히 종말론에 어떤 이단적인 견해가 있는지를 살펴 보겠습니다. 특히 예수의 재림에 대해서 많은 이단과 사이비들이 미혹을 하고 있는데, 성경적인 종말론과 어떠한 이단들의 견해가 있는지 알아봅니다

1) 종말이 없다는 이단:

우리는 그리스도의 재림을 사모해야 합니다. 그 말의 의미는 그리스도인은 종말이 있음으로 인하여 모든 것을 소홀히 한다는 것이 아니고, 현재 예수를 믿으며 그에게 순종하며, 주님이 부르신 일에 활동적으로 참여한다는 의미입니다. 그러나 자유주의 신학에 영향을 받은 사람들과 무신론자들, 그리고 몇몇 이단들은 종말이 없다고 주장합니다. 그러나 성경은 종말이 있음을 분명히 말하고 있습니다.

> 가라지를 심은 원수는 마귀요 추수때는 세상 끝이요 추숫군은 천사들이니 그런즉 가라지를 거두어 불에 사르는 것같이 세상 끝에도 그러하리라 13:40-41
> 이 천국 복음이 모든 민족에게 증거되기 위하여 온 세상에 전파되리니 그제야 끝이 오리라마 24:14
> 이러므로 너희도 예비하고 있으라 생각치 않은 때에 인자가 오리라마24:44

2) 종말은 있지만 예수가 재림할 필요가 없다는 이단, 혹은 예수가 직접 오지 않는다는 이단:

대표적인 이단으로는 통일교입니다. 예수가 실패하였으므로 문선명이 메시야로 다시 왔다는 것입니다. 게다가 우리나라에는 자칭 메시야, 하나님, 보혜사가 40명이 있다고 합니다. 신천지시온성경학원, 안상홍의 증인하나님의 교

회, 영생교, 정명석집단JMS등이 모두 자신을 메시야, 하나님, 보혜사라고 부릅니다. 그러나 성경은 많은 구절에서 분명히 예수가 다시 오신다고 기록되어 있습니다.

"가로되 갈릴리 사람들아 어찌하여 서서 하늘을 쳐다 보느냐 너희 가운데서 하늘로 올리우신 이 예수는 하늘로 가심을 본 그대로 오시리라 하였느니라"행 1:11

"가서 너희를 위하여 처소를 예비하면 내가 다시 와서 너희를 내게로 영접하여 나 있는 곳에 너희도 있게 하리라"요 14:3

"그러나 각각 자기 차례대로 되리니 먼저는 첫 열매인 그리스도요 다음에는 그리스도 강림하실 때에 그에게 붙은 자요"고전 15:23

"오직 우리의 시민권은 하늘에 있는지라 거기로서 구원하는 자 곧 주 예수 그리스도를 기다리노니 그가 만물을 자기에게 복종케 하실 수 있는 자의 역사로 우리의 낮은 몸을 자기 영광의 몸의 형체와 같이 변케 하시리라"빌 3:20-21

"이제 후로는 나를 위하여 의의 면류관이 예비되었으므로 주 곧 의로우신 재판장이 그 날에 내게 주실 것이니 내게만 아니라 주의 나타나심을 사모하는 모든 자에게니라"딤후 4:8

"복스러운 소망과 우리의 크신 하나님 구주 예수 그리스도의 영광이 나타나심을 기다리게 하셨으니"딛 2:13

"보라 내가 속히 오리니 내가 줄 상이 내게 있어 각 사람에게 그의 일한 대로 갚아 주리라"계 22:12

"또 주께서 너희를 위하여 예정하신 그리스도 곧 예수를 보내시리니"행 3:20

3) 예수가 영적으로 오신다는 이단 혹은 아무도 모르게 이미 재림했다는 이단:

이러한 주장을 하는 대표적인 이단은 여호와의 증인과 신천지, 하나님의 교회등입니다. 예수가 이미 영적으로 재림하셨다는 것입니다. 그러나 성경은 예수가 가시적으로, 개인적으로, 신체적으로 재림하신다고 기록하고 있습니다.

특히 지방교회와 베뢰아와 같이 양태론을 주장하는 곳은 구약의 성부하나님이 신약에서 예수로 오셨고 오순절 이후에는 예수가 성령으로 오신 것이라고 주장하므로, 성경에서의 예수의 재림이 곧 성령의 오심과 동일하다고 주장합니다. 그러나 성경은 제자들 앞에서 하늘로 승천하신 예수에 대해서 "하늘로 가심을 본 그대로same way 오시리라"라고 기록하고 있습니다.

> 가로되 갈릴리 사람들아 어찌하여 서서 하늘을 쳐다 보느냐 너희 가운데서 하늘로 올리우신 이 예수는 하늘로 가심을 본 그대로 오시리라 하였느니라행 1:11

예수님의 재림은 인격적이며, 가시적可視的이며, 우주적이고, 육체적이 되어질 것을 성경은 말하고 있습니다.

> 주께서 호령과 천사장의 소리와 하나님의 나팔로 친히 하늘로 좇아 강림하시리니살전 4:16
> 그러나 주의 날이 도적같이 오리니 그 날에는 하늘이 큰 소리로 떠나가고 체질이 뜨거운 불에 풀어지고 땅과 그 중에 있는 모든 일이 드러나리로다벧후 3:10
> 볼지어다 구름을 타고 오시리라 각인의 눈이 그를 보겠고 그를 찌른 자들도 볼 터이요 땅에 있는 모든 족속이 그를 인하여 애곡하리니 그러하리라 아멘계 1:7
> 그 때에 인자의 징조가 하늘에서 보이겠고 그 때에 땅의 모든 족속들이 통곡하며 그들이 인자가 구름을 타고 능력과 큰 영광으로 오는 것을 보리라마 24:30
> 그 때에 인자가 구름을 타고 큰 권능과 영광으로 오는 것을 사람들이 보리라막 13:26
> 그 때에 사람들이 인자가 구름을 타고 능력과 큰 영광으로 오는 것을 보리라눅 21:27
> 우리 생명이신 그리스도께서 나타나실 그 때에 너희도 그와 함께 영광 중에 나타나리라골 3:4
> 이와 같이 그리스도도 많은 사람의 죄를 담당하시려고 단번에 드리신 바 되셨고 구원에 이르게 하기 위하여 죄와 상관 없이 자기를 바라는 자들에게 두번째 나타나시리라히 9:28

4) 재림의 날짜를 알 수 있다는 이단:

특히 몇 년전 다미선교회을 비롯하여 일부 종말론을 주장하는 교회등이 종말의 날짜를 주장하여 문제를 일으킨 적이 있습니다.

여호와의 증인은 여러 번을 종말이 온다고 거짓예언하였고, 19세기 초에 미국의 윌리엄 밀러라는 빗나간 종말론자는 성경의 다니엘서 8장14절의 2300주야를 2300년 후로 잘못 해석하여, 1844년에 종말이 온다고 주장하다가 실패로 끝나게 되어 많은 사람들이 허탄과 실의에 빠지게 되자, 그 종말론을 다시 재해석시킴으로 안식교회가 시작된 것입니다.

안식교에서는 윌리엄밀러의 종말론이 틀린 것이 아니라, 잘못 해석하였다고 주장하며, 지금도 안식교에서는 윌리엄밀러의 종말론을 '첫째 천사의 기별'이라고 부르며, 1844년에 재림을 하시는 것이 아니라, 그 때에 예수님이 하늘에 있는 지성소에 들어가시어 인류를 조사심판을 하고 계신다고 안식교는 지금도 그와 같은 비성경적인 주장을 하고 있습니다.

하나님의 교회안증회에서는 1988년과 2000년, 2012년에 계속 빗나간 시한부 종말론을 주장하였는데 그 시한부종말론이 성취되어지지 않자 자신들은 시한부종말론을 주장한 적이 없다고 거짓말을 하거나, 종말이 변경되었다는 변명을 하고 있습니다. 많은 이단의 교주들이 어떤 징조를 종말의 시작이라고 주장하거나, 특별하게 종말의 날짜와 시간을 계시받았다고 주장하는데, 이러한 주장은 모두 비성경적입니다.

> 무화과나무의 비유를 배우라 그 가지가 연하여지고 잎사귀를 내면 여름이 가까운 줄을 아나니 이와 같이 너희도 이 모든 일을 보거든 인자가 가까이 곧 문 앞에 이른 줄 알라 내가 진실로 너희에게 말하노니 이 세대가 지나가기 전에 이 일이 다 일어나리라

어떤 사람들은 마태복음 24:32-34를 인용하여 무화과나무를 1948년 이스라엘 독립으로 해석하여 1948년부터 한세대 안에 종말이 온다고 주장하였는데, 본문은 어떤 사건을 뜻하는 것이 아니라 자연적인 징조로 알게 된다

는 뜻으로서, AD 70년 로마 티투스에 의한 예루살렘의 멸망을 예언하고 있습니다.

특히 누가복음 21장29절에는 "무화과 나무와 모든 나무의 비유를 보아라"라고 말하고 있으므로 무화과 나무가 이스라엘을 상징한다고 해석하기에는 비논리적이고, 또 병행구조인 누가복음 21장20절은 "너희가 예루살렘이 군대들에게 에워싸이는 것을 보거든 그 멸망이 가까운 줄을 알라"라고 기록하고 있어서, 구체적으로 로마군대에 의한 성전의 멸망에 대해서 말하고 있다고 보는 것이 옳은 해석이 될 것입니다.

더욱이 본문 바로 뒤에 있는 36절에서는 그 날을 아무도 모른다고 말하고 있을 뿐입니다. 즉 종말의 날과 때에 대해서는 성경은 아무도 모른다고 한결같이 말하고 있습니다.

> 그러나 그 날과 그 때는 아무도 모르나니 하늘의 천사들도, 아들도 모르고 오직 아버지만 아시느니라 마 24:36

성경은 예수의 재림과 종말의 때를 아무도 모르며, 오직 하나님아버지의 뜻으로 성취된다고 말하고 있습니다.

> 가라사대 때와 기한은 아버지께서 자기의 권한에 두셨으니 너희의 알 바 아니요행 1:7
> 형제들아 때와 시기에 관하여는 너희에게 쓸 것이 없음은 주의 날이 밤에 도적 같이 이를 줄을 너희 자신이 자세히 앎이라살전 5:1-2
> 혹 영으로나 혹 말로나 혹 우리에게서 받았다 하는 편지로나 주의 날이 이르렀다고 쉬 동심하거나 두려워하거나 하지 아니할 그것이라살후 2:2
> 그러므로 네가 어떻게 받았으며 어떻게 들었는지 생각하고 지키어 회개하라 만일 일깨지 아니하면 내가 도적 같이 이르리니 어느 시에 네게 임하는지 네가 알지 못하리라계 3:3
> 보라 내가 도적 같이 오리니 누구든지 깨어 자기 옷을 지켜 벌거벗고 다니지 아니하며 자기의 부끄러움을 보이지 아니하는 자가 복이 있도다계 16:15

5) 다니엘서와 계시록등을 자의적으로 비유해석하여 종말의 징조를 주장하는 이단:

다니엘서, 이사야서, 계시록등에서 종말을 상징하는 구절을 인용하여 그것을 자의적이고 임의적으로 해석하여 그것을 종말의 징조나 근거라고 주장하는 이단들이 많습니다. 음녀를 자유의 여신이라고 해석하거나, 열뿔을 유럽연합이라고 해석하고, 666을 알파벳으로 풀어서 자의적으로 해석하거나 적그리스도를 미국 또는 이스라엘의 정치가라고 해석하고, 예루살렘을 사단의 본거지라고 주장하는 이러한 해석을 극단적세대주의 또는 변질된 세대주의라고 합니다.

특히 666이 베리칩이라고 주장하는 사람들이 많은데, 불과 몇 년 전만 하여도 컴퓨터나 바코드, 은행카드가 666이라고 하는 사람들이 많았습니다. 그러나 지금 컴퓨터나 은행카드, 바코드가 없이 생활하는 사람들은 없을 것이며, 이러한 주장이 모두 거짓말이라는 것이 드러나자 이제는 베리칩이라고 주장합니다.

구원과 멸망의 기준은 오직 믿음뿐이며, 어떤 물질에 달려 있지 않습니다. 성경 66권은 오직 믿음과 은혜로 구원을 받음을 말하고 있습니다. 만일 그리스도인들이 베리칩을 받고 구원을 받지 못한다면 구원의 조건이 믿음이 아니라 베리칩이라는 물질이 되어버립니다. 그러한 주장은 성경과 전혀 다른 복음이 됩니다. 예수를 믿어도 베리칩을 받으면 구원받지 못한다는 것은 비성경적인 주장이며, 베리칩을 받아도 예수를 믿으면 구원을 받을 수 있다는 것이 성경적인 복음일 것입니다. 현재 베리칩은 고가의 애완동물이나 치매에 걸린 노인, 중대한 범죄자들에게 사용되는데, 그들이 있는 장소를 추적할 수 있어야만 하기 때문입니다.

현재까지 베리칩을 강제로 삽입하라고 하는 국가나 법조항은 없으며, 상품을 구입하는 결제수단으로 몸에 삽입한 베리칩을 사용하는 곳도 없습니다. 특히 성령을 받는 '인침' 혹은 '표' 라는 것은 문자적이나 물질적인 표를 뜻하지 않으며, 상징적인 의미로서 예수를 믿고 하나님의 소유백성이 된다는 뜻입니다, 이스라엘은 유목민이었으며 그들은 가축에 낙인을 찍어 소유를 표시하였기 때문에 이러한 표현이 나타난 것입니다. 마찬가지로 짐승사탄의 표라는 뜻도 문자적이거나 물질적인 표가 아니라, 짐승을 숭배함으로 짐승의 소유가 된다는 의미입니다.

특히 유럽연합EU이 열뿔이라는 주장은 현재 유럽연합이 10개국을 넘어서 27개국이 되었으며, 당시 적그리스도라고 주장한 정치가들미국 대통령, 이스라엘 수상은 임기 중에 아무 일도 일어나지 않았습니다. 이렇게 근거가 없는 자의적이며 주장에 미혹되지 않기 바랍니다. 일부 대형교회의 목사를 포함하여 많은 극단적 세대주의자들이 2000년에 종말이 온다고 주장하기도 하였습니다. 그러나 2000년에 아무런 일도 없었습니다.

6) 재림을 위하여 자기 일을 포기하라고 하는 이단:

우리는 예수의 재림이 언제인지 알 수가 없습니다. 그러면 종말이 가깝다고 하여 20년 혹은 30년이 걸리는 프로젝트나 계획은 하지 말아야만 할까요? 우리나라에서 종말론을 주장하던 몇몇 이단들은 집과 재산을 모두 팔라고 하였고, 심지어 학생들이 학교에 다니는 것과 직장까지 중단하였다고 합니다. 그러나 성경은 자기 일을 포기하고 중단하라고 말하지 않습니다. 종말이 언제인지 모르지만, 그리스도의 긍휼을 기다리면서 자기를 지키라고 성경은 언급하고 있으며, 우리는 하나님의 각양 은혜를 맡은 청지기와 같이 서로 봉사하여야 합니다.

> 하나님의 사랑 안에서 자기를 지키며 영생에 이르도록 우리 주 예수 그리스도의 긍휼을 기다리라유 1:21
>
> 각각 은사를 받은 대로 하나님의 각양 은혜를 맡은 선한 청지기같이 서로 봉사하라 벧전 4:10
>
> 착하고 충성된 종아 네가 작은 일에 충성하였으매 내가 많은 것으로 네게 맡기리니 네 주인의 즐거움에 참예할지어다마25:21
>
> 평강의 하나님이 친히 너희로 온전히 거룩하게 하시고 또 너희 온 영과 혼과 몸이 우리 주 예수 그리스도 강림하실 때에 흠 없게 보전되기를 원하노라살전 5:23

다만 주님은 "속히 오신다"계 22:7고 하였으며, "때가 가깝다"계 1:3라고 기록되어 있으며, "만물의 마지막이 가까웠다"벧전 4:7고 말하고 있습니다. 그러나 주님의 시간에 대한 관점은 우리의 관점과 다르다는 것을 성경은 아울러 말하고 있습니다. 그 시간은 오직 하나님만의 주권적인 역사하심이 될 것입니다.

> 사랑하는 자들아 주께는 하루가 천년같고 천년이 하루 같은 이 한가지를 잊지말라. 주의 약속은 더디다고 생각하는 것같이 더딘 것이 아니라, 오직 너희를 대하여 오래 참으사, 아무도 멸망치 않고 다 회개하기에 이르기를 원하시느니라벧후 3:8-9

성경적인 예수의 재림의 모습을 정리하면 다음과 같습니다.

즉 영적인 재림, 예수 대신에 다른 메시야가 왔다는 재림, 아무도 모르게 어떤 교주가 이 세상에 육신으로 태어났다는 것은 재림이라고 말할 수 없음이 분명합니다. 아래와 같은 정리된 개념을 기억한다면, 성경적인 내용과 다른 재림예수를 충분히 분별할 수 있을 것입니다.

① 인격적 재림 : 예수님이 직접 오신다
② 형태적 / 육체적 재림 : 부활하신 몸으로 예수님이 오신다
③ 가시적可視的 재림 : 누구든지 볼 수 있게 임하신다
④ 돌발적 재림 : 어느 때인지 아무도 모르게 갑자기 오신다
⑤ 영광적 재림 : 천사장의 나팔소리와 함께 영광스러운 모습으로 오신다
⑥ 완성적 재림 : 예수님이 재림하실 때에 심판이 이루어진다

참고서적

기독교신학개론 (루이스 벌콥, 성광문화사)
벌콥 조직신학 상.하 (루이스 벌콥, 기독교문사)
조직신학 상.중.하 (웨인그루뎀, 은성)
개혁주의 구원론/인간론/종말론 (안토니 A 후크마)
조직신학 1-7 (밀라드 J 에릭슨, 기독교문서선교회)
조직신학 상.하 (조석만, 대한신대원출판부)
성경교리 강해시리즈 1.2.3 (로이드 존스, 기독교문서선교회)
복음주의신학개론 (로버트 P 라이트너, 기독교문서선교회)
신론 (제럴드 브레이, IVP)
그리스도의 위격 (도널드 맥클라우드, IVP)
삼위일체론 (이종성, 대한기독교출판사)
그리스도론 (이종성, 대한기독교서회)
루터신학개요 (휴 T 커어, 한국장로교출판사)
칼 바르트 신학개론 (제프리 브로밀리, 크리스챤다이제스트)
웨슬레 조직신학 (한영태, 성광문화사)
존 웨슬리와 감리교신학 (김영선, 대한기독교서회)
웨슬리안 조직신학(오톤 와일리, 폴 컬벗슨, 세복)
웨슬리복음주의총서2 (웨슬리복음주의협의회)
웨슬리와 우리의 교리 (김진두, 감리교신학대학출판부)
칼빈주의와 웨슬레신학 (밀드레드 와인쿱, 생명의말씀사)
알기쉬운 예정론(R C 스프룰, 생명의말씀사)
하나님의 절대주권과 인간의 책임(문태주, 넥서스 CROSS)
사본학 (브루스 M 메쯔거, 기독교문서선교회)
성경의 유래 (노오만 가이슬러. 윌리엄 닉스, 생명의말씀사)

성경의 기원 (필립 W 컴포트, 엔크리스토)

성경이란 무엇인가? (레어드 헬리스, 생명의말씀사)

비유해석학 (크레그 블롬버그, 생명의말씀사)

신약과 비평 (조지 래드, 크리스챤다이제스트)

주제별로 본 구약신학(윌리암 다이어네스. 생명의말씀사)

기독교회사 (윌리스턴 워커, 크리스챤다이제스트)

교부들의 삼위일체론 (김석환, 기독교문서선교회)

초대교회의 형성 (김명혁, 성광문화사)

기독교교리사 (J L 니브. O W 헤이크, 대한기독교서회)

유세비우스의 교회사 (언성옥 옮김, 은성)

간추린 교회사(A M 렌위크, A M 하만, 생명의말씀사)

초대교회사 (박용규, 총신대학교출판부)

교리사 (서철원, 총신대학교출판부)

현대종말론연구 (밀라드 에릭슨, 생명의말씀사)

종말론 (신복윤, 개혁주의신행협회)

교리도 재미있다 (신성종, 하나)

율법이냐 은혜냐 (엠 알 디안, 생명의말씀사)

복음과 율법의 관계 (서철원, 총신대학교 출판부)

하나님나라에 관한 중요한 문제들 (조오지 엘든레드, 성광문화사)

기독교변증총서 1-3 (조쉬 멕도웰, 순출판사)

초대기독교 신조형성사 (프란시스 영, 컨콜디아사)

빈야드와 신사도의 가짜부흥운동 (행크 해너그라프, 부흥과개혁사)

빈야드운동 평가 (박영호, 기독교문서선교회)

신사도운동의 정체와 비판 (이인규, 대림문화사)

평신도들이 혼동하기 쉬운 성경50 (이인규, 카리스)

내가 속히 오리라 (이필찬, 이레서원)

요한계시록 어떻게 읽을 것인가 (이필찬, 성서유니온선교회)

요한계시록 (박형택, 합신이단사이비대책상담소)

요한계시록 (권성수, 횃불)

TBC성서연구 (교육목회협의회)

다원주의시대의 교회와 신학 (최인식, 한국신학연구소)

하나님의 천지창조 (쥬영흠, 성경과신학)

진화론의 실상과 창조 (이양림, 생명의말씀사)

진화론과 과학 (마이클 텐던, 한국창조과학회)

백투예루살렘운동 무엇이문제인가? (이필찬, 새물결플러스)

이단과 정통 무엇이 다른가? (정동섭, 침례신학대학출판부)

세계오순절성결운동의 역사 (빈슨 사이난, 서울말씀사)

성서적마귀론(메릴 F 엉거, 요단출판사)

성경해석학 (루이스 벌콥, 크리스챤다이제스트)

영한대조 기독교강요 CD (미성문화원)

성경사전 : IVP 성경사전, 아가페성경사전, 새성경사전 (하나성서)

성경주석 : IVP 성경주석, 호크마 주석, 톰슨2 주석, 최세창 주석시리즈(글벗사), WBC 주석, 메튜헨리 주석등

이단교회 문헌과 자료는 책에서 직접 책명과 페이지수를 인용했습니다

다른 예수, 다른 영, 다른 복음
Another Jesus, Another Spirit, Another Gospel

책에 대해서 질문이 있으신 분은 아래 네이버 카페로 가입하셔서 문의하시면 언제든지 답변을 하여 드립니다.
대표카페 : 네이버 무엇이든지 물어보세요
http://cafe.naver.com/anyquestion.cafe